AF344000

Prix : 20 francs

CONTRE LE COURANT

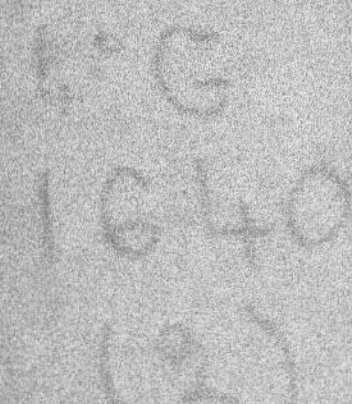

N. LÉNINE   G. ZINOVIEV

CONTRE
LE
COURANT

TOME SECOND
1915-1917

TRADUIT PAR
V. SERGE & PARIJANINE

BUREAU D'ÉDITIONS, DE DIFFUSION & DE PUBLICITÉ
132, RUE DU FAUBOURG SAINT-DENIS, PARIS (10e)

PRÉFACE[1]

La plupart des articles rassemblés ici ont été d'abord publiés dans le Social-Démocrate (Sozialdemokrat), organe central du parti ouvrier social-démocrate russe (bolchéviks) qui parut en Suisse depuis la fin de 1914 jusqu'au début de 1917. Un seul de ces articles, un des plus considérables, est emprunté à la revue Le Communiste qui n'eut qu'un seul numéro, en 1916, également en Suisse.

Pour bien comprendre l'enchaînement de ces articles, il faut tenir compte de l'ordre chronologique de leur publication.

Ils se divisent en deux catégories essentielles. Les uns sont consacrés à la critique de la guerre et à l'examen qui en résultent. Les autres concernent les rapports intérieurs du parti et cette lutte de fractions que les myopes considérèrent longtemps comme une « situation chaotique » ou bien comme un « conflit de personnalités », mais qui nous a conduits en fait, — chacun s'en aperçoit aujourd'hui, — à établir une nette délimitation entre les véritables socialistes et les laquais de la bourgeoisie, MM. Liber, Dann, Martov et consorts.

Bien entendu, il a été donné une bien plus grosse importance à la première de ces parties ou catégories d'articles. A défaut de connaître ces articles, aucun travailleur doué de la conscience de classe ne parviendra à comprendre comme il le voudrait le développement des idées de la Révolution internationale socialiste et de sa première victoire, le 25 octobre 1917.

N. LÉNINE.

---

(1) Nous reproduisons, ici, vu son caractère explicatif et documentaire, la préface de Lénine, publiée dans le Tome Ier. (NOTE DE L'ÉDITEUR).

CONTRE LE COURANT

Le premier pas

Le mouvement socialiste international progresse avec lenteur pendant la crise, terriblement grave, suscitée par la guerre. Il progresse pourtant vers la rupture avec l'opportunisme et le social-chauvinisme. La conférence socialiste internationale de Zimmerwald (Suisse, 5-8 septembre 1915) l'a nettement montré.

Pendant toute une année, les socialistes des pays belligérants et neutres ont hésité, attendu : ils craignaient de s'avouer à eux-mêmes la gravité de la crise; ils ne voulaient pas voir la réalité en face; ils différaient par des milliers de moyens l'inéluctable rupture avec les opportunistes et les kautskistes, maîtres de la plupart des partis officiels de l'Europe occidentale.

Mais l'appréciation des événements que nous donnions, il y a un an, dans le manifeste de notre Comité central s'est révélée juste. Les événements l'ont confirmée; les événements ont eu un cours tel qu'on a vu représentés à la première conférence socialiste internationale les éléments protestataires des minorités socialistes (Allemagne, France, Suède, Norvège) agissant malgré les décisions des partis officiels, c'est-à-dire, en fait, de façon à scinder les partis.

Les résultats de la conférence sont : un manifeste et une motion de sympathie aux emprisonnés et persécutés. Par 19 voix contre 12, la conférence a repoussé le renvoi à la commission du projet de résolution que nous lui présentions avec d'autres marxistes révolutionnaires. Notre projet de manifeste fut transmis à la commission, ainsi que d'autres projets, aux fins d'élaboration d'un manifeste commun. La comparaison de nos textes avec les textes adoptés fait ressortir que nous avons réussi à imposer diverses idées fondamentales du marxisme révolutionnaire.

Le manifeste adopté constitue de fait un pas vers la rupture idéologique et pratique avec l'opportunisme et le social-chauvinisme. Mais, à l'analyse, il apparaît inachevé et inconséquent.

Le manifeste déclare que la guerre est impérialiste et retient deux traits caractéristiques de l'impérialisme : l'aspiration des capitalistes de *chaque* nation aux bénéfices, à l'exploitation : l'aspiration des grandes puissances au partage du monde et à l' « asservissement » des petites nations. L'essentiel de ce qu'il faut dire du caractère impérialiste de la guerre — et de ce qui est dit dans notre résolution — est ici répété.

Le manifeste ne fait, dans cette partie, que *populariser* notre résolution, ce qui est indéniablement utile. Mais si nous travaillons à éclaircir les idées de la classe ouvrière, si nous accordons de l'importance à une propagande tenace et systématique, il convient d'établir avec précision les principes à populariser. Si nous ne le faisons pas, nous risquons justement la faute, le péché de la II* Internationale, qui a engendré son krach ; nous laissons place aux équivoques et aux fausses interprétations. Niera-t-on, par exemple, que l'idée de la maturité des conditions objectives du socialisme, exprimée dans notre texte, ait une importance essentielle? Dans le texte « populaire » du manifeste, elle est omise. La tentative de réunir en une seule motion principielle, claire et précise, le manifeste et notre résolution, n'a pas réussi.

« Les capitalistes de tous les pays affirment que la guerre est de défense nationale... Ils mentent. » Telle est la suite. Cette déclaration du mensonge de l'idée maîtresse de l'opportunisme dans la guerre actuelle — la défense nationale — répète l'idée principal de la résolution des marxistes révolutionnaires. Et, de nouveau, l'on en arrive à une humiliante formule inachevée, avec une sorte de crainte de dire toute la vérité. Qui ne sait aujourd'hui, après un an de guerre, que le véritable malheur, ç'a été, pour le socialisme, la *répétition* et *l'appui* du mensonge capitaliste non seulement par la presse capitaliste — qui est faite pour cela — mais encore par la majeure partie de la presse socialiste? Qui ne sait que ce n'est pas le « mensonge des capitalistes » qui a causé la terrible crise du socialisme européen, mais le *mensonge* de Guesde, de Hyndman, de Vandervelde, de Plékhanov, de Kautsky? Chacun sait que le mensonge de *tels* chefs a soudainement attesté la puissance de l'opportunisme qui les entraîna au moment décisif.

Voyez le résultat. On dit aux masses, pour populariser cette idée, que la défense nationale est, dans la guerre actuelle, un mensonge capitaliste. Mais les masses, en Europe, ne sont pas illettrées! Presque tous les lecteurs du manifeste de Zimmerwald ont *précisément entendu et entendent ce mensonge*, proclamé par des centaines de journaux, de revues, de brochures socialistes, qui le répètent après Plékhanov, Hyndman, Kautsky et Cie. Que vont-ils penser? Que leur suggérera cette démonstration évidente de la timidité des auteurs du manifeste? « N'écoutez pas le mensonge capitaliste de la défense nationale! », dit le manifeste aux ouvriers. Bien. Presque tous répondront tout haut ou tout bas : « Le mensonge capitaliste a depuis longtemps cessé de nous induire en erreur; mais celui de Kautsky et de ses pareils...? »

Plus loin le manifeste répète encore une idée essentielle de notre résolution : les partis socialistes et les organisations ouvrières des différents pays ont « foulé aux pieds les devoirs imposés par les résolutions des congrès internationaux de Stuttgart, de Copenhague, de Bâle » ; le Bureau Socialiste International n'a pas non plus fait son devoir ; son manquement au devoir a consisté dans le vote des crédits de guerre, la participation ministérielle, l'admission de l' « union sacrée ». (Le manifeste qualifie la soumission des socialistes de *servile*; il accuse donc Guesde, Plékhanov, Kautsky et Cie, de substituer à la propagande du socialisme celle d'idées serviles).

Est-ce, demandons-nous, faire preuve d'esprit de suite? Parler dans un manifeste, conçu en termes de vulgarisation, du manquement de divers partis à leur devoir — tout le monde sait qu'il s'agit des partis ouvriers les plus forts et des organisations ouvrières de tous les pays avancés : Angleterre, France, Allemagne, — sans donner d'explication de ce fait inouï?... La majorité des partis socialistes et le B. S. I. ont failli à leur devoir! Qu'est-ce? Hasard fortuit et défaillance de quelques personnalités ? Ou revirement d'une époque entière? Si la première hypothèse est juste, si *nous* admettons que les masses s'en contentent, *nous* abandonnons par là-même les bases de l'enseignement socialiste. Si la deuxième hypothèse est vraie, comment peut-on ne pas le dire tout net?

Nous sommes à un tournant de l'histoire universelle, l'Internationale entière fait banqueroute, une époque finit, une autre s'ouvre et *nous avons peur* de dire aux masses qu'il faut chercher toute la vérité, pousser sa pensée jusqu'au bout, qu'il est absurde et ridicule d'admettre le krach du Bureau Socialiste International et de divers grands partis sans démontrer le rapport entre ce fait et la longue histoire de la naissance, de la croissance, de la maturité atteinte et *dépassée* d'un courant opportuniste européen, pourvu de profondes racines économiques, profondes non au sens de sa liaison indissoluble avec les masses, mais par sa connexion avec des couches sociales définies.

Passant à la « lutte pour la paix », le manifeste déclare : « Cette lutte se fait pour la liberté, la fraternité des peuples, le socialisme. » Plus loin, il explique que les ouvriers apportent, à la guerre, des holocaustes sur l'autel « des classes dirigeantes » et qu'il faut savoir consentir des sacrifices pour « sa propre cause » (deux fois souligné), « pour les buts sacrés du socialisme ». Dans l'adresse de sympathie aux militants arrêtés et persécutés, il est dit que « la conférence s'engage solennellement à honorer ces combattants, morts et vivants, en suivant leur exemple », et qu'elle se donne pour tâche « d'éveiller l'esprit révolutionnaire du prolétariat international ».

Autant de répétitions de l'idée maîtresse de notre résolution : la lutte pour la paix *sans* action révolutionnaire est une phrase creuse et mensongère; le seul chemin de libération des horreurs de la guerre passe par la lutte révolutionnaire, pour le socialisme.

Mais voici de nouveau des formules incomplètes, inconséquentes, timorées : les masses sont conviées à imiter les champions révolutionnaires; il est dit que les cinq députés bolchéviks de la Douma déportés en Sibérie continuent « les glorieuses traditions révolutionnaires russes »; la nécessité est proclamée de « réveiller l'esprit prolétarien »; mais... il n'est point parlé, nettement, ouvertement, sans équivoque, des méthodes révolutionnaires d'action.

Notre comité central devait-il signer ce manifeste inconséquent et timoré? Nous pensons que oui. Notre désaccord — celui du comité central bolchévik uni à toute la gauche marxiste-révolutionnaire internationale de la conférence — est ouvertement précisé dans une motion spéciale, dans un projet de manifeste, dans une déclaration faite à l'occasion du vote du texte de compromis. Nous n'avons rien dissimulé de notre opinion, de nos mots d'ordre, de notre tactique. L'édition allemande de notre brochure : *Le Socialisme et la Guerre*, a été distribuée à la conférence. Nous avons répandu, nous répandons, nous continuerons à répandre nos opinions tout autant que sera répandu le manifeste. Que ce manifeste constitue *un pas en avant* vers la lutte réelle avec l'opportunisme, vers la rupture et la scission, c'est un fait acquis. Il serait d'un sectaire de se refuser à faire ce pas en avant *avec* la minorité des Allemands, des Français, des Suédois, des Norvégiens, des Suisses, alors que nous conservons notre pleine liberté de mouvement et la possibilité entière de critiquer les inconséquences présentes en travaillant pour de plus grands résultats (1). Ce serait une piètre tactique que de se refuser à marcher avec le mouvement international grandissant de protestation contre le social-chauvinisme, uniquement parce que ce mouvement « ne fait qu'un pas en avant », prêt à faire, désireux de faire demain un pas en arrière et de se réconcilier avec l'ancien Bureau Socialiste International. Le désir de se réconcilier avec les opportunistes ne se traduit encore que par des vœux. Les opportunistes accepteront-ils la paix? Est-elle objectivement possible, la paix, entre les tendances de plus en plus profondément opposées du social-chauvinisme, du kautskisme et du marxisme internationaliste? Nous pensons que non, et nous continuerons à suivre notre voie, encouragés par le succès remporté à la conférence des 5-8 septembre.

Car notre succès est hors de doute. Comparez les faits. En septembre 1914 paraît le manifeste de notre comité central, document isolé, semble-t-il. En janvier 1915, la conférence internationale des femmes adopte une pauvre résolution pacifiste, aveuglé-

---

(1) Que le Comité unitaire menchévik et les socialistes-révolutionnaires aient signé le manifeste, en diplomates, tout en conservant leurs relations avec *Nacha Zaria*, Roubanovitch et la conférence de juillet (Bruxelles) des s.-r. et des socialistes-nationaux russes, cela ne nous effraie pas. Nous avons assez de moyens pour combattre et démasquer une diplomatie pourrie. Elle se démasque elle-même. *Nacha Zaria* et la fraction Tchkhéidzé nous aident à démasquer Axelrod et Cie.

ment acceptée par le C. U. En septembre 1915, nous formons tout un groupe international de gauche, nous suivons notre propre tactique, nous introduisons dans le manifeste de Zimmerwald plusieurs de nos idées principales, nous participons à la création d'une commission socialiste internationale, c'est-à-dire en fait, d'un nouveau B. S. I. créé malgré l'ancien, sur la base d'un manifeste qui condamne carrément la tactique de l'ancien.

Les ouvriers de Russie qui ont suivi dans leur grande majorité notre parti et son comité central dès 1912-1914, verront maintenant, par l'expérience du mouvement socialiste international, que notre tactique se vérifie sur une arène plus grande encore et que nos idées sont partagées, de plus en plus, par les meilleurs éléments de l'Internationale prolétarienne.

N. LÉNINE.

11 octobre 1915.

La première conférence internationale

(Histoire de sa convocation. — Sa composition. — Sa physionomie idéologique)

L'initiative officielle de la convocation de la récente conférence appartient au parti socialiste italien. De fait la préparation et la convocation furent surtout l'œuvre du rédacteur de la *Berner Tagwacht*, R. Grimm.

La première question essentielle qui se posa fut celle-ci : quelle devait être la composition de la conférence? A quel critérium devait-on recourir en lançant les convocations? Fallait-il tenter de réunir d'authentiques social-démocrates de gauche, capables de former un groupe cohérent et d'élever le drapeau du marxisme militant, ou tenter de réunir tous les éléments actifs du mouvement ouvrier, désapprouvant plus ou moins l'attitude actuelle des partis officiels, disposés à combattre pour la paix, etc. ?

La résolution officielle des Italiens disait : convoquer les partis ou les fractions de partis — et, en général, d'organisations ouvrières — restés fidèles au principe de la lutte des classes et de la solidarité internationale, qui refusent les crédits de guerre, etc. Mais les organisateurs réels de la conférence furent enclins à en étendre autant que possible la composition et à convier, à toute force, des délégués du « centre » allemand. A la mi-juin eut lieu une conférence préliminaire, à laquelle assistèrent aussi des représentants du C. U. menchévik (P. Axelrod) et de notre comité central (G. Zinoviev). C'était au lendemain de la publication du manifeste de Kautsky, Haase et Bernstein contre les annexions, pour la paix. Il apparut que le plan des organisateurs était moins de réunir une conférence des gauches qu'une conférence du « centre », un peu mêlée de « gauches ».

Une déléguée autorisée de la « gauche » allemande se déclara pour la collaboration avec la « tendance Kautsky ». « Ne partageant pas les vues théoriques de Kautsky et de ses partisans, nous espérons les pousser à gauche », disait cette socialiste dont un des organisateurs de la conférence nous répéta les propos. Les organisateurs étaient absolument d'avis d'inviter le « centre allemand », représenté par Haase, Kautsky, Bernstein. D'aucuns même parlèrent d'inviter des opportunistes aussi avérés que Troelstra, Branting, etc. La proposition faite par notre C. C. de laisser à la gauche allemande — *Die Internationale* et *Lichtstrahlen* — le soin de décider de l'invitation du « centre » — fut repoussée. Une autre proposition faite par notre C. C., de convoquer à la 2ᵉ réunion préparatoire les gauches authentiques (Hollandais groupés autour de *Die Tribune*, Hoeglund pour la Scandinavie, *tessniaki* bulgares, partisans des *Lichtstrahlen* allemands, social-démocratie lettonne, etc.) fut également repoussée. P. Axelrod déclara officiellement que si Haase, Kautsky et leur « tendance » n'étaient pas invités, il se demanderait, lui, s'il pouvait participer à la conférence. L'évidence était qu'on s'orientait à droite vers l'union avec le « centre ». Il ne nous restait qu'à protester contre cette orientation et à prendre nos mesures pour la défense des droits des éléments vraiment révolutionnaires de la social-démocratie.

C'est dans ce sens — vers le rapprochement avec le « centre » — que fut, à n'en pas douter, dirigé tout le travail dans l'intervalle entre la réunion préliminaire et la conférence. On avait compté sans l'hôte ! Les organisateurs souhaitaient vivement se rapprocher du « centre »; le malheur fut que celui-ci ne voulut pas se rapprocher d'eux. A la conférence même, les rapports des organisateurs tracèrent une image très nette de la situation. Kautsky, Haase et Bernstein cherchaient un rapprochement avec les social-patriotes français du type Renaudel, — qui ne leur a d'ailleurs pas réussi non plus, en raison de la méfiance réciproque de ces nationalistes de marques différentes, — Ils n'ont pas voulu de rapprochement avec les éléments internationalistes de gauche.

La conférence s'est ainsi trouvée débarrassée de la présence de « kautskistes » francs, qui, feignant seulement de combattre les partis social-chauvins, sont en réalité les serviteurs du social-chauvinisme. Le manque de fermeté des « gauches » penchant vers le centre n'a pas fait grand mal, le *centre*, qui se sent beaucoup plus près des social-chauvins, n'ayant pas voulu aller au-devant des « gauches » indécises. Signe des temps. La situation objective est telle que toutes les illusions sur le centre doivent se dissiper. Kautsky et Cie travaillent pour nous, marxistes révolutionnaires. Les kautskistes ouvrent les yeux à tout le monde, poussant peu à peu à des attitudes intransigeantes les internationalistes les plus indécis. Garantie de ce que l'internationalisme irréconciliable triomphera tôt ou tard dans l'opposition. Ou avec le social-chauvinisme ou avec le marxisme militant : la vie même pose la question en ces termes.

L'orientation des organisateurs de la conférence vers le « centre » a pourtant eu un effet fâcheux sur la composition de la conférence, et, surtout, de la délégation allemande. L'Allemagne était représentée par 10 délégués; mais les internationalistes résolus n'étaient, dans cette délégation, que très faiblement représentés. La délégation allemande n'était pas unie. On y trouvait trois nuances. La majorité — 5 ou 6 personnes — avait à sa tête le député Ledebour, représentant des éléments de gauche qui oscillaient entre Liebknecht et Kautsky. Ledebour et ses amis ne votent pas les crédits de guerre; ils s'abstiennent au vote. Leur argumentation à la conférence fut la suivante : le vote d'un groupe entier de députés du Reichstag contre les crédits de guerre équivaudrait à la scission du groupe parlementaire social-démocrate, scission équivalente à son tour à celle du parti. Or, nous devons être patients, travailler à conquérir la majorité dans le parti. K. Liebknecht, en votant contre les crédits de guerre, en rompant avec la discipline du parti n'a fait que le jeu des droitiers. L'obligation de voter contre les crédits de guerre, Ledebour ne peut pas l'accepter. Cette question, les Allemands seuls peuvent la résoudre chez eux. — Telle fut l'attitude de la majorité de la délégation allemande.

Une autre nuance y était représentée par deux ou trois délégués (wurtembergeois) auxquels d'autres se joignaient sur certaines questions. Ces camarades, mécontents de l'abstention pure et simple au vote, se sentent plus près de Liebknecht. Mais ils manquent d'une vue générale du moment, hésitent à rompre avec le parti officiel — bien que ce dernier les ait exclus —; ils ne se sont pas encore débarrassés des traditions de la « vieille tactique éprouvée ».

La troisième nuance n'était représentée que par un délégué. Ce seul camarade soutint seul, sans réserves, la tactique de Liebknecht. Seul, il parla des social-chauvins et du « centre » sur le même ton que *Die Internationale* et *Lichtstrahlen*. La majorité de la délégation allemande observait, en réponse, vis-à-vis de ce camarade, une attitude profondément déloyale.)

A la conférence, la délégation allemande s'est trouvée sensiblement inférieure à ce que nous nous représentions, d'après la presse, de la gauche social-démocrate allemande. La majorité de cette délégation mit la conférence dans une situation intenable : la conférence des internationalistes ne put imposer cette chose élémentaire pour tout socialiste : le vote, aux parlements, contre les crédits de guerre. Ledebour avait ultimativement déclaré ne pouvoir accepter cette condition. Nous crûmes par moments avoir affaire, en Ledebour et ses amis, à des kautskistes.

Il seroit injuste de juger de la gauche allemande par Ledebour et ses amis. On donna lecture à la conférence d'une lettre officielle d'un représentant très en vue de la gauche allemande qui, sans le nommer, s'attaquait à Ledebour, exigeait « un verdict impitoyable contre les transfuges », insistait sur la nécessité de flétrir les hésitants, disait que la III° Internationale ne pourrait s'édifier que sur les ruines de la II°, etc. En outre, une lettre privée d'un autre militant de la gauche allemande, encore plus en vue, circulait parmi les délégués. L'auteur de ce dernier document considérait comme une grosse erreur l'essai de rapprochement avec Kautsky-Haase-Bernstein et concluait que la tendance « conciliatrice » du centre ne pouvait que suivre la gauche.

Peut-être la situation de la gauche allemande dans le pays, dans les organisations, *dans le rang*, est-elle beaucoup meilleure qu'elle ne s'est réflétée dans le miroir concave de la délégation Ledebour. En tout cas, la conférence a mis une chose hors de doute : la social-démocratie allemande a cessé, définitivement, de jouer son ancien rôle. L'héritage du passé y pèse encore trop lourdement sur les éléments d'opposition pour qu'ils puissent devenir les dirigeants de la nouvelle Internationale.

La France n'était représentée que par deux délégués : le syndicaliste Merrheim et le socialiste Bourderon. Cette petite délégation reflétait comme une goutte d'eau la situation transitoire du mouvement ouvrier français. La classe ouvrière est en France mieux jugulée que nulle part. L'ennemi occupe un sixième du territoire français; ce fait opprime la conscience des masses. Le syndicalisme et l'anarchisme ont fait banqueroute, tout comme le socialisme officiel. Les ouvriers ne croient plus à personne. Toutes les redondantes promesses révolutionnaires, toutes les grandes phrases sur l'insurrection en cas de guerre, tous les boniments sur l'action directe, tout cela s'est révélé creux. Guesde est ministre; Hervé est devenu crieur chauvin sur la place publique; Jouhaux est, de fait, un agent de la bourgeoisie française.

L'opposition ne fait que commencer dans la classe ouvrière française. La fermentation est partout. Les meilleurs éléments du mouvement ouvrier français sont au carrefour. Une formidable renaissance commence. Merrheim, vrai fils de la classe ouvrière française et son représentant talentueux, incarne ce processus nouveau et profond. Du syndicalisme, il va vers le socialisme. Mais avec circonspection, en scrutant les alentours, sans vouloir encore entendre parler de théorie marxiste (la « théorie » a été, pour bien des délégués, une sorte d'épouvantail), sans consentir encore à parler de III° Internationale.

Le parti socialiste italien avait envoyé quatre délégués. On sait que ce parti s'est séparé de ses social-chauvins, il y a trois ans, pendant la guerre italo-turque, justement parce que les opportunistes (Bissolati et autres) étaient devenus chauvins. Cette cir-

constance a facilité aux socialistes italiens l'adoption d'une attitude antichauvine dans la guerre de 1914-1915. D'autant plus qu'ils
avaient eu le temps d'observer les néfastes effets de la tactique
social-chauvine et que leur bourgeoisie pouvait plus malaisément
tromper les ouvriers en invoquant la « défense nationale ».

Qu'on ne croie pourtant pas que tout le parti socialiste italien
se place sur les bases du marxisme. La moitié de la délégation
(deux sur quatre) appartient à la gauche réformiste (les réformistes de gauche sont restés dans le parti après l'exclusion des
réformistes de droite). Le pacifisme est vivant dans cette tendance,
où l'on trouve même une nuance francophile; quoi qu'il en soit,
la résolution de combattre l'opportunisme, de bâtir la III' Internationale sans les opportunistes, malgré les opportunistes, leur fait
défaut. Les Italiens ont beaucoup de sincérité socialiste, de dévouement, d'honnêteté, mais n'ont pas encore une politique fermement
marxiste.

La fédération balkanique était représentée par deux hommes:
le *tessniak* bulgare Kolarov et le délégué du parti roumain Rakovsky. Les *tessniaki* bulgares sont marxistes. Ils ont soutenu dans
leur pays une longue lutte contre les liquidateurs — *appelés socialistes larges* — devenus maintenant de zélés disciples de Plékhanov. Les camarades *tessniaki* ont chez eux une excellente attitude
combattive. Dans l'Internationale, ils n'ont pas, pour l'instant,
autant de résolution. Rakovsky fait, dans sa nouvelle brochure, des
concessions à l'idée de « défense nationale »; à la conférence, il
s'est déclaré partisan de la reconstruction de la II' Internationale,
n'étant point désireux d'engager avec les opportunistes une lutte
à fond.

De Suède et de Norvège étaient venus les camarades Hoeglund
et Nehrman. De fortes organisations sont derrière eux. Les gauches
ont en Suède trois journaux quotidiens. A la Chambre, le groupe
Hoeglund compte treize députés; dans certains votes, le nombre
de ses adhérents monte à trente. Depuis de longues années, le
groupe Hoeglund combat, avec succès, l'opportuniste Branting.
En Norvège, l'organisation des jeunesses est le rempart de la
gauche. Les Suédois et les Norvégiens ont adopté des résolutions
détaillées sur la guerre, dans l'esprit même de notre comité central, avec lequel d'ailleurs les camarades scandinaves ont agi de
concert.

La Hollande n'était représentée que par la camarade Roland-
Holst qui occupe, dans son pays, une position médiane entre les
marxistes (*Die Tribune*, Gorter, Pannekoek) et les opportunistes.

La Pologne avait trois délégués : Radek (opposition social-
démocrate), Warski (direction du parti social-démocrate polonais)
et Lapinski (parti socialiste polonais).

La Suisse était représentée par Grimm, Naine, Platten.

La Russie l'était de la façon suivante : comité central (bolchéviks), Lénine et Zinoviev ; comité unitaire (menchéviks), Axelrod et Martov ; rédaction du *Naché Slovo*, invitée comme le *Bund*, on ne sait pourquoi, séparément du C. U., Trotsky ; parti socialiste-révolutionnaire, Bobrov (comité central) et Gardénine (rédaction de la *Vie*) ; social-démocratie lettone, Winter ; *Bund* juif, Klémansky (envoyé à titre d'informateur).

Ainsi, la conférence eut une composition assez disparate. A côté de marxistes convaincus, on y voyait des socialistes sentimentaux, des hésitants attirés par le « centre », des camarades influencés encore par le pacifisme, des partisans du réformisme et du syndicalisme que la situation actuelle pousse désormais dans d'autres sens, etc.

Dès le premier jour, une gauche marxiste cohérente de sept à huit personnes se forma. Elle eut parfois jusqu'à dix et onze représentants. On y trouvait : les délégués du C. C. du parti ouvrier social-démocrate russe, de la social-démocratie lettone, de l'opposition polonaise, de la Suède, de la Norvège et un délégué allemand. Cette gauche ne cessa d'agir avec un ensemble amical. Elle présenta un projet de résolution marxiste et un projet de manifeste. Elle défendit, seule, un programme entier et défini. Sur toutes les questions idéologiques et politiques, le duel se renouvela, en réalité, entre cette gauche et le groupe Ledebour.

Diverses décisions ont été prises contre notre gauche. La conférence n'a fait qu'un timide premier pas dans la voie que nous indiquons aux éléments internationalistes du socialisme. Elle n'a pas voulu prendre une résolution nette et claire sur la crise ; elle n'a pas voulu déclarer la guerre à l'opportunisme ni déployer le drapeau du marxisme. Peut-être ne pouvait-il en être autrement dans l'état actuel des choses. Le développement des événements est très lent. Mais il se poursuit. Comparez, pour vous en assurer, les résultats de Zimmerwald à ceux de la conférence encore plus timorée des femmes socialistes.

La vie est avec nous. La marche objective des événements accomplira son œuvre. MM. les social-chauvins et MM. les centristes prouveront eux-mêmes, par leurs actes, aux internationalistes hésitants, la justesse de la tactique intransigeante qu'on leur propose.

Arrêtons-nous, par exemple, sur la question de la III° Internationale. Les organisateurs de la conférence, les représentants de sa majorité, ont dit et disent ne pas vouloir bâtir la III° Internationale. L'*Avanti*, organe des Italiens, et la *Berner Tagwacht*, organe de Grimm, démontrent de maintes façons que la commission socialiste internationale élue à Zimmerwald n'est pas destinée à remplacer le Bureau Socialiste International et doit seulement contribuer à le faire renaître. Mais les événements ont leur propre logique. Nous allons voir ce que diront de la formation d'une C. S. I. les partis social-chauvins officiels.

Le cours objectif des choses et le développement de la lutte des tendances ont déjà empêché, malgré le vœu des organisateurs de la conférence, l'union de ceux-ci avec le centre. Le cours même des choses fera de la récente conférence — malgré la majorité de ses participants — la première pierre de la nouvelle Internationale. Les marxistes travailleront patiemment dans ce sens, sans faire de concessions idéologiques, mais aussi sans s'écarter de l'action pratique. Un jour viendra où tous les socialistes honnêtes s'écrieront avec nous :

« La II⁰ Internationale est morte, contaminée par l'opportunisme. Vive la III⁰ Internationale libérée de l'opportunisme ! »

11 octobre 1915.   G. ZINOVIEV.

Les marxistes révolutionnaires à la Conférence socialiste internationale (5-8 septembre 1915)

La lutte des idées mit aux prises, à la conférence, un groupe cohérent de marxistes révolutionnaires internationalistes et une droite formée d'à-peu-près-kautskistes hésitants. La cohésion du groupe marxiste fut l'un des faits les plus marquants, l'un des résultats les plus importants de la conférence. Après toute une année de guerre, la seule tendance de l'Internationale qui présentât une motion absolument nette — et en même temps, dans ce texte, un projet de manifeste —, la seule tendance qui réunit les marxistes conséquents de Russie, de Pologne, du pays letton, d'Allemagne, de Suède, de Norvège, de Suisse, de Hollande, fut celle que représente notre parti.

Quels arguments furent produits contre nous par les hésitants ? Les Allemands reconnaissaient que nous allons au-devant de batailles révolutionnaires; mais — disaient-ils — on ne peut tout de même pas crier sur les toits des choses comme la fraternisation dans les tranchées, les grèves politiques, les manifestations dans les rues, la guerre civile ! On les fait, on n'en parle pas. D'autres ajoutaient : enfantillage, bluff !

Les « à-peu-près-kautskistes » allemands se sont châtiés eux-mêmes pour ces propos contradictoires et évasifs jusqu'au ridicule, jusqu'à l'inconvenance, en votant un message de sympathie à la fraction parlementaire des bolchéviks (à ceux qui répandaient précisément notre organe central, le *Social-démocrate*, où il est parlé si haut de guerre civile), offrant la conduite de cette fraction en exemple édifiant.

Vous suivez, répondions-nous aux Allemands, le mauvais exemple de Kautsky : acceptation verbale de la révolution qui vient, refus, en réalité, d'en parler clairement aux masses, de les y appeler, d'indiquer les modes d'action les plus concrets, appliqués, éprouvés, légitimés par les masses dans le cours de la révolution. Marx et Engels, écrivant, en 1847, *à l'étranger*, — il paraissait abominable, aux philistins allemands, qu'on parlât à l'étranger des moyens d'action révolutionnaire! — appelaient, dans leur célèbre *Manifeste Communiste*, à la révolution, parlaient ouvertement du recours à la violence, déclaraient « méprisable » le souci de cacher les buts révolutionnaires, les problèmes et les méthodes de combat. La révolution de 1848 montra que Marx et Engels seuls abordaient les événements avec une tactique juste. En Russie, quelques années avant la révolution de 1905, dans la vieille *Iskra* (*l'Étincelle*) de 1901, Plékhanov, alors marxiste, écrivait des articles — alors publiés sans signature, en éditoriaux — sur la future insurrection et sur les moyens de la préparer, tels que les manifestations dans la rue. Il traitait même des procédés techniques tels que l'emploi de barrages, de fils de fer barbelés dressés contre la cavalerie. La révolution russe de 1905 montra que seuls les vieux militants de l'*Iskra* abordaient les événements avec une tactique juste.

Maintenant, l'alternative est la suivante : ou nous sommes réellement, fermement convaincus que la guerre va créer en Europe une situation révolutionnaire, que toute la conjoncture économique, sociale et politique de l'époque impérialiste mène à la révolution prolétarienne; alors notre devoir indiscutable est d'exposer aux masses la nécessité de la révolution, d'appeler les masses à la révolution, de créer les organisations indispensables, de ne pas craindre de parler de la façon la plus concrète des diverses méthodes de violence et de la technique de la violence. La révolution sera-t-elle assez forte pour vaincre? Se produira-t-elle après la première ou après la deuxième guerre impérialiste? Notre devoir indiscutable est indépendant de ces questions. Ou nous ne sommes pas convaincus d'avoir une situation révolutionnaire, et alors point n'est besoin de parler à vide de guerre à la guerre. Alors nous sommes, en fait, des politiques ouvriers nationaux-libéraux du type Sudekum-Plékhanov ou Kautsky.

Les délégués français ont aussi déclaré qu'à leur avis la situation actuelle amènerait une révolution. « Mais, ont-ils dit : 1° nous ne sommes pas venus ici pour *donner la formule de la III° Internationale*, et, 2° l'ouvrier français *ne croit à rien ni à personne*; il est débauché et rassasié de phrases anarchistes-hervéistes. » Le premier argument n'est pas raisonnable, car le manifeste de compromis de Zimmerwald « donne » tout de même « la formule de la III° Internationale », seulement une formule peu cohérente, inachevée, insuffisamment étudiée. Le deuxième argument est très important pour son contenu de faits, comme une appréciation de la situation spéciale de la France, non au sens de la défense nationale et de l'invasion, mais en ce qui concerne les points faibles du mouvement ouvrier français. De cette appréciation il résulterait que les socia-

listes français viendraient peut-être *avec une certaine lenteur* aux
actions révolutionnaires du prolétariat européen; il n'en découle
nullement que ces actions soient superflues. La question de savoir
avec quelle promptitude, par quels chemins, dans quelles formes
spéciales le prolétariat de différents pays est susceptible de passer
à l'action révolutionnaire, ne s'est pas posée, ne pouvait pas se poser
à la conférence. Les données nécessaires manquent encore. Notre
tâche est, pour l'heure, de faire ensemble la propagande d'une tactique appropriée à la situation. Les événements révéleront le rythme
et les aspects particuliers (nationaux, locaux, professionnels) du
courant général. Si le prolétariat français est démoralisé par la
phrase anarchiste, il ne l'est pas moins par le millerandisme; notre
affaire est de ne pas augmenter sa démoralisation de l'effet des la-
cunes de notre manifeste.

Merrheim lui-même a laissé tomber cette phrase caractéristique et profondément juste : « Le parti (socialiste unifié), Jouhaux
et le gouvernement sont trois têtes sous un seul bonnet ». C'est la
vérité. Une année de lutte des internationalistes français, contre le
parti et M. Jouhaux, l'a prouvé. Mais il n'est qu'une issue : on ne
peut pas combattre le gouvernement sans combattre les partis opportunistes et les chefs anarcho-syndicalistes. Or le manifeste ne
fait, au contraire de notre résolution, qu'indiquer ce devoir, sans
l'affirmer clairement.

Un Italien, qui s'opposait à notre tactique, a dit : « Ou vous
intervenez trop tard (la guerre ayant déjà commencé), ou vous intervenez trop tôt » (la guerre n'ayant pas encore créé les conditions
de la révolution); en outre vous proposez « une modification du
programme de l'Internationale », car notre propagande s'est toujours développée « contre la violence ».

Il nous fut facile de répondre, en citant Jules Guesde (*En
Garde*), que jamais aucun chef autorisé de la II* Internationale ne
contesta l'emploi de la violence et, en général, celui de mesures révolutionnaires directes. On a toujours dit que l'action légale, le
parlementarisme et l'insurrection se tiennent de près et que ces
modes d'action doivent inévitablement aboutir l'un à l'autre, selon
que se modifient les circonstances. Du même livre de Guesde nous
avons cité un passage, écrit en 1899, dans lequel l'auteur envisage
la probabilité de guerres pour les marchés et les colonies. Guesde
se demande « ce que deviendrait la solidarité internationale du prolétariat » s'il se trouvait, au cours d'une telle guerre, des Millerands
français, allemands, anglais?

Dans ces lignes, Guesde se condamnait lui-même, par avance.
Quant à l'inopportunité de la propagande de la révolution, cette
objection repose sur une confusion d'idées coutumière aux socialistes latins : ils confondent le déclenchement de la révolution avec
la propagande ouverte pour ce déclenchement de la révolution. Personne n'admet, en Russie, que la révolution de 1905 ait commencé

avant le 9 janvier 1905; mais la propagande de la révolution, au sens littéral du mot, la propagande et la préparation des actions de masses, des manifestations, des grèves, des combats sur les barricades, se poursuivaient alors depuis des années. L'ancienne *Iskra* bolchévique faisait cette propagande depuis 1900, de même que Marx avait commencé la sienne, analogue, en 1847, à une époque où il ne pouvait pas être question du *déclenchement de la révolution* en Europe.

Lorsqu'une révolution a commencé, les libéraux et ses autres ennemis aussi la « reconnaissent », la reconnaissent souvent pour la trahir et la tromper. Les révolutionnaires la prévoient *avant* qu'elle ne commence, savent son inéluctabilité, enseignent aux masses sa nécessité, montrent aux masses ses chemins et ses moyens.

L'ironie de l'histoire fait que c'est Kautsky et ses amis qui, après avoir tenté d'arracher, à la lettre, des mains de Grimm, l'organisation de la conférence, après avoir tenté de saboter la conférence des gauches (Grimm a révélé que les plus proches amis de Kautsky avaient fait des voyages dans ce dessein), ont précisément poussé *à gauche* la conférence de Zimmerwald. Par leur pratique, les opportunistes et les kautskystes démontrent l'excellence des positions qu'a prises notre parti.

N. Lénine.

11 octobre 1915.

Quelques thèses de la rédaction du « Social-Démocrate »

Les documents apportés dans ce numéro du *Social-Démocrate* montrent l'énorme labeur accompli par le comité central de notre parti.

C'est, en vérité, pour la Russie et pour l'Internationale, un exemple de travail social-démocrate accompli, pendant une guerre réactionnaire, dans les conditions les plus difficiles. Les travailleurs de Petrograd et de la Russie encourageront de toutes leurs forces ce travail et le pousseront plus avant, plus énergiquement, plus fortement, plus largement, dans la même voie...

Nous formulons ici, en tenant compte des indications des camarades de Russie, quelques thèses sur le travail quotidien de la social-démocratie russe.

1° Le mot d'ordre d' « Assemblée Constituante », donné comme se suffisant à lui-même, est faux, car toute la question est maintenant de savoir qui convoquera la Constituante. Les libéraux admettaient ce mot d'ordre en 1905, car on ne pouvait alors le comprendre que comme préconisant une assemblée réunie par le tsar et collaborant avec lui. Le meilleur mot d'ordre est celui des « trois piliers » (république démocratique; confiscation des domaines fonciers; journée de travail de 8 heures), complété par un appel à la solidarité internationale des ouvriers dans la lutte pour le socialisme, contre la guerre, pour la subversion révolutionnaire des gouvernements belligérants.

2° Nous sommes adversaires de la participation aux comités industriels de guerre qui prêtent leur concours à une guerre impérialiste et réactionnaire. Nous sommes partisans de l'utilisation de la campagne électorale, par exemple de la participation au premier scrutin, uniquement dans des buts d'agitation et d'organisation. Il ne peut être question de boycotter la Douma. La participation au premier tour de scrutin est absolument indispensable. Tant qu'il n'y a pas à la Douma de députés de notre parti, il importe d'exploiter du point de vue de la social-démocratie révolutionnaire tout ce qui se passe à la Douma.

3° Nous considérons comme les objectifs les plus urgents, les plus essentiels l'extension et l'affermissement du travail social-démocrate au sein du prolétariat, puis son extension au prolétariat rural, aux paysans pauvres, à l'armée. Le développement du mouvement gréviste commencé constitue la tâche la plus importante de la social-démocratie. Le développement doit être inspiré des mots d'ordre indiqués plus haut (« les trois piliers »). Il est nécessaire d'accorder, dans l'agitation, une grande place à la revendication de l'arrêt immédiat de la guerre. Les ouvriers ne doivent pas oublier, non plus, entre autres revendications, celle du retour immédiat des députés ouvriers de la fraction parlementaire du P. O. S. D. R. (1)

4° Les soviets de députés ouvriers et autres organes analogues doivent être considérés comme les organes de l'insurrection et du pouvoir révolutionnaire. Ces organes ne peuvent être d'une utilité réelle que selon l'extension de la grève politique des masses et de l'insurrection : au fur et à mesure de la préparation, du développement, du succès.

5° Le contenu social de la prochaine révolution russe ne peut être qu'une dictature révolutionnaire du prolétariat et des paysans. La révolution ne peut vaincre en Russie sans renverser la monarchie et les propriétaires fonciers qui représentent la loi d'esclavage. Ils ne peuvent être renversés sans un appui des paysans au prolétariat. Le progrès réalisé dans la différenciation sociale des petits propriétaires et des prolétaires ruraux n'a pas anéanti le despotisme des Markov et Cie dans les campagnes. Nous avons été et nous restons inconditionnellement partisans, dans tous les cas, de l'organisation *séparée* des *prolétaires* ruraux.

6° La tâche du prolétariat russe est d'achever en Russie la révolution démocratique-bourgeoise, *afin* d'allumer la révolution sociale en Europe. Cette deuxième tâche s'est extrêmement rapprochée de la première, mais reste pourtant spéciale et secondaire, car

____

(1) Alors exilés en Sibérie. — *Note du traducteur.*

il s'agit de *classes différentes* collaborant avec le prolétariat russe : dans le premier cas, la paysannerie petite-bourgeoise est son alliée; dans le second, l'allié, c'est le prolétariat des autres pays.

7° Ainsi que par le passé, nous considérons la participation des social-démocrates, avec la petite-bourgeoisie démocrate, au gouvernement révolutionnaire provisoire, comme admissible, mais *sans* les révolutionnaires-chauvins.

8° Nous appelons révolutionnaires-chauvins ceux qui veulent la victoire sur le tsarisme pour assurer la victoire sur l'Allemagne — pour le pillage d'autres pays —, pour assurer la domination des Grands-Russiens sur d'autres peuples de la Russie, etc. La condition de classe de la petite-bourgeoisie est la base du chauvinisme révolutionnaire. La petite-bourgeoisie oscille toujours entre la bourgeoisie et le prolétariat. Elle hésite maintenant entre le chauvinisme (qui l'empêche d'être révolutionnaire avec esprit de suite pour une révolution démocratique) et l'internationalisme prolétarien. Les porte-parole politiques de cette petite bourgeoisie sont en ce moment, en Russie, les travaillistes, les socialistes-révolutionnaires, *Nacha Zaria*, la fraction Tchkhéidzé à la Douma, le Comité unitaire menchévik, M. Plékhanov, etc.

9° Si les révolutionnaires chauvins vainquaient en Russie, nous serions contre la défense de *leur* patrie dans cette guerre. Notre devise est : contre les chauvins même révolutionnaires et républicains, pour l'alliance avec le prolétariat international dans un but de révolution socialiste.

10° A la question : le prolétariat peut-il jouer un rôle dirigeant dans la révolution bourgeoise de Russie? nous répondons par l'affirmative, si toutefois la petite-bourgeoisie incline à gauche dans les moments décisifs. Elle est poussée dans ce sens, en même temps que par notre propagande, par divers facteurs objectifs, économiques, financiers (charges de guerre), militaires, politiques, etc.

11° A la question : que ferait ce parti du prolétariat si la révolution le portait au pouvoir dans la présente guerre? nous répondons : nous proposerions à tous les belligérants la paix sur la base de la libération de toutes les colonies et de toutes les nationalités opprimées, dépendantes, infériorisées en droit. Ni l'Allemagne, ni l'Angleterre, ni la France n'accepteraient, avec leurs gouvernements actuels, cette condition. Nous devrions alors préparer et faire la guerre révolutionnaire, c'est-à-dire : ne nous contentant pas d'appliquer intégralement notre programme minimum, nous appellerions systématiquement à la révolte tous les peuples aujourd'hui opprimés par les Grands-Russiens, toutes les colonies, tous les pays assujettis de l'Asie (Inde, Chine, Perse, etc.) et aussi — en premier lieu — le prolétariat socialiste de l'Europe, contre ses gouvernements, malgré ses social-chauvins. Il est hors de doute que la victoire du prolétariat en Russie créerait des conditions remarquablement favorables au développement de la révolution en Asie et en

Europe. L'année 1905 *même* l'a prouvé. La solidarité internationale du prolétariat révolutionnaire est un fait, malgré la vilenie de l'opportunisme et du social-chauvinisme.

Nous publions ces thèses afin de provoquer un échange de vues entre les camarades. Nous exposerons nos opinions dans les numéros suivants de ce journal.

N. LÉNINE.

13 octobre 1915.

Les deux courbes de la Révolution

Dans le numéro 3 du *Prizyv* (*l'Appel*), M. Plékhanov essaie de poser la question théorique essentielle de la future révolution russe. Il cite un passage de Marx où il est dit que la révolution française de 1789 suivit une courbe ascendante, et la révolution de 1848 une courbe décroissante. Dans le premier cas, le pouvoir passa, peu à peu, des partis modérés aux partis de gauche, des constitutionnels aux girondins, puis aux jacobins. Dans le deuxième, ce fut le contraire (prolétariat, puis démocrates petits-bourgeois, puis républicains bourgeois et finalement Napoléon III). « Il est désirable, conclut notre auteur, d'orienter la révolution russe vers la courbe ascendante », c'est-à-dire que le pouvoir y appartienne d'abord aux constitutionnels-démocrates et aux « octobristes », puis aux travaillistes, puis enfin aux socialistes. On déduit naturellement de ce raisonnement que les éléments de gauche qui, en Russie, ne sont pas désireux de soutenir les cadets et les discréditent prématurément, sont bien déraisonnables.

Ce raisonnement « théorique » de M. Plékhanov constitue un exemple de plus de la substitution du libéralisme au marxisme. M. Plékhanov réduit tout à cette question : les milieux avancés avaient-ils des « notions stratégiques » justes ou non? Marx raisonnait autrement. Il indiquait un fait : dans ces deux cas, la révolution eut un cours différent. L'explication de ce fait, Marx ne la cherchait pas dans les « notions stratégiques ». Du point de vue marxiste, il serait ridicule de la chercher dans des notions. Elle est à rechercher dans le *rapport des forces des classes*. Marx écrivait qu'en 1789 la bourgeoisie française s'est unie à la paysannerie, tandis qu'en 1848 la démocratie petite-bourgeoise a trahi le prolétariat. M. Plékhanov connaît cette opinion de Marx mais la tait pour arranger Marx « à la Struhve ». Dans la France de 1789, il s'agissait de renverser l'absolutisme et la noblesse. La bourgeoisie, au degré de développement économique et politique auquel elle était arrivée, croyait à l'harmonie des intérêts, ne doutait pas de la stabilité de son règne et acceptait l'alliance avec les paysans. Cette alliance assura la victoire complète de la révolution. En 1848, il s'agissait du renversement de la bourgeoisie par le prolétariat. Celui-ci ne réussit pas à mettre la petite-bourgeoisie de son côté, et la trahison de celle-ci amena la défaite de la révolution. La courbe ascendante fut, en 1789, celle d'une révolution dans laquelle la masse du peuple vainquit l'absolutisme. La courbe ascendante fut en 1848 celle d'une révolution dans laquelle la trahison des masses petites-bourgeoises amena la défaite.

M. Plékhanov, en réduisant le problème à des « notions stratégiques » et non à des rapports entre les classes, a substitué au marxisme un idéalisme vulgaire.

L'expérience de la révolution russe de 1905 et de l'époque de contre-révolution qui suivit nous apprend que le mouvement eut chez nous deux courbes, deux classes — prolétariat et bourgeoisie libérale — se disputant l'influence dirigeante sur les masses. Le prolétariat agissait révolutionnairement, entraînant à sa suite la paysannerie démocratique, vers le renversement de la monarchie et des propriétaires fonciers. Que la paysannerie ait fait montre de tendances révolutionnaires, en un sens démocratique, voilà qui est démontré dans des proportions de *masse* par *tous* les grands événements politiques : insurrections paysannes de 1905-1906, troubles dans l'armée (mêmes années), « union paysanne » de 1905, activité des deux premières Doumas où les travaillistes-paysans se situent à la gauche des constitutionnels-démocrates et se comportent plus révolutionnairement que les intellectuels socialistes-révolutionnaires et travaillistes. On l'oublie, malheureusement, souvent, mais c'est un fait. A la 3ᵉ et à la 4ᵉ Douma, les paysans travaillistes montrèrent que, malgré toute leur faiblesse, les masses rurales avaient un état d'esprit *hostile* aux propriétaires fonciers.

La première courbe de la révolution démocratique bourgeoise de la Russie, vue dans les faits et non dans un bavardage « stratégique », se caractérise par l'action énergique du prolétariat suivi par la paysannerie hésitante. Ces deux classes marchaient contre la monarchie et les propriétaires fonciers. L'insuffisance de leurs forces et leur manque de résolution provoquèrent la défaite (bien qu'une brèche partielle ait été ouverte dans le rempart de l'autocratie).

La deuxième courbe est celle de l'attitude de la bourgeoisie libérale. Bolchéviks, nous soutînmes toujours, surtout après le printemps de 1906, que les k. d. (constitutionnels-démocrates) et les octobristes la représentaient en tant que force unique. Les dix années écoulées, de 1905 à 1915, ont confirmé notre point de vue. Dans les moments décisifs, les k. d. et les octobristes ont immanquablement trahi les démocrates, servi le tsarisme et l'autocratie. La courbe libérale de la révolution russe fut celle de l'apaisement et de l'éparpillement de l'effort des masses, pour la réconciliation avec la monarchie et la bourgeoisie. La situation internationale de la révolution russe et la force du prolétariat russe rendaient inévitable cette attitude des libéraux.

Les bolchéviks aidaient consciemment le prolétariat à suivre la

première courbe, à combattre avec une hardiesse doublée d'abnégation, à entraîner les paysans. Les menchéviks ont constamment dégringolé le long de la seconde pente, démoralisant le prolétariat en
adaptant son mouvement au libéralisme, à commencer par l'invitation aux ouvriers d'entrer dans la Douma de Boulighine (août 1904)
pour finir par le ministère k. d. en 1906 et le bloc avec les k. d.
contre la démocratie en 1907. (Du point de vue de M. Plékhanov —
observons-le par parenthèse — les « justes notions stratégiques »
des k.-d. et des menchéviks n'ont alors abouti qu'à une défaite.
Pourquoi? Pourquoi les masses n'ont-elles pas suivi les sages conseils de M. Plékhanov et des k.-d., répandus cent fois plus largement
que ceux des bolchéviks?)

Ces deux tendances — bolchévique et menchévique — seules
se sont manifestées dans la politique des masses en 1904-1908,
comme après, en 1908-1914. Pourquoi? Parce que ces tendances
seules avaient de profondes racines dans les classes sociales, les
bolchéviks chez les prolétaires, les menchéviks dans la bourgeoisie libérale.

Nous allons de nouveau, maintenant, vers la révolution. Chacun s'en rend compte. M. Khvostov lui-même parle d'un état d'esprit
des paysans rappelant celui de 1905-1906. De nouveau, nous sommes en présence des *deux mêmes courbes* de la révolution, du
même rapport entre les classes dont les changements d'aspect
correspondent aux modifications de la situation internationale. En
1905, toute la bourgeoisie européenne fut pour le tsarisme, l'aidant,
qui de ses milliards (les Français), qui par la préparation d'une
armée contre-révolutionnaire (les Allemands). La guerre européenne
s'est allumée en 1914; la bourgeoisie a partout vaincu, temporairement, le prolétariat, submergé par les eaux troubles du nationalisme
et du chauvinisme. En Russie, des masses populaires petites-bourgeoises, surtout la paysannerie, composent, ainsi que par le passé, la
majorité de la population. Les propriétaires fonciers les oppriment
en premier lieu. Au sens politique, elles sont souvent assoupies, souvent hésitantes entre le chauvinisme (« victoire sur l'Allemagne », « défense nationale ») et le révolutionnarisme. Ces hésitations sont traduites en politique par les populistes (*narodniki*),
travaillistes et socialistes-révolutionnaires d'un côté, et, de l'autre,
par les opportunistes (*Naché Diélo*, Plékhanov, groupe Tchkhéidzé,
C. U.) qui, depuis 1910, glissaient nettement vers la politique ouvrière libérale et, en sont arrivés, en 1905, au social-chauvinisme de
MM. Potressov, Tchérévanine, Lévitsky, Maslov (ou à exiger *l'unité*
avec ces gens-là).

Cette situation de fait détermine avec évidence les objectifs du
prolétariat. Une combattivité hardie contre la monarchie (mots
d'ordre de 1912, les « trois piliers »), une action entraînant toutes
les masses démocratiques, c'est-à-dire, principalement, les masses
paysannes. Simultanément, lutte sans merci contre le chauvinisme,

pour la révolution socialiste en Europe, à poursuivre en étroite union avec le prolétariat d'Europe. Les hésitations de la petite-bourgeoisie ne sont pas fortuites; elles dérivent de sa condition de classe. La crise militaire a *renforcé* les facteurs économiques et politiques qui la poussent — y compris la paysannerie — à gauche. Là se situe objectivement la possibilité de victoire d'une révolution démocratique en Russie. Que les conditions objectives de la révolution socialiste soient tout à fait mûres en Europe occidentale, nous n'avons pas à le prouver ici: tous les socialistes influents de tous les pays avancés le reconnaissaient avant la guerre.

Elucider les rapports entre les classes dans la prochaine révolution est la tâche principale des partis révolutionnaires. Le C. U., restant en Russie l'allié fidèle de *Naché Diélo*, l'élude et jette à l'étranger des phrases « avancées », dépourvues de signification. Trotsky résout mal ce problème dans *Naché Slovo* par la répétition de sa théorie de 1905, sans vouloir se demander pour quelles raisons la vie a passé, pendant dix années entières, outre à cette théorie.

La théorie originale de Trotsky emprunte aux bolchéviks l'appel à l'action révolutionnaire énergique du prolétariat, à la conquête du pouvoir politique; aux menchéviks, elle prend la « négation » du rôle du paysan. La paysannerie se serait, à l'admettre, différenciée; son rôle révolutionnaire possible n'a pas cessé de diminuer; une révolution « nationale » est impossible en Russie; « nous vivons à l'époque impérialiste » et « l'impérialisme n'oppose pas la nation bourgeoise à l'ancien régime, mais le prolétariat à la nation bourgeoise ».

Exemple amusant de l'art de jouer sur le mot *impérialisme*. Si le prolétariat se dresse déjà, en Russie, en face de la « nation bourgeoise », la Russie est sur le seuil de la révolution socialiste, et le mot d'ordre de « confiscation des domaines », — répété par Trotsky en 1915, à la suite de la conférence de janvier 1912, — est faux; il faut alors parler non d'un « gouvernement ouvrier » révolutionnaire, mais de « gouvernement ouvrier socialiste » ! On voit par cette phrase : le prolétariat entraînera par l'exemple de sa résolution « les masses populaires non prolétariennes » (!) à quel degré de confusion arrive Trotsky. Trotsky n'a pas songé que si le prolétariat entraîne les masses non prolétariennes des campagnes à la confiscation des domaines fonciers et à l'abolition de la monarchie, ce sera précisément l'achèvement de la « révolution bourgeoise nationale » en Russie — ce sera la dictature révolutionnaire-démocratique du prolétariat et des paysans!

Toute la décade — la grande décade — écoulée de 1905 à 1915, a montré l'existence de deux courbes et rien que de deux courbes, tracées par l'intérêt de classe, de la révolution russe. La différenciation sociale des paysans a intensifié la lutte de classe dans les campagnes, a éveillé bien des éléments politiques assoupis; elle a rapproché du prolétariat urbain le prolétariat rural (sur l'organisation *particulière* duquel les bolchéviks ont insisté depuis 1906, faisant introduire ce point dans le programme du congrès menchévik de Stockholm). Mais l'antagonisme de la « paysannerie » et des Markov-Romanov-Khvostov a grandi, s'est renforcé, s'est aggravé. Vérité si évidente que des milliers de phrases, dans des dizaines d'articles parisiens de Trotsky, ne réussiront pas à la démentir. Trotsky vient en réalité en aide aux politiques ouvriers libéraux de la Russie, qui, par « négation » du rôle de la paysannerie, entendent le désir de ne pas appeler les paysans à la révolution !

Là est aujourd'hui le clou de la question. Le prolétariat se bat et se battra pour la conquête du pouvoir, pour la république, pour la confiscation des terres, *c'est-à-dire* pour l'action de la paysannerie, pour l'utilisation complète de ses forces révolutionnaires, pour la participation des « masses populaires non-prolétariennes » à la libération de la Russie *bourgeoise* à l'égard de « l'impérialisme » (du tsarisme) militaire et féodal. Et, de cette libération de la Russie bourgeoise à l'égard du tsarisme et du pouvoir des propriétaires fonciers, le prolétariat russe tirera immédiatement avantage non pour appuyer les paysans cossus dans leur lutte contre les ouvriers ruraux, mais pour accomplir, uni aux prolétariats de l'Europe, la révolution socialiste.

20 novembre 1915.   N. LÉNINE.

Notre victoire

Dans tous les pays belligérants, les gouvernements et la bourgeoisie ont, de façon ou d'autre, essayé d'amener la classe ouvrière à participer pratiquement à la « défense » nationale. On ne peut faire la guerre sans ouvriers : cette vérité était bien connue en Angleterre, en France, en Allemagne. La bande du tsar ne s'en est souvenue qu'un an après la déclaration de guerre, Hindenbourg lui ayant convenablement rafraîchi la mémoire.

En revanche, la bureaucratie attribue maintenant une énorme importance à la participation ouvrière dans la « mobilisation des forces sociales » et la « défense nationale ». Le nouveau ministre *cent-noir, Khvostov*, au reçu de l'*oukaze* portant sa nomination, s'empressa de s'enquérir au ministère, par téléphone, du cours des élections dans les milieux ouvriers.

Faire intervenir les ouvriers russes dans la « défense nationale » c'est la tâche que la bourgeoisie libérale-octobriste — Konovalov, Goutchkov et *Cie* en tête — assume sur injonction du gouvernement. Diverses réunions ont été autorisées à Pétersbourg; des élections régulières d'électeurs ouvriers du second degré ont eu lieu. Puis une assemblée a réuni 170 de ces électeurs du second degré représentant plus de 200.000 ouvriers de la ville et a décidé que les ouvriers considèrent comme une *trahison* la participation des leurs aux comités des industries de guerre.

Cette décision est-elle juste? Question de point de vue. L'internationaliste dira : *Oui*, incontestablement. Le social-chauvin dira : Incontestablement, *Non*. Les camarades italiens qui ont voté contre les crédits de guerre s'expriment aussi contre la participation des ouvriers à tous les comités de guerre imaginables. Les social-chauvins d'Angleterre, de France et d'Allemagne en sont partisans. Ces messieurs du « centre », conciliateurs du social-patriotisme et de l'internationalisme socialiste, ne disent ni oui ni non, mais aident en réalité les social-patriotes. Nous observons ces divisions et en Europe et chez nous en Russie.

Les social-chauvins de tous les pays affirment que les masses ouvrières sont avec eux: qu'ils ne font, en défendant « la patrie », en proclamant « l'union sacrée » avec la bourgeoisie, qu'accomplir la volonté des masses. D'après des chiffres incomplets, 171.571 ouvriers ont désigné leurs électeurs du second degré. Le nombre des votants a plus tard dépassé 200.000. Leur réponse est celle des véritables masses ouvrières, non seulement du parti ouvrier, mais aussi *de la classe ouvrière*. Et cette réponse est plus qu'un soufflet à Goutchkov et à Konovalov, qui s'étaient donné tant de mal à l'occasion de ces élections, dont ils escomptaient un succès. C'est aussi un soufflet à MM. Plékhanov et Potressov. Plus : c'est une digne réponse au social-patriotisme international, à Sudekum comme à Vandervelde, à Kautsky comme à Guesde. La motion des ouvriers de Pétrograd est conçue dans un esprit internationaliste. Notre correspondant nous informe que les prolétaires se servirent, pour la rédiger, des articles du *Social-Démocrate*. Pendant que toutes les autorités de la IIe Internationale répètent avec la bourgeoisie : « la défense nationale est le premier devoir des ouvriers », la classe ouvrière de Russie, jeune mais riche de forces spirituelles, leur crie à tous : Vous mentez, messieurs, la défense nationale dans la guerre impérialiste est la trahison du socialisme, *les ouvriers n'ont pas de patrie!* En ce sens, la décision historique des ouvriers de Pétrograd a une profonde portée internationale.

L'imposante manifestation du prolétariat de Pétersbourg, sous le drapeau de l'Internationalisme révolutionnaire, constitue, sans la moindre exagération, l'événement actuel le plus important. Les conditions dans lesquelles se sont déroulées ces élections, ainsi que la lutte idéologique et politique des tendances et des groupes autour du scrutin, doivent être reconstituées avec une attention minutieuse.

Esquissons pour l'instant, brièvement, trois stades : *avant*, *pendant* et *après* les élections.

Avant, notre parti, représenté par son comité pétersbourgeois, et les social-chauvins représentés par le journal *Outro* (*Le Matin*), les collaborateurs de *Naché Diélo* et M. Plékhanov, sont les seuls à présenter au grand jour des plate-formes d'idées nettes.

Notre comité pétersbourgeois invitait les ouvriers à tirer parti des élections au premier degré dans un but d'agitation, mais s'exprimait catégoriquement, en vertu de l'opinion internationaliste sur la défense nationale, contre la participation aux comités d'industrie de guerre. Le n° 47 du *Social-Démocrate*, qui donnait les directives du comité pétersbourgeois, publia aussi une résolution des ouvriers de l'usine Lessner, défendant le même point de vue.

Autre était l'attitude des liquidateurs. A ce moment paraissait à Saint-Pétersbourg un journal social-patriote légal, *Outro* (*Le Matin*), qui parlait en qualité de représentant de toute la tendance. Le *Matin* soulignait sa parenté avec la fraction parlementaire Tchkéidzé, avec *Naché Diélo*, etc. Eh bien, nous lisons dans son numéro 2 les lignes ci-dessous :

« Il faut le dire fermement et nettement : les ouvriers entreront dans les comités d'industrie, non seulement lorsque les patrons leur en ouvriront courtoisement les portes, mais encore si ces portes sont fermées et si des mains calleuses de travailleurs doivent les ouvrir elles-mêmes ». (*Matin* du 19 août-1ᵉʳ septembre 1915.)

Deux opinions. Il n'est pas question, avant les élections, d'une troisième. La fraction Tchkhéidzé se tait, pendant que le *Matin* parle au nom de toute la tendance à laquelle appartient cette fraction. Le C. U. se tait. Son secrétariat étranger aussi. Les « conciliateurs » se taisent : ils n'ont pas encore imaginé d'attitude moyenne et ne savent pas qui a la majorité. Le journal de Paris, *Naché Slovo*, avec Trotsky, s'emploie à blanchir le *Matin* social-chauvin dont il qualifie les conceptions d' « internationalisme » ! (N° 19.)

Tel est le spectacle avant les élections.

Le comité pétersbourgeois de notre parti fait les élections avec une énorme tension de forces. Toute la presse bourgeoise, sans exclure la plus « démocratique », est contre lui. Contre lui se mobilise l'autorité de Plékhanov, de Kérensky, de Tchkhéidzé. La panique créée par de multiples défaites des armées du tsar gagne une partie des ouvriers. Les Allemands sont sous Riga et sous Dvinsk. Un flot de réfugiés inonde Pétersbourg et Moscou. Et pourtant, quand même, la majorité des ouvriers restent fidèles au drapeau de la social-démocratie révolutionnaire. Le comité pétersbourgeois remporte une glorieuse victoire.

L'assemblée des 170 électeurs du second degré a lieu. Les deux tendances s'y livrent au combat décisif.

Nous ne connaissons pas le texte de la motion proposée par les nationaux-liquidateurs. Il est hors de doute que tous ne parlèrent pas *nettement* pour la défense nationale. L'humeur des ouvriers russes ne s'y prête pas. Pour se concilier quelques éléments ouvriers, les liquidateurs doivent atténuer les divergences de vues et se grimer en révolutionnaires. On voit par l'article déjà cité du *Ma-*

tin comme ils brouillaient les cartes. Les ouvriers, y lisons-nous, « entreront » dans les comités d'industrie de guerre. N'allez pas croire néanmoins qu'ils y entreront pour la « défense nationale ». Le *Matin* a peur de le dire carrément. « Nous ne pouvons examiner ici la question générale de la participation à la défense nationale. Nous ne pensons pas, d'ailleurs, qu'elle doive avoir une influence décisive sur notre attitude envers les comités d'industrie ».

Comment! s'exclamera le lecteur stupéfait. Il est justement hors de doute que cette question, et nulle autre, doit déterminer en la circonstance l'attitude des ouvriers. Si nous sommes contre ce qu'on appelle la « défense nationale », si nous y voyons l'un des plus grands mensonges de notre temps, si nous trouvons que cette guerre n'est pas « juste », mais *mauvaise*, que c'est une guerre de négriers, ces opinions tranchent évidemment la question de notre participation à un comité dont le seul but est la « défense nationale », l' « organisation de la victoire ». C'est clair, semblerait-il, comme deux et deux font quatre. Mais nos national-liquidateurs ont là-dessus leurs idées. A leur avis, les comités industriels de guerre ne sont nullement des organisations de la bourgeoisie et des propriétaires fonciers pour la défense de *leur* patrie. Non; il faut y voir une preuve « de l'inquiétude des couches bourgeoises de la société (!)... une tentative pour maintenir l'ordre... » — « Les ouvriers ne doivent-ils pas participer à cette mobilisation, pour convier à l'organisation et cimenter leurs propres forces, pour formuler hautement leurs mots d'ordre, pour exercer leur influence sur le mouvement et l'organisation des autres couches sociales ? » (*Le Matin*, numéro 2.)

Par ce camouflage de leurs véritables buts, les social-patriotes de la tendance liquidatrice ont amené au « patriotisme » des éléments ouvriers intermédiaires, sans parti. Toutes les anciennes relations des liquidateurs ont été mises à contribution pour la cause de M. Plékhanov. De fait, un bloc des liquidateurs, de suiveurs de Plékhanov, de populistes (*narodniki*), d'hésitants et de sans-parti s'est réalisé contre notre parti. Notre victoire, celle de nos amis et coreligionnaires politiques de Pétersbourg, *n'en est que plus précieuse.*

Voyons maintenant ce qui s'est passé *après* les élections.

Le gouvernement était furieux de son échec. A Pétersbourg, il défendait aux journaux de dire mot de l'événement. La bourgeoisie fulminait contre les bolchéviks. Parbleu! En réalité, le problème se posait ainsi : les ouvriers suivront-ils Goutchkov et Konovalov ou la social-démocratie révolutionnaire? Goutchkov et Konovalov les tiraient, par une main, vers les comités d'industrie; Plékhanov et Levitsky les tiraient par l'autre main dans le même sens; prudemment, légalement — de la prudence, messieurs, de la prudence! — Tchkhéidzé les poussait par les épaules. On était si près du but. Et cette surprise!

Les *Rousskié Viédomosti* (*Les Nouvelles russes*) publient qu'à l'assemblée des électeurs ouvriers « les menchéviks, les populaires et les sans-parti » se sont prononcés *pour*, avec 80 voix, et les bolchéviks *contre* avec 90 voix. Nos correspondants de Pétersbourg nous confirment le fait et cette majorité de 10 voix. La presse légale russe, à laquelle les liquidateurs ont mille accès, ne dément pas l'information des *Rousskié Viédomosti*. Dans la presse libérale la plus gauche, on continue contre les bolchéviks une campagne forcenée. Les mêmes *Rousskié Viédomosti* des libéraux-populistes dénoncent notre anarchisme. Dans un article écrit au lendemain des élections, peut-être par un liquidateur en vue, le bolchévisme est accusé de « nous avoir suggéré une attitude hostile envers l'activité pratique des ouvriers dans le domaine économique, d'avoir nié le principe d'un congrès ouvrier, d'avoir imaginé le mot *liquidationnisme* pour l'appliquer avec mépris au désir des masses laborieuses de sortir de l'illégalité et d'exercer leurs puissantes facultés créatrices dans l'action légale ». Le bolchévisme, enfin, « s'insurge (!) contre le travail rationnel et persévérant dans le domaine social ». (*Rousskié Viédomosti*, n° 228.)

Le bolchévisme, voilà l'ennemi !

Mais qu'ont fait les liquidateurs et leurs amis après les élections ?

A Pétersbourg, M. Gvozdev, notable liquidateur, a procédé par... la délation (la tactique des Scheidemann amène aux procédés des Scheidemann). Un des électeurs des usines Poutilov aurait remis sa carte d'entrée à un camarade délégué par le parti. Acte tout à fait légitime — s'il est vrai — du point de vue d'un parti illégal qui n'aurait pu sans cela défendre ses opinions devant l'auditoire ouvrier. A l'assemblée des électeurs urbains de la Douma, à laquelle on ne pouvait assister que muni d'une invitation, tous les orateurs social-démocrates vinrent, paraît-il, sous des noms qui n'étaient pas les leurs. A l'assemblée décisive des électeurs ouvriers de la 2ᵉ Douma, autrefois, les délégués des menchéviks, des bolchéviks et des s.-r. pénétrèrent avec des convocations qui ne leur étaient point destinées. Mais nous en sommes arrivés là : M. Gvozdev, liquidateur notable, dénonce (avec, bien entendu, l'assentiment de ses amis) dans la presse des cadets — honte ! — l'ouvrier des usines Poutilov, Koudriachov, qui remit sa carte d'entrée à un bolchévik « pas même ouvrier » ! En raison de quoi les liquidateurs et les K. D. exigent un nouveau scrutin. Après ça, on peut tirer l'échelle.

Et à l'étranger ? Le secrétariat étranger du C. U. prenait hier, dans la *Berner Tagwacht*, sous sa protection, *Nacha Zaria* (ce que faisait personnellement Axelrod dans *Naché Diélo*). Que faire ? Comment s'en tirer ? Quelle version donner des élections pétersbourgeoises ?

Les « diplomates » officiels du C. U. se taisent. En revanche un anonyme (« de Copenhague ») lance dans la presse allemande la version suivante : Les partisans du C. U. à Pétersbourg — émerveille-toi lecteur ! — se sont ralliés avec zèle au boycottage. Ils ont réuni 53.000 voix — compte exact, demandez-le plutôt à Larine — pour le boycottage ; et leurs électeurs au second degré n'étaient que 170.

« Cette tendance (celle du comité unitaire, menchévik) se refusa complètement à participer à la désignation des électeurs du second degré... Sans droit de coalition... de tels scrutins ne peuvent qu'induire les ouvriers en erreur. Ce n'est que dans un congrès ouvrier général... que le prolétariat russe pourrait définir son attitude vis-à-vis de la guerre ». Ainsi s'exprime, sur la position de principe du C. U., le correspondant zélé « de Copenhague ».

Il suffit de lire ces lignes pour se rendre compte que le « correspondant de Copenhague »... compose mal une version fausse. Voyez plutôt. Nous n'avons pas une très haute opinion des capacités intellectuelles des partisans du C. U., mais nous n'avons pas non plus de raison de les considérer comme étant complètement idiots. Pour se refuser à participer à des élections auxquelles participèrent 200.000 ouvriers, pour s'y refuser parce qu'on n'a pas encore le droit de coalition, faisant ainsi le jeu des amis de Plékhanov et de Goutchkov qui ne souhaitaient rien tant que l'abstention des ouvriers internationalistes, il faudrait n'avoir rien dans la cervelle. Et tout ce raisonnement est bouffon.

Mais le numéro 1 de l'organe liquidateur Le *Matin Ouvrier* (*Rabotchéé Outro*, Saint-Pétersbourg, 15 octobre 1915, numéro paru après les élections) écarte tous les doutes. Ce journal démasque impitoyablement l'écrivain « de Copenhague ». Citons :

« Les propositions isolées de renoncer à l'élection des électeurs n'eurent pas de succès tant soit peu remarquable ». Il n'est pas question dans ce journal de 53.000 voix ni d'une troisième plateforme. Le plan du congrès ouvrier était précisément celui d'un groupe « qui avait réussi à se former de 81 électeurs » ; ce groupe faisait de la participation au comité industriel de guerre le point de départ d'un nouveau mouvement, plus large, d'organisation : celui de la lutte pour un congrès ouvrier. Le *Matin Ouvrier*, social-patriote, ne fait pas la moindre allusion à un désaccord entre la fraction Tchkhéidzé et les 81. Par une note spéciale, la rédaction de ce journal se solidarise avec la lettre du délateur Gvozdev, le « camarade » Gvozdev. Elle partage, contre les ouvriers internationalistes, « l'indignation » de M. Gvozdev, et trouve seulement que la protestation de ce dernier « n'aurait pas dû être adressée au comité central de l'industrie de guerre ».

Le tableau est on ne peut plus net. Deux camps sont en présence et deux seulement. Dans l'un, nos amis politiques défendant l'internationalisme. Dans l'autre, nos hommes d'affaires et nos « populaires » défendant les thèses de Plékhanov. Et aussi les gens du comité unitaire. Quant au correspondant de Copenhague... il ment à plaisir (1).

Comme tous les grands événements de la vie ouvrière, les élections, auxquelles ont participé à Pétersbourg 200.000 ouvriers, ont à nouveau mis en relief, avec vigueur, la situation de notre parti. Malgré les pires assauts de la répression, notre parti a son organisation cohérente, aux contours précis, et qui défend le drapeau de l'internationalisme et de la révolution. Les liquidateurs, après avoir, pendant des années, invoqué à grands cris « l'unité », sabotent de nouveau, cyniquement, la volonté des ouvriers, s'allient de nouveau, à une heure des plus graves, à un parti étranger — aux chauvins populistes, *narodniki* — contre le parti ouvrier social-démocrate russe. Le trotskisme, position conciliatrice, se révèle égal à zéro. On s'aperçoit qu'il n'y pas de place pour lui dans le mouvement ouvrier vivant, en Russie. Ou avec Tchkéidzé, *donc* avec Plékhanov et Goutchkov, ou avec le parti ouvrier social-démocrate russe bolchévik, donc contre Tchkhéidzé. En ces termes se pose la question.

Ce qui s'est passé à Pétersbourg entraîne de graves conséquences politiques. Nous ne savons pas si la minorité « patriotique » se décidera à saboter jusqu'au bout la volonté ouvrière et à entrer au comité industriel de guerre, en apprentissage chez Goutchkov. Les journaux nous informent que le « marxiste » Prokopovitch et le populiste Tchaïkovsky sont entrés au comité, d'après une décision des ouvriers. La majorité des ouvriers les flétrit en tout cas comme des *traîtres*. Le refus de participer au comité suppose la continuation de l'action *révolutionnaire*, le développement de la grève des masses, la lutte sous le mot d'ordre des « trois piliers ». Les ouvriers se sont moqués de la bourgeoisie en tirant parti de la possibilité qui leur était offerte d'affermir leur organisation, de serrer en politique les rangs. En formation plus compacte, ils intensifieront et élargiront leur action, gagneront au mouvement d'autres villes, les campagnes, l'armée.

G. ZINOVIEV.

12 Novembre 1915.

____

(1) Trotsky, lui non plus, ne s'est pas laissé distancer. Quelles qu'aient été ses querelles avec les liquidateurs, ils lui restent proches. Pas un mot chez lui de la feuille volante « patriotique » du comité unitaire, reproduite par le *Bund* juif. Pas un mot de blâme dans *Naché Slovo* sur le représentant des liquidateurs Gvozdev. La correspondance des *Rousskié Viédomosti* est reproduite en des termes propres à *N. S.*, de sorte que l'information sur « les populistes, les menchéviks et les sans-parti » a disparu. (Les diplomates de la *Vie*, socialistes-révolutionnaires, ont procédé de même; dans une lettre criarde, ils ont dit que les ouvriers de Saint-Pétersbourg sont restés à leur « poste glorieux »; ils n'ont pas soufflé mot de l'appui donné aux social-chauvins par les *narodniki*. En revanche, on trouve dans la gazette de Trotsky une profusion d'épithètes malsonnantes à l'adresse des bolchéviks « écervelés » dont l'audace démasque la fraction Tchkhéidzé, soutien de *Naché Diélo (Notre Cause)* et de l'*Outro (Matin)*. En revanche, Trotsky s'empresse de reproduire sans un mot de critique l'invention du « correspondant de Copenhague ». C'est, dans la langue de Trotsky, combattre pour *l'unité*, et défendre une politique internationaliste.

Au plus bas étage...

La transformation de certains social-démocrates radicaux et de marxistes révolutionnaires en social-chauvins est un phénomène commun à tous les pays belligérants. Le torrent du chauvinisme est si rapide, si tumultueux et si violent que, partout, un certain nombre de social-démocrates de gauche, gens sans caractère ou qui se survivent à eux-mêmes, s'y laissent entraîner. Parvus, qui s'était déjà montré aventurier dans la révolution russe, s'est laissé maintenant tomber, à en juger par le petit journal qu'il publie, *Die Glocke* (*La Cloche*) au... plus bas étage. Il intervient en faveur des opportunistes allemands d'un air très satisfait de lui-même et avec une inconcevable impudence. Il a brûlé tout ce qu'il avait adoré ; il a « oublié » la lutte qui s'était menée naguère entre les courants révolutionnaire et opportuniste, et l'histoire de ces courants dans la social-démocratie internationale. Avec la désinvolture d'un feuilletonniste assuré de l'approbation de la bourgeoisie, il donne de petites tapes sur l'épaule de Marx, le « corrigeant » sans ombre de conscience ni même d'application dans sa critique. Et avec quel mépris ne traite-t-il pas Engels ! Il intervient en faveur des pacifistes et des internationalistes en Angleterre, des nationalistes et des surpatriotes en Allemagne. Il appelle chauvins et laquais de la bourgeoisie les social-patriotes anglais ; mais, en même temps, il exalte comme des révolutionnaires les social-patriotes allemands et il donne l'accolade à Lensch, à Haenisch, à Grunwald. Il lèche les bottes de Hindenbourg, en affirmant à ses lecteurs que « l'état-major allemand agit en faveur de la révolution en Russie », et en imprimant des hymnes crapuleux en l'honneur de « cette incarnation de l'âme populaire allemande », de « son puissant sentiment révolutionnaire ». Il promet à l'Allemagne une transition sans douleur vers le socialisme par une alliance des conservateurs avec une partie des socialistes et par « les cartes de pain ». En vrai lâche qu'il est, il accorde une demi-approbation indulgente à la conférence de Zimmerwald, faisant semblant de n'avoir pas remarqué dans le manifeste de cette conférence les passages qui sont dirigés contre toutes les nuances du social-chauvinisme, y compris le patriotisme déguisé des Parvus, des Plékhanov, des Kolb et des Kautsky.

Dans les six numéros qui ont paru de sa petite feuille, il n'y a pas une seule pensée honnête, pas une seule preuve sérieuse, pas un article sincère. C'est un cloaque de chauvinisme allemand, caché sous une enseigne grossièrement barbouillée : au nom, soi-disant, des intérêts de la révolution russe ! Il est bien naturel que ce cloaque fasse l'objet de l'admiration des opportunistes : de Kolb et de la *Voix Populaire de Chemnitz*.

M. Parvus a la tête si dure, l'intelligence si grossière, qu'il ose proclamer publiquement que sa « mission » est de « servir de lien idéal entre le prolétariat allemand maintenant armé et le prolétariat russe révolutionnaire ». C'est assez d'avoir cité cette phrase bouf-

fonne pour exciter le rire des ouvriers russes. Si le *Prizyv* de
MM. Plékhanov, Bounakov et Cie a obtenu la complète approbation
des chauvins et de Khvostov en Russie, la *Cloche* de M. Parvus est
l'organe de l'apostasie et de la servilité la plus malpropre en Allemagne.

A ce propos, on ne peut se dispenser de noter encore un des
côtés utiles de la présente guerre. Non seulement elle massacre avec
« ses canons à tir rapide » l'opportunisme et l'anarchisme, mais elle
dévoile merveilleusement le jeu des aventuriers et des vagabonds
du socialisme. Pour le prolétariat, il est extrêmement avantageux
que l'histoire procède à ce nettoyage préalable à la veille de la révolution socialiste, et non dans le cours même de cette révolution.

20 novembre 1915.   N. LÉNINE.

Comment la politique social-chauvine se dissimule
sous des phrases internationalistes

Quel est le rapport des faits politiques à la littérature politique?
Des événements politiques aux mots d'ordre politiques? De la réalité
politique à l'idéologie politique? Ces questions ont en ce moment la
plus haute importance pour qui veut comprendre toute la crise de
l'Internationale, car toute crise, et même toute brisure dans l'évolution, mènent fatalement à une rupture des correspondances entre
la formule ancienne et le nouveau contenu. Nous ne nous arrêterons
même plus à ce fait que, de la société bourgeoise, sortent constamment de ces politiciens qui aiment à se dire hors-classe, et de ces
opportunistes qui aiment à se dire socialistes; gens qui trompent
consciemment et systématiquement les masses par les phrases les
plus pompeuses, les plus « à gauche ». Mais, à une époque de crise,
même chez les plus consciencieux acteurs du mouvement, on observe
à tout instant un écart entre les paroles et les œuvres. Et la grande
signification de progrès pour toutes les crises, même pour les plus
pénibles et les plus douloureuses, est notamment en ceci qu'avec
une admirable rapidité, une grande violence, une complète évidence,
elles dévoilent et rejettent la pourriture des vaines paroles (quand
bien même ces paroles seraient prononcées par des personnes de
bonne foi), la pourriture des institutions (quand bien même il y
aurait à la base les meilleures intentions).

Dans la vie de la social-démocratie russe, le gros fait de l'heure
présente, ce sont les élections des ouvriers de Pétersbourg aux comités des industries de guerre. Pour la première fois depuis le début
de la guerre, et seulement en cette occasion d'élections, les masses
prolétariennes ont été effectivement amenées à examiner et à résoudre des questions essentielles de la politique contemporaine; les
élections nous ont montré le véritable tableau de *ce qui est* dans la
social-démocratie considérée comme parti de masses. Et il s'est

trouvé qu'il n'existait là que deux grands courants : l'un, le courant révolutionnaire internationaliste, effectivement prolétarien, organisé par notre parti, marchait *contre la défense nationale;* l'autre, courant de « défense » ou social-chauvin, était formé par le bloc des gens de *Naché Diélo* (c'est-à-dire du noyau principal des liquidateurs), du groupe de Plékhanov, des populistes et des sans-parti; et ce bloc, notons-le, était soutenu par toute la presse bourgeoise et tous les Cent-Noirs en Russie, ce qui prouve l'essence bourgeoise et non prolétarienne de la politique de ce bloc.

Tels sont les faits. Telle est la réalité. Mais que dire des mots d'ordre et de l'idéologie? Le *Rabotchéé Outro* de Pétersbourg (n° 2, 22 octobre), le recueil du C. U. (*l'Internationale et la Guerre*, n° 1, 30 novembre 1915), les derniers numéros de *Naché Slovo* donnent une réponse sur laquelle doit méditer et méditer encore quiconque s'intéresse à la politique autrement que le *Pétrouchka* de Gogol ne s'intéressait à la lecture.

Examinons donc le contenu et la signification de *cette* idéologie.

Le *Rabotchéé Outro* de Pétersbourg est le document le plus important. C'est en effet dans ce journal qu'opèrent les chefs du mouvement liquidateur et du social-chauvinisme, avec le délateur Gvozdev. Ces gens connaissent parfaitement toutes les circonstances qui ont précédé les élections du 27 novembre et ce qui s'est produit au cours même de ces élections. Ces gens pouvaient jeter une légère draperie sur le bloc qu'ils ont formé avec ceux de Plékhanov, avec les populistes et les sans-parti; ils ont eu soin de jeter ce voile; ils n'ont pas dit un mot sur la signification de ce bloc, ni sur *les rapports quantitatifs* de ses divers éléments. Il leur était avantageux de dissimuler « ces menus détails » (M. Gvozdev et ses amis du *Rabotchéé Outro* possédaient sans aucun doute des données sur ce sujet); ils se sont tus. Quant à inventer un *troisième groupe,* autre que ceux des 90 et des 81, ils ne le pouvaient; il était impossible de mentir sur place, à Pétersbourg même, devant les ouvriers, en imaginant ce « troisième » groupe au sujet duquel nous conte de si jolies choses « un anonyme de Copenhague » dans la presse allemande et dans *Naché Slovo;* c'était impossible parce qu'il n'y a que les fous qui se décident à mentir même sachant que leur tromperie sera dénoncée sur le champ. Et c'est pourquoi le *Rabotchéé Outro* publie un article de K. Oransky (une vieille connaissance), intitulé : *Deux Positions;* l'auteur analyse de la manière la plus détaillée les positions du groupe des 90 et du groupe des 81; mais il ne dit pas un mot de la troisième position. Ici, il y a une observation à faire : la censure a mutilé le n° 2 du *Rabotchéé Outro* presque d'un bout à l'autre; on y trouve plus de blanc que de noir; mais on a épargné deux articles, précisément et seulement deux, celui d'Oransky et un feuilleton qui dénature dans le sens libéral l'histoire de 1905; deux articles où l'on insulte les bolchéviks, les accusant d'« anarchisme » et de « sabotage ». *Il est avantageux* au gouvernement tsariste que de pareilles choses soient écrites et imprimées. Ce n'est pas par hasard que de semblables discours jouissent du monopole de la légalité partout, dans la Russie du despotisme comme dans la France républicaine.

Par quels arguments le *Rabotchéé Outro* justifie-t-il sa position de « défense nationale » ou de « social-chauvinisme »? Exclusivement par des expédients, exclusivement par des phrases internationalistes! Notre position, disent ces messieurs, n'est pas du tout « nationale », pas du tout de « défense patriotique »; ce que nous exprimons — « ce qui n'est pas du tout exprimé chez les partisans de la première position (c'est-à-dire dans le groupe des 90) » — c'est que « nous ne pouvons rester indifférents à la situation du pays, à son salut, quand il est menacé « de défaite, d'écrasement ». Notre position, affirment-ils, était « effectivement internationale »; elle indiquait les voies et les moyens de « la libération » du pays; comme « le premier groupe (!), nous avons également jugé des origines de la guerre et de sa nature sociale et politique »; nous avons tracé « comme le premier groupe (!) le problème général d'une organisation internationale et d'un travail international du prolétariat » (sans blague!) « et de la démocratie pendant la guerre, à toutes les périodes, sans exception, du développement du conflit mondial ». Nous avons déclaré, affirment ces messieurs, dans notre mandat-programme, que « dans les circonstances sociales et politiques actuelles, la classe ouvrière ne peut prendre sur elle aucune responsabilité pour ce qui est de la défense du pays »; « résolument, nous nous sommes donnés avant tout aux tâches internationales de la démocratie »; « nous avons versé notre logique dans le courant des vives tendances qui ont eu pour étapes Copenhague et Zimmerwald » (voilà les hommes que nous sommes!). Nous sommes pour « la paix *sans annexions* » (les italiques sont du *Rabotchéé Outro*). Nous avons « opposé à la doctrine abstraite et à l'anarchisme cosmopolite du premier courant le réalisme et l'internationalisme de notre position, de notre tactique ».

N'est-il pas vrai que voilà un beau collier de « perles »! Mais, dans ce bel étalage de mensonges et de grossière ignorance, on peut discerner une certaine diplomatie, très rassise et *fort juste* du point de vue bourgeois. Pour influer sur les ouvriers, les bourgeois doivent se déguiser en socialistes, en social-démocrates, en internationalistes, etc., sans quoi il leur serait impossible d'agir sur l'opinion prolétarienne. Et le *Rabotchéé Outro* se déguise, se maquille, se met du rouge, fait sa toilette, lance des œillades, ne recule devant rien! Nous sommes prêts, dit cette feuille coquette, à signer cent fois si l'on veut le manifeste de Zimmerwald (belle gifle pour ceux des zimmerwaldiens qui ont signé ce manifeste sans protester contre la timidité du texte et sans faire de réserves!); nous signerons la résolution qu'on voudra sur le caractère impérialiste de la guerre, et nous ferons le serment qu'on voudra pour attester « notre internationalisme » et « notre esprit révolutionnaire » (par là, nous entendons « la libération du territoire » dans la presse censurée, la « révolution » dans la presse illégale); nous vous accorderons tout cela, nous ferons tout cela, pourvu... pourvu que l'on ne nous empêche pas d'appeler les ouvriers à entrer dans les comités des industries de guerre, c'est-à-dire à participer par notre tactique à la guerre de pillage, de réaction (« de défense nationale »).

Voilà le fait réel; tout le reste n'est que paroles. Voilà *seulement ce qu'il faut* à la police, à la monarchie tsariste, à Khvostov et à la bourgeoisie. Les bourgeois intelligents, en des pays plus intelligents, tolèrent la phrase internationaliste et socialiste, pourvu qu'on prenne part à la défense nationale : rappelez-vous les réflexions des journaux réactionnaires français sur la conférence de Londres, tenue par des socialistes de l'Entente. Chez messieurs les socialistes, vous le savez, c'est un tic — écrivait un de ces journaux — c'est une sorte de manie nerveuse qui les oblige à répéter tel ou tel geste, telle ou telle contraction musculaire, telle ou telle parole. Or, voyez : « Nos » socialistes ne peuvent pas dire quatre mots sans répéter : Nous sommes des internationalistes, nous sommes pour la révolution sociale. Ce n'est pas dangereux! C'est un simple tic; pour « nous » ce qui est important, c'est qu'ils soient partisans *de la défense* de la patrie.

C'est ainsi que raisonnaient les bourgeois français et anglais qui sont intelligents : si l'on participe à la guerre de pillage et qu'on s'en excuse par des phrases sur la démocratie, le socialisme, etc., n'est-ce pas vraiment avantageux pour les gouvernements de rapaces, pour la bourgeoisie impérialiste? Est-ce qu'il n'est pas avantageux à un monsieur d'avoir un valet qui jure devant le peuple que son maître consacre toute sa vie aux intérêts et à l'amour du bon peuple?

Le *Rabotché Outro* jure par Zimmerwald et, en paroles, se tient à l'écart du groupe de Plékhanov, déclarant (n° 2) qu'« en beaucoup de points, il n'est pas d'accord » avec ce groupe; mais, *en fait*, il s'entend avec le groupe Plékhanov *dans l'essentiel*, en fait, les deux groupes *marchent ensemble*, et avec toute la bourgeoisie, ralliant les institutions de « défense nationale » de la bourgeoisie chauvine.

Le C. U. non seulement jure par Zimmerwald, mais « signe » le manifeste d'un beau paraphe; non seulement il prétend se tenir à l'écart du groupe Plékhanov, mais il met en avant on ne sait quel anonyme A. M., qui, caché derrière son anonymat comme derrière une porte, écrit : « nous qui adhérons » (peut-être ce A. M. signifie-t-il deux « adhérents »?) « au Bloc d'Août, nous croyons nécessaire de déclarer ceci : l'organisation du *Prizyv* (de Plékhanov) a dépassé de beaucoup les limites tolérées dans notre parti, telles que nous les comprenons, et les membres des groupes de collaboration au *Prizyv* ne doivent pas avoir de place dans les rangs des organisations du Bloc d'Août ». En voilà des braves, ces « adhérents »! A. M. : c'est ainsi qu'il vous jettent la vérité en pleine figure!

Sur les cinq personnages qui composent « le secrétariat à l'étranger » du C. U., secrétariat qui a édité le recueil cité, pas un n'a osé risquer un si courageux aveu! Il en résulte donc que les cinq secrétaires sont opposés à une rupture avec Plékhanov (et, il n'y a pas si longtemps, P. Axelrod déclarait que le menchévik Plékhanov lui était plus proche que les bolchéviks internationalistes); mais craignant les ouvriers et ne désirant pas gâter leur « réputation », les cinq préfèrent se taire sur ce sujet, tout en laissant cependant parler un ou deux « adhérents » anonymes qui doivent briller d'un internationalisme peu dangereux et pas cher...

D'une part, un certain nombre de secrétaires, A. Martynov, L. Martov, Astrov, mènent une polémique avec *Naché Diélo*, et même Martov se prononce contre la participation aux comités des industries de guerre, mais en son nom personnel. D'autre part, Ionov, du *Bund*, se considère comme plus « à gauche » que Kossovsky, lequel représente la politique réelle de ce même Bund et est mis en avant plus volontiers par les bundistes qui veulent voiler leur nationalisme; or, ce Ionov prêche « un développement continué de l'ancienne tactique » (celle de la II° Internationale qui a amené le krach bien connu), « mais non point la liquidation de cette tactique ». La rédaction fait quelques réserves à double sens, diplomatiquement finassières, qui ne disent rien, pour atténuer l'effet de l'article de Ionov, sans protester contre *la substance*, le fond, contre la défense de ce qu'il y a de pourri et d'opportuniste dans « l'ancienne tactique ». Les anonymes A. M. qui « adhèrent » au Bloc d'Août, défendent nettement la *Nacha Zaria* : car ce journal, bien qu'il se soit « départi » de la position internationaliste, a repoussé la politique de l'Union Sacrée (Burgfrieden) pour la Russie, a reconnu la nécessité de rétablir immédiatement les liens internationaux et, « pour autant que nous sachions » (nous, les anonymes « adhérents », A. M.) « a approuvé l'exclusion de Mannkov de la fraction de la Douma ». O la belle défense! Et les populistes petits-bourgeois sont aussi pour le rétablissement des relations, et Kérensky lui aussi se prononce contre Mannkov; mais dire que des gens qui se sont déclarés pour la « non-résistance à la guerre » repoussent la politique d'Union Sacrée (Burgfrieden), c'est duper les ouvriers par de vaines paroles.

La rédaction du recueil du C. U. signe, à titre collectif, un article intitulé : *Dangereuses tendances*. Voilà un modèle de finasserie politique! D'une part, de bruyantes phrases de gauche contre les auteurs des appels à la défense nationale (contre les social-chauvins de Moscou et de Pétrograd). D'autre part, ils nous disent qu' « *il est difficile de déterminer de quels partis ont pu sortir ces deux déclarations* »? En réalité, il est hors de doute que les déclarations viennent « *des milieux* » de *Naché Diélo*, bien que les collaborateurs de cette revue — légale, bien entendu, — ne soient pas responsables de la déclaration illégale qui a été faite... Les gens du C. U. ont substitué à la question des racines idéologiques de ces déclarations, de l'identité complète de ces idées avec les tendances des liquidateurs, des social-chauvins, de *Naché Diélo*, ont substitué, disons-nous, une question absurde, alambiquée et absolument dénuée d'intérêt si ce n'est pour la police : la question de savoir *quel est l'auteur* de telle ou telle déclaration parmi les membres de tel ou tel *petit cercle*. D'une part, la rédaction gronde et tonne : serrons les rangs, internationalistes du Bloc d'Août, pour « la résistance la plus énergique aux tendances de défense nationale » (129), pour « une lutte implacable » (126); mais, d'autre part, tout à côté, cette phrase de faux joueur : « la tendance de la fraction de la Douma soutenue par le C. U. n'avait pas rencontré » (jusqu'à présent) « d'opposition ouverte » (129)!

Et cette tendance, cette ligne, comme le savent fort bien les auteurs, consiste en l'absence de toute tendance, de toute ligne de conduite et en la défense dissimulée de *Naché Diélo* et du *Rabotchéé Outro*...

Prenez l'article le plus « à gauche » et le plus net de principes du recueil, celui de L. Martov. Il suffit de citer une phrase de l'auteur, qui exprime sa pensée essentielle, pour juger sûrement de la nature de ses « principes ». « Bien entendu, si la crise actuelle amenait la victoire de la révolution démocratique, de la république, le caractère de la guerre serait radicalement modifié » (116). C'est d'une fausseté criante. Martov ne pouvait pas ignorer que la révolution démocratique et la république sont une révolution et une république bourgeoises-démocratiques. Le caractère de la guerre entre les grandes puissances bourgeoises et impérialistes ne serait pas modifié d'un *iota* si, dans une de ces grandes puissances, l'impérialisme militaire-absolutiste-féodal était balayé, car l'impérialisme purement bourgeois ne disparaîtrait pas pour cela, mais au contraire *serait renforcé*. C'est pourquoi notre journal, dans son numéro 47, thèse 9, a déclaré que le parti du prolétariat de Russie n'acceptera pas de défendre, dans la présente guerre, même la patrie des républicains et des révolutionnaires, tant qu'ils resteront chauvins, tel Plékhanov, tels les populistes, tel Kautsky, tels ceux de *Naché Diélo*, Tchkhéidzé, le C. U., etc...

Et Martov ne peut nullement se dérober par la phrase évasive contenue dans la remarque de la page 118, où, malgré ce qu'il vient de dire à la page 116, « il doute » que la démocratie bourgeoise puisse mener la lutte « contre l'impérialisme international » (bien entendu, elle ne le peut pas); « il se demande » si la bourgeoisie ne transformera pas la république de 1793 en une république de Gambetta et de Clemenceau. La fausseté essentielle de la théorie demeure : en 1793, la classe avancée de la révolution bourgeoise en France guerroyait contre les monarchies prérévolutionnaires d'Europe. Or, la Russie de 1915 guerroie non plus contre des pays arriérés, mais contre des pays plus avancés, qui sont à la veille de la révolution *socialiste*. Cela signifie que le rôle des jacobins de 1793, dans la guerre de 1914-1915, ne peut être joué que par le prolétariat qui accomplit une victorieuse révolution socialiste. Cela signifie que le prolétariat russe, dans la guerre actuelle, ne pourrait « défendre la patrie », ne pourrait estimer « que le caractère de la guerre est radicalement modifié », que *dans le cas exclusif où* la révolution amènerait au pouvoir précisément le parti du prolétariat, car c'est alors ce parti qui pourrait diriger toute la violence de l'élan révolutionnaire et de l'appareil gouvernemental vers la réalisation immédiate d'une alliance avec le prolétariat socialiste d'Allemagne et d'Europe (*Social-Démocrate*, n° 47, thèse 11).

Martov termine l'article où il jongle avec des phrases *à effet* par un appel *à effet*, adressé à la social-démocratie de Russie, l'invitant, « dès le début de la crise politique, à prendre une position nettement révolutionnaire-internationaliste ». Si le lecteur se demande quelle pourriture pourrait être cachée sous cette belle enseigne, et veut s'en rendre compte, qu'il se demande aussi ce que signifie, en termes généraux, occuper une position dans la politique? C'est : 1° formuler, au nom d'une organisation (quand ce serait celle des cinq secrétaires) une appréciation du moment et de la tactique, par une série de résolutions; 2° donner un mot d'ordre de combat pour le moment; 3° joindre l'un et l'autre à *une action* des *masses* prolétariennes et de leur avant-garde consciente. Martov et Axelrod, leaders des « cinq » pour les idées, non seulement ne donnent ni le premier point, ni le second, ni le troisième, mais, en fait, dans ces trois domaines, accordent *leur aide aux social-chauvins*, en les couvrant! En seize mois de guerre, les cinq secrétaires à l'étranger n'ont occupé aucune position « nette », aucune position basée en général sur un programme de tactique. Martov oscille, allant tantôt à gauche, tantôt à droite; Axelrod ne se pousse qu'à droite (voyez notamment sa brochure en allemand). Rien de net, rien de formulé, rien d'organisé, aucune position! « Le mot d'ordre essentiel, central, de combat en ce moment, — écrit Martov, parlant en son propre nom, — pour le prolétariat de Russie, doit être dans une Assemblée Constituante de tout le peuple pour la liquidation du tsarisme et de la guerre ». C'est un mot d'ordre qui ne vaut absolument rien, qui n'est pas du tout central et pas du tout combatif, car ce qui y manque principalement, c'est l'essentiel, c'est un contenu de classe, de politique sociale définie, qui donnerait la notion de cette double « liquidation ». C'est une vulgaire phrase de démocrate bourgeois, et non pas un mot d'ordre central, combatif, prolétarien.

Enfin, dans l'essentiel, pour ce qui est de la liaison avec *les masses* en Russie, Martov et Cie s'en tiennent non seulement à un zéro, mais à un *minus*. Car il n'y a personne derrière eux. Les élections ont prouvé qu'il n'existe de masses que derrière le bloc de la bourgeoisie et du *Rabotchéé Outro*; quand on allègue le C. U. et la fraction de Tchkhéidzé, on montre seulement la fausse couverture de ce bloc bourgeois.

21 décembre 1915. N. LÉNINE.

Torturé jusqu'à la mort...

V. *Lomtatidzé* aura donc été torturé, au sens propre du mot, par le gouvernement tsariste, jusqu'à ce que mort s'ensuive. Durant plus de *huit* années (depuis juin 1907) on l'a gardé enfermé; même à la veille de son agonie, il ne lui fut pas donné de respirer un peu de liberté. On l'envoie d'abord, entravé de lourdes chaînes, aux travaux forcés; puis il passe de prison en prison; et c'est enfin dans l'infirmerie spéciale du pénitencier de Saratov, seul, abandonné à la dernière misère, à toutes les privations, que s'est éteint lentement notre camarade, atteint d'une maladie qui ne pardonne pas.

V. Lomtatidzé (également connu sous le nom de *Hassan*) fut un révolutionnaire profondément dévoué à l'émancipation de notre pays. Et c'est pour cela que Nicolas-le-Sanglant, qui fait maintenant une « juste » guerre, l'a supprimé par un lent supplice.

Les ouvriers russes n'oublieront pas la tombe solitaire de l'honnête révolutionnaire V. Lomtatidzé, qui fit le sacrifice de sa vie pour la cause de la liberté.

21 décembre 1915. G. Z.

Ils rentraient en rampant dans la légalité !

Le parti des social-chauvins russes est entré en rampant dans la légalité. Ses liquidateurs se sont définitivement groupés en parti ouvrier. C'est en cela que se trouve le sens politique des derniers événements qui se sont produits dans le mouvement ouvrier de notre pays.

C'est depuis 1910, depuis les premières années de la contre-révolution, que dure et se prolonge cette transformation. Le noyau du menchévisme accomplit heureusement son évolution qui a pour but de liquider. Le parti de liquidation devient, en fait, le parti ouvrier de Stolypine. Vers 1912, le mouvement liquidateur avait tellement mûri que la conférence de janvier dut — c'est maintenant évident pour tout le monde qu'*elle avait absolument le droit* d'agir ainsi — dut, disons-nous, exclure les liquidateurs du parti. Et si les liquidateurs ne réussissent pas avant 1915 à rentrer définitivement dans la légalité, c'est seulement parce que la réaction, obtuse et imbécile, ne veut pas faire les premiers pas, même vers ces politiciens libéraux du mouvement ouvrier.

Maintenant, le tableau est tout différent. Jamais encore la monarchie tsariste n'avait eu un tel besoin d'être soutenue au moins par une petite partie des ouvriers; — jamais autant qu'à présent, pendant la guerre européenne. L'amère nécessité l'oblige à accepter des pourparlers. La nécessité s'impose, elle fait des grâces, elle chante sa chanson... et quelle que soit la frénésie des représentants d'une monarchie de Cent-Noirs, — de tous ces Khvostov, Sturmer, Raspoutine et Cie, — ils ne peuvent maintenant faire la moue devant l'idée d'une alliance avec le parti libéral ouvrier.

D'autre part, les liquidateurs ne sont jamais tombés si bas qu'à présent, jamais ils ne sont descendus à un tel degré d'avilissement politique, d'asservissement, de servilité, maintenant que le mouvement liquidateur se transforme et se développe en social-patriotisme, maintenant qu'aux yeux de tous se manifeste l'épopée honteuse et malpropre des Gvozdev. Et c'est pourquoi, jamais encore les liquidateurs ne furent des alliés si désirables (et si désirés) pour le tsarisme.

L'histoire a voulu que la formation définitive du parti ouvrier de Stolypine (ou de Khvostov) en Russie se produisît juste au moment de la guerre, alors que tout est dominé par l'état de siège et la censure militaire, alors que la classe ouvrière a pieds et poings liés, alors que la réaction sévit avec une violence inconnue jusqu'à présent. Mais cela n'est pas un hasard. Dans toute l'Europe, la crise de la guerre a montré, avec une extraordinaire évidence, le même tableau : jamais encore il n'avait été si visible, si clair, si sensible, que les révisionnistes, les opportunistes, les social-patriotes, en Allemagne, comme en France, comme en Angleterre, sont tout simplement les agents de la bourgeoisie et du gouvernement. Dans tous les pays belligérants, la situation est exactement la même, et même en Amérique, même en Australie, nous assistons au même phénomène: tous les opportunistes se sont montrés comme les traîtres fieffés de la cause ouvrière, comme les instruments directs de la bourgeoisie chauvine. Partout, le mouvement ouvrier s'est divisé en deux camps : celui des social-patriotes, qui se sont rejetés définitivement vers la bourgeoisie, et celui des socialistes révolutionnaires qui ont été forcés de lutter contre les social-chauvins exactement comme ils étaient forcés de lutter contre la bourgeoisie.

Dans ces derniers mois, nous voyons, en Russie, comment le social-chauvinisme se consolide, s'organise, se manifeste de plus en plus franchement, de plus en plus impudemment. On ne peut nier qu'il acquière une certaine force chez nous-mêmes. Cela s'explique très simplement. Les liquidateurs *seuls* étaient impuissants dans le mouvement ouvrier. Le gouvernement des Cent-Noirs *seul* était également impuissant dans la propagande qu'il menait parmi les ouvriers. Mais lorsque le mouvement de liquidation, d'une manière ou d'une autre, *s'unifia* avec le gouvernement tsariste; lorsque Khvostov donna la main aux social-chauvins; lorsque l'alliance des opportunistes avec le gouvernement fut un fait accompli et que le soutien accordé à cette union par la bourgeoisie libérale prit des proportions inconnues jusqu'à présent : alors cette alliance, tout naturellement, prit une certaine signification dans le mouvement ouvrier de Russie; alors cette alliance fut en état, pour un temps, d'entraîner les couches arriérées de la classe ouvrière.

Le tableau des élections aux comités des industries de guerre à Pétersbourg et à Moscou a montré clairement qu'il en était bien ainsi. Voici quelques chiffres sur les élections de Moscou. Dans la fabrique Schrader travaillent 1.105 ouvriers, et l'élu a obtenu 59 voix; chez Giraud, 3.268 ouvriers, — ont voté 198; à la Société Métallurgique de Moscou, 3.048 ouvriers, — ont voté 102.128; dans l'entreprise Postavchtchik, 8.557 ouvriers, — ont voté 127-295; à la Dynamo, 1.500 ouvriers, — ont voté 74, etc... A Pétersbourg, un exact calcul des forces a démontré d'une façon irréfutable que la majorité était pour les internationalistes. Et à Moscou et à Pétersbourg, les gens de « la défense nationale », même en ce dur moment, n'ont entraîné que la minorité ouvrière. Et cependant « ils ont vaincu ». Pourquoi? Parce qu'ils étaient soutenus par toute la bourgeoisie et par le gouvernement tsariste. Parce que notre presse est étouffée et que leur presse jouit du monopole de la légalité. Parce que *notre* parti est poursuivi par le fer et par le feu, tandis que le leur allume dans la rue des feux de Bengale. Parce que les idées « de la défense nationale » sont répandues maintenant par toute la presse gouvernementale, par toute la presse bourgeoise et par celle des liquidateurs, et que cet opium « patriotique » est présenté aux ouvriers sous l'apparence des idées de la social-démocratie.

Figurez-vous pour un instant qu'à l'époque où triomphait le régime de Zoubatov, toute l'aile droite de la social-démocratie se soit jointe au gouvernement; figurez-vous qu'au nom d'un Zoubatov se soient ajoutés les noms de Plékhanov, de Potressov, de Véra Zasoulitch, de Prokopovitch, de Maslov, de Tchérévanine, d'Axelrod, de Kouskova et d'autres. Bien entendu, il aurait été alors beaucoup plus facile au gouvernement tsariste de duper une partie des ouvriers, au moins dans les premiers temps. Or, c'est précisément un tableau de ce genre que nous voyons en ce moment. La conduite des partis social-patriotes officiels de l'Occident et le krach de la IIe Internationale facilitent extrêmement aux liquidateurs russes leur sombre trahison envers le socialisme.

A la commission du budget de la IIe Douma, le ministre Cent-Noir Khvostov a déclaré tout nettement que, bien que le gouvernement sache parfaitement l'opposition dont il est l'objet de la part des ouvriers partisans de la coopération aux comités des industries de guerre, ce même gouvernement traite pourtant ces ouvriers tout autrement qu'il n'agit à l'égard des travailleurs « défaitistes ». Il les a autorisés à organiser ouvertement leurs groupes, à parcourir les provinces pour la propagande en faveur des comités des industries de guerre, etc... Bien plus, le gouvernement serait assez disposé à permettre un congrès ouvrier de toute la Russie organisé par eux.

En France, dans les années qui suivirent 1870, en raison, en particulier, de la croissance du nationalisme parmi les ouvriers français, se tinrent des congrès dans lesquels une partie du prolétariat français reniait ouvertement le socialisme. Des congrès ouvriers *de ce genre* sont maintenant offerts à l'imagination de nos Khvostov. Et, sans aucun doute, si cela dépendait seulement des liquidateurs, si, parmi les masses ouvrières de Russie, les traditions révolutionnaires n'étaient point vivantes, si, parmi les ouvriers les plus avancés, n'était vivante la haine, et vivant le mépris à l'égard des Khvostov revêtus de la peau « du socialiste », les espérances du gouvernement des Cent-Noirs ne seraient point dépourvues de toute raison.

Il a fallu dix-huit mois de guerre et une série de cruelles défaites pour que le gouvernement des Cent-Noirs fît les premiers pas vers les politiciens libéraux ouvriers en Russie. Maintenant encore sont possibles des hésitations et des modifications de courant. Maintenant encore, Khvostov tire un peu sur les rênes. Le parti cadet, jusqu'à présent, n'est pas encore officiellement légalisé. Mais c'est un fait que, pendant la guerre, les liquidateurs *sont entrés en reptiles dans la légalité*, de même qu'y étaient entrés, en rampant, bien plus tôt, les cadets. *Naché Diélo*, le recueil *Samozachtchita*, *Nach Goloss*, *Rabotchéé Outro*, voilà les organes légaux du parti ouvrier des Khvostov à l'heure présente. Demain, ces publications peuvent devenir plus nombreuses. Les groupes existants dans les comités des industries de guerre sont les points d'appui de ce parti. Demain ces groupes peuvent diminuer en nombre; une partie des ouvriers, sans aucun doute, comprendront bientôt la duperie. Ces points d'appui peuvent se présenter plus tard sous un autre aspect, mais ils existeront dans le pays comme dans la Douma. A l'égard de la fraction Tchkhéidzé, la bourgeoisie et le gouvernement peuvent manifester de l'indulgence : c'est parce que cette fraction, à son tour, traite avec indulgence le parti ouvrier de Khvostov.

Les social-patriotes de Moscou ont déclaré ouvertement : Nous entrons dans les comités tsaristes parce que nous sommes partisans de la défense « de la patrie » dans cette guerre. Cette déclaration ouverte n'a pas plu aux diplomates de la liquidation. Ils préfèrent la déclaration des social-patriotes de Pétrograd qui, à la réunion électorale, parlaient de la même façon, mais dans leur déclaration, se sont dissimulés derrière la formule : « Nous laissons ouverte la question de « la défense nationale », nous ne marchons que pour l'organisation de nos forces, que pour « utiliser » la situation ».

C'est duper doublement les gens. Sudekum et Legien, au début de la guerre, faisaient aussi semblant d'indiquer qu'ils n'agissaient que dans l'intérêt de « l'organisation », pour la conservation des journaux ouvriers, des caisses syndicales, etc.; c'est pour cela qu'ils allaient au-devant des désirs du Kaiser. Millerand et Briand, lorsqu'ils entrèrent pour la première fois dans un gouvernement bourgeois, ne disaient pas non plus qu'ils s'étaient vendus à la bourgeoisie, mais affirmaient qu'ils entraient au ministère pour défendre les intérêts ouvriers. Lorsque l'on vient nous raconter que les liquidateurs entrent dans les comités de guerre pour les « utiliser », on prétend duper de la façon la plus ignoble les ouvriers. Un aveugle même pourrait voir que ces comités tsaristes, en fait, se servent des ouvriers, et non point à l'inverse. « L'utilisation » a ses bornes. Il n'est pas permis de s'affilier à la police secrète, aux fins « d'utilisation »... L'organisation est nécessaire aux ouvriers, elle leur est chère : mais une organisation pour la lutte *contre* l'impérialisme, et non pour le soutien de ces gens-là, non pour servir la clique du tsar...

Qui donc a fait cadeau à Khvostov et à Goutchkov de ces groupes d'ouvriers dont ils disposent maintenant? Ce n'est pas Plékhanov, ni les hommes de son journal *Prizyv*. Plékhanov, par son apostasie ouverte, a certainement facilité « l'accouchement » du parti ouvrier de Khvostov. C'est ainsi. Mais il n'y a jamais eu, ni chez lui, ni chez ses partisans, en Russie, aucune organisation. Cette organisation a été donnée à Khvostov et à Goutchkov par le Bloc d'Août, par les gens du Comité unitaire : *Nacha Zaria*, groupe des vieux partisans de la légalité et des ouvriers qu'ils ont dévoyés, avec la complicité de la fraction de Tchkhéidzé.

Le Bloc d'Août, à la tête duquel se trouve *Nacha Zaria*, voilà le noyau du parti ouvrier de Khvostov. Derrière ce parti, à la queue, au dernier plan, se traîne le groupe « de gauche » (avec Martov), groupe qui participa à Zimmerwald, qui prononce des phrases « internationalistes », etc... A première vue, ceci est un phénomène d'apparence extraordinaire pour le parti de Khvostov. Mais il y a en cela un système. Martov et Cie jouent à l'égard des francs partisans « de la défense nationale », un rôle tout pareil à celui de l'homme « d'opposition » Longuet vis-à-vis du patriote d'État Renaudel, tout pareil à celui du « partisan de la paix » Huysmans à l'égard du partisan « de la guerre jusqu'au bout » Vandervelde. Objectivement, c'est une simple division du travail pour mieux duper les ouvriers. Ce sont des paratonnerres que l'on élève contre la véritable opposition ouvrière.

Un social-patriote qui a son franc-parler, qui n'est pas bête, et qui nous est venu dernièrement de Russie (voyez l'interview dans *Naché Slovo*, n° 417), déclare ce qui suit :

> Oui, nous ne pouvons faire route avec vous, mais pour ce qui est de marcher avec eux, avec Axelrod, avec Martov, etc., c'est une autre affaire... Parfois il n'est pas mauvais d'avoir avec soi les organes officiels du Bloc d'août... Pour eux, nous sommes même disposés à faire quelques concessions... Nous ne trouvons rien à redire à Zimmerwald, etc. Nous ne voulons pas rompre avec eux, à cause de l'avenir.

Nos Longuet de Russie, eux non plus, ne veulent pas rompre avec les social-patriotes. La « mission » d'Axelrod et de Martov consiste à « tenir » d'une manière ou d'une autre pendant la guerre, et ensuite, au nom « de l'unité », en arguant du fait que la guerre sera finie et que les questions douloureuses seront pour ainsi dire liquidées; elle consiste à marcher de nouveau avec les traîtres du socialisme, avec les actuels hommes « d'Août » (ou plus exactement : avec les *Octobristes*). C'est pourquoi dans ses *Izvestia* (numéro 3) Martov, comme s'il se moquait de ses amis « de gauche », leur conseille de ne pas rompre avec *Nacha Zaria*, mais bien... d'attendre le congrès ou la conférence du Bloc d'Août. En d'autres termes, de différer la véritable lutte contre les gens de Khvostov qui se trouvent dans *Nacha Zaria*, c'est-à-dire de remettre cette lutte *ad calendas graecas* (à la semaine des quatre jeudis).

Les tergiversations des différents groupes, les petits procédés des différents leaders ont une signification tout à fait secondaire. Le fait essentiel qui donnera sa couleur à toute l'histoire prochaine de notre mouvement ouvrier réside en ceci que *les liquidateurs sont entrés en reptiles dans la légalité et sont devenus le parti ouvrier de Khvostov*. Plus ils réussiront, en ce moment, à duper une partie des ouvriers, plus résolue sera la lutte contre eux, plus grande sera la haine, plus grand le mépris à leur égard des masses ouvrières, lorsque les yeux s'ouvriront, d'ailleurs fort prochainement, dans le milieu des travailleurs.

Deux partis se sont définitivement formés en Russie. Entre notre parti et celui des politiciens libéraux ouvriers, il y a un abîme. La lutte contre les reptiles de la légalité sera aussi implacable que celle que nous menons contre les Cent-Noirs et la bourgeoisie : voilà le mot d'ordre de notre parti.

G. ZINOVIEV.

18 février 1916.

Existe-t-il une ligne de conduite du Comité unitaire et de la Fraction de Tchkhéidzé ?

Les gens du Comité unitaire, dans leur recueil et encore plus nettement dans leur rapport à la Commission Socialiste Internationale (bulletin n° 2), publié en allemand le 27 novembre 1915, essaient de faire croire au public que la fraction Tchkhéidzé et le C. U. ont une ligne de conduite tout à fait internationaliste et en désaccord avec la ligne de *Naché Diélo*. Ces affirmations constituent le mensonge le plus flagrant. En premier lieu, depuis l'époque de la formation du C. U. (août 1912), nous avons constaté, pendant de longues années, la plus complète solidarité politique dans tout l'essentiel et la plus étroite collaboration politique de la fraction Tchkhéidzé et du C. U. avec le groupe *Nacha Zaria;* à quoi il faut ajouter que *seul* ce groupe a mené un travail systématique dans les masses (à l'aide des quotidiens des liquidateurs). Un désaccord plus ou moins essentiel entre des « amis » si intimes devrait être prouvé non par des paroles, mais par des faits indubitables. *Il n'existe pas un seul fait de ce genre.* En second lieu, *pendant des années*, de 1912 à 1914, la fraction Tchkhéidzé et le C. U. ont joué le rôle de simples pions dans le jeu de *Nacha Zaria*, ont défendu systématiquement la politique de cet organe, ce que savent parfaitement les ouvriers de Pétersbourg et d'autres lieux : *pas une seule fois*, ils n'ont exercé d'influence tendant à modifier la politique de *Nacha Zaria*, du *Loutch*, etc.

Dans la politique de masses, — par exemple, dans la lutte contre « la frénésie des grèves », dans les élections de dirigeants des plus importants syndicats (métallurgie et autres) et des grandes sociétés d'assurances (Conseil d'Assurances Panrusse) — le groupe *Nacha Zaria*, et ce groupe, seul, a agi par lui-même ; le C. U. et la fraction Tchkhéidzé n'ont fait que l'aider, que le servir en toute fidélité.

En troisième lieu, pour dix-huit mois de guerre, il n'existe *pas un seul fait* qui témoignerait d'une modification de ces rapports établis pendant des années entre la fraction Tchkhéidzé, le C. U. et *Nacha Zaria*. En revanche, il y a des faits qui prouvent le contraire, et même des faits que l'on peut dévoiler (la plupart de ces preuves devant d'ailleurs rester entre nous secrètes). Ce fait que, de la part du C. U. comme de la part de la fraction Tchkhéidzé, *il n'y a pas eu une seule manifestation* en Russie contre la politique de *Naché Diélo*, alors que pour modifier réellement cette politique il faudrait non pas seulement une manifestation, mais une lutte très longue, poussée jusqu'à la victoire ; car *Naché Diélo* est un facteur politique d'importance, entretenu par ses liaisons avec le libéralisme, tandis que le C. U. et la fraction Tchkhéidzé ne sont que des décors politiques. Ce fait que les journaux *Outro* et *Rabotchéé Outro*, qui mènent intégralement la politique de *Naché Diélo*, soulignent même très apparemment leurs affinités politiques avec la fraction Tchkhéidzé et parlent au nom de tout le Bloc d'Août. Ce fait que la fraction Tchkhéidzé ouvre des souscriptions pour le *Rabotchéé Outro* et que cette même fraction a commencé de collaborer au journal des social-chauvins de Samara, *Nach Goloss* (voir le n° 17). Ce fait qu'un des membres de la fraction Tchkhéidzé les plus en vue, nous disons Tchkhenkéli, s'est manifesté dans la presse en collaborant à la revue des « défenseurs nationaux » ou des social-chauvins *Sovrémennyi Mir*, à la revue de MM. Plékhanov et Alexinsky, en formulant des affirmations de principe qui sont tout à fait dans l'esprit de Plékhanov, de *Naché Diélo*, de Kautsky, d'Axelrod. Il y a longtemps déjà que nous avons cité cette déclaration de Tchkhenkéli, et ni les gens du C. U. dans leur recueil, ni Trotsky dans le sien, *Naché Slovo*, ne se sont décidés à défendre cette déclaration, bien qu'ils n'hésitent pas à défendre la fraction de Tchkhéidzé et à faire de la réclame pour elle.

En quatrième lieu, les manifestations politiques qui émanent directement de toute la fraction Tchkhéidzé et de tout le C. U. prouvent que nos affirmations sont fondées. Prenons les plus importantes de ces manifestations, qui sont reproduites dans le recueil du C. U. : la déclaration de Tchkhéidzé et Cie, et la proclamation du C. U. Le point de vue exposé dans ces deux documents est *Identique*, la position des uns et des autres est la même. Et comme le C. U. est la plus haute institution dirigeante du Bloc d'Août contre notre parti et que ce même C. U. a publié une proclamation illégale

où il pouvait parler plus librement et plus franchement que
Tchkhéïdzé à la Douma, nous allons examiner cette proclamation.

Il est intéressant de noter, en particulier, que ce document a
déjà été l'objet de discussions dans la presse social-démocrate
allemande, dans un journal social-démocrate de Berne. Un rédacteur de ce journal a dit que cette proclamation était « patriotique ». Le secrétaire du C. U. à l'étranger s'est indigné, il a publié
une réfutation déclarant : « *nous aussi*, secrétariat à l'étranger,
nous sommes coupables d'un patriotisme de cet ordre » ; il en a
appelé, en quelque sorte, à l'arbitrage de la rédaction du journal,
en lui envoyant la traduction allemande *in extenso* de la proclamation. Pour nous, nous ferons observer que c'est la rédaction qui
montre une évidente partialité à l'égard du C. U., en lui faisant de
la réclame. Qu'a donc dit cette rédaction si partiale en faveur du
C. U.?

Nous avons lu la proclamation du C. U., — a déclaré la rédaction
(n° 250) — et nous devons avouer que ce texte peut prêter sans aucun
doute à des malentendus et donner à l'ensemble un sens qui n'était
peut-être pas dans les intentions des auteurs de la proclamation.

Pourquoi les gens du C. U. n'ont-ils pas reproduit dans leur
recueil cette appréciation de la rédaction à l'arbitrage de laquelle
eux-mêmes faisaient appel? Parce que c'est l'appréciation des amis
du C. U. qui ont refusé publiquement de défendre ce même C. U.!
L'appréciation est rédigée avec une exquise et diplomatique poli-
tesse qui souligne particulièrement le désir de la rédaction de dire
à Axelrod et à Martov « quelque chose d'agréable ». Or, il s'est
trouvé que la plus grande « amabilité » de cette réponse était dans
un « peut-être » (*seulement* dans un « peut-être » !). Ainsi le C. U.
a dit ce qu'il n'avait pas l'intention de dire; mais ce qu'il a dit peut
« sans aucun doute prêter à des malentendus »!!!

Nous engageons expressément le lecteur à prendre connaissance de la proclamation du C. U. qui a été reproduite dans une
feuille du *Bund* (n° 9). Quiconque aura lu attentivement ce document y reconnaîtra des faits simples et clairs : 1° pas un mot pour
repousser en principe toute idée de défense nationale pendant la
guerre présente n'est contenu dans la proclamation; 2° il n'y a absolument rien d'inacceptable en principe pour les partisans de la
« défense nationale » ou pour les social-chauvins dans la proclamation; 3° toute une série de phrases dans la proclamation sont absolument dans le goût de « la défense nationale » : « le prolétariat
ne peut rester indifférent devant la dévastation menaçante » (ce
sont presque littéralement les termes du *Rabotchéé Outro* n° 2 :
« On ne peut être indifférent » au « salut du pays menacé de dévastation »; « le prolétariat est très intimement intéressé à la défense du pays »; « la révolution de tout le peuple » doit sauver le
pays « du danger de dévastation qui vient de l'extérieur », etc...
Celui qui effectivement serait l'ennemi du social-chauvinisme de-

vrai, *au lieu* de phrases de ce genre, déclarer nettement ceci : les propriétaires nobles, le tsar et la bourgeoisie mentent quand ils appellent défense du pays le maintien de l'oppression des Grands-Russiens sur la Pologne, l'asservissement prolongé de ce pays ; ils mentent quand, sous des phrases où il est question de sauver « le pays », ils cachent leurs efforts pour « sauver » leurs privilèges de grande puissance et détournent le prolétariat de sa lutte contre la bourgeoisie *internationale*. Reconnaître en même temps la solidarité internationale du prolétariat des pays belligérants dans la guerre impérialiste du pillage et accepter des phrases sur « le salut » *d'un* de ces pays, cela signifie jouer une comédie hypocrite, cela signifie qu'au lieu de parler sainement, l'on s'en tient à des phrases vides et mensongères. Car cela signifie que l'on fait dépendre la tactique prolétarienne de la situation militaire de tel pays à tel moment et dans ce cas, les social-chauvins français ont raison, qui aident à « sauver » de la dévastation l'Autriche ou la Turquie.

Le secrétariat du C. U. à l'étranger, dans la presse social-démocrate *allemande* (dans le journal de Berne) a mis en avant encore un sophisme tellement impudent, tellement grossier, tellement « arrangé » pour attraper spécialement les Allemands que les gens du C. U., devant le public russe, se sont sagement gardés de reproduire ces arguments.

« Si ce patriotisme — écrivent-ils *pour les Allemands*, et d'un ton de noble indignation — consiste à indiquer au prolétariat la révolution comme le seul moyen de sauver le pays de sa perte », nous aussi, nous sommes des patriotes, « nous voudrions que » l'Internationale compte un plus grand nombre de « patriotes » de cette espèce dans chaque parti socialiste; nous exprimons l'assurance que Liebknecht, Rosa Luxembourg, Merrheim seraient très heureux de voir autour d'eux un plus grand nombre de « patriotes » de ce genre, qui adresseraient aux ouvriers allemands et français de *pareilles* proclamations ».

La friponnerie est évidente : les cinq secrétaires savent admirablement qu'en France et en Allemagne, pays qui vont au-devant de la révolution socialiste, il n'y a pas l'ombre d'esprit révolutionnaire *bourgeois*, il n'y a pas l'ombre d'un mouvement social *bourgeois* dirigé vers la révolution *pour la victoire sur l'ennemi*. Mais en Russie, précisément parce que ce pays va au-devant de la révolution *bourgeoise* démocratique, il existe un mouvement social *de cet ordre*. Les cinq secrétaires trompent les Allemands par un sophisme amusant : le C. U. et Tchkhéidzé et Cie ne peuvent être des *révolutionnaires-chauvins* en Russie parce que, en Europe, l'union de l'esprit révolutionnaire avec le chauvinisme est une absurdité!

Oui, en Europe, ce serait absurde. Mais, en Russie, c'est un fait. Vous pouvez reprocher aux gens du *Prizyv* d'être de mauvais révolutionnaires bourgeois, mais vous ne pouvez nier qu'ils combinent à leur manière le chauvinisme avec l'esprit révolutionnaire.

La conférence de juillet des populistes en Russie, *Naché Diélo* et le *Rabotchéé Outro*, sous ce rapport, tiennent absolument la position des gens du *Prizyv*, ils combinent aussi le chauvinisme avec l'esprit révolutionnaire.

La fraction Tchkhéidzé, dans sa déclaration (pages 141-143 du recueil du C. U.) a occupé *la même* position. Chez Tchkhéidzé on trouve les mêmes phrases chauvines sur « le danger de l'écrasement », et s'il avoue le caractère impérialiste de la guerre, « la paix sans annexions », « les tâches communes de tout le prolétariat international », « la lutte pour la paix », etc., etc., les mêmes principes sont également reconnus par le *Rabotchéé Outro*, ils sont reconnus par les populistes russes qui sont des petits-bourgeois. Dans le même recueil du C. U., page 146, on peut lire que les populistes petits-bourgeois ont reconnu le caractère impérialiste de la guerre, et « la paix sans annexions », et la nécessité pour les socialistes (car les populistes, comme les gens du *Rabotchéé Outro*, veulent passer pour socialistes) « de s'efforcer à rétablir le plus tôt possible la solidarité internationale de l'organisation socialiste afin de terminer la guerre », etc... Chez les populistes petits-bourgeois, toutes ces phrases servent à dissimuler le mot d'ordre « de la défense nationale », qu'ils ont nettement mis en avant, et chez Tchkhéidzé et le C. U., comme au *Rabotchéé Outro*, cette même devise s'appelle encore « le salut du pays menacé d'écrasement »!!

En résultat, on arrive à ceci que Tchkhéidzé et le C. U. ont prononcé des phrases révolutionnaires qui ne les obligent absolument à rien, qui ne gênent absolument en rien la politique pratique des gens du *Prizyv* et de *Naché Diélo*, mais qu'*ils ont gardé le silence sur cette politique*. D'une manière ou d'une autre, ils soutiennent la participation aux comités des industries de guerre.

Vous feriez mieux de moins parler de révolution, messieurs, et d'être plus clairs, plus francs, plus honnêtes dans la politique pratique d'aujourd'hui. Vous *promettez* d'être révolutionnaires, mais en ce moment vous secondez les chauvins, la bourgeoisie, le tsarisme, soit en défendant nettement l'idée d'une participation ouvrière aux comités des industries de guerre, soit en gardant le silence sur cette participation et en vous abstenant de lutter contre elle.

Martov peut ruser tant qu'il voudra. Trotsky peut crier contre notre scission et notre fraction, en cachant avec tout ce bruit (vieille recette du héros de Tourguéniev!) ses vues, — qui ne sont donc pas d'une fraction? — sur l'accord qui doit exister entre lui et on ne sait quel *minus habens* de la fraction Tchkhéidzé, lequel jure être un homme de gauche, un internationaliste, etc... Et les faits sont des faits. Il n'y a pas ombre de différence politique sérieuse non seulement entre le C. U. et la fraction Tchkhéidzé, mais aussi entre ces deux institutions et le *Rabotchéé Outro* ou le *Prizyv*.

C'est pourquoi, *en fait*, ils marchent tous ensemble contre notre

parti, *pour* la politique bourgeoise de participation des ouvriers aux
comités des industries de guerre, d'accord avec les ouvriers sans-
parti et les populistes. Quant aux réserves en parole et aux serments
des « secrétaires à l'étranger », affirmant qu'ils « ne sont pas d'accord », ce sont des phrases vides de sens, qui n'ont pas plus de rapport avec la politique réelle des masses que les serments de Sudekum, Legien, David, prétendant qu'ils sont « pour la paix » et
« contre la guerre », ce qui ne les blanchit pas de l'accusation de
chauvinisme.

18 février 1916. N. LÉNINE.

Encore au sujet de la guerre civile

« *Je ne puis me rappeler un seul exemple dans l'histoire où
l'on ait vu qu'en réponse à une déclaration de guerre, il se produisait une insurrection dans le pays même qui ouvrait les hostilités* ».
Voilà ce qu'écrit le théoricien le plus en vue de la II° Internationale,
K. Kautsky (*Neue Zeit*, 1916, n° 18, 567). Et Kautsky écrit ainsi
non pas au début même de la guerre, mais dix-huit mois après l'ouverture des hostilités. Kautsky écrit ainsi non pas au moment où il
se montre prêchant la « discipline » devant les décisions des Scheidemann et des Sudekum, mais au moment où il commence de nouveau à mettre « le nez au vent », à se tourner vers la gauche, au
moment où il se fait l'avocat du groupe des « vingt », qui ont voté
contre les crédits de guerre en motivant leur acte par des raisons
semi-patriotiques.

Nous sommes en présence du fond même de la politique de
Kautsky, — toute rongée par le fatalisme « historique », toute cou-
verte de sa moisissure d'opportunisme. Il « ne peut se rappeler un
seul exemple dans l'histoire », ce théoricien de la II° Internationale!
Et se fondant là-dessus, il nie la possibilité des actes révolutionnaires contre la guerre impérialiste de 1914-1916!! N'est-ce pas là
l'extrême limite des bassesses « historiques » de ce philistin?

Mais Kautsky peut-il se rappeler « au moins un exemple dans
l'histoire » où l'on aurait vu s'opposer à la petite minorité des dirigeants une masse de dix millions d'ouvriers socialistes organisés,
comme cela s'est produit avant la décomposition de la II° Internationale? Kautsky peut-il « se rappeler au moins un exemple dans
l'histoire », où l'on aurait vu une poignée de brigands impérialistes
oser entreprendre une *pareille* guerre, *si* opposée aux intérêts de
centaines de millions d'hommes, *si* sanglante, *si* réactionnaire, *si*
impudemment esclavagiste, *si* lourde d'incalculables malheurs et
souffrances pour les grandes masses populaires? Kautsky peut-il se
rappeler « au moins un exemple dans l'histoire », où une guerre
mondiale se serait produite alors que les conditions matérielles
d'une révolution *socialiste* avaient mûri dans les rapports de pro-

duction des plus importants pays de l'Europe et des Etats-Unis d'Amérique?

Il ne peut « se rappeler un seul exemple dans l'histoire »! Mais alors, s'il en est ainsi, Kautsky pourrait considérer la possibilité même d'une réalisation du socialisme comme une chimère. En effet, où voit-on, jusqu'à présent, « un seul exemple dans l'histoire » d'une réalisation du socialisme?

L'aphorisme de Kautsky nous amène du coup au cœur même de la discussion sur « la guerre civile », c'est-à-dire sur la possibilité d'une action révolutionnaire contre la guerre impérialiste, dans les conditions mêmes, *dans le cours même* de la guerre.

Pour se justifier devant les social-chauvins, Kautsky écrit dans le même article : « Que la guerre qui commence amène une révolution, je ne m'y suis jamais attendu, pas plus que ne s'y attendait Bebel. Et tous deux, nous nous sommes toujours efforcés de retenir notre parti, le dissuadant de prendre sur lui l'obligation de commencer une action révolutionnaire quand se déclancherait la guerre. Et cela parce que nous étions persuadés qu'un pareil engagement serait inexécutable » (*ibidem*, 567). Kautsky, en parlant ainsi, énonce tout simplement... un mensonge. Dans sa brochure *Le Chemin du Pouvoir* (1908), où l'on entend le chant du cygne de Kautsky en tant que marxiste révolutionnaire, il plaçait la révolution en connexion directe avec la guerre, et parlait nettement de l'époque *des guerres et des révolutions*. Il est également faux d'affirmer que Bebel et la social-démocratie allemande n'auraient pas pris l'engagement de recourir à l'action révolutionnaire en réponse à la guerre. La social-démocratie allemande a pris cet engagement et à Stuttgart (1907), et à Copenhague (1910), et à Bâle (1913). Elle a pris cet engagement dans ses propres congrès et conférences, — à Mayence (1900), à Essen (1907), à Iéna (1911), à Chemnitz (1912). Elle a reconnu qu'il ne serait pas opportun de se déclarer pour *une des formes* de la lutte révolutionnaire, — pour la grève de guerre. Mais elle a motivé cette réserve en disant qu'elle irait peut-être *au delà* de la grève, qu'elle lutterait par *tous* les moyens — y compris l'insurrection. C'est ainsi que la majorité de la social-démocratie allemande a toujours motivé sa conduite, dans son désir de passer pour révolutionnaire.

Plékhanov, qui, au Congrès de Zurich de 1893, se montrait encore le plus zélé défenseur de la position social-démocrate allemande dans la question de la lutte contre la guerre, écrivait, après le congrès de Copenhague de 1910 : la social-démocratie allemande avait raison « de dire que le congrès pouvait se contenter de la résolution de Stuttgart. En effet, cette résolution déclare que, dans le cas de nécessité, les partis socialistes sont obligés de mettre en œuvre *tous* les moyens qui leur sembleront les plus appropriés pour prévenir la guerre. Cette formule algébrique généralise *toutes* les possibilités, c'est-à-dire, entre autres choses, *la possibilité non seu-*

lement d'une grève générale, mais aussi d'une insurrection armée (les italiques sont de Plékhanov). Et cela suffit » (*Social-Démocrate*, n° 17). En défendant la position des social-démocrates allemands, Vandervelde disait à Stuttgart : « L'antimilitarisme nous est nécessaire non pour le lendemain de la révolution socialiste, mais immédiatement... Sous le militarisme capitaliste, l'obligation de défendre la patrie est moins importante pour le soldat que celle de tirer sur son père et sa mère » (procès-verbaux, 67, 94). En défendant la résolution de Stuttgart à Copenhague, ce même Vandervelde parlait avec enthousiasme de la social-démocratie russe qui « lors de la guerre russo-japonaise, recourut immédiatement non seulement à la grève générale, mais à la révolution » (procès-verbaux, 41) et agissait ainsi dans l'esprit même qui fut préconisé à Stuttgart.

Kautsky a énoncé une contre-vérité. Quand le congrès de Stuttgart déclara unanimement que les socialistes devaient « utiliser la crise économique et politique causée par la guerre pour soulever le peuple et hâter ainsi la chute du régime capitaliste », cela *signifiait* que les socialistes proclamaient ce mot d'ordre : transformation des guerres impérialistes en guerre civile. Et lorsque, à Bâle, le congrès rappelait aux ouvriers de tous les pays la Commune de 1871, est-ce que cela ne signifiait pas qu'il proclamait la nécessité de la guerre civile? Ou bien encore, lorsque ce même congrès de Bâle donnait en exemple aux ouvriers la révolution de 1905, est-ce que cela ne signifiait pas que l'Internationale, et par conséquent les Allemands avec elle, « prenait l'engagement » de répondre à la guerre par des actes révolutionnaires?

Voilà pourquoi « reconnaître » les actes de Stuttgart, et en même temps nier « la guerre civile », cela signifie ou bien sophistiquer, ou bien être incapable de lier deux pensées.

Lorsque la guerre commençait en 1914, notre parti lança le mot d'ordre : la guerre civile! La transformation de la guerre impérialiste en guerre civile! A ce propos, nous avons été l'objet de nombreuses attaques, en commençant par celles du social-chauvin Edouard David et en terminant par le kautskiste russe « de gauche » L. Trotsky. Que voulions nous dire, cependant, en lançant ce mot d'ordre? Nous voulions dire que les socialistes de tous les pays, dans l'intérêt de la classe ouvrière, étaient tenus de remplir honnêtement l'obligation qu'ils avaient prise à Stuttgart et à Bâle. Nous voulions dire ce qui avait été reconnu des centaines de fois par tous les leaders de la IIe Internationale dans les années qui précédèrent la guerre, savoir : que les conditions *objectives* de notre époque mettent en *connexion* la guerre et la révolution. Rien de plus!

Le passage essentiel, central, de la résolution de Stuttgart (nous venons de le citer) fut adopté par le congrès sur la proposition de *notre* parti et des social-démocrates polonais. Rosa Luxembourg présenta cet « amendement » (qui exprime en vérité toute l'âme de la résolution) au nom de notre parti et au nom des Polo-

nais. Dans la sous-commission du congrès qui élabora le texte
de la résolution, Rosa Luxembourg était le représentant des bolchéviks (procès-verbaux, 101). L'avis de notre parti, sur la question
de la « guerre civile », est resté, dans l'essentiel, ce qu'il était en
1907.

Les social-patriotes et les kautskistes nous reprochent de res-
sembler, soi-disant, quand nous parlons de la guerre civile, à l'anarchiste Domela Niewenhuis et à Hervé « première manière ». Ce sont
d'authentiques balivernes de contre-révolutionnaires. Quand la social-démocratie révolutionnaire a adopté l'idée d'une grève politique des masses, les opportunistes de tous les pays ont également
dit : mais vous imitez Domela, mais vous marchez sur les traces des
hervéistes et des anarchistes !...

Il fut un temps où l'aphorisme de l'opportuniste Auer, « la
grève générale est une absurdité générale », exprimait l'opinion
de la majorité de l'Internationale. Cette opinion sur la grève générale se basait principalement encore sur la faiblesse relative du
mouvement ouvrier. Au congrès d'Amsterdam (1904), l'opinion sur
la grève générale était encore sceptique. Mais, en 1905, à la conférence d'Iéna, la social-démocratie allemande elle-même approuvait
solennellement la grève politique de masses, comme un moyen de
lutte des plus appropriés. Entre Amsterdam et Iéna, s'étend l'année
de la révolution russe. Le prolétariat de Russie a montré par
l'exemple « comment se faisaient ces choses-là ». Les préjugés
contre la grève des masses étaient détruits.

La social-démocratie internationale, bien entendu, a débarrassé
l'idée de la grève générale des insanités anarchistes qui s'y étaient
greffées. Elle a adopté la grève des masses comme *un instrument*
de lutte politique, et non comme un moyen qui excluait « la politique ». Elle l'a adoptée comme *un des moyens* de la lutte prolétarienne, *à côté* d'autres plus violents (l'insurrection) et d'autres
moins rudes (le bulletin électoral). Mais *elle l'a adoptée*.

Historiquement, l'attitude de la social-démocratie vis-à-vis de
la grève des masses est en étroite connexion avec son attitude vis-
à-vis de la lutte contre la guerre. La grève politique des masses a été
reconnue à peu près au moment où l'on approuvait « le soulèvement
des masses » (ou « la guerre civile »), comme réponse aux guerres
impérialistes. L'une et l'autre de ces fins exigeaient les mêmes prémisses. L'une et l'autre supposaient un mouvement ouvrier fortement développé, un haut degré de maturité du capitalisme, une
extrême aggravation des contradictions de classe en liaison avec
l'impérialisme (1). « Dans la résolution d'Iéna — disait Rosa

____

(1) Il est curieux de remarquer que M. Plékhanov cite en 1916, dans le
Prizyv, non le manifeste de Bâle, mais un discours de Domela prononcé au début des années 90, c'est-à-dire *un quart de siècle* précédemment ! Et c'est à
cette époque-là que l'on peut appliquer tout à fait la déclaration d'Engels, disant que *l'Allemagne* défendra les intérêts du progrès, de l'humanité et du socialisme, en cas de guerre entre elle et la Russie. Maintenant, Plékhanov s'en
tient à la lettre de l'alphabet et trompe sur l'esprit !

Luxembourg à Stuttgart — la social-démocratie allemande a proclamé, comme un des moyens de lutte, la grève générale qu'elle avait repoussé autrefois, pendant de nombreuses années, comme une manifestation anarchiste. Or, les travaux d'Iéna étaient inspirés non par l'esprit de Domela, mais par celui de la révolution russe... Nous voulons que dans le cas de guerre, la propagande soit menée pour autre chose que pour la cessation la plus rapide des hostilités, *nous exigeons que la guerre même soit utilisée pour hâter le krach de la classe dirigeante* » (procès-verbaux, 97, 98).

C'est ce que nous exigeons maintenant, et nous ne voulons pas autre chose. Et cela ne peut s'exprimer exactement que par la formule : transformation de la guerre impérialiste en guerre civile.

Bien entendu, la social-démocratie révolutionnaire débarrasse également l'idée de la guerre civile des insanités anarchistes. Lorsque Hervé affirmait que, pour les socialistes, il était indifférent que le pays se trouvât sous le pouvoir de telle ou telle bourgeoisie nationale, il exagérait d'une manière absurde. Il n'est pas du tout indifférent à des ouvriers de ne pouvoir, par exemple, se servir librement de leur langue maternelle. Au lieu de tirer des prémisses qui annoncent la réalisation du socialisme cette conclusion que le prolétariat est la seule classe qui luttera jusqu'au bout, par la révolution, contre toute oppression nationale, pour la complète égalité des droits nationaux, pour le droit des nations à se définir politiquement elles-mêmes, — au lieu de cela, les anarchistes et les hervéistes prêchaient (jusqu'au moment où, devenus « plus malins », ils sont passés avec les social-chauvins au camp de la bourgeoisie), que le prolétariat n'a pas à s'occuper de l'oppression nationale, qu'il ignore en général la question nationale. C'était poser la question d'une façon absurde. Mais les social-démocrates révolutionnaires ne sont pas plus responsables de cela qu'ils ne le sont de la manière profondément erronée dont on a posé, chez les anarchistes et les syndicalistes, la question de la grève générale...

— Ainsi donc, vous êtes partisan des révoltes irréfléchies, des insurrections non préparées pendant la guerre? Mais, criminels, vous oubliez qu'alors le sang ouvrier coulera par votre faute! Voilà ce que nous crient les sudekumistes et les kautskistes de tous les pays et de toutes les langues.

— Non, nous sommes partisans des insurrections *préparées*, nous sommes partisans d'une propagande *bien réfléchie* de l'action révolutionnaire. Pour ce qui est du sang ouvrier, ceux-là feraient mieux de se taire qui, depuis dix-huit mois déjà, aident les impérialistes à verser des flots de sang ouvrier pour des intérêts étrangers et hostiles au prolétariat.

Nous n'avons jamais essayé nulle part de déterminer *la vitesse* du mouvement. Nous n'exigeons qu'une chose : c'est que les social-démocrates fassent leur propagande pour la révolution, et non pas contre, qu'ils mènent leur travail dans un esprit de préparation à la guerre civile, complètement mûrie dans les conditions objectives d'aujourd'hui.

« La guerre civile à laquelle la social-démocratie russe révolutionnaire convie dans l'époque actuelle est une lutte du prolétariat armé contre la bourgeoisie pour l'expropriation de la classe des capitalistes dans les pays du capitalisme avancé, pour la révolution démocratique (république démocratique, huit heures, confiscation des terres des propriétaires), pour la république dans les monarchies arriérées en général » (par exemple pour la république fédérative dans les Balkans). C'est ainsi que parle la résolution de Berne de notre parti. Et nous indiquons très exactement par quoi il faut commencer si l'on veut travailler *dans cette direction.*

Nous disons :

« Comme premiers pas dans la voie de transformation de l'actuelle guerre impérialiste en guerre civile, il faut indiquer : 1° le refus absolu de voter les crédits de guerre et la sortie des ministères bourgeois; 2° la rupture complète avec la politique de la paix civile; 3° la création d'une organisation illégale; 4° l'aide donnée à la fraternisation des soldats; 5° l'aide donnée à toutes les manifestations révolutionnaires des masses prolétariennes en général ».

Où donc voit-on dans tout cela « l'esprit d'anarchie »? Où « les explosions irréfléchies »?

« La guerre civile, et non la paix civile — voilà le mot d'ordre » — dit avec nous la résolution de toute la gauche de Zimmerwald. Et cette résolution indique que le début, le premier effort de cette lutte doit consister : à voter contre les crédits de guerre, à sortir des ministères, à créer une presse illégale, à organiser des grèves et des démonstrations, etc.

Si les social-démocrates avaient marché dans cette voie dès le début, au lieu de renoncer à la lutte de classe pendant la guerre, qui sait à quel point nous en serions maintenant? Il est hors de doute qu'*en tout cas,* nous serions parvenus à interrompre cette guerre de crime, de pillage.

La lutte de classe *pendant* la guerre — surtout pendant une guerre comme celle d'à présent — devient nécessairement une guerre civile, *elle ne veut pas dire autre chose* que guerre civile. La formule « guerre civile » exprime plus exactement notre pensée que la formule « actions de masses ». Car elle tient compte précisément des conditions du temps de guerre, elle souligne que la lutte à entreprendre ne sera pas seulement à mener contre les gouvernements, mais aussi contre les classes de « citoyens », contre la petite minorité de ceux qui sont intéressés à la guerre. Les « actions de masses » révolutionnaires du prolétariat pendant la guerre impérialiste mondiale *ont la même valeur* que la transformation de la guerre impérialiste en guerre civile. C'est pourquoi la social-démocratie doit choisir : ou bien elle accepte la formule contre-révolutionnaire de Kautsky, « lutte pour la paix, lutte de classes *pendant la paix* »; ou bien elle adopte notre formule : « transformation de la guerre impérialiste en guerre civile ».

Quelle sera la rapidité du développement de cette dernière guerre, quels en seront les résultats — personne ne peut le prédire. Personne ne peut donner de garantie que nous vaincrons dans cette guerre. Personne, d'avance, ne se décidera à déterminer *à quel moment* l'on en viendra aux grèves de masses, aux barricades. Mais, ou bien nous marchons *dans cette voie*, ou bien nous sommes condamnés à être des esclaves des impérialistes et nous ne sommes capables que de marcher, soumis, par centaines de milliers à la boucherie, dès le premier ordre donné par la bande impérialiste.

Kautsky et les kautskistes, maintenant, donnent à entendre qu'*ils ne sont pas contre* la révolution; ils « diffèrent » seulement — seulement! — la révolution jusqu'*après* la guerre. *Une telle manière* de poser la question n'effraie ni les Scheidemann, ni même les Hindenbourg. Une révolution que l'on diffère systématiquement « pour après » n'est pas redoutable pour les contre-révolutionnaires. Quand vous voudrez, pourvu que ce ne soit pas maintenant! Telle est la formule des kautskistes depuis 1910. En posant ainsi la question, ils ne font que donner de l'aide, bien entendu, aux contre-révolutionnaires.

Cependant, il est possible que le mouvement révolutionnaire des masses ne commence effectivement pas pendant le cours de la guerre, mais seulement après. Mais quoi! est-ce que cela justifiera « l'historicisme » du philistin Kautsky? Est-ce que cela sera une réfutation pour les partisans du mot d'ordre de « la guerre civile »? Pas du tout! Le travail de Kautsky et de son parti pendant la guerre aura une valeur *négative* dans le processus historique qui aura préparé la révolution; le travail des partisans de « la guerre civile » aura une valeur *positive*. Le mouvement révolutionnaire se déclanchera *bien que* les social-chauvins et les kautskistes allemands, français, russes, se soient montrés, pendant toute la guerre, contre-révolutionnaires.

Un des arguments favoris des social-chauvins de tous les pays est de dire : Vous prêchez la révolution de tout de suite, d'aujourd'hui même; mais où donc est-elle, votre révolution? Elle n'existe pas; *donc*, vous avez tort.

C'est exactement le tour qu'ils jouent dans la question du socialisme : Vous affirmez, disent-ils, que les conditions préalables du socialisme sont déjà mûres; ainsi donc, vous êtes partisans de la révolution socialiste aujourd'hui même, à la minute?

C'est ainsi que l'on dénature la discussion pour défendre les idées du social-chauvinisme.

Kautsky, en 1907, écrivait : « Le socialisme est maintenant devenu une nécessité économique. L'heure de son avènement n'est plus maintenant qu'une question de force ». C'est exactement ce que nous disons maintenant, et nous appelons à combattre sous ce drapeau, à mener le travail dans cette direction. Il en est de même du mot d'ordre de la guerre civile qui a été proclamé depuis longtemps par la social-démocratie. Nous ne savons pas quand nous vaincrons, combien d'années il y faudra, combien de fois nous serons repoussés par l'ennemi, quelles victimes exigera la lutte. Nous ne pouvons le savoir. Mais une chose est pour nous sûre et certaine : plus longtemps nous resterons emprisonnés dans le kautskisme contre-révolutionnaire, plus long sera le règne de la bourgeoisie; plus vite, plus résolument, plus intrépidement nous entrerons dans la voie de la guerre civile, plus nous arriverons rapidement à renverser l'autocratie du tsar et des propriétaires de serfs en Russie, l'autocratie du capital dans les pays plus évolués.

La guerre civile ne procède pas « d'un esprit anarchiste », elle n'est pas une sorte de « pseudonyme technique », comme l'affirment nos kautskistes russes. La guerre civile s'inscrit sur *un drapeau*, sur le vieux drapeau de la social-démocratie révolutionnaire. La guerre civile, c'est le marxisme révolutionnaire (bien entendu, non le marxisme de Kautsky et de Plékhanov, mais celui de Marx et d'Engels), appliqué aux conditions de la première guerre impérialiste mondiale.

G. ZINOVIEV.

29 février 1916.

La paix sans annexions et l'indépendance de la Pologne, à l'ordre du jour pour la Russie

« Une des façons de duper la classe ouvrière, c'est le pacifisme et l'abstraite prédication de la paix... La propagande de la paix en ce moment, quand elle ne s'accompagne pas d'un appel à l'action révolutionnaire des masses, ne peut que semer des illusions, dévoyer le prolétariat en lui inspirant confiance en l'humanité de la bourgeoisie et faire de lui le jouet de la diplomatie secrète des pays belligérants ». C'est ainsi que parle la résolution de Berne de notre parti (voyez le n° 40 du *Social-Démocrate* et de *Les Socialistes et la Guerre*).

Les nombreux adversaires de notre point de vue (parmi l'émigration russe, mais non parmi les ouvriers russes), ceux qui repoussent notre façon de poser la question de la paix, ne se sont même pas donné la peine d'analyser les principes ci-dessus formulés. Ces principes, théoriquement irréfutables, reçoivent maintenant, justement en vertu du cours des événements dans notre pays, une confirmation pratique particulièrement évidente.

Le journal des liquidateurs-légalistes de Saint-Pétersbourg, soutenu dans ses idées par le C. U., le *Rabotchéé Outro*, a pris, comme on sait, dès son premier numéro, la position des partisans social-chauvins de « la défense nationale ». Ce journal a imprimé

les manifestes de « défense nationale » des social-chauvins de
Pétersbourg et de Moscou. Dans ces deux manifestes est exprimée,
entre autres choses, l'idée « de la paix sans annexions », et le n° 2
du *Rabotchéé Outro*, mettant en particulière valeur ce mot d'ordre,
l'imprime en italiques, en disant que c'est « une ligne qui assure au
pays la possibilité de sortir de l'impasse ». Voilà, disent ces messieurs, comme on nous calomnie quand on prétend que nous
sommes des chauvins; nous reconnaissons parfaitement le mot
d'ordre « le plus démocratique », et même le plus « véritablement
socialiste » — celui de « la paix sans annexions ».

Sans aucun doute, le sanglant Nicolas trouve un grand avantage à ce que ses fidèles sujets lancent un pareil mot d'ordre. Le
tsarisme, s'appuyant sur les propriétaires et la bourgeoisie, a
mené ses troupes piller et réduire en esclavage la Galicie (sans
parler du traité conclu pour le partage de la Turquie, etc.). Les
troupes des non moins pillards impérialistes allemands ont repoussé
les brigands de Russie et les ont chassés non seulement de la
Galicie, mais même de la « Pologne russe ». (A noter qu'au nom des
intérêts de ces deux cliques, sur les champs de mort, sont tombés
des centaines de milliers d'ouvriers et de paysans russes et allemands). Le mot d'ordre de « la paix sans annexions » a été, de
cette manière, un merveilleux « jouet entre les mains de la diplomatie secrète » du tsarisme ; et voilà, nous que l'on a offensés, nous
que l'on a pillés, nous à qui l'on a enlevé la Pologne, nous sommes
contre les annexions !

A quel point ce rôle de laquais du tsarisme convient aux social-chauvins du *Rabotchéé Outro*, cela se voit particulièrement
quand on lit l'article du n° 1 : *L'Emigration Polonaise*. « Les mois
de guerre qui viennent de s'écouler — y lisons-nous — ont fait
naître dans la conscience des larges masses du peuple polonais un
profond mouvement vers l'indépendance ». Avant la guerre, bien
entendu, cela n'existait pas ! « Dans la conscience sociale des larges
couches de la démocratie polonaise a triomphé la masse » (il y a
ici, évidemment, une faute d'impression; il faut lire : l'idée, la
pensée ou quelque chose d'approchant) (1) « de l'indépendance
nationale de la Pologne »... « Devant la démocratie russe se dresse
dans toute son ampleur la question polonaise »... « Les libéraux
russes » refusent de donner de simples réponses à ces maudites
questions que soulève « l'indépendance de la Pologne »...

Mais bien sûr! Nicolas le Sanglant, Khvostov, Tchelnokov, Milioukov et Cie sont totalement acquis à l'indépendance de la Pologne, ils sont de toute leur âme de ce côté, *maintenant* que ce mot
d'ordre, *en pratique*, signifie : nécessité de *vaincre* l'Allemagne,
qui vient d'enlever la Pologne à la Russie. Remarquez que les créa-
teurs du « parti ouvrier de Stolypine », *avant la guerre*, se prononçaient intégralement et exclusivement contre le mot d'ordre des

---

(1) Parenthèse de Lénine.

autonomies nationales, contre la liberté de séparation de la Pologne, lançant en avant, pour noblement défendre l'oppression exercée par le tsarisme dans ce pays, l'opportuniste Semkovsky. Maintenant que la Pologne est enlevée à la Russie, *ils sont partisans de « l'indépendance »* de la Pologne (vis-à-vis de l'Allemagne, mais on tait cela fort modestement...).

Vous ne tromperez pas les ouvriers conscients de Russie, messieurs les social-chauvins! Votre mot d'ordre (octobriste) de 1915, sur l'indépendance de la Pologne et la paix sans annexions est en réalité une parole de laquais soumis au tsarisme : celui-ci a besoin, précisément en ce moment, précisément en février 1916, de dissimuler les buts de *sa* guerre par de belles paroles sur « la paix sans annexions » (il s'agit de chasser Hindenbourg de la Pologne) et sur l'indépendance de ce pays (vis-à-vis de Guillaume, mais en maintenant sa dépendance vis-à-vis de Nicolas II).

Le social-démocrate de Russie qui n'a pas oublié son programme en juge autrement. La démocratie russe, dira-t-il, ayant en vue avant tout et au-dessus de tout la démocratie des Grands-Russiens, la seule qui ait toujours joui en Russie de la liberté de parole, la démocratie russe, disons-nous, *a gagné* indiscutablement à ce que la Russie, *maintenant*, n'opprime plus la Pologne, ne la soumette plus à sa violence. Et le prolétariat russe a un indiscutable avantage à ne plus opprimer un des peuples dont il secondait encore hier les oppresseurs. La démocratie allemande, d'autre part, y a perdu non moins indiscutablement : tant que le prolétariat allemand tolérera l'oppression de la Pologne par l'Allemagne, il restera dans une situation pire que celle des esclaves, dans la situation du valet qui aide à maintenir autrui dans l'esclavage. Le gain véritable n'a été que pour les junkers et les bourgeois d'Allemagne.

D'où cette déduction : les social-démocrates russes doivent dénoncer le tsarisme qui dupe le peuple, lorsque, *maintenant*, en Russie, l'on lance les mots d'ordre de « paix sans annexions » et « d'indépendance de la Pologne » ; car ces deux mots d'ordre, dans la situation présente, marquent un effort pour continuer la guerre et ont pour objet de justifier cet effort. Nous devons dire : point de guerre à cause de la Pologne! Le peuple russe ne veut pas redevenir l'oppresseur de ce pays!

Mais comment aider à délivrer la Pologne de l'Allemagne? Est-ce que nous ne devons pas collaborer à cette tâche? Bien entendu, nous le devons, mais non point en soutenant la guerre impérialiste de la Russie tsariste, ou même bourgeoise, ou même, s'il y avait lieu, bourgeoise-républicaine; nous le devons *en soutenant* le prolétariat révolutionnaire d'Allemagne, en soutenant les éléments du parti social-démocrate d'Allemagne qui luttent contre le parti ouvrier *contre-révolutionnaire* des Sudekum, des Kautsky et Cie. Il n'y a pas longtemps, Kautsky a prouvé nettement son esprit contre-révolutionnaire : le 27 novembre 1915, il a dit des manifestations de rues que c'étaient « *des mésaventures* » (de même que Struhve, à la veille du 9 janvier 1905, disait qu'en Russie, il n'y avait pas de peuple révolutionnaire). Or, le 30 novembre 1915, à Berlin, il y avait une manifestation de 10.000 ouvrières !

Tous ceux qui honnêtement, *sans hypocrisie*, non pas à la manière de Südekum, de Plékhanov, de Kautsky, veulent reconnaître la liberté des peuples, le droit des nations à leur autonomie, tous ceux-là doivent être *contre* la guerre menée pour l'oppression de la Pologne ; ils doivent être, vis-à-vis de la Russie, *pour* la liberté de séparation des peuples que la Russie opprime *en ce moment* : de l'Ukraine, de la Finlande, etc. Quiconque refuse de se montrer *en fait* social-chauvin, doit soutenir exclusivement ceux des éléments des partis socialistes de tous les pays qui travaillent directement, immédiatement, pour la révolution prolétarienne à l'intérieur de leur pays.

Non point « la paix sans annexions », mais la paix aux chaumières, la guerre aux palais, la paix au prolétariat et aux travailleurs, la guerre à la bourgeoisie !

N. LÉNINE.

29 février 1916.

Wilhem Kolb et Georges Plekhanov

La brochure de l'opportuniste allemand Wilhem Kolb, un homme qui parle au moins franchement : *La Social-Démocratie à un Carrefour* (Carlsruhe, 1915) vient de sortir fort à propos, juste après le recueil de Plékhanov *La Guerre*. Un partisan de Kautsky, Rudolf Hilferding, dans la *Neue Zeit*, réplique à Kolb d'une façon très faible, en se taisant sur le principal et en geignant au sujet de cette juste déclaration de Kolb d'après laquelle l'unité, dans la social-démocratie allemande, ne subsiste plus que d'une façon « purement formelle ».

A ceux qui veulent pénétrer sérieusement la signification du krach de la II° Internationale, on peut recommander de comparer les positions idéologiques de Kolb et de Plékhanov. Tous deux (de même que Kautsky) sont d'accord sur *l'essentiel* : d'accord pour nier et railler les idées d'action révolutionnaire à l'occasion de la guerre actuelle ; tous deux accusent les social-démocrates révolutionnaires de « défaitisme », employant le mot favori des gens de Plékhanov. Plékhanov, qui considère l'idée d'une révolution dans la guerre présente comme « une rêverie bouffonne », grince et siffle contre « la phraséologie révolutionnaire », « l'illuminisme révolutionnaire », « les petits radicaux » (*Radikalinski*), « les hystériques », « les sectaires », etc. Kolb et Plékhanov sont d'accord sur l'essentiel, ils sont tous deux adversaires de la révolution. Et cette circonstance que Kolb est en général contre la révolution, tandis que Plékhanov avec Kautsky se déclare « en général pour », ne nous donne qu'une différence de nuances, de termes : en fait, Plékhanov et Kautsky sont au service de Kolb.

Kolb est plus honnête, non dans le sens individuel, mais en politique, c'est-à-dire qu'il reste conséquent dans sa position et qu'il n'a pas besoin pour cela d'hypocrisie. C'est pourquoi il ne craint pas de reconnaître la vérité, savoir : que toute l'Internationale, de son point de vue, a péché «en son esprit de chimère révolutionnaire », en proférant des « menaces » (des menaces de révolution, MM. Plékhanov et Kautsky!) à propos de la guerre. Kolb a raison, il est absurde de « nier en principe » la société capitaliste, alors que la social-démocratie européenne s'est levée pour défendre cette société au moment où l'Etat capitaliste craquait par toutes les jointures et où « son existence était mise en question ». Cette reconnaissance de la situation révolutionnaire, telle qu'elle se présente objectivement, est une vérité.

« La conséquence (de la tactique des partisans de Liebknecht) — écrit Kolb — serait une lutte *intérieure*, poussée jusqu'à l'ébullition dans la nation allemande, et, par suite, un affaiblissement militaire et politique de cette nation »... *pour le plus grand avantage et pour la victoire* « de l'impérialisme de l'Entente ». Voilà le clou de toutes les déclamations opportunistes contre le « défaitisme » !

C'est en effet ici que se trouve le clou de toute la question. « La lutte intérieure poussée jusqu'à l'ébullition », ce n'est pas autre chose que la guerre civile. Kolb a raison de dire que la tactique des gens de gauches *mène* à cela; il a raison de dire qu'elle « affaiblit militairement » l'Allemagne, c'est-à-dire qu'en désirant la défaite et en y aidant, elle est défaitiste. Kolb a tort seulement — seulement! — en un point, quand il ne veut pas voir le caractère international de cette tactique des gauches. Dans tous les pays belligérants, *il est possible* d'arriver « à une lutte intérieure poussée jusqu'à l'ébullition », à « un affaiblissement de la puissance militaire » de la bourgeoisie impérialiste et à une transformation (en vertu de cela, en liaison avec cela, au moyen de cela) de la guerre impérialiste en une guerre civile. C'est là qu'est le clou de la question. Nous remercions Kolb pour ses souhaits, ses aveux et les illustrations qu'il nous donne; tout cela nous sera utile; lorsque tout cela nous est offert par le plus conséquent, le plus honnête et le plus franc des ennemis de la révolution, cela est particulièrement utile pour dénoncer devant les ouvriers la vile hypocrisie et le honteux manque de caractère des Plékhanov et des Kautsky.

29 février 1916.   N. LÉNINE.

Sur un « programme de paix »

Une des plus importantes questions qui aient été mises à l'ordre du jour par la deuxième conférence internationale des « zimmerwaldiens », c'est celle du « programme de paix » de la social-démocratie. Pour placer du premier coup le lecteur *au cœur même* de cette question, nous citerons une déclaration à ce sujet de Kautsky, le représentant le plus autorisé de la IIe Internationale et le défenseur le plus autorisé des social-chauvins de tous les pays.

« L'Internationale n'est pas une arme valable en temps de guerre; elle est, en son essence, un instrument de paix... La lutte pour la paix, la lutte de classe pendant la paix » (*Neue Zeit*, 27 novembre 1914). « Tous les programmes de paix qui ont été jusqu'à présent formulés dans les limites de l'Internationale, à Copenhague, à Londres, à Vienne, tous exigent la reconnaissance de l'autonomie des nations, et c'est parfaitement juste. Cette exigence doit nous servir de boussole pendant la guerre actuelle » (*ibidem*, 21 mai 1915).

En ce peu de mots est admirablement exprimé « le programme » de l'unification internationale et de la réconciliation, conçu par les social-chauvins. Chacun sait qu'à Vienne s'étaient réunis les amis et les partisans de Sudekum qui agissaient complètement selon son esprit et défendaient l'impérialisme allemand sous apparence de « défendre la patrie ». Mais à Londres étaient assemblés les Sudekum français, anglais, russes, qui défendaient « leur » impérialisme national sous le même prétexte. La politique réelle des héros social-chauvins de Londres et de Vienne consiste à justifier la participation à la guerre impérialiste, à justifier le massacre des ouvriers allemands par les ouvriers français et *vice-versa*, pour qu'une bourgeoisie nationale prenne finalement l'hégémonie dans le pillage des autres pays. Et pour dissimuler cette politique réelle, pour duper les ouvriers, les héros de Londres et de Vienne se servent de la même *phrase* : nous « reconnaissons », disent-ils, « l'autonomie des nations » ou, en d'autres termes, nous reconnaissons le droit des nations à disposer d'elles-mêmes, nous repoussons les annexions, etc., etc.!

Il est clair comme le jour que cette « reconnaissance » est un mensonge criant, la plus ignoble des hypocrisies, car on justifie ainsi la participation à la guerre qui, *des deux côtés*, sert à l'asservissement des nations et non pas à leur autonomie. Et voici que Kautsky, cet homme autorisé, au lieu de découvrir, de dénoncer, de stigmatiser l'hypocrisie, la *consacre*. Le désir unanime des chauvins traîtres au socialisme est de tromper les ouvriers, et ce désir sert à Kautsky comme preuve « de l'unanimité » et de la vitalité de l'Internationale dans la question de la paix!!! L'hypocrisie nationale, grossière, évidente, qui saute aux yeux, qui est claire pour les ouvriers, Kautsky la transforme en une hypocrisie internationale, fine, déguisée, qui jette de la poudre aux yeux des travailleurs. La politique de Kautsky est cent fois plus nocive et dangereuse pour le mouvement ouvrier que celle de Sudekum; l'hypocrisie de Kautsky est cent fois plus abominable.

Et l'affaire ne réside pas dans le seul Kautsky; car la même politique, en substance, est menée par Axelrod, Longuet et Pressemane en France, Trèves en Italie, etc... La signification objective de cette politique est en ceci qu'elle sert à soutenir le mensonge bourgeois dans la classe ouvrière, en faisant passer les idées bourgeoises dans le prolétariat. Que Sudekum d'une part et Plékhanov de l'autre se contentent de répéter le mensonge bourgeois répandu par les capitalistes de « leur » pays, c'est évident; mais ce qui est moins apparent, c'est que Kautsky consacre *le même* mensonge et en fait « la plus haute vérité » d'une Internationale « unanime ». Or, ce qu'il faut à la bourgeoisie, c'est précisément que les ouvriers croient à l'autorité des Sudekum et des Plékhanov, à leur unanimité profonde de « socialistes » qui ne sont séparés que pour un temps. La bourgeoisie a précisément besoin que, par des phrases hypocrites sur la paix, *on détourne* les ouvriers de la lutte révolutionnaire pendant la guerre; il faut qu'on berce les travailleurs, qu'on les console avec le doux espoir d'une « paix sans annexions », d'une paix démocratique, etc., etc.

Huysmans n'a fait que populariser le programme de paix de Kautsky, en y ajoutant : les tribunaux d'arbitrage, la démocratisation de la politique extérieure, etc. Or, le premier point et le point essentiel d'un programme socialiste de paix doit être de *dénoncer l'hypocrisie* du programme de paix de Kautsky, programme qui consiste à *consolider* l'influence bourgeoise dans le prolétariat.

Rappelons-nous les notions essentielles de la doctrine socialiste, notions dénaturées par les kautskistes. La guerre est la continuation, par la violence, de la politique qui fut menée par les classes dirigeantes des nations en guerre, longtemps avant le conflit mondial. La paix est la continuation de *la même politique*, avec *enregistrement* des modifications intervenues dans les forces réciproques des adversaires, à la suite des hostilités. La guerre, par elle-même, ne change rien à la direction dans laquelle se développait la politique d'avant-guerre; *elle hâte* seulement ce développement.

La guerre de 1870-1871 était la continuation de la politique progressiste-bourgeoise, qui se prolongeait depuis des dizaines d'années, menant à l'émancipation et à l'unification de l'Allemagne. La défaite de Napoléon III et sa chute hâtèrent cette émancipation. Le programme de paix des socialistes de cette époque était d'enregistrer ces résultats de la politique progressiste bourgeoise, de soutenir la démocratie bourgeoise : le mot d'ordre était d'empêcher le pillage de la France et d'obtenir une paix honorable avec la république.

Considérez maintenant quelle clownerie est cette tentative servile qui consiste à reprendre le vieil exemple dans les circonstances nouvelles de la guerre impérialiste, en 1914-1916! Cette guerre continue la politique d'une bourgeoisie blettie, réactionnaire, qui a pillé le monde entier, qui s'empare des colonies, etc... Cette guerre, sur le terrain du régime bourgeois, *ne peut*, en vertu même de la situation objective, ne peut mener à aucun « progrès » démocratique; elle ne mène qu'à renforcer et à élargir toutes les oppressions, en particulier l'oppression nationale, — et cela, quelle que soit l'issue de la guerre.

L'autre guerre avait accéléré le développement dans la direction de la démocratie, du progrès bourgeois : chute de Napoléon III, unification de l'Allemagne. *Cette guerre-ci* ne peut accélérer un développement que dans le sens de la révolution socialiste. Le programme de *ce temps-là*, le programme de la paix démocratique (bourgeoise) se basait su.. les circonstances *objectives* de l'histoire. A *présent*, ces bases ont changé, et les belles phrases sur la paix démocratique ne sont que des impostures bourgeoises, dont la signification objective ne peut être que de détourner les ouvriers de la lutte révolutionnaire pour le socialisme! Le programme de paix démocratique de *ce temps-là* servait aux socialistes pour soutenir un mouvement *des masses* qui existait, qui était profond, qui se manifestait depuis des dizaines d'années, étant d'ailleurs un mouvement démocratique-bourgeois (pour le renversement de Napoléon III, pour l'unification de l'Allemagne). *Maintenant*, par leur programme de paix démocratique, sur le terrain du régime bourgeois, les socialistes entretiennent *la duperie* du peuple par la bourgeoisie qui ne pense qu'à détourner le prolétariat de la révolution *socialiste*.

De même que les phrases sur « la défense de la patrie » introduisent diligemment dans les masses l'idéologie d'une guerre d'émancipation nationale, les phrases sur la paix démocratique, *par un détour*, rapportent encore le même mensonge de la bourgeoisie!

« Ainsi, vous n'avez aucun programme de paix; ainsi donc, vous vous opposez aux revendications démocratiques », répliquent les kautskistes, exploitant ce fait que les gens inattentifs ne remarquent pas dans cette réponse comment on substitue aux véritables problèmes du socialisme les problèmes inexistants de la démocratie bourgeoise.

Oh! non, messieurs, — répondons-nous aux kautskistes. — Nous sommes *pour* les revendications démocratiques; nous sommes *seuls* à lutter pour elles *sans hypocrisie*, car les circonstances objectives de l'histoire ne permettent pas de disjoindre ces revendications de la révolution socialiste. Prenez en exemple cette « boussole » dont se servent Kautsky et Cie, pour tromper, avec la bourgeoisie, les ouvriers.

Sudekum et Plékhanov sont « unanimes » sur « le programme de la paix » : contre les annexions! pour l'autonomie des nations! Et remarquez que les Sudekum *ont raison* quand ils disent que l'attitude de la Russie vie-à-vis de la Pologne, de la Finlande, etc., est une attitude annexionniste. Plékhanov a aussi raison quand il dit que l'attitude de l'Allemagne est la même à l'égard de l'Alsace-Lorraine, de la Serbie, de la Belgique, etc. Tous deux ont raison, n'est-il pas vrai? Et Kautsky « concilie » le Sudekum allemand avec le Sudekum russe!!!

Mais tout ouvrier capable de réflexion verra aussitôt que Kautsky et *les deux* Sudekum sont des hypocrites. C'est clair. Pour être socialiste, au lieu de chercher une conciliation avec l'hypocrite « esprit de démocratie », on doit le *dénoncer*. Mais comment cela? C'est très simple : « la reconnaissance » de l'autonomie des nations ne peut être considérée comme non-hypocrite que si le représentant de la nation oppressive, avant la guerre comme pendant la guerre, a revendiqué la liberté pour la nation opprimée contre *sa propre* « patrie ».

C'est la seule revendication qui convienne à l'esprit marxiste. Marx formulait cette exigence, en se basant sur les intérêts du prolétariat britannique, lorsqu'il réclamait la liberté de l'Irlande, admettant d'ailleurs la probabilité d'une union fédérale après la séparation, c'est-à-dire exigeant la liberté de séparation pour arriver à un fractionnement, à un isolement, mais pour créer un lien plus solide et plus démocratique. Toutes les fois qu'on se trouve en présence de nations oppressives et opprimées, quand il n'existe pas de circonstances particulières distinguant les nations révolutionnaires-démocratiques des nations réactionnaires (circonstances qui existaient, par exemple, vers 1840), la politique de Marx à l'égard de l'Irlande doit devenir un modèle de politique prolétarienne. Or, l'impérialisme est justement l'époque où les distinctions entre nations d'oppresseurs et d'opprimés sont essentielles et typiques, tandis qu'il est absolument impossible d'établir une différence en Europe entre des nations réactionnaires et révolutionnaires.

Notre parti, dès 1913, dans une résolution sur la question nationale, avait formulé l'obligation pour tout social-démocrate d'appliquer le concept d'autonomie dans le sens que nous venons d'indiquer. Et la guerre de 1914-1916 a entièrement confirmé nos principes.

Prenez le dernier article de Kautsky dans la *Neue Zeit* du 3 mars 1916. Il exprime directement son *accord* avec un chauvin allemand des plus fieffés en Autriche, Austerlitz, rédacteur de l'*Arbeiter Zeitung* chauvine de Vienne; Kautsky est d'accord avec lui en ce sens qu'il ne faut pas « confondre l'autonomie d'une nation avec sa souveraineté ». En d'autres termes : il suffit pour les nations opprimées que l'on accorde l'autonomie nationale à l'intérieur « d'un Etat formé de nationalités différentes »; il n'est pas indispensable d'exiger pour chaque nation des droits égaux à l'autonomie politique. Et dans le même article, Kautsky affirme qu'on ne peut prouver « qu'il soit de toute nécessité pour les Polonais d'appartenir à la Russie »!!!

Qu'est-ce que cela signifie? Cela signifie que pour plaire à Hindenbourg, à Sudekum, à Austerlitz et Cie, Kautsky reconnaît *la liberté de séparation* de la Pologne vis-à-vis de la Russie bien que la Russie soit un Etat « formé de nationalités différentes », mais pour ce qui est de la liberté de séparation des Polonais vis-à-vis de l'Allemagne, il se tait!!! Et encore, dans le même article, Kautsky déclare-t-il les socialistes français renégats à l'internationalisme, en se basant sur ce fait, qu'ils veulent obtenir *par la guerre* la liberté de l'Alsace-Lorraine. Mais que les Sudekum et Cie, et autres socialistes allemands, soient des renégats de l'internationalisme quand ils refusent d'exiger la liberté de séparation de l'Alsace-Lorraine *vis-à-vis de l'Allemagne*, Kautsky n'en dit rien!

Ce terme « d'Etat formé de nationalités », ce terme peut être appliqué à l'Angleterre, quand on considère l'Irlande, et à l'Allemagne, quand on considère la Pologne, l'Alsace et autres pays! Or, Kautsky s'en sert évidemment pour défendre le social-chauvinisme. « La lutte contre les annexions », Kautsky l'a transformée en « un programme *de paix* »... avec les chauvins, il en a fait une hypocrisie scandaleuse. Et dans le même article, Kautsky répète ses onctueux discours de Judas : « L'Internationale n'a jamais cessé d'exiger le consentement de la population intéressée lorsque l'on opère un déplacement des frontières de l'Etat ». N'est-il pas clair que Sudekum et Cie exigent « le consentement » des Alsaciens et des Belges pour les réunir à l'Allemagne, tandis qu'Austerlitz et Cie exigent « le consentement » des Polonais et des Serbes pour les réunir à l'Autriche?

Mais que dira le kautskiste russe Martov? Il est entré dans le journal des gens de Gvozdev, *Nach Goloss* (Samara) et là il démontre cette indiscutable vérité que la définition des nations par elles-mêmes ne comporte pas précisément la défense de la patrie dans la guerre impérialiste. Mais ensuite, qu'un social-démocrate russe trahisse le principe de l'autonomie des nationalités, s'il n'exige pas *la liberté de séparation* des nations opprimées par les Grands-Russiens, Martov évite bien de le dire, et c'est sa manière de tendre la main pour rester en paix avec les Alexinsky, les Gvozdev, les Potressov et les Plékhanov! Martov se tait là-dessus même dans la presse illégale! Il discute avec le Hollandais Gorter, bien que celui-ci, tout en niant à tort le principe de la définition des nations par elles-mêmes, *applique* fort justement ce principe même, en exigeant *l'indépendance politique* des Indes Néerlandaises et en accusant de trahison envers le socialisme les opportunistes hollandais qui n'acceptent pas ce point de vue. Mais Martov n'a pas envie de discuter avec son camarade de secrétariat Semkovsky, qui, en 1912-1915, était *seul* à parler de cette question dans la presse des liquidateurs et *niait* le droit de séparation; niait en général le droit de définition autonome des nationalités!

N'est-il pas bien clair que Martov « défend » l'autonomie nationale avec une hypocrisie égale à celle de Kautsky? N'est-il pas bien clair qu'il dissimule ainsi son désir de *s'entendre* avec les chauvins?

Et Trotsky? Il tient ferme *pour* l'autonomie des nationalités, mais, chez lui, c'est une phrase vide de sens, car il n'exige pas la liberté de séparation des nations opprimées par la « patrie » de tel socialiste national; *il se tait* sur l'hypocrisie de Kautsky et des kautskistes!

Une telle « lutte contre les annexions » est une tromperie à l'égard des ouvriers et non pas *une explication* du programme des social-démocrates; c'est *une façon de se tirer d'affaire en paroles*, et non pas une indication concrète du devoir des internationalistes; c'est une concession aux préjugés du nationalisme et à ses intérêts matériels (« nous tous », bourgeois et social-chauvins, tirons des « avantages » de l'oppression exercée par « notre » patrie sur une nation!), mais ce n'est pas de la lutte contre le nationalisme.

« Le programme de paix » de la social-démocratie doit consister avant tout à dénoncer l'hypocrisie des phrases bourgeoises, social-chauvines et kautskistes sur la paix. C'est le premier point et l'essentiel. Sans cela, nous sommes, de gré ou de force, les complices de *la duperie* des masses. Notre « programme de paix » exige que le point principal reconnu par la démocratie dans cette question, — le refus des annexions, — soit appliqué effectivement, et non pas seulement en paroles, qu'il serve à la propagande internationaliste, et non pas à l'hypocrisie nationale. Pour cela, il faut expliquer aux masses que le désaveu des annexions, *c'est-à-dire* la reconnaissance de la définition autonome des nations, n'est sincère que lorsqu'un socialiste de telle ou telle nation exige la liberté de séparation des nations opprimées par la sienne. Comme mot d'ordre positif, entraînant les masses dans la lutte révolutionnaire et expliquant la nécessité des mesures révolutionnaires pour « la paix démocratique », on doit lancer cette consigne : refus de payer les dettes des Etats.

Notre « programme de paix », enfin, doit consister à expliquer que les puissances impérialistes et la bourgeoisie impérialiste *ne peuvent* donner la paix démocratique. *Il faut chercher* cette paix et l'obtenir, mais *non sur des positions en arrière*, dans l'utopie d'un capitalisme qui *ne serait pas* impérialiste ou d'une alliance de nations égales en droits *sous* le capitalisme, mais *en avant* dans la révolution socialiste du prolétariat. Pas une revendication radicale de la démocratie n'est réalisable avec ampleur et solidité dans les Etats impérialistes les plus avancés autrement qu'*à travers* les batailles révolutionnaires menées sous les étendards du socialisme.

Et celui qui promet aux peuples la paix « démocratique », sans prêcher en même temps la révolution socialiste, celui qui nie la lutte pour un but total, la lutte dès le temps de la guerre, celui-là dupe les prolétaires.

N. Lénine.

25 mars 1916.

Après Zimmerwald

La conférence internationale de février était appelée à faire le bilan de tout ce qui s'était produit dans le mouvement ouvrier international dans les cinq à six mois qui se sont écoulés depuis l'époque de Zimmerwald. Le principal résultat des travaux de cette conférence se trouve dans une adresse-programme destinée aux ouvriers de tous les pays et que le lecteur trouvera dans le même numéro de notre journal, le *Social-Démocrate*; ensuite, une nouvelle conférence internationale a été fixée, qui sera convoquée ouvertement et sur une base plus large. Nous enregistrons avec satisfaction l'une et l'autre décision, comme un pas en avant dans la voie de la création d'une IIIe Internationale qui libérera les prisonniers du social-chauvinisme.

De même que nous allons parler de Zimmerwald, nous croyons qu'il est de notre droit et de notre devoir de raconter en détail aux ouvriers russes ce qui s'est passé dans cette récente conférence à laquelle assistait aussi une délégation du Comité central de notre parti. Nous ne pouvons pas raconter tout, bien entendu, pour des raisons fort compréhensibles. Et nous ne nous intéressons ici qu'à ce qui a une signification de principe, à ce qui nous fait connaître les tendances d'idées politiques à l'intérieur de l'union zimmerwaldienne.

Après Zimmerwald, la Commission Socialiste Internationale (I. S. C.) de Berne, qui avait été élue dans cette première conférence, avait déclaré dans un rapport officiel qu'elle était prête à se dissoudre dès que le Bureau Socialiste International de La Haye recommencerait à fonctionner. C'était une concession aux social-patriotes et aux hésitants. Officiellement, cela n'avait pas été décidé ainsi à Zimmerwald.

Mais bientôt la I. S. C. sentit que, pour réaliser un travail un peu profitable, il fallait au contraire ne pas redouter d'exister séparément, qu'il fallait même créer un organe plus solide. La I. S. C. expédia une circulaire annonçant la création d'une commission internationale *élargie* avec représentation permanente de tous les pays. C'était un pas dans le sens de ce que la gauche de Zimmerwald avait proposé à la conférence même. La conférence récente a été la première réunion élargie de ce genre (bien qu'elle n'ait pas eu un caractère tout à fait officiel, car les délégués nationaux n'étaient pas tous arrivés). La poussée extérieure qui a hâté la convocation de cette conférence, c'est un récent et impudent discours du secrétaire du Bureau Socialiste International, C. Huysmans, lequel déclarait que l'Internationale était maintenant plus vivante que jamais et proclamait le rétablissement prochain des liens formels internationaux, sur la base d'une amnistie réciproque. Au lieu de faire des concessions au vieux Bureau International, la I. S. C. de Berne devait au contraire, par la force des choses, serrer les rangs *contre* lui. Telle est la logique de la lutte. Telle est la logique des événements, *en dépit* des hésitations qui se sont manifestées dans les éléments intermédiaires du bloc de Zimmerwald.

La composition de la récente conférence était égale à peu près à la moitié de la conférence de Zimmerwald. Proportionnellement, les rapports des tendances étaient à peu près les mêmes qu'à Zimmerwald. Et cependant l'adresse-programme a été rédigée en des termes beaucoup plus proches de ce qu'avait voulu la gauche de Zimmerwald. Cette adresse n'a pas la consistance d'un véritable programme, elle ne donne pas une appréciation nette et systématique de l'opportunisme, du kautskisme. Mais, quand elle indique la nécessité d'une « intervention révolutionnaire » de la classe ouvrière; quand elle évoque les exemples de « fraternisation dans les tranchées »; quand elle appelle aux « grèves, démonstrations, mouvements populaires »; quand elle condamne « toute participation volontaire des ouvriers aux institutions qui servent pour la défense nationale »; quand elle exige le vote contre les crédits « indépendamment de la situation militaire »; quand elle déclare que « toute tentative de rétablissement de l'Internationale par amnistie réciproque des leaders opportunistes compromis... constitue un complot contre le socialisme »; quand elle dit que « la soi-disant défense de la patrie dans cette guerre n'est pas autre chose qu'un moyen de très grossière tromperie, employé dans le but d'assujettir les peuples à l'impérialisme », l'adresse marque un pas en avant *pour s'écarter* du « marais » de Ledebour qui dictait sa volonté à Zimmerwald, un pas en avant vers la social-démocratie révolutionnaire. (L'adresse a été adoptée à l'unanimité. Radek, Lénine et Zinoviev ont déposé une déclaration en ce sens que, voyant dans ce document un pas fait en avant, ils ne le trouvent cependant pas satisfaisant dans toutes ses parties).

La situation de l'opposition social-démocrate en Allemagne a une signification décisive pour les destinées ultérieures du bloc de Zimmerwald. Le délégué allemand à la conférence a déclaré que l'opposition avait lancé, pendant le laps de temps écoulé, 600.000 appels illégaux, qu'elle avait organisé une série de magnifiques manifestations dans les rues, que les masses passaient de plus en plus à l'opposition. Mais ce même délégué (partisan de Ledebour) se défendait d'un rapprochement avec Liebknecht, attaquait les gauches pour leur tendance à provoquer une scission vis-à-vis des social-patriotes. « Il est impossible de servir simultanément deux dieux », disait-il. C'est-à-dire qu'il est impossible de rester dans le vieux parti et en même temps de créer le sien. De cela, il tirait résolument cette conclusion qu'il faut, dans tous les cas, rester dans le vieux parti, ne s'apercevant pas qu'en continuant à servir le seul dieu d'autrefois, on est au service précisément du dieu Scheidemann. Pour ce qui est de la création d'une III⁰ Internationale, le délégué allemand ne veut pas en entendre parler. Pour lui et pour son groupe, « l'unité » a une valeur d'ultimatum.

Et des discours de ce genre ont trouvé des échos sympathiques à la conférence, bien que toute la situation actuelle ne fasse qu'une criante protestation contre de telles paroles.

D'après les renseignements recueillis par les délégués à la conférence, il résulte clairement que le plan de Huysmans et de ceux qui tiennent pour lui consiste d'abord à « réconcilier » les éléments « du centre », c'est-à-dire les kautskistes de tous les pays. La majorité de la conférence comprenait ou plutôt sentait que d'un pareil plan ne pourrait résulter qu'une nouvelle et immense tromperie pour les ouvriers. Et, en même temps, non seulement la majorité de la conférence se défend d'agir, comme le voudrait l'esprit de suite, contre le kautskisme, mais elle encourage ceux qui, — tels, par exemple, les kautskistes autrichiens, — disent : nous soutiendrons Zimmerwald... si... si l'on soutient Kautsky et Haase...

Une partie des délégués (Martov à leur tête) voulaient que la conférence fît non point un pas en avant, mais un pas sur place. Ils ne voulaient d'aucun manifeste qui fût un programme politique. La I. S. C. de Berne, dès le début, se présentait avec un projet de manifeste aux ouvriers de tous les pays; le texte avait été distribué aux délégués dès le premier jour de la conférence. La I. S. C. déclarait nettement que les groupes ouvriers des différents pays exigeaient d'elle une nouvelle manifestation, par d'innombrables lettres, etc...

— Nous sentons qu'il faut entreprendre quelque chose, qu'il faut faire un pas en avant. Tous les échos qui ont répondu à Zimmerwald, tous les rapports que nous avons eus avec les socialistes des différents pays nous dictent impérieusement cette conduite. — Ainsi parlait le représentant de la I. S. C. Mais Martov et Cie comprenaient parfaitement que si l'on manifestait à l'aide d'une déclaration-programme, cela ferait, fatalement, en vertu même de toute la situation politique, un pas de *notre* côté. C'est pourquoi ils luttèrent de la façon la plus opiniâtre contre toute manifestation de ce genre. — Il était trop tôt. Nous n'étions pas préparés. Tout le monde n'était pas arrivé. On allait écarter les Français. Il ne fallait pas courir trop en avant. Les masses ne nous comprendraient pas. — Tels étaient les arguments que l'on objectait avec une quantité d'autres. Finalement, il fut décidé de publier non pas un manifeste, mais une adresse (circulaire) aux organisations de Zimmerwald (proposition de Rakovsky, représentant du « milieu »). L'élaboration de l'adresse fut confiée à une commission (2 membres de la I. S. C., un Allemand. Rakovsky, l'Italien Serrati, 2 Russes : Martov et Zinoviev). A la commission, dès le début, s'élevèrent les mêmes débats qu'en assemblée plénière. Ensuite, le projet de la I. S. C. fut pris pour base. Il n'y avait pas d'autres projets. Sur la proposition de notre représentant, on introduisit les articles sur « l'amnistie réciproque », sur le refus de voter des crédits « indépendamment de la situation militaire » et la condamnation directe « de toute participation volontaire des ouvriers aux institutions de défense nationale ». Dans ce dernier point, on avait en vue, bien entendu, la participation aux comités des industries de guerre. Martov déclara qu'il était personnellement opposé à une telle participation mais que, pour beaucoup de participants russes, les motifs n'étaient pas du tout ceux de social-patriotes. A quoi Serrati répliqua : « Oui, dans ces cas-là, *ils* disent toujours qu'ils ont de tout autres motifs ». Serrati venait de voir en Italie ses maîtres, les Bissolati. Il ne soupçonnait pas à quel point il avait frappé juste à l'égard de Martov.

Les craintes des conciliateurs et des diplomates furent confirmées. L'adresse, en effet, fut rédigée de telle manière qu'elle gâte le jeu diplomatique des kautskistes. Comment cela s'est-il produit? Ne formions-nous pas, indubitablement, la minorité à la conférence. On était mécontent de nous. Contre nous se déversaient les accusations, — d'autant plus copieuses que l'on était forcé, en fait, de suivre notre ligne. — Le secours nous vint encore et encore des social-patriotes : Vandervelde, Huysmans, Scheidemann, Plékhanov. Du moment que des gens se mettent devant un bureau pour écrire un manifeste contre Huysmans, Sembat et Scheidemann, il ne leur reste que de devenir ridicules ou de dire, dans une forme ou dans une autre, ce que proposent ceux de gauche. La logique des choses est pour nous.

Toutefois, il ne faut pas se bercer d'illusions. A l'intérieur du bloc de Zimmerwald, il y a beaucoup d'éléments non marxistes, non révolutionnaires. Les groupes influents de ce bloc ont plus de sympathie pour Ledebour et son groupe des 20 que pour Liebknecht; ils ont plus de sympathie pour Martov et Axelrod que pour nous. Ils s'efforcent de passer à côté des questions trop pénibles. Lorsque nous avons déclaré que, sans nier le droit de participation au bloc de Zimmerwald de la minorité du C. U., nous refusions ce droit au C. U. lui-même, car c'est une institution de social-chauvins, nous fûmes l'objet d'une démonstration hostile. (Le diplomate balkanique Rakovsky y mit un zèle particulier). La majorité soulevait des difficultés purement formelles : notre déclaration, disait-elle, venait beaucoup trop tard. Mais, en fait, l'affaire s'explique par deux causes : 1° Ceux des gens du C. U. qui sont à l'étranger trompent systématiquement une partie des camarades des autres pays, en s'affirmant internationalistes; 2° parmi les zimmerwaldiens, il y a des éléments qui, politiquement, sont de parenté avec Martov et Axelrod; et comme ces derniers consentent toujours à tout ce qu'on veut, qu'ils marchent avec la majorité, qu'ils sont coulants et qu'ils n'ont pas de ligne *à eux* à proposer, on les considère comme des alliés « commodes », on sent en eux des « kautskistes » *comme les autres*.

La première conférence internationale des gauches depuis la guerre a été une conférence des femmes, au début de 1915. Notre délégation, pour la première fois, y apporta notre projet de résolution. Comparez maintenant l'adresse de la conférence de février (1916) avec ce projet et vous verrez comment la marche des événements pousse fatalement de *notre* côté des gens qui nous accusent de « sectarisme bolchévique » et de beaucoup d'autres péchés mortels.

Et cependant, nous ne pouvons pas encore dire définitivement vers où se dirige le cours du bloc de Zimmerwald.

Spartacus (le membre le plus en vue de l'opposition social-démocrate allemande), dans un article récent, demande « qui ils sont », quels sont ces 20 députés social-démocrates allemands qui, en décembre 1915, votèrent contre les crédits. Et il répond : C'est un bloc hétérogène. A côté de véritables internationalistes révolutionnaires, nous y voyons de bons pacifistes, des kautskistes, des amateurs « d'unité » avec les social-patriotes, et qui parlent bien haut de « discipline », etc. Dans un certain sens, on peut en dire autant d'une bonne partie du bloc de Zimmerwald; là aussi, il y a des éléments très divers. Le sort n'en est pas encore jeté. Où ira ce bloc? Arrivera-t-il, en totalité ou en partie, à « l'amnistie » qu'il stigmatise aujourd'hui? Ce sont là des questions auxquelles personne ne se chargera de répondre durant l'actuelle période de transition.

Pourtant, quand on entend parler du chaleureux enthousiasme avec lequel Zimmerwald est accueilli par les ouvriers qui, dans cette organisation, apprécient justement un progrès vers la rupture de fait avec les social-chauvins, on a envie d'adresser à la majorité de Zimmerwald les paroles suivantes :

Camarades! Nous ne sommes pas encore nombreux, mais avec nous marchera tout ce qu'il y a de conscient, tout ce qu'il y a d'honnête dans le mouvement ouvrier, si nous menons résolument et jusqu'au bout la lutte contre les social-patriotes et les kautskistes. Nous avons en ce moment cet immense avantage sur les social-chauvins et les kautskistes que nous sommes déjà réunis, que, tant bien que mal, nous avons constitué un premier noyau international, tandis qu'il leur est impossible de se grouper. Mais, demain, ils se grouperont, demain ils se réconcilieront, et alors commencera une nouvelle campagne d'outrages encore plus ignobles contre le drapeau du socialisme. Ne regardons donc pas en arrière. Déclarons résolument la guerre aux kautskistes. Déployons le drapeau de la véritable fraternité des travailleurs...

Le chemin que suivra la conférence d'avril des zimmerwaldiens, nous le verrons bientôt.

G. ZINOVIEV.

25 mars 1916.

Zimmerwald et Kienthal

I. *Avant la deuxième conférence*

...A Zimmerwald encore, la majorité des délégués ne voulaient pas entendre parler de la création formelle d'une organisation permanente internationale des socialistes internationalistes. Ils concevaient Zimmerwald comme un phénomène temporaire, passager, comme une alliance épisodique de gens qui s'étaient unis afin de mener une agitation commune pour la paix. Aucune scission avec les vieux partis officiels! La majorité social-patriote réfléchira bientôt et reviendra dans l'ancienne voie du socialisme. Nous coordonnons nos efforts dans le seul but de hâter ce départ. Nous dissoudrons notre organisation zimmerwaldienne dès qu'il se sera produit. (1)

Ainsi pensait à peu près la majorité de Zimmerwald. C'était extrêmement naïf, mais c'était ainsi. Et de là vint l'hostilité, de là vint le mécontentement contre la gauche de Zimmerwald qui, alors déjà, disait qu'une telle conception était naïve, qui, alors déjà, déclarait inévitable la scission avec les social-patriotes et levait ouvertement l'étendard de la *Troisième* Internationale.

Six mois s'écoulèrent et, à la conférence de février, à Berne, les zimmerwaldiens durent faire un pas dans notre direction. Il se passa encore deux ou trois mois, et, à la II° conférence de Kienthal, un nouveau pas fut fait en avant. Mais la question principale et fondamentale n'est pas encore résolue : Zimmerwald ne sera-t-il qu'un épisode fortuit, ou deviendra-t-il, au contraire, une étape dans la voie de la création d'une nouvelle association internationale des ouvriers, sans les social-chauvins, et contre eux?

La guerre continue et l'on n'en voit pas la fin. Les peuples sont affamés et tombent dans la misère. Ce n'est pas seulement à Bagdad, c'est à Verdun, à une centaine de kilomètres de Paris, dans le centre de la « civilisation » européenne, que la boucherie continue avec une violence inouïe. Et chaque jour, des milliers et des milliers d'ouvriers français et allemands permettent à « leurs » gouvernements de les pousser impunément vers l'abattoir... Et les partis « socialistes » officiels, après vingt mois de ce massacre impérialiste, bénissent les ouvriers en les envoyant à cette mort « héroïque », au nom des intérêts d'une bande de magnats du capital... La marche de la guerre, les nouveaux traités secrets que l'on pré-

---

(1) Dans ce sens, la Commission Socialiste Internationale de Berne fit même une communication officielle dans la presse, communication qui sema pas mal de trouble dans les esprits, et dont la Commission avait pris l'initiative sans y être autorisée : cette question ne fut ni examinée, ni soumise à un vote à Zimmerwald. A Kienthal, le camarade Grimm, représentant de la Commission de Berne, répondit à nos protestations par des phrases évasives, tout en retirant, cependant, (au moins en paroles), une bonne partie des termes de la dite communication. Il « interprétait » cette déclaration dans ce sens que, selon lui, elle se rapportait seulement au cas où le B. S. I. renoncerait à sa politique et se placerait en fait sur le terrain de Zimmerwald. Nous exigeâmes que cette explication fût notée dans le procès-verbal.

pare, tout, tout ce qui s'est passé en vingt-deux mois de guerre sanglante, tout cela crie, tout cela clame que cette guerre est une guerre impérialiste, une guerre de brigandage, à laquelle on ne peut appliquer que par dérision des phrases sur les intérêts des peuples. Or, les partis « socialistes » officiels chantent des hymnes frénétiques en l'honneur de cette guerre ; ils s'oublient jusqu'à appeler les masses populaires à « tenir jusqu'au bout » ; ils deviennent les *bourreaux* du socialisme en aidant les impérialistes à détruire la fleur de la classe ouvrière...

Telle est la situation.

Est-il étonnant que dans les masses grandisse le sentiment de la nécessité de rompre avec les Judas Iscariotes et les Ponces Pilates qui se trouvent à la tête de la II° Internationale ?

A l'époque de Zimmerwald, il n'y avait encore de scission ouverte dans aucun des pays « dirigeants ». Maintenant, la scission est un fait, et pas seulement en Italie, en Russie, en Bulgarie. Maintenant, la scission s'est accomplie ou s'accomplit en Allemagne, en Angleterre (on a justement reçu, à la conférence, la nouvelle de la rupture de la majorité du parti socialiste britannique avec Hyndman et C°), en France, en Suède, même en Australie et en Amérique. Ce ne sont pas « des théoriciens », ce ne sont pas « des sectaires » qui font cette scission. Non, tout honnête socialiste dans le rang, parfois même simplement l'honnête démocrate, sent qu'il doit ou bien se renier lui-même, devenir l'involontaire agent de la bourgeoisie, vendre son droit d'aînesse de socialiste pour le plat de lentilles de l'unité avec les social-patriotes, ou bien devenir un « schismatique », c'est-à-dire lever hautement l'étendard de la complète rupture avec les traîtres de la cause ouvrière.

II. *La composition de la conférence et sa physionomie politique*

Les gouvernements ont fait tout ce qu'ils pouvaient pour empêcher la conférence. Afin d'égarer la surveillance de la police internationale, en lui indiquant une fausse piste, les organisateurs de la conférence avaient publié qu'elle aurait lieu en Hollande, tandis qu'en réalité elle s'est tenue en Suisse. Néanmoins, un très grand nombre de délégués n'ont pu y venir. Environ dix délégués allemands, un Autrichien, deux Anglais, un Letton, deux balkaniques, une partie des Français, les Scandinaves, etc., n'ont pu y arriver. La gauche de Zimmerwald, en raison de cette circonstance, fut affaiblie en nombre. D'autre part, les social-patriotes avaient pris, eux aussi, leurs « mesures ». Le secrétaire du Bureau International des social-patriotes, Huysmans, s'était rendu en Angleterre et en France pour persuader les oppositions de ne pas se rendre à Zimmerwald. Le parti officiel employait tous les moyens pour intimider les représentants de la minorité.

Et pourtant, la conférence a eu lieu. Et cela déjà constitue un succès considérable.

L'Allemagne était représentée par sept délégués. C'étaient les représentants des trois grandes tendances de l'opposition allemande. L'un était partisan de la gauche de Zimmerwald et du groupe connu sous le nom de « I. S. D. » (Socialistes Internationaux Allemands). Il représentait le mouvement internationaliste de la ville de X. (un centre important dans lequel l'immense majorité de toute l'organisation partage le point de vue de l'extrême-gauche). Ensuite, deux représentants du groupe de l'*Internationale* (titre d'une revue qui a eu un numéro, sous la direction de Luxembourg et de Mehring. A Zimmerwald, cette tendance marchait encore, avec la majorité, contre nous. Maintenant, ces camarades « ont incliné à gauche »). En Allemagne même, les partisans de Haase-Ledebour-Kautsky *ont exclu* ces camarades des groupes d'opposition qu'ils formaient auparavant avec eux. Et cela, bien que les partisans de l'*Internationale* ne se soient nullement rendus coupables de trop de netteté dans leur façon de poser la question du «kautskisme ». A la veille de la conférence, le groupe de l'*Internationale* a lancé un appel qui invitait les ouvriers à cesser de payer leurs cotisations à la direction du parti social-chauvin. Dans les conditions allemandes, c'était un pas très hardi vers la rupture avec le parti officiel. Et, enfin, quatre représentants de l'opposition modérée, liée avec les noms de Ledebour et de Hoffmann. Ils déclaraient être « une opposition à *l'intérieur* de l'organisation », pour se distinguer des « scissionnistes ». Leur tactique, maintenant comme à Zimmerwald, est restée très embrouillée et opportuniste. Ils continuent à repousser l'idée de la création d'une troisième Internationale. Quand Ledebour et Haase ont formé, enfin, leur fraction parlementaire, avec le concours très actif de Kautsky (comme l'a raconté Spartacus), une première déclaration de principe de cette fraction a été élaborée, dans un esprit *à demi patriotique* : nous votons contre les crédits *parce que* les frontières de notre patrie sont assurées contre l'invasion ennemie — disait cette déclaration. Il n'y a pas encore bien longtemps, Kautsky écrivait que la nouvelle fraction parlementaire de la social-démocratie devait travailler « non contre » la vieille fraction de Sudekum, mais « à côté » (*nicht gegeneinander, sondern nebeneinander*). En d'autres termes, Kautsky proposait une fois de plus la paix aux agents de la bourgeoisie, Scheidemann, Legion, David et Cᶦᵉ. Kautsky lui-même n'a pas voulu paraître à la conférence, bien qu'il ait été invité personnellement, de même que Haase. Ils ont motivé leur refus de prendre part à la conférence en disant qu'ils sont tous deux (ils étaient!) les représentants officiels du parti allemand (c'est-à-dire de Sudekum et Cᶦᵉ) au Bureau Socialiste International, et que, par conséquent, leur participation présenterait « des inconvénients ». C'est, naturellement, une excuse sans valeur. Les délégués italiens, russes, roumains et autres à la conférence de Zimmerwald étaient aussi, auparavant, les représentants de leurs partis au B. S. I. En réalité, toute l'affaire est en ceci que Kautsky et Haase ont bien plus envie d'une alliance avec Renaudel, Hyndman et Vandervelde — et en même temps avec les Scheidemann — qu'avec les éléments internationalistes qui se groupent autour de Zimmerwald.

L'influence délétère du kautskisme pèse encore fortement sur une partie de l'opposition allemande. Mais — et c'est là le principal, — l'état d'esprit a changé dans les masses. Le mécontentement grandit partout. Il est difficile de citer une grande ville où il ne se produise déjà de grandes ou de petites manifestations contre la vie chère, etc. Le mécontentement est formidable dans les tranchées. Les masses « se radicalisent ». Si la guerre se prolonge jusqu'à l'automne, de gros événements sont inévitables. Ainsi ont parlé — bien différemment de ce qu'on avait d'abord dit à Zimmerwald — les représentants des trois tendances dans l'opposition allemande... A la question d'un délégué italien, qui voulait savoir si l'on pouvait s'attendre maintenant, en Allemagne, à un sérieux mouvement des masses, à *une action pratique* contre la guerre, tous les délégués n'ont eu qu'une voix pour répondre avec une absolue conviction : *oui*. Cela ne s'était pas passé ainsi à Zimmerwald. Et ce fait que les délégués allemands, — tous gens très équilibrés et circonspects, — ont ainsi parlé, constitue un signe des temps. Ces déclarations comptent parmi les plus importants événements de la conférence.

De *France*, d'une façon assez inattendue pour les membres de la conférence, il est arrivé trois membres de la Chambre des Députés : Brizon, Raffin-Dugens et Blanc. Leur arrivée à Zimmerwald nous donne aussi, sans aucun doute, un écho de la protestation des masses qui grandit en France contre le massacre impérialiste. Les trois députés que l'on vient de nommer appartenaient jusqu'à présent à la plus timide « opposition de Sa Majesté ». Tous trois appartenaient au groupe Longuet-Pressemane — au groupe des kautskistes français *du plus mauvais* genre. Tous trois répètent encore jusqu'à présent des phrases kautskistes, prétendant que les Français, comme les Allemands, ont eu raison de voter pour les crédits de guerre. Car les uns étaient, paraît-il, menacés d'une invasion prussienne, les autres d'une invasion cosaque. Aucun des trois ne veut apercevoir les causes profondes de la crise, et tous trois prêchent l'amnistie mutuelle des partis social-patriotes qui ont fait banqueroute. Tous trois répètent des phrases à demi social-chauvines sur « la noble France » qui, soi-disant, défend en cette guerre les traditions de la révolution, etc. Quand on écoute leurs discours, on pourrait quelquefois penser que ces gens-là viennent directement d'un camp de social-chauvins qui ne se connaissent pas comme tels. Mais leur conduite après la conférence, leurs manifestations en France contre les messieurs qui sont à la tête du parti « socialiste » français, ont montré autre chose : ces hommes — bien que très maladroitement, sans aucun esprit de suite et avec de grandes hésitations — reflètent l'état d'esprit de cercles importants de la démocratie et d'ouvriers dupés de la guerre, qui maintenant s'ef-

forcent d'agir contre la guerre, contre l'imposture social-chauvine.
Ils font du confusionnisme au-delà de toute permission. Ils ont une
multitude de préjugés contre l'internationalisme conséquent. Mais
le mouvement de masses les pousse du côté de Zimmerwald. Même
en France, où la situation du socialisme est en ce moment particulièrement difficile, la protestation des masses s'affermit, le mouvement se réveille. A Paris et en province se sont formés de premiers
groupes d'ouvriers français qui tiennent fermement pour le véritable internationalisme et se rapprochent de la gauche de Zimmerwald. Leur tâche sera de mettre à profit la décomposition qui commence parmi les social-chauvins français.

L'*Italie* était représentée par sept camarades. Cette fois, on
a pu discerner nettement deux courants dans le parti italien. La
majorité de la délégation appartenait à ce qu'on appelle « les réformistes de gauche ». Forment-ils aussi une majorité dans le parti?
Il est difficile de le dire. Parmi les parlementaires, parmi les « dirigeants », c'est probable, mais parmi les ouvriers socialistes, c'est
douteux. Cette majorité tient pour le kautskisme et le social-pacifisme, elle continue à croire que « les cours d'arbitrage » , le désarmement progressif, le contrôle démocratique sur la politique étrangère, etc., doivent rester les revendications du programme de la
social-démocratie internationale. La minorité (le camarade Serrati,
rédacteur de l'*Avanti*, organe central du parti) défendait une autre
tactique qui se rapprochait de celle de la gauche de Zimmerwald.

La *Suisse* avait cinq délégués. Deux ou trois (Platten, Robmann,
Nobs) étaient d'accord avec nous. Les autres marchaient avec la
camarade Grimm.

Le parti social-démocrate de *Serbie* était représenté par le
député Katzlerowitch, qui se joignait, bien que pas entièrement, à
la gauche de Zimmerwald.

La *Pologne* était représentée par cinq délégués. Trois (Radek,
Bronski, Dombrowski) de l'opposition social-démocrate polonaise,
(direction régionale), appartenaient à la gauche de Zimmerwald.
Un, de la direction principale du P. S. D. (Warski), pour cette fois,
dans la question de la convocation du B. S. I., soutenait aussi la
gauche. Un, de la gauche du P. S. P. (Lapinski) se rapprochait à
peu près de « la tendance » de Martov.

La délégation de *Russie* se composait comme suit : du comité
central de notre parti, Lénine, Zinoviev, Pétrova (le parti social-
démocrate letton avait chargé Zinoviev de le représenter); du comité
unitaire, Martov et Axelrod. Des « éléments internationalistes
socialistes-révolutionnaires », Bobrov et deux autres délégués.

III. *Deuxième ou Troisième Internationale?*

La plus importante question, la plus disputée à la conférence,
fut celle des rapports que l'on devait avoir avec le Bureau Socialiste (?) International (résidant auparavant à Bruxelles, mainte-

nant transféré à La Haye). C'était le point le plus grave de l'ordre du jour, parce que, dans cette forme, on décidait en réalité de l'existence de la II° ou d'une III° Internationale.

Les social-chauvins, en Allemagne comme en France, en Autriche comme en Russie, en Angleterre comme aussi en Belgique, défendent une seule et même somme d'idées bourgeoises. Tous se tiennent sur une seule et même position de principe. Cependant, la guerre les a temporairement séparés par pays. Pour le moment présent, ils ne peuvent *pas encore* se donner la main l'un à l'autre, ils sont hostiles entre eux.

Ce qu'on appelle le Comité Exécutif du Bureau Socialiste International « exécute » en réalité non les décisions des congrès socialistes internationaux, non les volontés du socialisme, mais les volontés de la bourgeoisie impérialiste de l'Entente des quatre nations. Ce Comité Exécutif, c'est-à-dire Vandervelde, Huysmans et C°, auxquels se sont ajoutés encore deux ou trois social-chauvins hollandais, s'est transformé en agence des impérialistes anglo-français.

Néanmoins, dès à présent, Huysmans et C° tentent de créer à La Haye une sorte de comptoir intermédiaire central pour les social-chauvins *des deux camps* belligérants. Ces deux camps ne peuvent pas encore se réunir, mais ils peuvent déjà faire quelque chose ensemble : ils peuvent, par exemple, coude à coude, lutter contre les internationalistes, ils peuvent unir leurs efforts pour attaquer Zimmerwald. Une apparence d'accord tacite entre les deux trusts de social-chauvins qui se sont battus pour un temps existe déjà. Et Huysmans et son Comité Exécutif jouent dans cette affaire le rôle « d'honnêtes (hum! hum!) courtiers ».

Examinez les faits. Huysmans lance des manifestes et des déclarations que l'on reproduit *aussi volontiers* dans la *Gazette Ouvrière de Vienne* (Victor Adler) que dans les journaux de Sudekum et dans l'organe de Thomas et de Sembat, et dans le journal des partisans russes de Gvozdev (*Nach Goloss*). Huysmans leur a fait également plaisir à tous, parce qu'il a découvert fort justement que la conférence londonienne des « socialistes de l'Entente » et la conférence viennoise des sudekumistes allemands défendent en substance les mêmes « principes ». Tous sont disposés à applaudir Huysmans quand, d'une part, il fait allusion à la possibilité de conclure la paix avec la droite de Zimmerwald et les socialistes du pays qui n'a pas encore de démocratie (« fine » allusion aux internationalistes russes)...

Regardez ce qui se passe *après* la II° Conférence de Zimmerwald. Huysmans donne le signal, et sans s'être aucunement entendus entre eux, les social-chauvins de France, de Suède, d'Allemagne et d'ailleurs élèvent leur protestation contre Zimmerwald. Les ministres « socialistes » français font parfois semblant d'être mécontents de la trop hâtive « lutte » pour la paix que mène, soi-disant, Huysmans. Mais en même temps, ils « reconnaissent » absolument le Bureau de La Haye, et Huysmans a raison quand il allègue qu'on le reconnaît également « à Berlin, et à Vienne, et à Paris, et à Londres » — c'est-à-dire qu'il est reconnu par les social-chauvins des grandes capitales.

Le bureau de La Haye *leur est nécessaire à tous*, à Sudekum comme à Renaudel, à Plékhanov comme à Legien. Les leaders de toute la respectable bande des social-chauvins ne peuvent pas ne pas songer à ce qui se passera *après* la guerre. Après la guerre, il leur est indispensable de « reconstituer » l'Internationale d'imposture, et il leur est indispensable de s'amnistier les uns les autres, les deux trusts *doivent* se tendre les mains pour la lutte en commun contre les ouvriers socialistes. Voilà pourquoi le Bureau de La Haye dès à présent joue en quelque sorte le rôle de foyer politique de la lutte entre socialistes et social-chauvins. Le Bureau de La Haye est l'embryon de la future société « internationale » par actions qui aura pour tâche de duper la classe ouvrière de tous les pays. Sous le mot d'ordre d'« unité » et de reconstitution de la *deuxième* Internationale, cette compagnie d'augures mènera la lutte contre les internationalistes.

Dans ces conditions, tenir pour le Bureau de la Haye, chercher à obtenir qu'il soit convoqué, pour nous, cela signifierait aider la bande à tromper les ouvriers. Jetez un coup d'œil sur l'exemple de la France. Bourderon, l'internationaliste hésitant, avec le représentant de « l'opposition de Sa Majesté » Longuet, tire bassement son chapeau devant les ministres « socialistes », les priant de daigner consentir à la convocation du Bureau Socialiste International. Et ceux-ci, par forfanterie, refusent, faisant semblant de craindre pour les intérêts de « la civilisation » et de « la liberté », qu'ils défendent soi-disant. Sembat, Thomas et autres laquais du tsar de Russie et de la ploutocratie française, pour faire monter les prix, jurent qu'ils ont déjà « payé la marchandise plus cher » et qu'ils ne peuvent en nulle manière consentir à la convocation du Bureau. *En ce moment même*, Poincaré et Briand ne leur permettent pas encore d'accorder leur consentement. Mais, d'ici quelque temps, ils accepteront. Et que se passera-t-il alors? Ceux qui prendront place au Bureau, ce seront toujours, n'est-ce pas, ces messieurs Scheidemann, Ebert, Adler, Vandervelde, Renaudel, Branting, Troelstra et Cie. Bien entendu, dans une pareille assemblée, pas un cheveu ne tombera de la tête des social-chauvins français. Et la première chose que feront ces messieurs, ce sera, d'un effort commun, d'étouffer ce même Bourderon qui, en ce moment, avec un zèle digne d'un meilleur sort, s'efforce d'obtenir la convocation du Bureau International des social-chauvins.

Quiconque met des espérances dans le vieux Bureau International — celui-là regarde *en arrière*, celui-là est prisonnier de la bande internationale des social-impérialistes, celui-là est incapable de mener une lutte sérieuse contre cette bande. La scission est nécessaire, la scission est inévitable, la scission est déjà à moitié accomplie. Ce n'est qu'en appelant hardiment et ouvertement les ouvriers de tous les pays à rompre avec les traîtres et à créer leur *troisième* Internationale qu'on pourra sauver l'honneur du socialisme. Bien entendu, la IIIe Internationale ne peut naître que dans l'orage et les tempêtes *d'un mouvement de masses*. Bien entendu, aucune conférence ne peut donner de résultat plus sérieux qu'une *préparation* idéologique et politique de la IIIe Internationale. C'est cela qu'il faut préparer, c'est la voie qui doit être choisie définitivement et sans retour.

A cette manière de poser la question, nous avons entendu deux genres d'objections : les objections de principe et les objections pratiques. Les unes et les autres, en réalité, se ramenaient à un kautskisme trivial, c'est-à-dire à la défense de l'unité avec les social-patriotes, c'est-à-dire que, par là, on voulait livrer le mouvement internationaliste, pieds et poings liés, au trust international des social-chauvins.

Le discours le plus entaché des principes kautskistes a été prononcé par P. Axelrod. Défendant en Russie l'unité avec les social-chauvins de la patrie, il voudrait naturellement répandre les bienfaits de cette unité sur toute l'Internationale. Il est contre la scission. Certes, il reconnaît que la IIe Internationale n'a pas été à la hauteur de la situation, et que, d'ailleurs, dans la présente catastrophe mondiale, il en a été de même pour beaucoup d'autres organisations et tendances. Mais il est opposé aux « secousses révolutionnaires dans les vieux partis socialistes ». Les masses elles-mêmes, au début de la guerre, éprouvaient des sentiments patriotiques. Il ne faut donc pas, dit-il, scinder les organes dirigeants des partis, mais il faut les ramener de notre côté. Nous devons agir à leur égard de même qu'un médecin expérimenté et scrupuleux se conduit vis-à-vis d'un malade bien-aimé. Pas un moyen ne doit rester négligé, avant de recourir au scalpel chirurgical. Il ne s'agit pas de trahison. Chez tout individu, vers l'âge de dix-huit ans, la voix mue; il en a été de même de la IIe Internationale. Il faut s'adresser aux masses. Il faut que les masses exigent la convocation du Bureau Socialiste International. Il faut prouver ainsi à nos frères égarés qu'ils se trompent. (Dans cet esprit, Axelrod apportait, à titre personnel, une sorte de projet de résolution; on n'en donna pas lecture, l'auteur ayant déclaré que c'était encore une ébauche inachevée).

L'autre groupe d'objections provenait de l'opportunisme « pratique ». Les principaux représentants de cette tendance furent, à la conférence, les « réformistes de gauche » italiens et Hoffmann, représentant de l'opposition allemande modérée.

Les Italiens ont créé cette légende que, dans les séances du Bureau Socialiste Internatioanl, les zimmerwaldiens pourraient avoir la majorité sur les social-patriotes.

Pour « zigouiller » dans ce Bureau Huysmans et Cie, ont-ils dit, il nous suffira de lever les bras. D'après les calculs de ces mêmes Italiens, on verrait voler au secours des zimmerwaldiens les socialistes du Japon, de l'Afrique du Sud, de l'Australie et même... de l'Inde.

Il ne nous a pas été bien difficile, les chiffres en mains, de démolir cette légende. Mais quand bien même les calculs des Italiens seraient justes, leur façon de poser la question dans son ensemble resterait encore le comble de la naïveté. Il ne s'agit pas du tout de savoir à qui sera la majorité dans le Bureau. Il ne s'agit pas du tout de se servir de la voix d'un socialiste sud-africain pour l'emporter sur les millions d'hommes que représente le parti des social-chauvins allemands. Toute la question est de savoir si, par la nature de nos opinions, nous formons bien un seul et unique parti, un seul camp, une seule Internationale, ou bien si nous avons *deux* programmes, lesquels, dans ce cas, seraient inconciliables.

Admettons ! — nous a-t-on dit (Hoffmann, Serrati, et autres), — mais nous ne devons pas esquiver le combat avec les social-chauvins dans le Bureau International, nous devons y aller pour dénoncer leurs plans. — A cela nous allons répondre : Nous n'exceptons pas du tout le cas épisodique où nous pourrions aller à une séance de ces messieurs pour arracher le masque de leur physionomie de social-chauvins. Mais en ce moment, ce n'est pas la question qui se pose. Personne ne convoque le Bureau à tenir séance. En ce moment, la question est de savoir si nous ferons de l'agitation, comme Bourderon et Longuet, pour la convocation du vieux Bureau International, ou bien si nous stigmatiserons ce Bureau, si nous le dénoncerons, si nous le mettrons au pilori, si nous expliquerons aux masses la politique de duperie des Huysmans, si nous leur prouverons la nécessité inévitable d'une scission avec les social-chauvins, si nous les appellerons à lutter pour la III° Internationale.

Deux opinions, deux tactiques. Les uns estiment que la II° Internationale a fait naufrage et que, dans le feu de la guerre mondiale, se forgent les premiers éléments d'une III° Internationale, affranchie de l'opportunisme et du nationalisme. Les autres n'ont compris ni le caractère de la guerre ni le caractère de la crise vécue par le socialisme. Toute l'époque présente leur semble un épisode qui doit passer en même temps que la guerre. La vieille organisation serait ensuite reconstituée avec le Bureau International à sa tête. Les frères égarés reviendraient à la raison, les « malentendus » s'expliqueraient, et alors « pourquoi, effectivement, ne pas s'amnistier les uns les autres ? » (paroles de P. Axelrod à la commission).

De quel côté, pour cette question, s'est trouvée la majorité à la conférence ? Il est difficile de le dire exactement. Une majorité relative se trouvait plutôt de notre côté, comme le prouvent les faits suivants :

Sans délibérer sur le fond de la question, la conférence a

nommé une commission de sept membres pour élaborer une résolution. Cependant la commission s'est immédiatement partagée en deux groupes : d'un côté les partisans de l'agitation pour la convocation du Bureau, de l'autre les adversaires. Au premier groupe appartenaient : Lazzari (Italien), Naine (Suisse), le délégué allemand du groupe modéré de Hoffmann, — et Axelrod. Dans le second groupe : Lénine, Warski (direction principale de la S. D. polonaise) et un camarade allemand du groupe de *l'Internationale*. En résultat, *deux* projets de résolutions. Le projet de la majorité est remarquable (nous le publions intégralement dans ce numéro). Les auteurs sont partisans de la convocation du Bureau. Mais, en même temps, ils formulent des « conditions » si rigoureuses, ils critiquent les social-chauvins de telle façon qu'en kautskiste conséquent, P.-B. Axelrod soutient et ne soutient pas ce projet (il ne le soutient que pour la partie où la convocation est réclamée). Les auteurs exigent le remplacement du comité exécutif, c'est-à-dire l'expulsion de Huysmans et Cie. Bien plus, les auteurs exigent que les ministres « socialistes », c'est-à-dire les chefs de la IIᵉ Internationale soient exclus du parti.

Tout cela n'est pas trop logique du point de vue tendance vers l'unité. Et ce n'est pas logique d'une façon générale. Millerand est entré au ministère en franc-tireur. Mais Sembat, Guesde, Thomas, Vandervelde, Henderson ont été envoyés aux ministères *par leurs partis*, c'est-à-dire par leurs amis social-chauvins. On ne peut exclure les envoyés sans exclure aussi *ceux qui les envoyèrent*. Mais alors, on arrive à proclamer ouvertement la scission.

Qu'en résulte-t-il ? La logique des événements a voulu que tous, à l'exception du kautskiste conséquent Axelrod, proposent des solutions pratiques qui conduisent *en fait* à la scission, à la séparation d'avec les social-chauvins. Il y a, en cela, un signe des temps.

Au cours des débats de la conférence, on a constaté bientôt que la majorité artificielle de la commission, à laquelle Axelrod n'appartenait que d'une façon conditionnelle, *n'avait pas* pour elle la majorité de la conférence. Le manque de logique implicite au projet de la majorité fut indiqué non seulement par nous, mais par Grimm et par d'autres. On se mit à chercher un compromis. Le Polonais Lapinski proposa une résolution dans laquelle le Bureau serait rudement critiqué, et où la question de la participation au Bureau et de l'agitation pour qu'il fût convoqué resterait ouverte. Nous exigeâmes un vote sur toute la résolution. Après une longue insistance de notre part, on procéda à ce vote préalable. Les résultats de cette délibération (la seule qui ait eu de l'importance à la conférence) sont les suivants :

Projet de la majorité de la commission, 10 voix; projet de la minorité de la commission (gauche), 12 voix; projet de Hoffmann (pour la convocation), 2 voix; projet de Lapinski, 15 voix; projet de Serrati (analogue à celui de la majorité de la commission), 10 voix; projet de Zinoviev (si le B. S. I. est convoqué, les zimmerwaldiens devront se réunir pour examiner la situation), 19 voix.

Après ce vote, les résolutions sont renvoyées à la commission que viennent compléter deux membres de la gauche (Zinoviev, Nobs). Nous déclarons à la commission que, pour permettre un compromis, nous ne nous opposerons pas à l'adoption de la résolution de Lapinski. En résultat, on adopte, avec des amendements, les résolutions de Lapinski, Zinoviev, Modigliani (les Italiens exigeaient, sous forme d'ultimatum, la reconnaissance du droit pour chaque partie de réclamer la convocation du B. S. I.). Contre cette résolution vote seul l'opportuniste italien Dugoni; Axelrod s'abstient. Les autres votent pour.

On arriva à une résolution médiane que ne facilita pas la tactique d'Axelrod et de Kautsky. *Tout n'avait pas été dit*, les principes n'étaient pas formulés, la logique des déductions n'était pas rigoureuse, mais quelque chose était dit. Celui qui veut l'unité avec les social-chauvins et la reconstitution de la II⁰ Internationale par l'amnistie mutuelle, celui-là *ne devait pas* voter pour cette résolution. Il n'est pas possible de dire d'un même esprit : Vous avez renié le socialisme, vous êtes les instruments des impérialistes, vous êtes les otages des gouvernements, vous avez avili le drapeau de l'Internationale, et nous sommes partisans... de l'unité avec vous. Les masses ouvrières qui croient à Zimmerwald, sauront tirer leurs conclusions d'une pareille appréciation de l'activité du principal organe de la II⁰ Internationale.

A la conférence, la résolution sur le Bureau fut appelée par plaisanterie *ein Steckbrief* (mandat d'amener avec signalement). C'est une façon de caractériser la chose qui ne manque pas de justesse. La résolution, malgré tous les amendements et adoucissements, est en réalité une marque au fer rouge sur le front de tous les social-chauvins de tous les pays. Elle décrit d'une façon si détaillée les aimables traits de ces repris de justice qu'on appelle social-chauvins que les ouvriers internationalistes ne sauraient plus guère, après cela, chercher l'unité avec ces forbans. Mais, d'autre part, les social-chauvins tireront aussi leurs conclusions. A une plus douce critique qui leur était adressée par la direction du parti suisse, Huysmans et Cie ont répondu... en excluant le parti suisse du Bureau Socialiste International. Que vont-ils dire maintenant en réponse au *Steckbrief?*

Si l'affaire dépendait seulement des diplomates et des « leaders », la résolution adoptée pourrait être retirée en temps voulu, d'une façon ou d'une autre (1). Mais il existe encore des ouvriers

---

(1) Dans la revue *Novaïa Jizn*, le camarade Grimm explique ainsi que la conférence se soit refusée à demander la convocation du B. S. I. : « Bien des socialistes pensent que la réalisation d'une action internationale dépend seulement de l'activité du Bureau de La Haye. C'est inexact. L'action internationale doit sortir des entrailles mêmes du mouvement de masses dans les divers

socialistes. Et, grâce à eux, la résolution adoptée peut devenir un pas préparatoire pour la *troisième* Internationale authentiquement socialiste...

IV. *Contre le pacifisme*

Parmi les questions qui furent posées à la conférence, celle qui vient ensuite par ordre d'importance se rapporte à l'attitude des socialistes à l'égard de la paix.

L'opinion de notre délégation sur ce point est exposée en détail dans les propositions que nous avons faites à la deuxième conférence et qui sont imprimées dans le n° 4 du *Bulletin* de la Commission de Berne; nous les reproduisons dans le présent numéro du *Social-Démocrate*. (Nous avons spécialement parlé de l'attitude à prendre à l'égard du pacifisme dans l'article : *Marxisme ou Pacifisme*, n° 43 du *Social-Démocrate*).

Zimmerwald a fait le premier pas. Zimmerwald a dit que « la défense de la patrie » était une devise au moyen de laquelle la bourgeoisie et les social-chauvins de tous les pays avaient partout mobilisé les masses populaires pour la défense des intérêts de l'impérialisme, que cette devise était *la plus grande imposture* de notre temps. Maintenant il faut faire un deuxième pas : il est nécessaire d'agir contre le pacifisme. La paix impérialiste qui sera conclue par les gouvernements esclavagistes dira aussi aux masses quelque chose sur le caractère réel de la présente guerre. Il faut seulement empêcher les social-chauvins de duper une fois de plus ces masses.

Partout, les masses populaires sont lasses de la guerre; partout retentit, de plus en plus fort, la clameur de ceux qui exigent la paix. C'est là-dessus que comptent les social-chauvins; eux aussi commencent à prêcher « la paix ». M. Scheidemann, « soi-même », lance une brochure intitulée : *Vive la paix!* Il est indispensable d'expliquer aux ouvriers l'impossibilité d'abréger, même pour une minute, le carnage actuel autrement que *par la lutte révolutionnaire*. Si tu veux la paix, organise la lutte révolutionnaire contre les bandes impérialistes, contre le gouvernement de ta propre « patrie ».

---

pays, et ce n'est qu'alors qu'une action féconde d'un organe central international deviendra possible. C'est sur cette base (*auf diesem Grunde*) que la conférence a renoncé à exiger la convocation immédiate du Bureau ».

Cette affirmation du camarade Grimm ne correspond pas du tout à la réalité. La conférence a pris la base que l'on voudra, sauf *celle* indiquée par Grimm. *Pas un délégué* n'a indiqué ce motif.

Que sans un mouvement dans les divers pays, aucun organe central ne puisse faire quelque chose, — c'est une vérité incontestable. Mais elle n'a rien à faire ici. Car cette vérité peut aussi bien se rapporter à l'organe central représenté par la Commission Socialiste Internationale *de Berne*.

La conférence a renoncé à exiger la convocation du B. S. I. parce qu'elle n'avait pas de sérieuse majorité qui aurait osé, — du moins dans les circonstances présentes, — défendre ouvertement une entente avec le Bureau social-chauvin; et en même temps, parce qu'il y avait une importante minorité qui luttait résolument *contre* une pareille entente. Le camarade Grimm ferait mieux de regarder la vérité en face et de ne pas recourir à des « explications » diplomatiques qui sont tirées par les cheveux...

Le social-pacifisme que prêchent Kautsky, Haase, Ledebour, les social-pacifistes anglais, n'est objectivement qu'un des aspects de ce mensonge en quoi consiste en général le chauvinisme, et qui sert à duper les masses. Le programme des « cours d'arbitrage », du désarmement progressif, de la « paix démocratique », est une utopie de petits-bourgeois qui ne peut que détourner les ouvriers de la lutte révolutionnaire, qui ne peut que répandre l'illusion d'un capitalisme pacifique, d'un capitalisme sans guerre, sans militarisme, sans brigandages impérialistes.

Voilà ce que nous avons dit.

Et ce qui est remarquable, c'est qu'*il y avait* à la conférence *des social-pacifistes*. Il y en avait parmi la majorité italienne, il y en avait parmi les Allemands de Ledebour; il y en avait parmi les Français (Brizon, au début, considérait comme une simple méprise le passage de notre résolution qui s'exprimait contre le pacifisme, tant il est habitué à identifier le socialisme avec le pacifisme); il y en avait parmi les kautskistes russes (Axelrod). Et pourtant, *ils ont été incapables* de présenter leur propre projet, ils n'ont rien pu donner qui ait de la solidité.

Et remarquez encore : formellement, la IIe Internationale, dans cette question, tenait pour les social-pacifistes. Dès le Congrès de Copenhague (1910), cette pompeuse doctrine « des tribunaux d'arbitrage obligatoires » avait été inaugurée, et elle se répétait maintenant. Et cependant, pour les éléments social-pacifistes, à Kienthal, il devenait déjà impossible de « respecter le passé », ils étaient incapables de livrer une sérieuse bataille aux socialistes-révolutionnaires, ils furent contraints de se borner à des amendements et à des adoucissements.

A la résolution qui fut présentée sur cette question par la gauche de Zimmerwald se joignirent, pour cette fois, de nouveaux éléments : le représentant des Italiens Serrati, le Serbe Katzlerowitch, la majorité des Suisses. Comme base furent prises les thèses de Grimm, qui, malgré de nombreuses réticences, marquaient cependant la même direction. Dans les thèses de Grimm, il y avait un paragraphe *contre* le droit des nations à se définir elles-mêmes, avec les « motifs » habituels, soi-disant scientifiques, en ce sens que cette revendication « ne serait pas réalisable », etc. Sur notre proposition, ce paragraphe fut supprimé. L'amendement que nous présentâmes à la commission, nous déclarant *pour* le droit des nations à se définir elles-mêmes dans les conditions révolutionnaires (voyez les *Propositions du Comité Central* dans ce numéro) fut remise à plus tard, la question étant considérée comme insuffisamment élucidée.

Les thèses adoptées par la conférence sont dirigées dans leur ensemble *contre* le social-pacifisme, contre le kautskisme. Mais cela ne signifie pas encore que Zimmerwald en ait fini une fois pour toutes avec les utopies du social-pacifisme. Non, les récidives ne sont

pas seulement possibles, elles sont inévitables. Il suffit de dire que
la majorité italienne, bien qu'elle ait voté *pour*, a fait des « réserves » sur tous les points principaux.

La propagande systématique contre le social-pacifisme ne sera
menée que par la gauche. Mais la résolution adoptée par toute la
conférence peut nous rendre les plus grands services dans cette propagande que nous allons faire. Elle portera ces questions à l'examen de tous les partis, comme elle les a mises déjà en discussion
dans la presse italienne. Et cela déjà est un grand pas fait en avant.

Le manifeste adopté par la conférence est, à notre avis, le plus
faible document qui soit sorti de cette assemblée. C'est le résultat
d'un compromis avec les Français. On n'y trouve ni précision ni
clarté. Les meilleurs passages sont ceux où l'on condamne catégoriquement les social-chauvins, en les mettant à côté de la presse
vendue et des laquais des gouvernements.

V. *Demain, que faire?*

La deuxième conférence de Zimmerwald constitue indiscutablement un progrès, *c'est un pas en avant*. L'influence de la gauche
s'est trouvée beaucoup plus forte que dans le premier Zimmerwald.
Les préjugés contre la gauche se sont affaiblis. Cependant, peut-on
dire que le sort en soit jeté, que les zimmerwaldiens se soient définitivement engagés dans la voie de la rupture avec les « socialistes »
officiels, que Zimmerwald *soit devenu* l'embryon de la IIIᵉ Internationale? Non, en conscience, on ne peut le dire. Tout ce que l'on
peut affirmer c'est qu'à présent *il y a plus de chances* qu'il n'y en
eut après Zimmerwald pour que l'affaire tourne ainsi à l'avantage
des révolutionnaires, du socialisme. Mais de nouvelles hésitations,
de nouvelles concessions aux social-chauvins, — surtout après la
guerre, quand leurs maîtres bourgeois leur permettront de « tourner à gauche » en paroles, — sont tout à fait possibles. Pas d'illusions! Il y a encore chez les zimmerwaldiens une grande aile droite.
Ceux de droite resteront-ils avec nous jusqu'au bout? Personne ne
pourrait le garantir.

Après la conférence s'est réunie « la Commission socialiste
élargie de Berne », que la conférence avait chargée de résoudre une
série de questions importantes. Entre autres, il s'agissait de décider
de la conduite à tenir à l'égard de la conférence des neutres que
Huysmans et Cie réunissent pour le milieu de juin. Martov proposa
de recommander d'y aller. Et cette proposition réunit la moitié des
suffrages. Cinq voix furent données à Martov, cinq voix à la proposition Zinoviev (rester sur le terrain de la résolution adoptée à
Kienthal). (1)

Qu'est-ce que cela signifie? Cela signifie que dès la moindre

____

(1) Les informations qui ont paru dans la presse allemande à l'encontre
de ceci *sont fausses*. Par une lettre officielle, le président de la réunion, le
camarade Grimm, confirme l'exactitude de nos chiffres.

possibilité de se laisser séduire, la moitié des zimmerwaldiens subit
volontiers la séduction...

A la conférence de juin, organisée par Huysmans, les zimmerwaldiens des pays neutres prendront part probablement. Que résul-
tera-t-il de cette première entrevue? Sera-ce une escarmouche
d'avant-postes entre la IIe et la IIIe Internationales, ou bien sera-ce
le début d'une « réconciliation » de l'aile droite des zimmerwal-
diens avec l'aile « gauche » des social-chauvins? L'avenir nous le
montrera.

Que faire donc demain? Demain, continuer à lutter pour *notre*
solution, pour la social-démocratie révolutionnaire, pour la IIIe Internationale! Zimmerwald *et* Kienthal ont montré que notre voie
était la bonne. Ce qui se passe dans les divers partis ouvriers nous
confirme chaque jour dans ce sentiment. Deux programmes, deux
camps, deux mondes, deux Internationales. C'est dans ce sens que
se développe le mouvement, c'est à cela que conduira la crise contemporaine. Les ouvriers de Russie peuvent faire beaucoup pour
que ce but soit atteint le plus tôt possible.

Il ne peut y avoir d'unité entre les socialistes et les serviteurs
de la bourgeoisie. Mouranov et Pétrovsky en Russie, Liebknecht en
Allemagne, Höglund et Heden en Suéde, Mac Lean en Angleterre,
— ce sont là nos vrais camarades que les gouvernements de leurs
« patries » jettent en prison; — ce sont les véritables représentants
de l'idée d'une nouvelle Internationale ouvrière.

En avant, pour la IIIe Internationale!

10 juin 1916.   G. ZINOVIEV.

Sur la paix séparée

Entre la Russie et l'Allemagne, des pourparlers sont déjà engagés au sujet d'une paix séparée. Ces pourparlers sont officiels et,
sur les points principaux, les deux puissances sont déjà arrivées à
un accord.

Telle est la déclaration qui a été imprimée récemment dans un
journal socialiste de Berne, d'après les derniers renseignements. Et
quand l'ambassade de Russie à Berne s'est hâtée de publier un démenti officiel, et lorsque les chauvins français ont attribué la pro-
pagation de ce bruit aux « sales intrigues des Boches », le journal
socialiste a refusé d'accorder la moindre créance au démenti et, en
confirmation de ce qu'il avait annoncé, a signalé encore la présence
actuelle en Suisse d'hommes d'Etat allemands (Bulow) et russes
(Sturmer, Giers et un diplomate arrivé d'Espagne); elle a fait remarquer que, dans les cercles du commerce suisse, on a des renseignements positifs de même nature, provenant des cercles commerciaux de Russie.

Bien entendu, on peut également supposer un mensonge de la

Russie qui ne peut avouer qu'elle mène des pourparlers pour la paix séparée, et de la part de l'Allemagne qui doit essayer, bien entendu, de brouiller la Russie avec l'Angleterre, indépendamment des pourparlers qui peuvent être menés et des résultats qu'ils peuvent avoir.

Pour débrouiller la question de la paix séparée, nous devons partir non dé ce qui se raconte et se communique au sujet de faits qui se passeraient actuellement en Suisse (il est impossible d'en rien vérifier), mais *des faits de la politique*, inébranlablement établis depuis des dizaines d'années. Que messieurs Plékhanov, Tchkhenkéli, Potressov et Cie, qui jouent maintenant le rôle de laquais ou de bouffons à costume marxiste auprès de Pourichkévitch et de Milioukov, fassent des pieds et des mains pour démontrer « la culpabilité de l'Allemagne » et « le caractère défensif » de la guerre du côté de la Russie, les ouvriers conscients n'ont jamais écouté et n'écoutent pas ces pitres. La guerre est le résultat des rapports impérialistes entre les grandes puissances, c'est-à-dire de la lutte pour le partage du butin; il s'agit de savoir qui aura le droit de dévorer telles ou telles colonies, tels ou tels petits États; et dans cette guerre, il y a, en première place, *deux* conflits distincts. Le premier, entre l'Angleterre et l'Allemagne. Le second, entre l'Allemagne et la Russie. Ces trois grandes puissances, ces brigands sur la grand'route, sont les principaux compétiteurs de la guerre actuelle; les autres ne sont que des alliés sans indépendance particulière.

Les deux conflits ont été préparés par *toute* la politique de ces puissances pendant *les quelques dizaines d'années* qui ont précédé la guerre. L'Angleterre guerroie pour piller les colonies de l'Allemagne et ruiner le principal concurrent qui l'a battue impitoyablement par une technique supérieure, par l'organisation, par l'énergie commerciale, qui l'a battue et battue encore de telle façon que, sans la guerre, l'Angleterre *ne pouvait* maintenir sa domination mondiale. L'Allemagne guerroie parce que ses capitalistes se considèrent — et fort justement — comme ayant un droit bourgeois « des plus sacrés » à la primauté mondiale dans le pillage des colonies et des nations dépendantes; elle guerroie en particulier pour assujettir les pays balkaniques et la Turquie. La Russie guerroie pour la Galicie, qu'elle a besoin de posséder, notamment dans le but d'étouffer la population de l'Ukraine (en dehors de la Galicie, le peuple ukrainien n'a pas et ne peut avoir de refuge pour sa liberté — relative, bien entendu), pour l'Arménie et pour Constantinople; ensuite, et également, pour asservir les pays balkaniques.

A côté du conflit qui se produit entre les « intérêts » de ces pillards : la Russie et l'Allemagne, il existe un conflit non moins — si ce n'est plus — profond entre la Russie et l'Angleterre. La tâche de la politique impérialiste de la Russie, déterminée par la rivalité séculaire et par les rapports objectifs entre les grandes puissances,

peut être exprimée brièvement ainsi : avec l'aide de l'Angleterre
et de la France, défaire l'Allemagne en Europe, afin de piller l'Autriche (en lui enlevant la Galicie) et la Turquie (en lui enlevant
l'Arménie et Constantinople surtout). Et ensuite, avec l'aide du
Japon *et de cette même* Allemagne, battre l'Angleterre en Asie, afin
de lui enlever *toute* la Perse, de pousser jusqu'au bout le partage
de la Chine, etc.

A la conquête de Constantinople comme à la conquête d'une
partie de plus en plus grande de l'Asie, le tsarisme tend depuis des
siècles, menant systématiquement sa politique dans ce sens et utilisant dans ce but toutes les oppositions d'intérêts et tous les conflits
qui peuvent se produire entre les grandes puissances. L'Angleterre,
plus que l'Allemagne, s'est montrée longtemps obstinément et fortement adversaire de ces tendances. A partir de 1878, moment où les
troupes russes approchèrent de Constantinople et où la flotte anglaise parut devant les Dardanelles, menaçant de tirer sur les
Russes s'ils se montraient dans Stamboul (en russe : *Tsar-Grad*, la
Ville des Tsars), — jusqu'en 1885, moment où la Russie fut à deux
pas d'une guerre avec l'Angleterre pour le partage du butin dans
l'Asie centrale (l'Afghanistan; le mouvement des troupes russes
vers le fond de l'Asie centrale menaçait la domination anglaise
dans l'Inde) — et enfin, jusqu'en 1902, moment où l'Angleterre conclut une alliance avec le Japon, préparant la guerre de cette puissance contre la Russie; pendant toute cette longue période, l'Angleterre fut le plus puissant adversaire de la politique de brigandage de
la Russie, parce que la Russie menaçait de ruiner la domination
de l'Angleterre sur beaucoup d'autres peuples.

Et maintenant? Regardez ce qui se passe dans la présente
guerre. Il est intolérable d'entendre des « socialistes » qui ont trahi
le prolétariat pour passer à la bourgeoisie et qui viennent nous parler de « défense de la patrie » du côté de la Russie dans la présente
guerre, ou bien « du salut du pays » (Tchkhéïdzé). Il est intolérable
d'entendre ce suave Kautsky, avec sa bande, qui nous parle d'une
paix démocratique, *comme si cette paix pouvait être conclue* par
les gouvernements d'à présent et en général par des gouvernements
bourgeois. Car, en fait, ces gouvernements sont pris dans le réseau
des traités secrets qu'ils ont conclus entre eux, avec leurs alliés et
contre leurs alliés; sans compter que la teneur de ces traités n'est
pas un effet du hasard, n'est pas déterminée par « la mauvaise
volonté », mais dépend entièrement de toute la marche et du développement de la politique extérieure impérialiste. Les « socialistes » qui jettent de la poudre aux yeux et troublent les esprits
des ouvriers par de grossières phrases sur ces belles choses que
sont en général la défense de la patrie, la paix démocratique, *sans
dénoncer les traités secrets de leurs gouvernements*, concernant le
pillage des autres pays — ces socialistes-là se rendent coupables
d'une complète trahison à l'égard du socialisme.

Il est simplement avantageux pour les gouvernements allemand, anglais ou russe que, dans les camps socialistes, l'on fasse des discours sur on ne sait quelle jolie petite paix, car, en premier lieu, on inspire ainsi créance en la possibilité d'une paix de ce genre sous le gouvernement existant, et, en second lieu, on détourne l'attention de la politique de pillage de ces mêmes gouvernements.

La guerre est la continuation de la politique. Et la politique aussi « continue » *pendant* la guerre! L'Allemagne a des traités secrets avec la Bulgarie et l'Autriche, sur le partage du butin, et continue à mener des pourparlers en ce sens. La Russie a des traités secrets avec l'Angleterre, la France, etc., et *tous* sont consacrés à des questions de *brigandage* et de *pillage*, tous parlent de piller les colonies de l'Allemagne, de piller l'Autriche, de partager la Turquie, etc.

Le « socialiste » qui, dans ces conditions, parle aux peuples et aux gouvernements d'une bonne petite paix « bien pépère » ressemble tout à fait à ce curé qui, apercevant dans l'église, aux places d'honneur, la tenancière d'une maison de tolérance et le commissaire de police qui font des affaires ensemble, prêche pour eux et pour le peuple l'amour du prochain et l'observance des commandements du « Seigneur »...

Entre la Russie et l'Angleterre, sans aucun doute, il existe un traité secret, concernant, entre autres choses, Constantinople. On sait que la Russie espère obtenir cette place et que l'Angleterre ne veut pas l'accorder; si elle l'accorde, elle s'efforcera ensuite de la reprendre, ou bien elle mettra à cette concession des conditions de nature à nuire à la Russie. Le texte du traité secret est inconnu, mais la lutte entre l'Angleterre et la Russie a lieu précisément autour de cette question, en ce moment même; non seulement on le sait, mais il n'y a pas sur cela l'ombre d'un doute. En même temps, on sait encore qu'entre la Russie et le Japon, en complément à leurs traités précédents (par exemple au traité de 1910, qui laissait au Japon la faculté de manger la Corée, tandis que la Russie pourrait dévorer la Mongolie), un nouveau traité secret a été conclu pendant la guerre actuelle, et il n'est pas seulement dirigé contre la Chine, mais aussi, dans une certaine mesure, contre l'Angleterre. C'est indubitable, bien que le texte du traité n'ait pas été divulgué. Le Japon, avec l'aide de l'Angleterre, a battu la Russie en 1904-1905, et maintenant il prépare prudemment la possibilité pour lui de battre l'Angleterre avec l'aide de la Russie.

En Russie, dans « les sphères dirigeantes » — dans la bande des courtisans de Nicolas-le-Sanglant, dans la noblesse, dans l'armée, etc. — il y a un parti germanophile. En Allemagne, en ces derniers temps, on aperçoit, sur toute la ligne, un changement de front de la bourgeoisie (et avec elle des social-chauvins) qui devient russophile, qui cherche une paix séparée avec la Russie, afin de

l'amadouer et de frapper un grand coup sur l'Angleterre. Du côté
de l'Allemagne, ce plan est clair et n'appelle aucun doute. Du côté
de la Russie, l'état des choses est tel que le tsarisme préférerait,
bien sûr, battre d'abord tout à fait l'Allemagne, pour s'emparer du
plus grand nombre possible de territoires, pour avoir toute la
Galicie, et toute la Pologne, et toute l'Arménie, et Constantinople,
et pour « achever » l'Autriche, etc. Alors, il serait plus commode
avec l'aide du Japon, de se tourner contre l'Angleterre. Mais ce
sont les forces, évidemment, qui manquent. Tout est là.

Si M. Plékhanov, ancien socialiste, représente la chose ainsi,
si, selon lui, ce sont les réactionnaires, en Russie, qui veulent la
paix avec l'Allemagne, tandis que « la bourgeoisie progressiste »
veut la destruction du « militarisme prussien » et l'amitié avec
l'Angleterre « démocratique », c'est pour nous une fable enfantine,
à la portée des nourrissons de la politique. En réalité, le tsarisme,
comme tous les réactionnaires en Russie, comme toute la bourgeoisie « progressiste » (les octobristes et les cadets), ne veulent qu'*une
chose* : piller l'Allemagne, l'Autriche et la Turquie en Europe,
battre l'Angleterre en Asie (lui enlever toute la Perse, toute la Mongolie, tout le Thibet, etc.). La querelle qui a lieu entre ces « chers
amis » a pour objet seulement de savoir *quand et comment* la lutte
actuellement menée contre l'Allemagne pourra devenir une lutte
contre l'Angleterre. Il ne s'agit que de cela, du *quand* et du *comment*.

Or, la solution de cette question, la seule qui soit discutée entre
les chers amis, dépend de *considérations diplomatiques et militaires*
qui ne sont intégralement connues *que du seul* gouvernement tsariste, tandis que les Milioukov et les Goutchkov n'en connaissent
que le quart.

Prendra-t-on toute la Pologne à l'Allemagne et à l'Autriche?
Le tsarisme y serait fort disposé, mais aura-t-il assez de forces pour
cela? Et l'Angleterre le permettra-t-elle?

Prendre Constantinople et les détroits! Achever de battre et
disséquer l'Autriche! Le tsarisme ne demande pas mieux. Mais aura-
t-il assez de forces pour cela? Et l'Angleterre le permettra-t-elle?

Le tsarisme sait exactement combien de millions de sodats ont
déjà été tués, et combien l'on peut *encore* en prélever sur la population, combien de projectiles ont été dépensés et combien l'on
pourrait encore en accumuler en réserve. (Le Japon, dans le cas
d'une guerre fort possible, et même menaçante, avec la Chine, ne
donnerait plus de munitions!) Le tsarisme sait quels traités secrets
il a déjà conclus et quels traités il prépare avec l'Angleterre au
sujet de Constantinople, au sujet des forces anglaises à Salonique,
en Mésopotamie, et ailleurs. Le tsarisme sait tout cela, il a toutes
les cartes en mains et il calcule avec précision — dans la mesure où
la précision des connaissances est possible en de telles affaires,
alors que la chance à la guerre est si douteuse, si peu certaine.

Mais les Milioukov et les Goutchkov en savent d'autant moins qu'ils bavardent davantage. Et les Plékhanov, les Tchkhenkéli, les Potressov ne savent absolument rien sur les conventions secrètes du tsarisme, ils oublient même ce qu'ils ont su autrefois. Ils ne cherchent pas à connaître ce que pourrait leur apprendre la presse étrangère, ils ne cherchent pas à pénétrer dans la marche de la politique extérieure du tsarisme avant la guerre, ils ne suivent pas la marche de cette politique pendant la guerre, et c'est pourquoi ils jouent simplement le rôle de jocrisses socialistes.

Si le tsarisme, même avec le concours dévoué de la société libérale, avec tout le zèle des comités des industries de guerre, avec toute l'aide que lui apportent dans cette noble entreprise de multiplication des munitions, messieurs Plékhanov, Gvozdev, Potressov, Boulkine, Tchirkine, Tchkhéidzé (« le salut du pays », ne blaguez pas!), les Kropotkine et autres bons serviteurs — si, avec tout cela, et dans la présente situation des forces militaires (ou de l'impuissance militaire) de tous les alliés que l'on a pu entraîner dans la guerre, le tsarisme n'arrive pas, *ne peut* arriver à de meilleurs résultats, si l'on ne peut sérieusement vaincre l'Allemagne, ou bien si cela coûte vraiment trop cher (par exemple, s'il y faut perdre *encore* dix millions de soldats russes, ce qui exigera *tant* de milliards et *tant* d'années pour la mobilisation, l'instruction et l'armement) — s'il en est ainsi, le tsarisme *ne peut se dispenser de chercher* une paix séparée avec l'Allemagne.

Si « nous » cherchons à obtenir de trop gros avantages en Europe, « nous » risquons d'annihiler « nos » ressources militaires définitivement, de ne réaliser presque rien en Europe et de perdre la possibilité de réaliser « ce qui est à nous » en Asie: ainsi raisonne le tsarisme, et il raisonne *juste* du point de vue des intérêts impérialistes. Il raisonne *plus juste* que les bavards de la bourgeoisie et de l'opportunisme, les Milioukov, les Plékhanov, les Goutchkov, les Potressov.

Si l'on ne peut rien prendre de plus en Europe, même après l'annexion de la Roumanie et de la Grèce (à laquelle « nous » avons pris tout ce que nous pouvions), prenons alors ce qui nous tombera sous la main! L'Angleterre, en ce moment, *ne peut* rien « nous » donner. L'Allemagne « nous » donnera, c'est possible, la Courlande et « nous » rendra une partie de la Pologne, et, sans aucun doute encore, la Galicie orientale; c'est d'une importance particulière pour « nous », si « nous » voulons étouffer le mouvement ukrainien, le mouvement d'un peuple de plusieurs millions d'hommes qui, jusqu'à présent, dans le sens historique de ce mot, ont dormi, et qui se réveillent pour tenter d'obtenir leur liberté et le droit de parler leur langue maternelle; et « nous » obtiendrons sans doute aussi l'Arménie turque. Si « nous nous » emparons de cela *maintenant*, « nous » pourrons sortir de la guerre *fortifiés*; et alors, *demain*, avec l'aide du Japon et de l'Allemagne, à condition d'avoir une habile politique et de « nous » réserver le concours des Milioukov, des Plékhanov, des Potressov que « nous » avons eus jusqu'ici « pour le salut de la patrie bien-aimée », « nous » prendrons, en combattant l'Angleterre, un bon morceau de l'Asie (toute la Perse et le Golfe Persique, avec une sortie sur l'Océan, autre chose que Constantinople dont l'issue ne donne que sur la Méditerranée, et encore à travers un archipel que l'Angleterre peut facilement saisir et fortifier, « nous » privant ainsi de toute sortie sur la mer libre)...

C'est ainsi que raisonne le tsarisme et, nous le répétons, il raisonne juste non seulement du point de vue étroitement monarchique, mais dans le sens général de son impérialisme; il sait davantage et voit plus loin que les libéraux et les Plékhanov assistés de leurs Potressov.

C'est pourquoi il est tout à fait possible que demain ou après-demain, au réveil, nous trouvions dans le journal un manifeste des trois monarques : « prenant en considération la voix de nos peuples bien-aimés, nous avons résolu de leur accorder les bienfaits de la paix, d'établir une trêve et de convoquer un congrès de la paix de toute l'Europe ». Les trois monarques pourraient même ajouter à cela une plaisanterie qui ne serait pas mauvaise; ils reproduiraient dans leur manifeste quelques phrases de Vandervelde, de Plékhanov, de Kautsky: « nous promettons », diraient-ils, — car les promesses sont les seules choses qu'on puisse obtenir à bon marché par ce temps de vie chère, — « nous promettons d'examiner la question de la réduction des armements et celle de la paix perpétuelle », etc. Vandervelde, Plékhanov et Kautsky iront, trottant bien vite, organiser leur congrès « de socialistes » dans la ville même où devra se tenir le congrès de la paix; les bons souhaits, les gentilles phrases, les belles déclarations sur la nécessité « de défendre la patrie », se répéteront inlassablement dans toutes les langues imaginables. Et ce sera un cadre assez commode pour dissimuler la transformation d'une politique, l'abandon de l'alliance impérialiste avec l'Angleterre contre l'Allemagne, pour organiser une alliance également impérialiste, germano-russe, contre l'Angleterre.

La guerre présente se terminera-t-elle de cette manière dans un très prochain avenir, ou bien la Russie persistera-t-elle, « se maintiendra-t-elle » dans son effort pour vaincre l'Allemagne et piller un peu plus l'Autriche, pendant quelque temps encore? Les pourparlers pour une paix séparée joueront-ils le rôle d'un habile chantage? (Le tsarisme, dans ce cas, montrerait à l'Angleterre un projet de traité avec l'Allemagne, déjà tout préparé, et dirait : tant de milliards de petits roubles et telles et telles petites garanties et concessions; sans quoi, je signe dès demain ce traité). *En tous cas,* la guerre impérialiste *ne peut* se terminer par aucune paix qui ne soit impérialiste, *à moins que* cette guerre ne se transforme en une guerre civile du prolétariat, contre la bourgeoisie, pour le socialisme. En tout cas, à moins que l'on n'en arrive à cette dernière issue, la guerre impérialiste amènera le renforcement de telle ou telle des trois plus grandes puissances impérialistes, de l'Angleterre, ou de l'Allemagne, ou de la Russie, au préjudice des faibles (de la Serbie, de la Turquie, de la Belgique et des autres); et en outre, il est tout à fait possible que *les trois* brigands soient renforcés après la guerre, quand ils se seront partagé le butin (les colonies, la Belgique, la Serbie, l'Arménie), et toute la question sera seulement de savoir dans quelles proportions partager ce butin.

En tout cas, ce qui est inévitable, fatal et indubitable, c'est que seront dupés et mystifiés aussi bien les social-chauvins qui se déclarent tels, c'est-à-dire les individus qui admettent explicitement la « défense de la patrie » dans la guerre actuelle, que les social-chauvins masqués et cauteleux, c'est-à-dire les kautskistes qui prêchent la paix « d'une façon générale », « sans vainqueurs ni vaincus », etc... Toute paix conclue par les gouvernements qui ont déclaré cette guerre, ou par des gouvernements également bourgeois, montrera de toute évidence à tous les peuples le rôle de valets de l'impérialisme qu'ont joué, les uns et les autres, ces socialistes.

Quelle que soit l'issue de la présente guerre, il se trouvera que ceux-là avaient raison qui ont dit que l'unique manière d'en sortir en socialistes était une guerre civile du prolétariat pour le socialisme. Ils auront raison, les social-démocrates de Russie qui ont dit que la défaite du tsarisme, le complet anéantissement de sa puissance militaire, était un moindre mal « en tout cas ». Car l'histoire ne piétine jamais sur place, elle va de l'avant, et elle marche pendant la présente guerre; et si le prolétariat d'Europe ne peut avancer maintenant vers le socialisme, s'il ne peut se débarrasser du joug des social-chauvins et des kautskistes pendant la première grande guerre impérialiste, eh bien, l'Europe orientale et l'Asie ne pourraient aller vers la démocratie à pas de géants qu'à la condition d'une complète défaite du tsarisme qui perdrait toute possibilité de pratiquer sa politique impérialiste d'un genre semi-féodal.

La guerre tuera et achèvera tout ce qui est faible, et dans le massacre seront compris le social-chauvinisme et le kautskisme. La paix impérialiste rendra *de pareilles faiblesses* encore plus évidentes, plus honteuses, plus abominables.

N. LÉNINE.

6 novembre 1916.

L' « internationalisme » du Bund

Un socialiste est tenu « de défendre sa patrie » *dans n'importe quelle guerre,* — telle est la thèse essentielle du social-chauvinisme. Les plus francs parmi les social-chauvins formulent cette thèse sans en rien dissimuler. Que notre gouvernement ait tort, qu'il ait été le premier à faire la guerre, que toute sa politique étrangère jusqu'à la guerre n'ait été qu'une longue erreur, et pis encore, un crime :

il est pourtant impossible, à cause des fautes ou même des crimes d'un gouvernement, de châtier le peuple. Du moment que la guerre est devenue un fait, du moment que notre pays est menacé d'invasion, nous devons nous défendre. Et cela indépendamment du contenu, des buts, du sens de la guerre. La défaite de « ma » patrie est le plus grand des maux que je puisse concevoir. C'est pourquoi je dis : que « ma » patrie ait raison ou qu'elle ait tort, c'est « ma patrie ».

Tous les social-chauvins ne s'expriment pas avec la même franchise. Pour la plupart, ils préfèrent parler de défendre la « civilisation », la « liberté », de lutter contre le militarisme, etc. Mais ils agissent tous exactement d'après le même principe. Soutenir « *sa* » bourgeoisie, « *son* » gouvernement, voilà l'alpha et l'oméga de toute la tactique social-chauvine. Les social-chauvins ne seraient pas les continuateurs de l'opportunisme s'ils agissaient autrement, s'ils oubliaient les charmes de « la collaboration des classes », de « l'union sacrée », etc.

Il s'est produit un cas remarquable entre autres, celui des social-chauvins de Bulgarie (les « larges »). Avant l'entrée de la Bulgarie dans la guerre, ils étaient russophiles, de même qu'une partie importante de leurs classes dirigeantes. Mais dès que, parmi les classes dominantes, le courant germanophile l'a emporté, dès que la « patrie » bulgare est entrée dans la guerre contre la Russie, les « larges » opportunistes se sont immédiatement jetés du côté de l'impérialisme allemand et ils sont maintenant le meilleur appui de « leur » gouvernement. Ou bien prenez encore le leader des opportunistes suédois, Branting. En ce moment, il est francophile. Mais qui donc mettrait en doute un instant que si, demain, la Suède entrait en guerre contre la Russie, Branting entrerait dans un ministère de « défense nationale », et se mettrait à prêcher « l'union sacrée », et entreprendrait, non par « crainte » mais par « devoir », de soutenir la guerre de « sa » bourgeoisie et de « son » gouvernement contre la coalition franco-russe?

Toujours avec mon gouvernement, toujours avec ma bourgeoisie, — voilà la devise du social-chauvinisme, tant anglo-franco-russe que germano-austro-bulgare, ou que suédois, disons encore, et hollandais.

Toujours avec mon gouvernement! Mais comment faire si, pendant la guerre, il se trouve qu'il y a chez moi *deux* gouvernements, et si, pendant un an ou deux, il est impossible de décider lequel de ces gouvernements restera finalement maître de la situation? Comment faire, quand mon territoire est partagé par la guerre en deux parties et que la bourgeoisie, de l'un ou de l'autre côté, m'adresse le même chaleureux appel pour que je me livre aux embrassements d' « union sacrée »?

Les opportunistes du Bund se sont trouvés précisément dans cette situation. Et la réponse qu'ils ont donnée à la question énon-

cée ci-dessus jette une lumière des plus vives sur le caractère de l'opportunisme en général et de son frère, le social-chauvinisme. La tactique militaire du Bund restera, on peut le dire, un exemple éternel et incorruptible de la « synthèse » opportuniste. Bien que j'aie en ce moment deux gouvernements et deux bourgeoisies, je n'enfreindrai cependant pas le commandement essentiel du social-chauvinisme : toujours avec mon gouvernement et avec ma bourgeoisie. La situation est difficile, mais il y a, néanmoins, une issue possible. Je divise mon organisation en deux « sphères d'influence ». Une partie du Bund soutiendra le bloc austro-allemand. L'autre partie du Bund soutiendra le bloc russo-français et cette partie de « mes classes dirigeantes » qui « s'orientent » vers l'aigle bicéphale du tsar. C'est ainsi qu'ont parlé nos spirituels leaders opportunistes du Bund... En y mettant de la bonne volonté, on peut toujours trouver une issue à la situation la plus difficile et rester fidèle aux principes du social-chauvinisme. Ce que les leaders du Bund sont venus déposer dans le trésor du social-chauvinisme international démontre irréfutablement qu'il en est ainsi.

En effet : prenez cette partie du Bund qui agit à Varsovie, actuellement occupé par les Allemands. La politique de cette fraction est celle des social-chauvins. Mais son social-chauvinisme se colore principalement de germanophilie. Le journal juif édité par le Bund de Varsovie, *Lebensfragen*, défend sans aucune équivoque la politique du social-chauvinisme *allemand*. Dans le numéro 1 de ce journal, un article est consacré à la question essentielle d'aujourd'hui sous ce titre : *l'Internationale et la Guerre*. « Dans un pays comme l'Allemagne, — y lisons-nous, — où la social-démocratie avec son million de membres et quatre millions de lecteurs, représente une force colossale, une pareille neutralité, un pareil refus de concourir à la lutte contre l'ennemi de l'extérieur amènerait un affaiblissement considérable du pays, diminuerait fortement les chances de victoire, augmenterait le danger de la défaite. En d'autres termes, refuser d'aider le pays, ce serait accorder de l'aide au pays ennemi. Dans la guerre présente, cela voudrait dire : aider le tsarisme russe, et si nous accordions un concours de ce genre, les ouvriers russes n'en sauraient aucun gré à leurs camarades allemands ».

N'est-ce pas le langage de David et de Sudekum?...

Le plus influent leader du Bund, V. Médem, imprime ses articles sous la même couverture que ceux du... comte Rewentlow, un des plus notables représentants de l'impérialisme allemand. Mais, en effet, Legien, Sudekum et Scheidemann publient aussi de préférence leurs articles à côté de ceux des impérialistes (dans *Le Livre des Vingt*, et ailleurs). Et V. Médem ne désire pas rester au-dessous de ses dignes professeurs.

En revanche, prenez la fraction du Bund qui agit sur le territoire occupé par le tsar. Oh! là, les bundistes trouvent d'autres

exemples, non moins remarquables : Potressov, Gvozdev, Tchkhenkéli, *Nacha Zaria, Samozachtchita!*

Il n'y a pas si longtemps (*Bulletin du Comité du Bund à l'Etran-
ger*, septembre 1916) ont été publiées les résolutions de « la conférence près le comité central du Bund » qui s'est tenue en Russie
au printemps de 1916. A cette conférence assistaient des délégués
de Minsk, de Gomel, de Kiev, de Kharkov, de Krémentchoug, d'Eka-
térinoslav, de Pétersbourg et du C. C. du Bund. Cette conférence
s'est immortalisée par les résolutions suivantes :

« Quand la guerre a éclaté... la classe ouvrière... a été forcée
dans tous les pays de prendre part à la défense nationale... Ce n'est
qu'à la fin de la guerre (!) qu'il sera temps de savoir dans quelle
mesure ont été justes les manœuvres tactiques des différentes sec-
tions de l'Internationale ouvrière ».

C'est une ouverture tirée de l'opéra de K. Kautsky. Quand la
guerre « a éclaté » (après de nombreuses années de préparation
chez les impérialistes *des deux* coalitions), les ouvriers de *tous* les
pays avaient également « le droit » de défendre « leur patrie ». Qui
a raison, qui a tort, — nous le débrouillerons « seulement à la fin
de la guerre »; en attendant, et au nom de « l'Internationale ouvrière », que les ouvriers de tous les pays s'égorgent les uns les
autres.

Ensuite la symphonie continue par de la musique de Potressov
et de Plékhanov (on sait qu'il n'est pas si difficile d'accorder la
« doctrine » du Kautsky d'aujourd'hui avec les sermons de Plé-
khanov-Potressov, ou avec le prêche de Scheidemann-David) :

« C'est pourquoi la conférence félicite de son activité le comité
exécutif du Bureau Socialiste International (dont le président,
comme on sait, est M. Emile Vandervelde) et en particulier (!) son
secrétaire, le camarade Huysmans, qui n'a pas cessé pendant toute
la guerre de travailler dans la direction indiquée. Avec le comité
exécutif, la conférence estime que l'Internationale ne doit reprendre son activité que (!) dans la vieille forme d'organisation ».

Il y a eu un certain petit désagrément pour la vieille Internationale. Néanmoins, vive la vieille Internationale à la tête de laquelle se trouvent Huysmans et Vandervelde!...

Pour qu'il ne reste, cependant, aucun doute dans l'esprit du
lecteur au sujet de la direction prise par la fraction russe du Bund,
la conférence continue ainsi :

« La classe ouvrière de Russie — et, dans ce nombre, les ouvriers juifs... — ne peut rester indifférente à la question d'éviter
toutes les affreuses conséquences que pourrait avoir pour le pays
une défaite dans la guerre actuelle. »

Il est vrai que, dans notre pays, on continue à persécuter « la
classe ouvrière et les nationalités opprimées », on aggrave même les
persécutions (n'a-t-on pas encore assez de pogroms?). Mais la conférence, malgré tout, brûle du désir de « sauver le pays (Tchkhéi-

dzé, c'est bien toi!) d'une défaite venant de l'extérieur. « Et pour cela, on sait qu'il existe un moyen des plus sûrs : entrer dans les comités des industries de guerre du tsar, à la tête desquels se trouve Goutchkov. « *Partant de ce point de vue, la conférence estime qu'il est indiscutablement important que les ouvriers prennent part aux comités des industries de guerre* »...

Mais alors, comment la fraction russe du Bund peut-elle s'entendre avec la fraction allemande? A moins que les Liber ne bataillent en ce moment avec les Médem, de même que les Scheidemann avec les Renaudel?

Pas du tout! Les social-chauvins du Bund sont plus pratiques. Ils trouvent plus simple de garder le silence sur ce qu'ils font les uns d'un côté, les autres de l'autre, jugeant qu'il sera plus commode de choisir une « orientation » définitive après le Congrès de la Paix.

Il y avait une lacune dans l'espace sublunaire : elle est remplie par les parfaits kautskistes du Bund, du genre de Ionov, qui est capable de « concilier » n'importe quoi avec n'importe quoi. C'est ainsi que rapportant les résolutions de la conférence que nous venons de citer, le comité du Bund à l'étranger conclut d'un ton conciliant :

« Malgré l'existence de certains (!) points de vue erronés, à notre avis, la tactique de nos camarades en Russie (et que dites-vous, messieurs, de la tactique de vos camarades *à Varsovie?*) formulée dans les décisions de la conférence, est juste dans l'ensemble (!!) et est dans la ligne de l'internationalisme (hum! hum!); et c'est l'essentiel ».

La participation aux comités des industries de guerre et le soutien accordé au tsarisme dans sa « défense » contre la Galicie, la Turquie, etc., est bien « dans la ligne de l'internationalisme »! Croyez-le donc, si cela vous fait plaisir!

Ensuite, le comité du Bund à l'étranger approuve la conférence en ceci qu'elle condamne « les tentatives faites pour construire artificiellement une opposition irréductible entre La Haye (Vandervelde-Plékhanov) et Zimmerwald ». Il ne reste en conclusion qu'à envoyer un télégramme de félicitations à Kautsky, et « l'internationalisme » du Bund a épuisé le cycle de ses actes héroïques.

Comme le voit le lecteur, le Bund est la seule organisation dans la « vieille » Internationale qui ait donné dès à présent une certaine synthèse du social-chauvinisme de toutes nuances. A Varsovie et à Lodz, nous parlons dans le dialecte de Scheidemann. A Minsk et à Gomel, nous parlons dans le dialecte de Gvozdev. Et pourtant, nous sommes « unis ». Souhaitons donc tout le succès possible à ces hommes de principe!... En ce moment, Renaudel et Plékhanov se refusent encore à serrer la main de Sudekum et de Legien. Mais lorsque leur union matrimoniale sera rétablie, Médem

et Liber — et en même temps, le collaborateur du *Bulletin* du Bund,
L. Martov, — auront, en toute justice, mérité la place d'honneur
dans l'Internationale « reconstituée ». Honneur et place à ces pionniers !...

G. ZINOVIEV.

6 Novembre 1916.

Une bonne dizaine de ministres « socialistes »

Le secrétaire du Bureau social-chauvin international, Huysmans, a envoyé un télégramme de félicitations au ministre sans
portefeuille du Danemark Stauning, chef du prétendu parti « social-
démocrate » danois : « Les journaux m'apprennent que vous êtes
nommé ministre. Je vous félicite cordialement. Ainsi, nous avons
déjà dix ministres socialistes dans le monde. Nous progressons!
Meilleures salutations. »

Nous progressons, il n'est que juste de le dire. La IIe Internationale marche rapidement vers la complète fusion avec la politique
nationalo-libérale. L'organe de combat des extrêmes opportunistes
et social-chauvins allemands, *la Voix du Peuple* de Chemnitz, citant
ce télégramme, note ceci, non sans venimeuse malice : « Le secrétaire du Bureau socialiste international félicite sans réserve un social-démocrate d'avoir accepté le poste de ministre. Or, peu de
temps avant la guerre, toutes les conférences de parti et tous les
congrès internationaux s'étaient catégoriquement prononcés contre
cela ! Les temps ont changé, les opinions aussi, même sur ce point. »

Les Heilmann, les David, les Sudekum ont parfaitement le
droit de frapper dédaigneusement sur l'épaule des Huysmans, des
Plékhanov, des Vandervelde...

Stauning a publié récemment une lettre qu'il avait écrite à
Vandervelde, lettre toute pleine de la perfidie d'un social-chauvin
germanophile contre le social-chauvin belge. Dans cette lettre, entre
autres choses, Stauning exprime la fierté du parti danois, parce que,
dit-il, « nous avons nettement et catégoriquement renoncé au travail d'organisation qui a pour but de nuire et de provoquer des
scissions, travail dont l'initiative est due aux partis italien et suisse,
à ce qu'on appelle le mouvement de Zimmerwald ». C'est littéralement ainsi !

La formation d'un Etat national danois remonte au XVIe siècle.
Les masses populaires danoises ont réalisé depuis longtemps le
mouvement émancipateur bourgeois. La population du Danemark
se compose, dans une proportion de 96 %, de Danois nés dans leur
pays. En Allemagne, il n'y a même pas 200.000 Danois. (La population du Danemark est de 2.900.000 âmes). D'après cela, on peut voir
quelle grossière duperie bourgeoise il y a dans ces propos de la
bourgeoisie danoise sur « l'Etat national autonome », considéré
comme le problème du jour présent ! Ces discours sont tenus au XXe

siècle par les bourgeois et les monarchistes d'un pays *qui possède des colonies*, — dont la population est presque égale au nombre des Danois résidant en Allemagne, — des colonies que maintenant le gouvernement danois *met en vente*.

Qui donc a prétendu qu'on ne fait plus le commerce des hommes à notre époque? Ce commerce marche au contraire très bien. Le Danemark vend à l'Amérique pour tant de millions (le chiffre n'est pas encore fixé, l'affaire n'étant pas conclue) trois îles, toutes les trois peuplées, bien entendu.

Un des caractères spécifiques de l'impérialisme danois est en outre de chercher à se ménager la plus-value des bénéfices réalisés par suite de l'avantageuse situation d'un marché qui monopolise les produits de laiterie et de boucherie : le Danemark expédie par la voie maritime, qui revient le moins cher, ces produits sur Londres, qui est le plus gros marché du monde. Grâce à cela, la bourgeoisie et les riches paysans du Danemark (de parfaits bourgeois, malgré les racontars qu'en ont faits les populistes russes) sont devenus les florissants complices qui travaillent derrière le dos de la bourgeoisie impérialiste anglaise et participent aux bénéfices particulièrement sûrs et particulièrement gras de cette bourgeoisie.

Ces rapports internationaux ont exercé une influence absolue sur le parti « social-démocrate » danois qui s'est toujours tenu en bloc et se tient encore à la défense de l'aile droite de la social-démocratie allemande, des opportunistes. Les social-démocrates danois ont voté, en faveur de leur gouvernement bourgeois-monarchique, les crédits « pour le maintien de la neutralité », comme on le dit par un noble euphémisme. Au congrès du 30 septembre 1916, une majorité des 9/10 s'est prononcée pour la participation au ministère, c'est-à-dire pour faire affaire avec le gouvernement! Le correspondant d'un journal socialiste de Berne nous apprend que l'opposition au ministérialisme en Danemark était représentée par Gerson Trier et par le rédacteur I.-P. Sundbo. Trier dans un brillant discours, a défendu les idées révolutionnaires marxistes et, lorsque le parti a décidé de participer au ministère, il est sorti du C. C. et du parti, déclarant qu'il ne voulait pas être membre d'un parti *bourgeois*. Dans ces dernières années, le parti « social-démocrate » danois ne se distingue en rien des radicaux bourgeois.

Nous félicitons le camarade G. Trier! « Nous progressons! » Huysmans a raison, nous marchons vers une séparation nette, claire, honnête au point de vue politique, indispensable au point de vue socialiste, entre les marxistes révolutionnaires, représentants des *masses* prolétariennes révolutionnaires, et les alliés et agents de la bourgeoisie impérialiste, dans l'esprit de Plékhanov-Potressov-Huysmans, qui ont une majorité de « *leaders* », mais qui, au lieu de représenter les intérêts des masses opprimées, parlent au nom d'une minorité d'ouvriers privilégiés, dévoyés vers la bourgeoisie.

Les ouvriers conscients de Russie, ceux qui ont élu des députés maintenant déportés en Sibérie, ceux qui ont voté contre la participation aux comités des industries de guerre, afin de ne pas soutenir la guerre impérialiste, ces ouvriers-là voudront-ils s'inscrire dans « l'Internationale » des *dix* ministres? Dans l'Internationale des Stauning? Dans l'Internationale que viennent de quitter les Trier?

N. LÉNINE.

6 novembre 1916.

La guerre et la paix

1916 s'en va dans le passé.

> Terrible année! La verve des journaux
> Et la tuerie, le carnage maudit!
> Partout du sang, d'affreux assassinats :
> Que de tourmentes j'aurai subi de vous!

C'est en ces termes que notre poète populaire, N.-A. Nékrassov, vers le Nouvel An de 1871, renvoyait dans l'éternité « l'année terrible » de la guerre franco-allemande.

Mais, si, déjà, Nékrassov caractérisait la guerre comme

> Un affreux festin de crime et de violence;
> Triomphe de la mitraille et des baïonnettes,

que dire de la boucherie actuelle? Si déjà le poète savait que

> Cette année prépare pour nos neveux
> Des semences de discorde et de guerre,

que dire de 1916 : combien de nouveaux liens impérialistes ont été formés, combien, dans cette « dernière » guerre, il a été répandu de semences de nouvelles guerres, — non pour « nos neveux », mais pour nos « enfants » et même pour notre génération?

Pour quelles raisons a donc lieu la guerre présente?

Le plus important des représentants de la IIe Internationale, morte sans gloire, Kautsky, avec de grands gestes de stupéfaction, répondait en 1915 à cette question :

« Ordinairement, la guerre éclatait lorsque deux États souverains ne pouvaient parvenir à une entente pacifique sur des exigences déterminées, en sorte que la solution de la question était remise au sort des armes... Mais à présent (à la fin de février 1915) la guerre dure depuis huit mois, et pas un des gouvernements belligérants n'a même fait allusion aux exigences qu'il pourrait formuler... Ordinairement, les États commençaient par signifier leurs exigences, ensuite ils déclaraient la guerre et, enfin, ils procédaient à la mobilisation. *Pour cette fois, ce n'est pas la mobilisation qui a été déclarée à cause de la guerre, c'est la guerre qui a été déclarée à cause de la mobilisation* ». (*Nationalstaat*, 65).

Pitoyable balbutiement, puéril bavardage d'un homme qui, assourdi par le tonnerre des événements, n'arrive plus à dominer sa pensée!

Ce n'est pas seulement après huit mois de guerre, c'est bien longtemps avant le début de l'affreuse aventure que les révolutionnaires du socialisme, dans le monde entier, savaient parfaitement à cause de quoi se produirait la première guerre impérialiste européenne.

L'Allemagne veut piller et saisir l'Asie Mineure, la Mésopotamie, le Congo belge et français, les Indes néerlandaises, les colonies portugaises, le Maroc. L'Allemagne a besoin de maintenir « l'intégrité » de la Turquie, afin de garder ce pays sous sa botte. L'Allemagne a besoin d'arracher tout ce qu'elle pourra de la Pologne et des provinces baltiques. L'Allemagne a besoin de s'assurer la ligne Berlin-Bagdad.

La France veut saisir et piller la Syrie, une partie de l'Asie Mineure, les possessions allemandes en Afrique. Les impérialistes français s'efforcent de prendre des garanties « au moins » pour la possession de toutes les vieilles colonies que la France s'est appropriées par brigandage depuis Napoléon III.

L'Angleterre veut transformer toute l'Afrique en une partie anglaise du monde, ou, du moins, saisir en Afrique tout ce qui n'appartient pas aux impérialistes français. L'Angleterre s'efforce de réunir en une seule possession britannique tous les territoires africains, depuis le Cap de Bonne-Espérance jusqu'à l'Egypte. Et, de là, par le canal de Suez, elle s'emparera définitivement de l'Asie Mineure, de la Mésopotamie, de l'Arabie, de la Perse, de l'Afghanistan, et elle reliera tout ce territoire avec l'Inde.

La Russie veut se saisir de Constantinople, passer par les détroits, s'emparer de l'Asie Mineure, de la Perse, de la Mongolie; elle veut étouffer la Galicie et ainsi parachever la « solution vraiment russe » des questions ukrainienne et polonaise à l'intérieur du pays.

L'Autriche a besoin de la côte orientale de l'Adriatique. Il est important pour elle d'étouffer la Serbie, de se fortifier dans les Balkans, de refouler l'Italie et, grâce à une victoire militaire, de réduire au silence les nationalités asservies sous la monarchie des Habsbourg, empire qui menace tous les jours de se disloquer.

L'Italie veut exercer son pillage en Afrique, afin de « mettre de l'ordre » dans ses possessions de la Tripolitaine. Elle espère arracher un morceau de l'Asie Mineure. Elle désire s'assurer le Trentin, Trieste, l'Istrie, la Dalmatie, l'Albanie.

La Belgique fait la guerre pour garder le Congo.

Le Portugal lutte pour la conservation de ses colonies en Afrique.

L'Allemagne, la France, l'Angleterre, la Russie, le Japon et les Etats-Unis considèrent comme leur proie prochaine *la Chine.*

La Serbie, la Bulgarie, la Roumanie, la Grèce poursuivent aussi

des fins impérialistes, mais, comme elles sont faibles, elles ne sont
que des jouets entre les mains plus vigoureuses des grands brigands impérialistes.

Voilà les causes pour lesquelles a lieu le massacre de 1914-1917,
et il ne s'agit point du tout d'une querelle sur « les dates des ordres
de mobilisation ».

Les gouvernements des « grandes » puissances n'ont pas même
« fait allusion » aux véritables buts de la guerre! Bien entendu!
Car enfin, il est impossible de dire à des dizaines de millions d'hommes : Vous irez à la mort, parce que nous avons envie d'exercer
notre brigandage. Et c'est pourquoi on a imaginé de parler dans
tous les pays de « défense de la patrie ».

C'est ainsi qu'il en a été, c'est ainsi qu'il en sera... jusqu'au
jour où les prolétaires de tous les pays, par une allusion peu dis-
crète, feront comprendre au régime capitaliste qu'il est temps,
grand temps pour lui de rentrer sous terre...

La guerre impérialiste, après deux ans et demi de monstrueux
massacres, est prête à céder la place à une paix impérialiste. Mais,
encore à présent, les chefs des deux bandes de brigands cachent
soigneusement à « leurs » peuples les véritables buts de la guerre.
Nous sommes si généreux, nos desseins sont si élevés que mieux
vaut... mieux vaut, pour le moment, n'en rien dire! Les bienfaits
que nous nous disposons à répandre sur toute l'humanité sont si
grands, si incommensurables que nous n'osons même pas en parler
à haute voix, de crainte que les peuples n'en aient le vertige... C'est
ainsi que les assassins se détournent soigneusement du lieu où ils
ont perpétré le crime. C'est ainsi que les bourreaux se refusent à
parler avec trop de détails de leurs victimes.

Ils *ne peuvent pas* révéler ouvertement leurs véritables buts,
ces bouchers impérialistes! Les véritables fins de la guerre de brigandage doivent rester, coûte que coûte, un secret pour tous les
peuples, pour toute l'obscure populace. Car si, demain, les ouvriers
français, allemands, anglais, apprenaient qu'ils meurent par milliers non pour « défendre la patrie » et non pour « la liberté et la
civilisation », mais pour enrichir une poignée de capitalistes, pour
assurer le partage des possessions de la lointaine Afrique, pour préparer l'esclavage des peuples faibles que veut asservir une bande
de grandes puissances, qui sait si les ouvriers ne tourneraient pas
leurs armes contre « leurs » impérialistes!

Voilà pourquoi les gouvernements de tous les pays doivent
garder le secret, comme d'une maladie honteuse, sur les fins obs-
cures, lâches, criminelles de leur guerre de pirates. Voilà pourquoi
il faut attendre le moment où se réunira le congrès des hauts man-
darins qu'on appelle diplomates, le moment où, dans les coulisses,
le marchandage aura déjà abouti sur les questions essentielles; il
faut attendre ce moment pour que les deux bandes se résolvent à
déclarer tout haut leurs exactes conditions de paix. Alors, sur le

marché des possesseurs d'esclaves de notre temps, ouvertement, on commencera à se partager le monde, à découper les patries en petits morceaux, à faire des échanges de territoires et de peuples, comme les tsiganes font des échanges de chevaux; on pratiquera des expériences en pleine chair, sur le corps des nationalités...

Ceux qui n'ont pas profité de l'enseignement de la guerre impérialiste devront ouvrir les yeux devant la paix impérialiste. Ce sera le couronnement de tout. Et lorsque le clinquant des paroles sera tombé, tout le monde verra qu'en envoyant au feu son « allié » le Portugal, l'Angleterre comptait en secret que, dans le cas d'insuccès, elle paierait l'Allemagne avec les colonies portugaises; qu'en entraînant la Roumanie dans la guerre, la Russie caressait un plan de partage de ce pays, si l'Allemagne proposait des conditions « acceptables ».

Que des pourparlers secrets soient menés depuis longtemps déjà dans les coulisses, il n'y a pas à cela le moindre doute. Nous ne pouvons savoir à quel point de maturité en est l'affaire. S'il n'arrive rien d' « imprévu », la boucherie peut durer encore un an et plus. Les maquignons impérialistes se réunissent et se quittent, se donnent de bruyantes poignées de mains en signe d'accord, font des serments, jurent qu'ils « n'en ont pas pour leur argent », envoient d'autres courtiers, déclarent qu'ils marchanderont... c'est-à-dire, n'est-ce pas, qu'on se battra « jusqu'au bout ». Chacune des coalitions traite l'autre avec les épithètes les moins flatteuses, déblatère — et *toutes deux* ont parfaitement raison — contre l'autre qu'elle considère comme une bande d'infâmes pirates, de chevaliers du viol et d'aventuriers de grand chemin. Mais, en même temps, le marchandage dans les coulisses se poursuit infatigablement.

Qui sait, par exemple, si la proclamation d'une « libre » Pologne par Guillaume II n'a pas été simplement un épisode dans l'élaboration d'une paix séparée entre les impérialistes allemands et russes? Qui sait si « l'autonomie » de la Pologne n'a pas été même proclamée avec, jusqu'à un certain point, le consentement de la bande tsariste? Car enfin, Nicolas II et ses complices *ont absolument besoin* de préparer « l'opinion publique » à l'inévitable perte de telles ou telles possessions, au profit de l'Allemagne. Et qui donc ne voit que, dès à présent même, la démarche de Guillaume prépare le terrain beaucoup mieux qu'on n'avait pu le faire avant la déclaration de la « liberté » polonaise? La guerre de rapine ne peut se terminer autrement que par une paix de brigands. Qui pourrait garantir que, par exemple, une partie du Maroc français ne sera pas échangée, disons, contre Salonique, que la Perse ne paiera pas pour la Pologne, que les colonies portugaises ne serviront pas à un échange en retour de la Belgique, que le Congo belge ne servira pas de compensation à telles ou telles « concessions » à faire aux impérialistes anglais et russes dans la question turque? Au premier regard, de telles combinaisons semblent inattendues et paradoxales.

En réalité, elles sont très vraisemblables, car elles découlent de toute la politique de l'impérialisme.

Ecoutez ce que disent, par exemple, les impérialistes autrichiens! Dans leur *Revue de l'Autriche*, fondée sous le patronage direct de Frantz-Ferdinand, qui fut tué à Sarajevo, un éditorial a récemment paru sous ce titre : *La Grande Guerre et le Partage du Monde*. L'auteur, Bertold Molden, attaque la question avec une extraordinaire franchise. Les grandes puissances partagent le monde entre elles. Ce « partage » a commencé longtemps avant la guerre. La « grande » guerre n'est qu'un épisode « dans le développement de cette opération de partage ». Et cela continuera d'une façon ou d'une autre. Toute la question est de savoir quels résultats aura la guerre pour l'amélioration ou la diminution des chances des uns ou des autres. La lutte a pour objets principaux : 1° la Turquie; 2° les colonies africaines; 3° l'Asie orientale. Les résultats de la guerre, au moment actuel, sont les suivants : « Sur un des plus importants théâtres du conflit, en Asie orientale, la guerre a décidé la question du partage du monde au profit des puissances de l'Entente. Dans le Proche-Orient, le partage à cause de la guerre ne s'est encore précisé. La question n'est pas encore résolue, et cela seulement parce que se pose encore la question de l'Amérique » (page 247)... « L'Allemagne veut rendre la Belgique. Mais l'Angleterre sacrifie la Belgique pour ne pas être obligée elle-même de payer son adversaire, c'est-à-dire de restituer à l'Allemagne ses colonies africaines » (page 246).

Il est vrai, et dans ces paroles d'un impérialiste autrichien il y a plus de sens que dans les récents articles pacifistes de Kautsky, dans lesquels cet ancien théoricien du marxisme « prouve » pour la millième fois que les colonies, en fait, sont inutiles et même désavantageuses pour les impérialistes!...

L'impérialisme allemand pèse directement sur la Belgique et la Pologne. Mais, indirectement, la Belgique et la Pologne sont également étouffées par les impérialistes anglais, qui désirent tirer des profits des colonies allemandes, ne serait-ce au besoin qu'en prolongeant les tourments de la Belgique « héroïque » et de la « noble » Pologne...

Les ministres du tsar crient maintenant à tous les carrefours que « nous » luttons pour Constantinople et que Constantinople « nous » est promis par tous les alliés. Si l'on crie si fort, c'est justement parce que, maintenant, une chose est claire : la Russie, dans cette guerre, *n'obtiendra pas* Constantinople, du moins de l'Entente. L'Angleterre a promis cette conquête au tsar. Mais elle « nous » l'avait promise dès avant la guerre de Crimée, ce qui ne l'a pas empêchée ensuite de se montrer le principal adversaire de la Russie. Ce qui est clair maintenant, c'est que : pour avoir Constantinople, le tsarisme sera obligé de combattre encore dans la prochaine guerre, — à moins que, bien entendu, la révolution russe n'ait balayé le tsarisme avant ce moment-là.

En ouvrant cette perspective de la conquête de Constantinople et des détroits, le tsarisme s'est attaché des couches considérables de la bourgeoisie russe. Constantinople séduisait les « patriotes », notre camelote, dès les premières années de la contre-révolution (après 1905). Pendant de longues années, la bourgeoisie russe a aidé le tsarisme à se préparer pour la présente guerre « défensive ». Milioukov a reconnu ce fait, lorsque dans son discours « historique » du 1ᵉʳ novembre 1916, il a dit à la Douma : « Messieurs, songez seulement que *depuis 1907* (vous entendez, M. Plékhanov?) on jetait les bases de la présente situation internationale... Ce n'est que sur le terrain d'une absolue confiance des uns envers les autres que l'on a pu signer la convention au sujet de Constantinople et des détroits. Et il semblait déjà que la Russie allait recueillir les fruits de ces travaux, et les fruits du travail de deux ministres des affaires étrangères durant cette période, lorsque se présenta une circonstance politique extraordinaire, des plus rares, unique peut-être dans l'histoire : je parle de la situation qui fut inaugurée par l'activité du roi Edouard VII ». Oui, le bonheur était si proche, si accessible... Mais le but réel de la présente guerre pour la diplomatie du tsar n'est déjà plus, en fait, Constantinople. Dans la guerre actuelle, le tsarisme devra se résigner à perdre la Pologne et peut-être une partie des provinces baltiques, en s'indemnisant d'ailleurs sur la Galicie orientale, l'Arménie, la Perse, la Roumanie. Le corps diplomatique russe, qu'Engels appelait déjà « l'ordre des jésuites », se prépare à se glisser en couleuvre dans l'alliance de l'Allemagne contre l'Angleterre. La possibilité d'une nouvelle alliance de la Russie tsariste avec l'Allemagne des *junkers* existait déjà virtuellement, dès le premier jour de la guerre. Cela n'est nullement contredit par le fait que les amis, préalablement, décidèrent de se mesurer sur le terrain. L'alliance de la Russie avec le Japon n'avait-elle pas été précédée d'une guerre? L'alliance de l'Angleterre avec la France n'avait-elle pas été précédée d'une série de guerres et de longues années de rivalité? Les ouvriers français meurent en ce moment, et ce n'est même plus pour assurer au tsar la conquête de Constantinople; c'est pour aider ce même tsar à obtenir de meilleures conditions dans son alliance prochaine (ou présente) avec Guillaume II. Les ouvriers français meurent, et ce n'est même plus pour aider la bourgeoisie russe à se fortifier dans le Proche-Orient, c'est pour affaiblir l'esprit d'opposition de cette bourgeoisie, en entretenant ses espérances au sujet de Constantinople, et pour la pousser dans les bras de la bande tsariste.

Et l'Amérique! Et le grand « pacifiste » Wilson!

Le plus talentueux des opportunistes socialistes, Jaurès, qui a donné de sa personne une brillante synthèse du pacifisme bourgeois et « socialiste », disait dans un discours parlementaire prononcé le 20 décembre 1911 :

« Trois forces travaillent pour la paix. La première, c'est l'or-

ganisation internationale de la classe ouvrière... Le deuxième facteur de la paix, c'est le capitalisme contemporain (Jaurès a en vue
la fameuse idée d'Angells sur la solidarité des intérêts du capital
financier international)... Il y a enfin une troisième force pacifique,
c'est la renaissance de l'Amérique anglo-saxonne, du vieil idéal des
puritains... Voyez, l'arbitrage intégral entre les États-Unis et l'Angleterre, entre les États-Unis et le Japon commence à prendre
forme... Si demain l'Europe avait la folie de se diviser, de se déchi-
rer, c'est ce grand idéalisme américain, réveillé, qui vous ferait
honte avec ses propositions d'arbitrage ». (*La Protestation du Droit*,
42-46).

Avec quelle cruelle ironie la vie n'a-t-elle pas répondu aux utopies pacifistes des politiciens « réalistes », opportunistes! Déjà, en
1911, quand Jaurès prononçait ce discours à la Chambre des Députés, le député bourgeois Laurent Bougère devait rappeler au socialiste Jaurès « la guerre de Cuba ». « Racontez-nous donc un peu
comment s'est conduite l'Amérique dans la guerre pour l'île de
Cuba! », lui cria ce bourgeois. A quoi Jaurès ne trouva à répondre
que ceci : « Vous ai-je jamais dit que les saints étaient sans péché?»

— Parlez-nous donc un peu de « l'idéalisme » américain pendant la guerre de 1914-1917, — pourrait-on crier maintenant aux
pacifistes « socialistes » du monde entier. « Le vieil idéal puritain »
a joué un mauvais tour aux social-pacifistes. Hélas! « L'idéalisme
américain » a choisi la meilleure part : il a préféré ne pas « faire
honte » à l'Europe, mais lui fournir, pour de beaux profits, tout ce
qui était nécessaire pour une habile destruction de l'homme par
l'homme. L'Amérique dirigeante n'est pas venue en Europe avec
une proposition d'arbitrage, car, à la différence des social-pacifistes,
les impérialistes américains savent que les tribunaux d'arbitrage
internationaux, — selon l'expression de l'impérialiste allemand
Rudorffer, « ne nous sont nécessaires que pour éviter *les guerres
dont nous ne voulons pas* ». Les représentants de « l'idéalisme
américain » sont venus proposer de sonder le terrain, au sujet des
conditions de paix, mais ils ne sont venus qu'après avoir pompé en
Europe des dizaines de milliards de bénéfices; ils ne sont venus
qu'au moment où les perspectives de nouveaux bénéfices tombaient;
qu'au moment où le renchérissement de la vie en Amérique, les
sous-marins allemands, le renforcement excessif du Japon *forcèrent*
les impérialistes américains à songer qu'il était peut-être temps de
terminer *la première* guerre impérialiste européenne.

Il faut tenir « jusqu'au bout », car cette guerre sera la dernière,
nous crient les social-chauvins, « champions du droit ».

« C'est la dernière guerre, *à laquelle les États-Unis d'Amérique
pouvaient encore ne pas participer* », remarque froidement « le pacifiste » Wilson, dans un de ses récents discours.

« La noble France lutte pour le droit et la liberté, pour les
principes de la grande révolution, pour les idéaux de l'humanité »,
nous crient Plékhanov et Cie.

« Oui, messieurs les Français, partagez avec l'Angleterre les colonies allemandes en Afrique, *et, pour la prochaine guerre, vous disposerez d'un beaucoup plus grand nombre de troupes noires* », tel est l'encouragement adressé aux « socialistes » et radicaux français par le membre du Conseil d'Etat Vassiliev (voyez un récit de son entrevue avec les députés français dans le journal de la métallurgie parisienne).

Les social-chauvins et les social-pacifistes se laissent entraîner à une petite... « inexactitude » : au lieu de parler de la *première* guerre infâme, européenne, ils parlent de la *dernière* guerre « juste », mondiale. Il est impossible d'imaginer un crime plus monstrueux envers les masses populaires...

Jamais encore l'abaissement de la « social-démocratie » officielle n'avait été si évident; jamais encore le rôle profondément réactionnaire du social-chauvinisme n'avait été aussi clair que maintenant, alors que la guerre arrive à son point culminant. Dans les larges couches du prolétariat de tous les pays mûrit un mécontentement révolutionnaire. Dans la conscience des ouvriers les plus arriérés, après deux ans et demi d'un carnage inouï, une pensée simple mais d'une profonde importance cherche à se faire jour : *nous nous battons pour les capitalistes*, nous mourons par milliers, nous tirons l'un sur l'autre au nom des intérêts d'une poignée d'exploiteurs. Le mouvement se développe plus lentement que nous ne voudrions. Mais il se développe, malgré un million d'obstacles incroyables. Partout, le peuple souffre de faim. Il n'y a plus une seule famille ouvrière à laquelle le « carnage maudit » n'ait arraché un ou plusieurs membres. On commence à maudire la guerre même là où on la bénissait auparavant. Cela n'est plus tolérable. Un cri de révolte est prêt à partir de milliers de poitrines.

Mais « eux » n'ont pas encore achevé leur marchandage; « eux » n'ont pas encore réalisé « les fins de leur guerre ». Chaque petit succès militaire réveille l'espoir d'un succès « complet ». Si l'on pouvait « tenir » encore, ne serait-ce que quelques mois, si l'on pouvait continuer le carnage « jusqu'au bout » ! Et alors, à ce moment, commence le jeu des « notes ». Chacune des bandes de brigands doit, coûte que coûte, prouver à « son » peuple que, de toute son âme, elle souhaite la paix, mais que le perfide adversaire ne pense qu'à prolonger, coûte que coûte, la guerre.

Un bourgeois qui prend ses coudées franches, M. Lensch, dans la revue de l'ancien socialiste Parvus, a expliqué les motifs du « pacifisme » des puissances centrales avec un extraordinaire cynisme. Dans un article consacré à une certaine note du bloc germano-autrichien, il écrivait :

« Nous savons bien, et le gouvernement impérial le sait autant que nous, que les équipements et les munitions ne suffisent pas. Les facteurs moraux jouent un non moins grand rôle. Mais rien n'agit aussi fortement, rien ne contribue à faire serrer les rangs comme la conviction que la guerre en cours est une guerre défensive, une lutte à la vie ou à la mort. Par leur note pacifique, les puissances centrales ont fortifié cette conviction parmi leurs peuples. Ainsi elles se sont donné un grand avantage moral, en comparaison avec les puissances de l'Entente ».

Et messieurs Lensch, Scheidemann, Legien et Cie, bien entendu, à la sueur de leur front, ont tout fait pour augmenter cet « avantage moral » des impérialistes allemands qui mènent une guerre « de défensive ». De la même façon, les social-chauvins de l'Entente, dans la mesure de leurs forces, défendent parmi leurs peuples l'impudente note de l'autre bande impérialiste, qui, pour continuer « sa guerre défensive », prétend aussi jeter encore sur le carreau un million ou deux de « ses » ouvriers et paysans, engagés dans une lutte « jusqu'au bout » pour un but de brigandage.

Sur un signe de leur gouvernement, les social-chauvins ont crié : Vive la guerre impérialiste! Sur un signe de leur gouvernement, ils crient maintenant : Vive la paix impérialiste! La situation des monarchies centrales sur les théâtres des hostilités est telle qu'il leur est en ce moment avantageux de proposer la paix. Le dévergondage de la parole pacifiste est en ce moment avantageux au gouvernement allemand. Un intelligent conservateur allemand, Delbruck, imprime maintenant un article-programme sur « le pacifisme d'une politique réaliste », et il termine ainsi : « Pourquoi n'essaierions-nous pas maintenant de marcher dans la voie du pacifisme? » C'est pourquoi, en ce moment-même, à Vienne, les Austerlitz, les Leitner, les Renner ont l'autorisation d'organiser des réunions pour prêcher la paix, ce qui augmentera « l'avantage moral » des impérialistes autrichiens tout éclaboussés de sang. Demain, Briand trouvera que le moment est venu pour la France, et il passera commande de quelques dizaines de meetings socialistes, pour la paix, à ses aides Renaudel et Vandervelde. Alors, par la grâce de Briand et de Bethmann-Holweg, « l'Internationale » social-chauvine sera reconstituée.

La révolution prolétarienne, ou bien une nouvelle série de guerres impérialistes, de nouvelles mers de sang, de nouveaux millions de victimes... C'est ainsi que l'histoire a posé la question pour tous les pays capitalistes avancés. La révolution démocratique et le socialiste en Occident s'imposent, — ou bien ce sera une série de nouvelles guerres impérialistes sous le commandement des Romanov, des Raspoutine, des Manouilov, des Protopopov, des Miasoiédov, des Sturmer. C'est ainsi que l'histoire mondiale a posé la question pour notre pays.

Le cœur saigne quand on pense que, même parmi les ouvriers et les paysans russes, il y en a encore qui accordent du crédit à la fable d'une « guerre juste » menée par un tsar « juste ». Peu de temps avant la chute du servage, Herzen, s'adressant au paysan

russe encore en esclavage, s'écriait : « Oh! si mes paroles pouvaient
aller jusqu'à toi, travailleur et souffre-douleur de la terre russe!...
Comme je t'apprendrais à mépriser les pasteurs spirituels, qui te
sont imposés par le Synode de Pétersbourg et par un tsar allemand... Tu hais le propriétaire, tu hais le clerc, tu les crains — et
tu as tout à fait raison; mais tu crois encore au tsar et à l'évêque...
Cesse de les croire. Le tsar est l'allié des propriétaires, et ceux-ci
lui appartiennent »... Le sort de notre patrie dépend à présent des
fils et des petits-fils de cet ancien esclave, du paysan russe. Oh!
si une parole de vérité, — de vérité sur la guerre, de vérité sur le
tsar, de vérité sur la bourgeoisie égoïste — pouvait atteindre enfin
le village russe bloqué, enseveli sous des montagnes de neige! Oh!
si cette parole de vérité pénétrait enfin dans les profondeurs mêmes
de l'armée russe qui se compose, en son énorme majorité, de
paysans! Alors, l'héroïque classe ouvrière de Russie, avec l'appui
des pauvres de la classe paysanne, délivrerait enfin de la honte de
la monarchie notre pays et le conduirait d'une main sûre vers une
alliance avec les prolétariats socialistes du monde entier!

Que la paix impérialiste qui approche ouvre donc les yeux à
ceux qui les ont tenus fermés pendant la guerre impérialiste.

La révolution mûrit en Russie. La révolution en Russie serait
le coup le plus sérieux que l'on pourrait porter à l'actuelle guerre
impérialiste. Aux combats révolutionnaires qui s'amorcent en Russie s'attache l'attention de tous les socialistes qui n'ont pas livré
leur étendard à l'ennemi.

G. ZINOVIEV.

31 janvier 1917.

Un tournant dans la politique mondiale

Il y a fête au quartier des pacifistes. Les vertueux bourgeois
des pays neutres sont en liesse : « Nous avons suffisamment gagné
aux bénéfices de guerre et au renchérissement de la vie; n'est-ce
pas assez? Il est peu probable que nous puissions obtenir davantage, et d'autre part, le peuple pourrait bien ne plus vouloir patien-
ter »...

Comment ne se réjouiraient-ils pas, lorsque Wilson « soi-
même » paraphrase la déclaration pacifiste du parti socialiste italien qui vient d'adopter à Kienthal une résolution officielle et solen-
nelle sur la complète inconsistance du social-pacifisme?

Est-il étonnant que Turati triomphe dans l'*Avanti!* au sujet de
cette paraphrase de Wilson, qui reprend leurs belles phrases *à eux*,
pacifistes italiens, « également socialistes »? Est-il étonnant que les
social-pacifistes et les kautskistes, dans leur organe *Le Populaire*,
s'unissent amoureusement avec Turati et avec Kautsky qui vient de
publier, dans la presse social-démocrate allemande, cinq articles

pacifistes, particulièrement bêtes, dans lesquels, bien entendu, il paraphrase à son tour le bavardage à l'ordre du jour sur une bonne petite paix démocratique.

Et ce bavardage, dans le temps présent, se distingue effectivement de celui d'autrefois par ceci qu'il est basé sur certaines données objectives. Cette base provient d'un changement dans la politique mondiale : il y a un tournant *de la guerre impérialiste* qui a gratifié les peuples des plus grandes calamités et de la plus grande trahison envers le socialisme, de la part de messieurs Plékhanov, Albert Thomas, Legien, Scheidemann, etc., un tournant vers *la paix impérialiste* qui doit gratifier les peuples de la très grande imposture présentée sous l'aspect de gentilles phrases, de demi-réformes, de toutes petites concessions, etc.

Nous sommes arrivés à ce tournant.

Il est impossible de savoir en ce moment — et les dirigeants de la politique impérialiste eux-mêmes, les rois de la finance et les brigands couronnés ne pourraient le dire précisément — à quel moment viendra cette paix impérialiste, quels changements se produiront encore dans la guerre, quels seront les détails de cette paix. Mais cela n'a pas d'importance. Le fait qui importe, c'est une conversion dans le sens de la paix; ce qui importe, c'est *le caractère fondamental* de cette paix; et voilà deux circonstances qui sont déjà éclaircies par les événements.

En vingt-neuf mois de guerre, les ressources des deux coalitions impérialistes se sont suffisamment précisées : tous les alliés ou presque tous les alliés possibles, parmi les plus proches voisins ayant une valeur sérieuse, ont été entraînés dans le carnage; les forces des armées et des flottes ont été éprouvées et rééprouvées, mesurées et encore mesurées. Le capital financier a récolté des milliards : une montagne de dettes de guerre montre les proportions du tribut que le prolétariat et les classes indigentes « doivent » maintenant payer pendant des dizaines d'années à la bourgeoisie internationale, parce que celle-ci leur a permis très gracieusement de massacrer des millions de frères en esclavage, dans une guerre entreprise pour le partage du butin impérialiste.

Il semble qu'actuellement il serait impossible d'écorcher plus longtemps les bêtes de somme, de faire massacrer encore des salariés : c'est là une des causes économiques profondes de la conversion que nous observons maintenant dans la politique mondiale. Il faut s'arrêter, parce que les ressources commencent, en général, à s'épuiser. Les milliardaires américains et leurs frères cadets en Hollande, en Suisse, en Danemark et dans les autres pays neutres, commencent à remarquer que la source d'or se tarit; c'est par là que s'explique la croissance du pacifisme neutre, et non par de nobles sentiments humanitaires, comme le pensent les naïfs, les pitoyables, les ridicules Turati, Kautsky et C⁽ⁱᵉ⁾.

D'ailleurs, le mécontentement et l'indignation grandissent aussi dans les masses. Dans notre numéro précédent, nous avons cité les témoignages de Goutchkov et de Hilferding, qui montrent que tous deux *ont peur* de la révolution. N'est-il pas temps de mettre fin au premier carnage impérialiste?

Les conditions objectives qui forcent à terminer la guerre sont complétées par la réaction de l'instinct de classe et du calcul de classe de la bourgeoisie qui s'est donné une indigestion de bénéfices de guerre.

Le tournant politique, sur la base de cette conversion économique, se dessine sur deux lignes principales : l'Allemagne victorieuse réussit à *détacher* de son principal ennemi, l'Angleterre, les alliés de celle-ci; d'une part, parce que ce n'est pas l'Angleterre, mais que ce sont justement ses alliés qui ont dû subir et pourront subir encore les coups les plus durs; d'autre part, parce que l'impérialisme allemand, après avoir pillé tant et plus, est capable d'accorder aux alliés de l'Angleterre de très modestes concessions.

Il est possible qu'une paix séparée de l'Allemagne avec la Russie soit toutefois *conclue*. Les formalités seules du marché politique à conclure entre ces deux brigands sont modifiées. Le tsar a pu dire à Guillaume : « Si je signe ouvertement une paix séparée, demain, très auguste associé, tu seras peut-être obligé d'avoir affaire avec le gouvernement de Milioukov et de Goutchkov, si ce n'est avec celui de Milioukov et de Kérensky. Car la révolution grandit, et je ne réponds plus de l'armée; Goutchkov est en correspondance avec mes généraux; mes officiers, à présent, sont des lycéens qui sortent à peine de l'école. Aurions-nous avantage à risquer pour moi la perte du trône, tandis que toi, tu te priverais de ton meilleur allié, ton cousin de Russie ».

« Bien entendu, ce n'est pas un avantage » — a dû répondre Guillaume, si la question lui a été posée directement ou indirectement. — « D'ailleurs, à quoi bon, entre nous, une paix séparée serait-elle déclarée ouvertement et signée sur le papier? Ne pouvons-nous pas obtenir les mêmes résultats par des moyens plus habiles? Je vais proposer solennellement à l'humanité de lui accorder les bienfaits de la paix. Discrètement, je ferai savoir aux Français que je veux bien restituer, en totalité ou presque, les territoires de France et de Belgique occupés par nous, en échange de quelques « honorables » concessions sur leurs colonies africaines; aux Italiens, je dirai qu'ils peuvent compter sur « un petit morceau » des terres italiennes de l'Autriche, et sur quelques morceaux dans les Balkans. Je puis arriver à faire connaître mes propositions et mes plans « aux peuples » : les Anglais pourront-ils alors retenir leurs alliés de l'Europe occidentale? Toi et moi, nous nous partagerons la Roumanie, la Galicie, l'Arménie; quant à Constantinople, mon auguste cousin, tu peux te fouiller! Et quant à la Pologne, ô non moins auguste cousin, tu peux te fouiller de même! »

Impossible de savoir si une conversation de ce genre a eu lieu.

Mais cela n'a pas d'importance. Ce qui importe, c'est que les affaires se sont dessinées *précisément de cette manière*. Si le tsar ne s'est pas laissé gagner aux arguments des diplomates germains, les « *arguments* » de l'armée de Mackensen en Roumanie ont dû avoir plus d'effet.

Quant au plan de partage de la Roumanie entre la Russie et « la quadruple alliance » (c'est-à-dire les alliés de l'Allemagne, de l'Autriche et de la Bulgarie), on en parle déjà, ouvertement, dans la presse impérialiste allemande! Et ce bavard d'Hervé a déjà dit un mot de trop : nous ne pourrons pas forcer le peuple à combattre s'il apprend que, dès aujourd'hui, nous pouvons recouvrer la Belgique et les provinces occupées. Et les petits imbéciles pacifistes de la bourgeoisie neutre sont déjà lancés « dans l'affaire » : Guillaume leur a permis de parler! Et d'autres pacifistes... des sages, ceux-là, nos sages socialistes, Turati en Italie, Kautsky en Allemagne, etc., etc., font des pieds et des mains, employant leurs sentiments humanitaires, leur bon cœur, leur vertu surhumaine (et leurs éminentes facultés intellectuelles) à rendre plus séduisante la paix impérialiste qui s'annonce!

Comme tout est bien organisé dans ce meilleur des mondes! Nous nous sommes empêtrés, rois de la finance et brigands couronnés, dans notre politique de pillage impérialiste; nous avons été obligés d'engager la guerre; eh bien! nous gagnerons à la guerre, aussi bien que pendant la paix, nous gagnerons même beaucoup plus! Et nous aurons toujours assez de valets à notre service pour proclamer que notre guerre est « émancipatrice »; tous ces Plékhanov, ces Albert Thomas, ces Legien, ces Scheidemann et Cⁱᵉ sont à nos ordres! Le temps est venu de conclure la paix impérialiste. Eh bien! les dettes de guerre sont des engagements qui nous garantissent le droit sacré de prélever un tribut cent fois plus élevé sur les peuples! Pour déguiser l'impérialisme de la paix, pour duper les peuples par de beaux discours, nous avons assez de naïfs : à ne considérer même que les Turati, les Kautsky et autres « leaders » du socialisme universel!

En cela réside le caractère tragi-comique des manifestations de Turati et de Kautsky, qu'ils *ne comprennent pas le rôle* qu'ils jouent réellement en politique : un rôle de curés consolant les peuples au lieu de les entraîner à la révolution; un rôle d'*avocats bourgeois* dont les phrases ronflantes sur de belles choses en général, et sur la paix démocratique en particulier, dissimulent, déguisent l'affreuse laideur d'une paix impérialiste qui mettra les peuples à l'encan et servira au démembrement des nations.

En cela réside *l'unité de principe* des social-chauvins (Plékhanov et Scheidemann) et des social-pacifistes (Turati et Kautsky), que les uns et les autres, *objectivement* parlant, sont *les serviteurs* de l'impérialisme : les uns le « servent » en présentant la guerre impérialiste comme « la défense de la patrie »; les autres servent *le même* impérialisme, en déguisant, par des phrases sur la paix démocratique, la paix impérialiste qui s'annonce aujourd'hui.

La bourgeoisie impérialiste a besoin de larbins de l'une et de l'autre sorte, de l'une et de l'autre nuance : elle a besoin des Plékhanov pour encourager les peuples à se massacrer en criant : « A bas les conquérants! »; elle a besoin des Kautsky pour consoler et calmer les masses irritées par des hymnes et dithyrambes en l'honneur de la paix.

C'est pourquoi l'union générale des social-chauvins de tous les pays avec les social-pacifistes, — ce « complot » général « contre le socialisme » dont parle un message de la commission socialiste internationale à Berne, cette « amnistie générale » dont nous avons parlé plus d'une fois, — tout cela sera non point le fait du hasard, mais la manifestation de l'unité de principe *de ces deux tendances* des prétendus « *nous-aussi-socialistes* » du monde entier. Ce n'est pas un hasard si Plékhanov, en criant furieusement à la « trahison » des Scheidemann, fait des allusions à la paix et à l'union avec ces messieurs quand le temps en sera venu.

Mais, — répliquera peut-être le lecteur, — peut-on oublier que la paix impérialiste « vaut tout de même mieux » que la guerre impérialiste? Que si le programme de la paix démocratique ne peut être réalisé tout entier, il peut l'être du moins « en partie », « dans la mesure du possible »? Que la Pologne indépendante vaut mieux qu'une Pologne russe? Que la réunion des terres italiennes de l'Autriche à l'Italie est un progrès?

C'est par des considérations de ce genre que s'excusent les défenseurs de Turati et de Kautsky, sans remarquer que, de marxistes révolutionnaires, ils deviennent ainsi des réformistes bourgeois du plus vulgaire acabit.

Peut-on nier, à moins d'être fou, que l'Allemagne de Bismarck, avec ses lois sociales, « vaut mieux » que l'Allemagne d'avant 1848? Que les réformes de Stolypine ont fait une Russie « meilleure » que celle d'avant 1905? Mais les social-démocrates allemands (ils étaient alors encore des social-démocrates) se sont-ils basés là-dessus pour voter les réformes de Bismarck? Est-ce que les réformes de Stolypine ont été embellies, ou même soutenues, par l'approbation des social-démocrates de Russie, en exceptant, bien entendu, MM. Potressov, Maslov et Cie, desquels se détourne maintenant avec mépris même Martov, membre de *leur parti*?

L'histoire ne reste jamais sur place, même pendant les contre-révolutions. L'histoire a marché de l'avant pendant le carnage impérialiste de 1914-1916, qui a été *la continuation* de la politique impérialiste de plusieurs lustres précédents. Le capitalisme mondial, qui pendant les années 1860-1870, fut une force de progrès, basée sur la libre concurrence, et qui, au début du xxᵉ siècle, s'hypertrophia en capitalisme de *monopoles*, c'est-à-dire en impérialisme, a fait pendant la guerre un notable pas *en avant* non seulement par une plus grande concentration du capital financier, mais aussi en se transformant lui-même en un *capitalisme d'Etat*. Quant à la force des liens nationaux, quant à la valeur des sympathies de nationalités, on a pu voir ce qu'elles étaient pendant cette guerre, par la conduite, par exemple, des Irlandais dans une des coalitions, des Tchèques dans l'autre. Les chefs conscients de l'impérialisme se disent : Nous ne pouvons certainement pas réaliser nos desseins sans étouffer les petits peuples, mais il y a deux procédés d'étouffement. Il y a des cas où il est plus sûr et plus avantageux d'obtenir de sincères et dévoués « défenseurs de la patrie » dans une guerre impérialiste par la création d'Etats *politiquement* indépendants, dont la dépendance financière sera naturellement « préparée par nos soins » ! Il est plus avantageux (dans une grave guerre de puissances impérialistes) d'être l'allié de l'indépendante Bulgarie que le maître d'une Irlande dépendante ! L'achèvement de ce qui restait d'incomplet dans le domaine des réformes nationales peut quelquefois consolider intérieurement une coalition impérialiste; c'est ce que calcule justement un des plus vils esclaves de l'impérialisme allemand, K. Renner, lequel, bien entendu, défend de son corps « l'unité » des partis social-démocrates en général et l'unité avec Scheidemann et Kautsky en particulier.

Le train des choses finit par l'emporter, et de même que ceux qui ont écrasé les révolutions de 1848 et de 1905 devinrent, dans un certain sens, les exécuteurs testamentaires de ces révolutions mêmes, ainsi les dirigeants du carnage impérialiste *sont forcés* de réaliser certaines réformes nationales dans le sens du capitalisme d'Etat. D'ailleurs, il faut aussi, à l'aide d'infimes concessions, calmer les masses exaspérées par la guerre et la vie chère ; pourquoi ne pas promettre (et même ne pas réaliser partiellement, car cela n'oblige à rien !) « une réduction des armements »? Cela n'a aucune importance, la guerre étant une « branche de l'industrie » semblable à l'industrie forestière : il faut des dizaines d'années pour avoir des arbres de haute futaie... pardon ! je voulais dire pour avoir en quantité suffisante « de la chair à canon ». Et dans bien des années, espérons-le, il sortira, des entrailles de la social-démocratie « une » et internationale, de nouveaux Plékhanov, de nouveaux Scheidemann, de nouveaux conciliateurs tels que le suave Kautsky...

Les réformistes et les pacifistes bourgeois sont des gens qu'en règle générale *on paye*, de telle ou telle manière, pour qu'ils consolident la domination du capitalisme par de petits raccommodages, pour qu'ils endorment les masses populaires et les détournent de la lutte révolutionnaire. Lorsque des « leaders » du socialisme tels que Turati et Kautsky, soit au moyen de franches déclarations (Turati en a « lâché » une dans son tristement fameux discours du 17 décembre 1916), soit au moyen *du silence* (Kautsky est passé maître dans cet art), lorsque de tels leaders suggèrent aux masses l'idée d'une paix démocratique qui sortirait de la présente guerre impé-

rialiste, *en laissant subsister* les gouvernements bourgeois, sans
aucune insurrection révolutionnaire contre le réseau mondial des
rapports impérialistes, nous sommes obligés de déclarer que cette
prédication est faite pour tromper le peuple, que cela n'a rien de
commun avec le socialisme, que cela se ramène à maquiller la paix
impérialiste.

Nous sommes partisans de la paix démocratique. Et c'est précisément pour cela que nous ne voulons pas mentir aux peuples
comme mentent — bien entendu avec les meilleures intentions et
les plus vertueux sentiments du monde! — Turati et Kautsky. Nous
dirons *la vérité* : la paix démocratique est impossible si les prolétariats révolutionnaires d'Angleterre, de France, d'Allemagne, de
Russie ne renversent les gouvernements bourgeois. Nous estimons
que ce serait la plus grande stupidité, si les social-démocrates révolutionnaires renonçaient à la lutte pour des réformes et, notamment, pour « refaire des Etats ». Mais maintenant précisément,
l'Europe traverse une période où, plus que d'habitude, il faut se
rappeler cette vérité que *les réformes sont des résultats subsidiaires
de la lutte de classe révolutionnaire*. Car ce qui est à l'ordre du
jour, — non parce que nous le voulons ainsi, non en vertu de plans
établis, mais en raison même des choses, — ce qui est à l'ordre du
jour, c'est la solution des grands problèmes historiques par l'action
directe des masses, violence qui établira de nouvelles assises, et non
par des opérations de détail sur un ancien régime pourrissant et
mourant.

C'est précisément à présent, quand la bourgeoisie dirigeante se
prépare à désarmer pacifiquement des millions de prolétaires et, —
sous la noble apparence d'une douce idéologie, en les aspergeant de
l'eau bénite des phrases pacifistes! — à les transférer sans danger
de leurs boueuses, puantes, épouvantables tranchées, où ils travaillent en bouchers, aux bagnes des fabriques capitalistes où ils devront « par un honnête travail » regagner les innombrables milliards de la dette d'Etat, c'est précisément à présent, avec plus de
sens qu'au début de la guerre, que s'impose la devise lancée aux
peuples par notre parti pendant l'automne de 1914 : Transformation de la guerre impérialiste en guerre civile pour le socialisme!
Karl Liebknecht, condamné aux travaux forcés, a adopté cette devise quand il a dit du haut de la tribune du Reichstag : « Tournez
vos armes contre vos ennemis de classe à l'intérieur du pays! » A
quel point la société contemporaine est mûre pour passer au socialisme, la guerre l'a prouvé, lorsque la tension des forces populaires
a contraint les Etats à réglementer toute la vie économique de plus
de cinquante millions d'hommes dans un seul centre. Si cette régle-
mentation est possible sous la direction d'une poignée de hobe-
reaux-junkers dans l'intérêt de quelques as de la finance, cela sans
doute est tout aussi possible sous la direction d'ouvriers conscients,
dans l'intérêt des neuf dixièmes d'une population épuisée par la fa-
mine et par la guerre.

Mais, pour gouverner les masses, les ouvriers conscients doivent savoir en quelle putrescence sont tombés les leaders du socialisme tels que Turati, Kautsky et Cie. Ces messieurs s'imaginent être des social-démocrates révolutionnaires et sont profondément indignés quand on leur dit que leur place est dans le parti de messieurs Bissolati, Scheidemann, Legien et Cie. Mais Turati et Kautsky n'ont aucune compréhension de ce fait que, seule, une révolution des masses peut résoudre les grandes questions à l'ordre du jour; ils ne croient nullement à la révolution; peut leur chaut qu'elle mûrisse dans la conscience et les dispositions des masses, précisément à cause de la guerre. Leur attention est tout entière absorbée par des réformes, par de petits marchandages entre telles et telles classes dirigeantes; c'est à ces classes qu'ils s'adressent, c'est elles qu'ils essaient de « persuader », c'est à elles qu'ils veulent adapter le mouvement ouvrier.

Or, toute l'affaire est maintenant en ceci que l'avant-garde consciente du prolétariat doit se recueillir et rassembler ses forces pour la lutte révolutionnaire, pour le renversement des gouvernements. Il n'y a pas de révolutions du genre de celles que sont « disposés » à reconnaître Turati et Kautsky, de ces révolutions dont on pourrait prédire qu'elles éclateront à tel moment, dont on pourrait prévoir les plus ou moins grandes chances de victoire. Mais la situation révolutionnaire en Europe est faite, de toute évidence. Nous constatons le plus profond mécontentement, nous voyons les masses fermenter et s'irriter. Les social-démocrates révolutionnaires doivent employer tous leurs efforts à renforcer *ce courant*. De la force du mouvement révolutionnaire, dans le cas où il n'aurait qu'un petit succès, dépendra le degré de réalisation des réformes « promises », et ce sera au moins d'une certaine utilité pour les luttes ultérieures de la classe ouvrière. De la force du mouvement révolutionnaire, dans le cas où il remporterait un vrai succès, dépendra la victoire du socialisme en Europe et la réalisation — non d'une trêve impérialiste entre l'Allemagne en lutte contre la Russie et l'Angleterre, entre la Russie et l'Allemagne en lutte contre l'Angleterre ou bien entre les Etats-Unis et l'Allemagne et l'Angleterre qu'ils combattent, etc., — mais d'une paix vraiment durable et vraiment démocratique.

N. Lénine.

31 janvier 1917.

Les conclusions d'un débat sur le droit des nations
à se définir elles-mêmes

Dans le numéro 3 de la revue marxiste de la gauche de Zimmerwald, *l'Annonciateur* (*Vorbote*, avril 1916) ont été publiées les thèses pour et contre le droit des nations à se définir elles-mêmes, thèses signées par la rédaction de notre organe central, *le Social-Démocrate*, et par la rédaction de l'organe de l'opposition social-démocrate polonaise, *la Gazette Ouvrière*. Le lecteur trouvera ci-dessus, dans notre journal, la reproduction des premières et la traduction des secondes. Sur l'arène internationale, c'est peut-être la première fois que la question se pose avec cette ampleur : dans le débat qui fut mené par la revue marxiste allemande *Neue Zeit*, il y a vingt ans, en 1895-1896, avant le congrès socialiste international de Londres de 1896, par Rosa Luxembourg, K. Kautsky et les partisans polonais de l'indépendance de la Pologne (P. S. P.), débat où s'exprimèrent trois avis différents, il ne s'agissait que de la Pologne. Jusqu'à présent, pour autant que nous sachions, la question du droit des nationalités n'a été discutée d'une façon tant soit peu systématique que par les Hollandais et les Polonais. Espérons que *l'Annonciateur* réussira à pousser plus loin l'examen de cette question si essentielle maintenant pour les Anglais, les Américains, les Français, les Allemands, les Italiens. Le socialisme officiel, représenté tant par les partisans avoués de « leur » gouvernement, par les Plékhanov, les David et Cie, que par les défenseurs dissimulés de l'opportunisme, par les kautskistes (dans ce nombre, Axelrod, Martov, Tchkhéidzé, etc.), le socialisme officiel est arrivé à de tels mensonges sur cette question que, pendant très longtemps encore, il sera inévitable que les uns essayent de se taire et d'esquiver le problème, tandis que, d'autre part, les ouvriers exigeront qu'on leur donne « des réponses directes » aux « questions maudites ». Sur la lutte d'opinion qui doit se produire entre les socialistes de l'étranger, nous nous efforcerons d'informer en temps voulu et régulièrement nos lecteurs.

Pour nous, social-démocrates russes, la question a encore une importance plus particulière; cette discussion est la continuation du débat des années 1903 et 1915; la question a causé, pendant la guerre, certaines hésitations de pensée parmi les membres de notre parti; elle a pris plus d'acuité par les subtilités qu'ont voulu y introduire des leaders en vue du parti ouvrier de Gvozdev ou du parti chauvin, tels que Martov et Tchkhéidzé, pour esquiver le fond de la question. C'est pourquoi il est indispensable de résumer au moins les premières conclusions du débat commencé sur l'arène internationale.

Comme on peut le voir par les thèses, nos camarades polonais nous donnent une réponse directe à quelques-uns de nos arguments, par exemple au sujet du marxisme et du proudhonisme. Mais, sur

la plus grande partie des points envisagés, au lieu de nous répondre
directement, ils prennent un détour, en nous opposant leurs affirmations. Examinons leurs réponses indirectes et directes.

I. *Le socialisme et le droit des nations à se définir elles-mêmes*

Nous affirmions que ce serait trahir le socialisme que de renoncer à réaliser le droit des nations à se définir elles-mêmes sous
le régime socialiste. On nous répond : « Le droit des nations à se
définir elles-mêmes est inapplicable à la société socialiste ». Le désaccord est radical. Quelle en est donc l'origine ?

« Nous savons, — nous répliquent nos adversaires, — que le
socialisme supprimera toute oppression nationale, puisqu'il supprime les intérêts de classe qui conduisent à cette oppression »...
Que vient faire ici ce raisonnement sur les prémisses *économiques*
de la suppression du joug national, prémisses connues et indiscu-
tables depuis longtemps, lorsque le débat porte sur *une* des formes
de l'oppression *politique*, savoir : le maintien par la violence d'une
nation à l'intérieur des frontières d'un Etat d'autre nationalité ?
C'est tout simplement une tentative pour esquiver les questions
politiques ! Et les raisonnements qui viennent ensuite nous confirment encore plus la justesse de cette appréciation : « Nous n'avons
aucune raison de supposer que la nation, dans la société socialiste,
aura un caractère d'unité économique et politique. Il est très probable qu'elle aura seulement le caractère d'une unité de civilisation
et de langage, étant donné que la division territoriale du cercle de
culture socialiste, dans la mesure où celui-ci existera, ne peut pro-
céder que des besoins de la production ; en outre, la question de
cette division doit être résolue, bien entendu, non par telle ou telle
nation, individuellement dans la plénitude de sa souveraineté particulière (comme le demande « le droit de définition autonome »),
mais *par une détermination commune* à laquelle prendront part
tous les citoyens intéressés »...

Ce dernier argument, concernant une détermination *commune*
au lieu d'une définition des nations *par elles-mêmes*, semble si heureux à nos camarades polonais qu'ils le reprennent *trois fois* dans
leurs thèses ! Mais la fréquence de ces répétitions ne suffit pas à
transformer un argument octobriste et réactionnaire en argument
de social-démocratie. Car tous les réactionnaires et les bourgeois
accordent aux nations retenues par force dans les limites d'un Etat
le droit de « déterminer en commun » leurs destinées, et cela dans
l'assemblée parlementaire. Guillaume II, lui aussi, accorde aux
Belges le droit de « déterminer en commun » dans le Parlement
allemand les destinées de l'Empire allemand.

Le point sur lequel porte la discussion, — celui qu'il faut précisément et exclusivement débattre, savoir : le droit de se détacher,
— nos adversaires s'efforcent de le passer sous silence. Ce serait
assez drôle, si ce n'était triste !

Il est dit, dans la première de nos thèses, que l'émancipation des nations opprimées suppose, dans le domaine politique, une double transformation : 1° une complète égalité des droits des nations; cela ne se discute pas, et cela ne concerne encore que ce qui se passe à l'intérieur de l'Etat; 2° la liberté de séparation politique. Cela concerne la délimitation de l'Etat. *Il n'y a que cela* qui soit en discussion. Et c'est précisément ce que nos adversaires passent sous silence. Ils ne veulent songer ni aux frontières de l'Etat, ni même plus généralement à l'Etat. C'est une sorte d' « économisme impérialiste », analogue au vieil « économisme » des années 1894-1902, qui raisonnait ainsi : le capitalisme a vaincu, *donc* les questions politiques ne se posent plus. L'impérialisme a vaincu, *donc* les questions politiques ne se posent pas! Une pareille théorie « politique » est radicalement contraire au marxisme.

Marx écrivait dans *la Critique du Programme de Gotha* : « Entre la société capitaliste et la société communiste s'étend une période de transformation révolutionnaire de la première en la seconde. A cette transformation correspond aussi une période de transition politique, pendant laquelle l'Etat ne peut être autre chose qu'une dictature révolutionnaire du prolétariat ». Jusqu'à présent, cette vérité était indiscutable pour les socialistes, et elle implique la reconnaissance de *l'Etat* jusqu'à l'achèvement de la croissance du socialisme vainqueur, réalisé dans le communisme absolu. On connaît l'aphorisme d'Engels sur *la mort lente* de l'Etat. Nous avons intentionnellement souligné dans la première de nos thèses que la démocratie est une forme de l'Etat qui doit aussi s'en aller quand mourra l'Etat. Et tant que nos adversaires n'auront pas remplacé le marxisme par un nouveau point de vue « a-étatiste », leurs raisonnements ne seront qu'erreur d'un bout à l'autre.

Au lieu de parler de l'Etat (et, *par conséquent*, de la détermination de ses *frontières*), ils parlent d'un « cercle de culture socialiste », c'est-à-dire qu'ils choisissent à dessein une expression imprécise en ce sens que toutes les questions d'Etat sont par là même esquivées! On arrive ainsi à une ridicule tautologie : bien entendu, s'il n'y a pas d'Etat, il n'y a pas non plus de question de frontières. Et, dans ce cas, *tout* le programme démocratique ou politique devient inutile. Il n'y aura pas non plus de république, lorsque l'Etat sera « définitivement mort ».

Le chauvin allemand Lensch, dans des articles que signale notre thèse 5 (en note), a donné une intéressante citation de l'ouvrage d'Engels : *Le Pô et le Rhin*. Engels dit, entre autres choses, que les frontières « des grandes et viables nations européennes », dans le cours historique qui absorba plusieurs nations petites et non viables, furent déterminées de plus en plus par « la langue et les sympathies de la population ». Ce sont ces frontières qu'Engels considère comme « naturelles ». Il en fut ainsi à l'époque du capitalisme progressiste en Europe, aux environs de 1848-1871. Maintenant, le capitalisme réactionnaire, impérialiste, *brise* de plus en plus souvent ces frontières démocratiquement définies. Tout fait présager que l'impérialisme laissera en héritage au socialisme qui vient le remplacer des frontières *moins* démocratiques, une série de pays annexés en Europe et dans d'autres parties du monde. Mais quoi! Le socialisme vainqueur, reconstituant et poussant jusqu'au bout la complète démocratie, renoncera-t-il à une détermination *démocratique* des frontières de l'Etat? Refusera-t-il de tenir compte des « sympathies » de la population? Il suffit de poser ces questions pour voir clairement que nos collègues polonais dévalent du marxisme vers « l'économisme impérialiste ».

Les vieux « économistes », ne laissant qu'une caricature du marxisme, enseignaient aux ouvriers que « ce qui est de l'économie » importe « seul » aux marxistes. Les nouveaux « économistes » pensent-ils que l'Etat démocratique du socialisme vainqueur existera sans frontières (dans le genre d'un « complexe de sensations » sans matière)? Pensent-ils que les frontières *ne* seront déterminées *que* par les besoins de la production? En réalité, ces frontières seront déterminées démocratiquement, c'est-à-dire conformément à la volonté et aux « sympathies » de la population. Le capitalisme influe par la violence sur ces « sympathies » et par là ajoute de nouvelles difficultés à l'œuvre du rapprochement des nations. Le socialisme, en organisant la production *sans* oppression de classe, en garantissant le bien-être à *tous* les membres de l'Etat, donne par là même *une complète liberté d'extension* aux « sympathies » de la population, et, précisément en vertu de cela, facilite et accélère prodigieusement le rapprochement et la fusion des nations.

Pour que le lecteur se repose un peu de cet « économisme » pesant et gauche, nous allons citer le raisonnement d'un écrivain socialiste étranger à notre discussion. Cet écrivain, c'est Otto Bauer, qui a, lui aussi, son « dada » favori, « l'autonomie culturelle-nationale », mais qui raisonne très justement sur un certain nombre de très importantes questions. Par exemple, dans le paragraphe 29 de son livre : *La Question nationale et la Social-Démocratie*, il a noté avec la plus grande justesse comment la politique *impérialiste* se dissimule sous l'idéologie nationale. Dans le paragraphe 30, *le Socialisme et le Principe de la Nationalité*, il dit :

« Jamais la communauté socialiste ne sera capable de s'annexer par violence des nations entières. Figurez-vous les masses populaires jouissant de tous les biens de la culture nationale, participant d'une façon complète et active au travail législatif et gouvernemental, et enfin munies d'armes : serait-il possible de soumettre par violence des nations ainsi constituées à la domination d'un organisme social étranger? Tout pouvoir gouvernemental repose sur la force des armes. L'armée populaire d'à présent, grâce à un mécanisme artificiel, est encore un instrument entre les mains d'une personne déterminée, d'une famille, d'une classe, de même que l'armée de chevaliers et la troupe mercenaire des temps anciens. Mais l'armée de la communauté démocratique, de la société socialiste, n'est autre chose que le peuple armé, étant donné qu'elle se compose d'hommes d'une haute culture, travaillant sans y être contraints dans les ateliers de la société et ayant une participation complète à tous les domaines de la vie de l'Etat. Dans ces conditions disparaît toute possibilité de domination d'une nationalité étrangère ».

Voilà qui est juste. En régime capitaliste, *il est impossible* de supprimer l'oppression nationale (et en général politique). Pour arriver à ce résultat, *il est indispensable* d'abord de supprimer les classes, c'est-à-dire d'introduire le socialisme. Mais, quoique l'on se base sur l'économie, le socialisme ne se résume pas tout entier en elle. Pour abolir l'oppression nationale, une base est nécessaire : la production socialiste; mais sur cette base, il est indispensable d'avoir *encore* l'organisation démocratique de l'Etat, l'armée démocratique, etc. Après avoir transformé le capitalisme en socialisme, le prolétariat crée *la possibilité* d'une complète abolition de l'oppression nationale : cette possibilité deviendra *une réalité* « seulement », — « seulement! » — lorsque la démocratie aura été complètement réalisée dans tous les domaines, sans oublier la détermination des frontières de l'Etat conformément aux « sympathies » de la population, sans négliger la complète liberté de séparation. Sur cette base se produira et se poursuivra *pratiquement* l'absolue élimination des moindres frottements nationaux, de la moindre défiance nationale; le rapprochement et la fusion des nations en seront accélérés et se parachèveront par *la mort définitive* de l'Etat. Voilà la théorie du marxisme de laquelle se sont éloignés par erreur nos collègues polonais.

II. *La démocratie est-elle « réalisable » sous l'impérialisme?*

Toute la vieille polémique des social-démocrates polonais contre le droit des nations à se définir elles-mêmes repose sur l'argument de « l'impossibilité de réaliser » ce droit en régime capitaliste. Déjà, en 1903, à la commission du programme du IIe congrès du P. S. D. R., nous autres, camarades de *l'Iskra*, nous nous moquions de cet argument et nous disions qu'il reproduisait cette caricature du marxisme que donnèrent les « économistes » (de triste mémoire). Dans nos thèses, nous nous sommes arrêtés d'une façon particulièrement détaillée sur cette erreur, et, précisément en ce point où réside la base théorique de toute la discussion, nos camarades polonais n'ont voulu (ou n'ont pu?) répondre *à aucun* de nos arguments.

L'impossibilité économique du droit des nations à se définir elles-mêmes devrait être démontrée par une analyse économique, de même que nous démontrons l'impossibilité d'interdire l'usage des machines ou d'instituer une monnaie ouvrière, etc. Personne ne tente de donner une pareille analyse. Personne ne se risquera à af-

firmer qu'on ait réussi, — ne serait-ce que dans un pays, « à titre
d'exception », — à instituer en régime capitaliste, « une monnaie
ouvrière », de la même façon qu'un petit pays, à titre d'exception,
pendant l'ère de l'impérialisme le plus effréné, a réussi à réaliser
l'irréalisable droit de la nationalité, et cela sans guerre ni révolution (la Norvège en 1905).

En général, la démocratie politique n'est qu'une des *formes*
possibles (bien que théoriquement normales pour le « pur » capitalisme) de superstructure, *au-dessus* du capitalisme. Et le capitalisme, et l'impérialisme, comme le montrent les faits, se développent
en présence de *toutes* les formes politiques, en se les soumettant
toutes. C'est pourquoi, théoriquement, il est radicalement faux de
parler de « l'impossibilité de réaliser » *une* des formes et *une* des
revendications de la démocratie.

Les collègues polonais s'étant abstenus de répondre à ces arguments, on est obligé de considérer la discussion sur ce point comme
close. Pour donner un exemple frappant, nous avons exprimé cette
très concrète affirmation qu'il serait « ridicule » de nier la « possibilité » d'une restauration de la Pologne en ce moment, en fonction
des circonstances déterminées par tels ou tels moments stratégiques
de la guerre actuelle. Nous n'avons pas eu de réponse !

Les camarades polonais se sont contentés de *répéter* une affirmation évidemment erronée (paragraphe II, 1), disant que « dans
les questions d'annexion de pays, les formes de la démocratie politique sont évincées; la force ouverte décide... Jamais le capital n'accordera à un peuple le droit de déterminer ses frontières nationales »... Comme si « le capital » pouvait « accorder à un peuple »
le droit de choisir lui-même *ses* fonctionnaires, qui sont au service
de l'impérialisme! Ou bien comme si, en général, on pouvait concevoir sans l'intervention de « la force ouverte » des solutions importantes de grands problèmes démocratiques, par exemple, l'établissement de la république remplaçant la monarchie, la création d'une
milice remplaçant l'armée permanente! Subjectivement, les camarades polonais désirent « approfondir » le marxisme, mais ils s'y
prennent fort mal. *Objectivement*, leurs phrases sur l'impossibilité
de réaliser la détermination autonome des nations ne sont que de
l'opportunisme, car elles supposent tacitement ceci : l'autonomie
est « irréalisable » à moins d'une suite de révolutions, de même
que sont irréalisables sous l'impérialisme toute la démocratie et
toutes les revendications démocratiques en général.

Une fois seulement, tout à la fin du paragraphe II, 1, dans
leurs considérations sur l'Alsace, nos collègues polonais ont abandonné la position de « l'économisme impérialiste », en apportant
aux questions posées sur une des formes de la démocratie une
réponse concrète, et non pas de simples renvois au « problème économique ». Or, justement, leur façon d'aborder le thème s'est trouvée erronée! « Ce serait du particularisme », écrivent-ils, « ce ne

serait pas démocratique » si les Alsaciens *seuls*, sans interroger l'opinion française, « imposaient » à la France la réunion de l'Alsace, quand bien même une partie de l'Alsace tendrait vers les Allemands, ce qui constituerait une menace de guerre! Ce galimatias est tout à fait amusant : le droit de détermination des nations suppose (cela va de soi, et nous l'avons particulièrement souligné dans nos thèses) la liberté de *se séparer* de l'État oppresseur; que *la réunion* d'un groupe national à un État suppose le consentement de *celui-ci*, ce n'est pas « l'usage » de le dire en politique, pas plus qu'en économie, on ne parle du « consentement » d'un capitaliste à encaisser un bénéfice ou d'un ouvrier à recevoir son salaire! Il est ridicule de parler ainsi.

Si l'on est marxiste en politique il faut, en parlant de l'Alsace, attaquer les coquins du socialisme allemand sur ce fait qu'ils ne combattent pas pour la liberté de séparation de l'Alsace; il faut attaquer les coquins du socialisme français, parce qu'ils pactisent avec la bourgeoisie française, laquelle désire annexer de force toute l'Alsace; il faut attaquer les uns et les autres, parce qu'ils servent l'impérialisme de « leur » pays, craignant l'existence d'un État séparé, même tout petit; il faut montrer *de quelle manière* les socialistes, reconnaissant le droit des nations à se définir, résoudraient la question en quelques semaines, sans violer la volonté des Alsaciens. Mais, au lieu de cela, raisonner sur le terrible danger de voir les Alsaciens français « faire violence » à la France pour s'imposer, c'est tout simplement... une perle...

III. *Qu'est-ce qu'une annexion?*

Nous avons posé cette question dans nos thèses avec toute la netteté désirable (par. 7). Les camarades polonais *n'y ont pas répondu* : ils *ont passé à côté* de la question, en déclarant avec force : 1° qu'ils étaient opposés aux annexions, et en expliquant 2° pourquoi ils y étaient opposés. Ce sont des questions très importantes, on n'en doute pas. Mais ce sont *d'autres questions*. Si nous avons le moindre souci de réfléchir théoriquement sur nos principes, de les formuler clairement et nettement, nous ne pouvons *passer à côté* de la question de savoir ce que c'est qu'une annexion, du moment que cette notion figure dans notre propagande politique et dans notre agitation. Une diversion pour esquiver cette question dans un débat entre collègues ne peut s'interpréter que comme l'abandon d'une position.

Pourquoi avons-nous posé cette question ? Nous l'avons expliqué en la posant. Parce que « la protestation contre les annexions n'est autre chose que la reconnaissance du droit des nations à se définir elles-mêmes ». Dans le concept d'annexion entrent ordinairement : 1° la notion de violence (absorption par la violence); 2° la notion d'oppression par une nationalité étrangère (absorption d'un territoire « *étranger* », etc.), et — parfois — 3° la notion de violence du *statu quo*. Et cela aussi, nous l'avons indiqué dans nos thèses, et notre indication n'a fait l'objet d'aucune critique.

On demande si les social-démocrates peuvent en général se déclarer adversaires de toute violence? Il est clair que non. Ainsi donc, nous ne sommes pas opposés aux annexions parce qu'elles sont des actes de violence, mais bien pour un autre motif. De même encore, les social-démocrates ne peuvent être partisans du *statu quo*. Ainsi donc, quoi que vous fassiez pour vous en tirer autrement, vous ne pouvez échapper à cette conclusion : l'annexion est une *violation du droit des nations à se définir elles-mêmes*, c'est l'établissement des *frontières* d'un Etat *en dépit de la volonté de la population*.

Etre contre les annexions, *cela signifie* être pour le droit des nations à se définir elles-mêmes. Etre « contre le maintien par la violence d'une nation dans les limites d'un Etat » (nous nous sommes servis aussi à dessein de cette formule légèrement modifiée de la même pensée, dans le par. 4 de nos thèses, et les camarades polonais nous *ont répondu* là-dessus *tout à fait* clairement, déclarant dans leur par. 1.4, au début, qu'ils sont « contre le maintien par la violence des nations opprimées dans les limites d'un Etat qui les annexe ») — c'est *aussi bien se déclarer pour* le droit des nations à se définir elles-mêmes.

Nous ne voulons pas discuter sur les termes. S'il existe un parti qui vient déclarer dans son programme (ou dans une résolution obligatoire pour tous, la forme importe peu), qu'il est contre les annexions (1), contre la violence qui retient des nations opprimées dans les limites de l'Etat auquel appartient ce parti, nous nous déclarons complètement d'accord en principe avec ce dernier. Il serait absurde de tenir à l'expression « droit des nations à se définir elles-mêmes » (2). Et si dans notre parti il se trouve des gens qui veulent modifier dans cet esprit *les termes*, la formule du par. 9 de notre programme de parti, nous estimerons que le désaccord avec ces camarades n'est pas du tout une affaire de principe!

Il s'agit seulement d'arriver à la clarté politique et à la compréhension théorique de nos mots d'ordre.

Dans les discussions orales qui se sont élevées sur cette question, — dont l'importance, surtout à présent, en raison de la guerre, n'est niée par personne, — il s'est trouvé un argument que nous n'avons pas vu reproduit dans la presse et que voici : *la protestation contre* un certain mal ne signifie pas nécessairement la reconnaissance du principe positif qui exclut le mal. L'argument est évidemment inconsistant, et c'est pourquoi sans doute il n'a pas été publié. Si le parti socialiste déclare qu'il est « contre le maintien par la vio-

---

(1) « Contre les anciennes et les nouvelles annexions », — c'est ainsi que K. Radek a formulé l'idée dans un de ses articles au *Berner Tagwacht*.

(2) En russe, cela se dit d'un seul mot : *samooprédélénié*, que l'on voudrait pouvoir traduire : auto-définition, auto-détermination. — *Note du trad*.

lence d'une nation opprimée dans les limites de l'Etat qui l'annexe », ce parti, *par là même, s'engage à renoncer à la violence,* à ne pas retenir dans l'Etat les nationalités qui voudraient en sortir, quand il sera au pouvoir.

Si demain Hindenbourg remporte une demi-victoire sur la Russie, et si l'expression de cette demi-victoire (en tenant compte du désir qu'ont la France et l'Angleterre d'affaiblir un peu le tsarisme) se trouve dans la formation d'un nouvel Etat polonais, ce qui est tout à fait « réalisable » du point de vue des lois économiques du capitalisme et de l'impérialisme — et si ensuite, après-demain, la révolution socialiste remporte la victoire à Pétrograd, à Berlin et à Varsovie, si tout cela s'accomplit, nous n'en doutons pas un instant, le gouvernement socialiste polonais, de même que les gouvernements socialistes russe et allemand, renoncera à « retenir par la violence »... disons les Ukrainiens « dans les limites de l'Etat polonais ». Si, dans ce gouvernement, se trouvent des membres de la rédaction de la *Gazeta Robotnicza (Gazette Ouvrière)*, ils sacrifieront sans aucun doute leurs « thèses » et par là, ils réfuteront euxmêmes cette « théorie » que « le droit des nations à se définir elles-mêmes n'est pas applicable à la société socialiste ». Si nous pensions autrement, nous mettrions à l'ordre du jour non plus une discussion avec nos camarades de la social-démocratie de Pologne, mais une lutte implacable contre eux que nous traiterions de chauvins.

Supposons que j'aille par les rues d'une ville d'Europe et que, publiquement, je proteste contre la loi qui m'empêche d'acheter un homme pour en faire un esclave, puis que je répète cette protestation dans les journaux. Sans aucun doute, on aura le droit de me considérer comme un esclavagiste, partisan du principe ou du système, comme vous voudrez, de l'esclavage. Que mon penchant en faveur de l'esclavage soit exprimé sous la forme négative d'une protestation, et non pas en termes positifs (« je suis partisan de l'esclavage »), cela ne trompera personne. Une « protestation » politique équivaut *tout à fait* à un programme politique; c'est tellement évident qu'il est même gênant d'avoir à l'expliquer. En tout cas, nous croyons fermement que du côté du moins de la gauche de Zimmerwald — nous ne parlons pas de tous les zimmerwaldiens, car il s'y trouve des Martov et d'autres kautskistes — nous ne rencontrerons pas de « protestations » si nous disons que, dans la III⁰ Internationale, il n'y aura pas de place pour des hommes capables de séparer la protestation politique du programme politique, d'opposer l'une à l'autre, etc.

Sans vouloir discuter sur les mots, nous nous permettrons d'exprimer le ferme espoir que les social-démocrates polonais s'efforceront le plus tôt possible de formuler officiellement leur proposition de supprimer le par. 9 de notre (et *de leur*) programme de parti, ainsi que du programme de l'Internationale (résolution du congrès de Londres de 1896), ainsi que *leur* définition des idées politiques qui concernent respectivement « les anciennes et nouvelles annexions » et « le maintien par la violence d'une nation opprimée dans les limites d'un Etat qui l'annexe ». Passons à la question suivante.

IV. *Pour ou contre les annexions*

Dans le § 3 de la première division de leurs thèses, les camarades polonais déclarent avec toute la netteté possible qu'ils sont contre toutes annexions. Par malheur, dans le § 4 de la même division, nous trouvons une affirmation que nous sommes obligés de considérer comme annexionniste. Ce paragraphe commence par... comment dire cela avec ménagement?... l'étrange phrase suivante :

« Le point de départ de la lutte de la social-démocratie contre les annexions, contre le maintien par la violence des nations opprimées dans les limites de l'Etat qui les annexe — ce point de départ est constitué *par la négation de toute défense de la patrie* (italiques des auteurs), qui, dans l'ère impérialiste, est la défense du droit de la bourgeoisie du pays à opprimer et piller les autres peuples ».

Qu'est-ce que cela veut dire? Comment cela?

« Le point de départ de la lutte contre les annexions est constitué par la négation de *toute* défense de la patrie »... Mais par « défense de la patrie », on peut entendre, et, jusqu'à présent, il était d'usage *général* d'entendre toute guerre nationale et toute insurrection nationale ! Nous sommes contre les annexions, mais... nous entendons cela dans ce sens que nous sommes *contre* la guerre des peuples annexés, *pour* leur émancipation vis-à-vis de ceux qui les annexèrent; nous sommes *contre* l'insurrection des annexés dans un but d'émancipation vis-à-vis de ceux qui les ont annexés. N'est-ce pas une affirmation annexionniste ?

Les auteurs des thèses motivent leur... étrange affirmation en disant que, « dans l'ère de l'impérialisme », la défense de la patrie n'est que la défense du droit de sa bourgeoisie à opprimer les autres peuples. Mais cela est vrai *seulement* par rapport à la guerre impérialiste, c'est-à-dire à la guerre *entre* les puissances ou les groupes de puissances impérialistes, quand *deux* parties belligérantes non seulement oppriment « d'autres peuples », mais font la guerre *pour savoir* laquelle des deux opprimera *le plus* d'autres peuples!

Evidemment, les auteurs polonais posent la question de « la défense de la patrie » tout autrement que ne la pose notre parti. Nous repoussons « la défense de la patrie » dans la guerre *impérialiste*. Cela est dit on ne peut plus clairement dans le manifeste du C. C. de notre parti et dans les résolutions de Berne qu'on trouvera reproduites dans la brochure *Le Socialisme et la Guerre*, publiée en allemand et en français. Nous avons souligné cela *deux fois* encore dans nos thèses (remarques au § 4 et au § 6). Evidemment, les auteurs des thèses polonaises repoussent la défense de la patrie *d'une façon générale*, c'est-à-dire même *pour une guerre nationale*, estimant, peut-être, que les guerres nationales « dans l'ère de l'impérialisme »*sont impossibles*. Nous disons : peut-être, parce que, dans leurs thèses, les camarades polonais *n'ont pas exposé* un pareil point de vue.

Ce point de vue est clairement exprimé dans les thèses du groupe allemand de l'*Internationale* et dans la brochure de Junius, à laquelle nous consacrons un article particulier. Remarquons, pour compléter ce que nous y disons, que l'insurrection nationale d'une région ou d'un pays annexé contre le pays qui annexe peut précisément s'appeler une insurrection, et non pas une guerre (nous avons entendu cette objection, et c'est pourquoi nous la rapportons, bien que nous considérions cette discussion terminologique comme peu sérieuse). En tout cas, nier que la Belgique, la Serbie, la Galicie, l'Arménie qui sont annexées doivent appeler leur « insurrection » contre les oppresseurs « une défense de la patrie » *et qu'elles auront raison de l'appeler ainsi* — on ne l'osera guère. Il en résulte que nos camarades polonais se déclarent *contre* une telle insurrection, en se basant sur ce fait que dans ces pays annexés il y a *aussi* une bourgeoisie qui opprime *aussi* d'autres peuples, ou plus exactement « qui peut opprimer », car il s'agit seulement de « son *droit* à opprimer ». Pour apprécier une pareille guerre ou une pareille insurrection, on considère donc non son *véritable* contenu social (la lutte d'une nation opprimée contre l'oppresseur pour l'émancipation), mais la possibilité pour la bourgeoisie actuellement opprimée de réaliser son « *droit* d'oppression ». Si la Belgique, mettons en 1917, est annexée par l'Allemagne, et si, en 1918, elle se soulève pour son émancipation, nos camarades polonais se déclareront contre ce soulèvement en se basant sur ce fait que la bourgeoisie belge a « le droit d'opprimer d'autres peuples » !

Il n'y a pas un grain d'esprit marxiste ou en général révolutionnaire dans ce raisonnement. Sans trahir le socialisme, nous *devons* soutenir *toute* insurrection contre notre principal ennemi, la bourgeoisie des grandes puissances, si ce n'est pas une insurrection de la classe réactionnaire. En renonçant à soutenir les insurrections des pays annexés, nous devenons — objectivement parlant — des annexionnistes. C'est précisément « dans l'ère de l'impérialisme », qui est l'ère du début de la révolution sociale, c'est alors que le prolétariat soutiendra, avec une particulière énergie, — aujourd'hui — l'insurrection des régions annexées, pour attaquer — en même temps ou dès demain — la bourgeoisie de la « grande » puissance, affaiblie par ce soulèvement.

Cependant, nos camarades polonais vont encore plus loin dans leur annexionnisme. Non seulement ils se déclarent contre l'insurrection des régions annexées, mais ils sont contre *toute* restauration de leur indépendance, même par des moyens pacifiques! Ecoutez ceci :

« La social-démocratie, repoussant toute responsabilité pour les conséquences de la politique oppressive de l'impérialisme, luttant contre celui-ci de la façon la plus résolue, *ne se prononce en nulle manière pour l'établissement de nouveaux poteaux-frontières en Europe, ni pour le rétablissement des poteaux-frontières abattus par l'impérialisme* » (italiques des auteurs).

En ce moment, « les poteaux-frontières sont abattus par l'impérialisme » entre l'Allemagne et la Belgique, entre la Russie et la Galicie. La social-démocratie internationale doit se déclarer, entendez-vous! contre le rétablissement de ces frontières en général, et de quelque manière que ce soit. En 1905, « dans l'ère de l'impérialisme », lorsque le Storthing autonome de Norvège proclama que le pays se séparait de la Suède, et lorsque la guerre de la Suède contre la Norvège, prêchée par les réactionnaires suédois, ne réussit pas à se déclencher, tant à cause de la résistance des ouvriers suédois qu'à cause de la situation impérialiste internationale, la social-démocratie aurait dû se prononcer contre la séparation de la Norvège, car cela signifiait, sans aucun doute, « l'établissement de nouveaux poteaux-frontières en Europe » !

Cela, c'est tout simplement, ouvertement, de l'annexionnisme. Il n'est nullement besoin de le réfuter; cela se réfute de soi-même. Pas un parti socialiste ne se résoudra à adopter une pareille position : « Nous sommes contre les annexions en général, mais pour l'Europe, nous sanctionnons les annexions, ou nous nous résignons à les accepter, du moment qu'elles ont été faites »...

Il faut seulement s'arrêter sur les sources théoriques de l'erreur qui a conduit nos camarades polonais à une si évidente..., si « impossible » absurdité. Nous dirons plus loin quelle inconséquence il y a à mettre à part « l'Europe ». Dans les thèses, les deux phrases suivantes nous éclairent sur d'autres sources de l'erreur :

> Là où la roue de l'impérialisme a passé sur un Etat capitaliste déjà formé, en l'écrasant, — là se produit, sous l'aspect barbare de l'oppression impérialiste la concentration politique et économique du monde capitaliste qui prépare le socialisme...

Cette justification des annexions, c'est du « struhvisme », et non du marxisme. Les social-démocrates russes qui se souviennent des années 1890 en Russie, connaissent bien cette façon de dénaturer le marxisme, commune à messieurs Struhve, Cunow, Legien et C". Précisément, au sujet des struhvistes allemands, de ceux que l'on appelle « les social-impérialistes », nous lisons dans une autre thèse (II.3) des camarades polonais :

> (Le mot d'ordre du droit des nations à se définir elles-mêmes) donne aux social-impérialistes la possibilité, en prouvant le caractère illusoire de ce mot d'ordre, de présenter notre lutte contre l'oppression nationale comme une manifestation de sentimentalité historiquement injustifiée, et, par là même, d'attaquer la confiance que doit avoir le prolétariat dans les bases scientifiques du programme social-démocrate.

Cela signifie que les auteurs polonais considèrent la position des struhvistes allemands comme « scientifique »! Toutes nos félicitations!

Seulement, il y a « un petit détail » qui détruit cet admirable argument en vertu duquel nous serions menacés de voir que les Lensch, les Cunow, les Parvus *ont raison* contre nous; et ce détail, le voici : les Lensch sont des gens qui ont un certain esprit de suite, et, dans le numéro 8-9 de la *Cloche* chauvine allemande — nous avons fait exprès de citer justement ces numéros dans nos thèses — Lensch démontre d'abord « le manque de base scienti-fique » du mot d'ordre sur le droit des nations à disposer d'elles-mêmes (les social-démocrates polonais ont apparemment reconnu que *cette* argumentation de Lensch serait irrésistible, cela se voit au raisonnement que nous venons d'extraire de leurs thèses); et puis, aussitôt après, Lensch démontre *également* « le manque de base scientifique » du mot d'ordre : contre les annexions!

Car Lensch a parfaitement compris cette simple vérité que nous avons indiquée à nos collègues polonais, lesquels se sont re-fusé à répondre à notre indication : il n'y a pas de différence « économique ou politique », ni même logique, entre la « recon-naissance » du droit des nations à disposer d'elles-mêmes et la « protestation » contre les annexions. Si les camarades polonais considèrent les arguments des Lensch contre le droit des nations à disposer d'elles-mêmes comme irréfutables, il est impossible de ne pas reconnaître *ce fait* : *tous* ces arguments de Lensch sont également contre ceux qui s'opposent aux annexions.

L'erreur théorique qui se trouve à la base de tous les raison-nements de nos collègues polonais les a amenés à ceci qu'ils se sont montrés des *annexionnistes inconséquents*.

V. *Pourquoi la social-démocratie est-elle contre les annexions?*

De notre point de vue, la réponse est claire : parce que l'an-nexion viole le droit des nations à disposer d'elles-mêmes, ou, au-trement dit, constitue une des formes de l'oppression nationale.

Du point de vue des social-démocrates polonais, il est néces-saire d'expliquer *spécialement* pourquoi nous sommes contre les annexions et ces explications (I,3 dans les thèses) engagent fata-lement les auteurs dans une nouvelle série de contradictions.

Deux arguments sont fournis par eux comme « justification » de ce fait que (malgré les arguments « à base scientifique » des Lensch) nous sommes contre les annexions. Le premier :

« A cette affirmation que les annexions en Europe sont néces-saires pour la sûreté militaire de l'Etat impérialiste victorieux, la social-démocratie oppose ce fait que les annexions ne font qu'aggraver les antagonismes et par cela même augmentent le danger de guerre. »

C'est une réponse insuffisante pour les Lensch, car le principal argument de celui-ci n'est pas la nécessité militaire, mais le progrès *économique* que réalisent les annexions, qui ont pour effet une concentration sous l'impérialisme. Où donc est en ceci la logique, si les social-démocrates polonais reconnaissent simultanément le progrès réalisé par *une telle* concentration et refusent en Europe d'accepter le rétablissement des poteaux-frontières abattus par l'impérialisme, et se prononcent *encore* contre les annexions?

Allons plus loin. De quelles guerres nous menaceraient les annexions? Il ne s'agit pas de guerres impérialistes, car celles-ci proviennent d'autres causes; les principaux antagonismes, dans la présente guerre impérialiste, sont indiscutablement ceux qui existent entre l'Angleterre et l'Allemagne, la Russie et l'Allemagne. On ne voit pas qu'il y ait eu ici ou qu'il y ait des annexions. On parle d'une aggravation du danger de guerres *nationales* et d'insurrections nationales. Mais comment peut-on, d'une part, déclarer que les guerres nationales, « dans l'ère de l'impérialisme », sont *impossibles*, et, d'autre part, mettre en avant « le danger » de ces mêmes guerres nationales? Cela n'est pas logique.

Deuxième argument. Les annexions « creusent un abîme entre le prolétariat de la nation qui opprime et celui de la nation opprimée ». « Le prolétariat de la nation opprimée s'unirait avec sa bourgeoisie et verrait un ennemi dans le prolétariat de la nation dominante. Au lieu d'une lutte internationale de classe du prolétariat contre la bourgeoisie internationale, il se produirait une scission du prolétariat dont les idées seraient perverties ».

Nous acceptons entièrement ces arguments. Mais est-il logique, sur une seule et même question, dans le même temps, de formuler des arguments qui s'excluent l'un l'autre? Dans le § 3 de la division I des thèses, nous lisons les arguments que nous venons de citer, dans lesquels on prévoit *une scission* du prolétariat causée par les annexions, et un peu plus loin, dans le § 4, on nous dit qu'en Europe il faut se déclarer contre une suppression des annexions déjà faites, il faut être pour « l'éducation des masses ouvrières des nations opprimées et de celles qui oppriment, dans une lutte menée en toute solidarité ». Si l'annulation des annexions procède d'un « sentimentalisme » réactionnaire, il devient impossible d'argumenter en ce sens que les annexions creusent « un abîme » entre « les prolétariats » et amènent « une scission » de cette classe; il faut, au contraire, voir dans les annexions la condition *du rapprochement* des prolétariats de différentes nations.

Nous disons : pour que nous soyons en état d'accomplir la révolution socialiste et de renverser la bourgeoisie, les ouvriers doivent s'unir plus étroitement, et cette union étroite est favorisée par la lutte pour le droit d'autonomie des nations, c'est-à-dire par la lutte contre les annexions. Nous restons conséquents avec nous-mêmes. Mais les camarades polonais, en reconnaissant « le caractère inattaquable » des annexions européennes, en reconnaissant « l'impossibilité » des guerres nationales, se combattent eux-mêmes, puisqu'ils objectent aux annexions des arguments précisément *tirés des* guerres nationales! A l'aide d'arguments de ce genre : les annexions *gênent* le rapprochement et la fusion des ouvriers des différents pays!

En d'autres termes : pour parler contre les annexions, les social-démocrates polonais sont obligés d'emprunter des arguments à un bagage théorique qu'ils rejettent *eux-mêmes* en principe.

Cela est encore plus évident dans la question des colonies.

VI. *Peut-on oppser les colonies à « l'Europe » dans cette question?*

Il est dit dans nos thèses que la revendication d'un immédiat affranchissement des colonies est aussi « irréalisable » (c'est-à-dire irréalisable sans une série de révolutions, et précaire sans l'établissement du socialisme), donc, disons-nous, aussi irréalisable sous le capitalisme que le droit des nations à disposer d'elles-mêmes, que l'élection des fonctionnaires par le peuple, que la république démocratique, etc. — et il est dit, d'autre part, que, quand on revendique l'émancipation des colonies, on n'exige pas autre chose que « la reconnaissance du droit des nations à se définir elles-mêmes ».

Les camarades polonais n'ont répondu à aucun de ces arguments. Ce sont eux qui ont essayé d'établir une distinction entre « l'Europe » et les colonies. Seulement, pour l'Europe, ils sont des annexionnistes inconséquents lorsqu'ils refusent d'annuler les annexions, du moment qu'elles sont accomplies. Mais, pour les colonies, ils proclament cette revendication absolue : « Lâchez les colonies! »

Les socialistes russes doivent formuler leurs exigences ainsi : « Lâchez le Turkestan, Khiva, Boukhara, etc. »; mais ils tomberont, n'est-ce pas? dans « l'utopie », dans « le sentimentalisme » dépourvu « de base scientifique », etc., s'ils exigent la même liberté de séparation pour la Pologne, la Finlande, l'Ukraine, etc. Les socialistes anglais doivent exiger qu'on lâche « l'Afrique, l'Inde, l'Australie », mais non l'Irlande! Quelles sont les bases théoriques par lesquelles on peut expliquer une distinction dont la fausseté frappe si directement le regard? Il est impossible de laisser cette question de côté.

La « base » principale des adversaires du droit des nations à disposer d'elles-mêmes, c'est que « ce n'est pas réalisable ». La même pensée, avec une légère nuance, est exprimée par le rappel que l'on fait de « la concentration économique et politique ».

Il est clair que la concentration se produit *aussi* au moyen de

✗ l'annexion des colonies. La distinction économique entre les colonies et les peuples européens — du moins pour la majorité de ces derniers — consistait autrefois en ceci que les colonies étaient comprises dans l'échange *des marchandises*, mais non pas encore dans *la production* capitaliste. L'impérialisme a changé cela. L'impérialisme, c'est, entre autres choses, l'exportation *du capital*. La production capitaliste, de plus en plus rapidement, se transplante dans les colonies. Il est impossible d'arracher celles-ci à la dépendance où elles sont vis-à-vis du capital financier européen. Du point de vue militaire comme du point de vue de l'expansion, la séparation des colonies n'est réalisable, d'après la règle générale, qu'avec le socialisme; sous le régime capitaliste, elle n'est possible qu'à titre d'exception, ou bien au prix de plusieurs révolutions tant dans la colonie que dans la métropole.

En Europe, la plupart des nations dépendantes sont, plus que dans les colonies, avancées au point de vue capitaliste (bien qu'elles ne le soient pas toutes : les Albanais, de nombreuses populations et peuplades en Russie). Mais c'est précisément cela qui cause une plus grande résistance à l'oppression nationale et aux annexions! C'est précisément en vertu de cela que le développement du capitalisme, en Europe, est mieux garanti, dans toutes les situations politiques, et notamment dans le cas de séparation, que dans les colonies... Les camarades polonais nous disent de celles-ci (I, 4) : « Le capitalisme y aura encore pour tâche d'assurer le développement autonome des forces productrices »... En Europe, cela se remarque mieux encore : le capitalisme en Pologne, en Finlande, en Ukraine, en Alsace, développe indiscutablement ses forces productrices plus énergiquement, plus rapidement et avec plus de spontanéité que dans l'Inde, dans le Turkestan, en Égypte et dans d'autres colonies proprement dites. Il est impossible d'arriver à un développement indépendant ou à un développement quelconque de la production marchande dans une société sans capital. En Europe, les nations dépendantes ont leur capital et des facilités pour constituer un capital dans les conditions les plus variées. ✗ Dans les colonies, le capital colonial n'existe pas ou presque pas; la colonie ne peut le constituer autrement que dans des conditions de subordination politique, en fonction d'un capital financier. Que signifie donc, si l'on tient compte de tout cela, la revendication d'un affranchissement immédiat et inconditionné des colonies? N'est-il pas clair que cette exigence est beaucoup plus « utopique », dans le sens vulgaire, grotesquement « marxiste » du mot : *utopie*, tel que l'emploient messieurs Struhve, Lensch, Cunow, et après eux, hélas! les camarades polonais? Sous le nom d'« utopie », on comprend ici tout ce qui diffère des idées ordinaires, banales, et notamment tout ce qui est révolutionnaire. Mais les mouvements révolutionnaires de *tous* genres — dans ce nombre, les mouvements nationaux — dans la situation européenne, sont plus possibles, plus réalisables, plus opiniâtres, plus conscients, plus difficiles à vaincre que dans les colonies.

« Le socialisme — disent les camarades polonais (I, 3) — saura donner aux peuples arriérés dans les colonies *une aide civilisatrice désintéressée, sans exercer sur eux aucune domination* ». Cela est absolument juste. Mais quel motif a-t-on de penser qu'une grande nation, un grand Etat, en passant au socialisme, sera incapable d'attirer une petite nation opprimée en Europe, en lui offrant « une aide civilisatrice désintéressée »? C'est précisément la liberté de séparation que les social-démocrates polonais « *accordent* » aux colonies qui attirera vers une alliance avec les grands Etats socialistes les petites nations d'Europe, actuellement opprimées, mais qui ont de grandes exigences politiques et culturelles; car un grand Etat, en régime socialiste, offrira ceci : tant d'heures de travail de moins par jour, tel *salaire* en plus par jour. Les masses laborieuses, débarrassées du joug de la bourgeoisie, *tendront* de toutes leurs forces vers une alliance et une fusion avec les grandes nations socialistes avancées, dans le but d'obtenir cette « aide civilisatrice », pourvu que les oppresseurs d'hier n'offensent pas le sentiment démocratique hautement développé, l'amour-propre de la nation longuement opprimée; pourvu que l'on accorde à celle-ci l'égalité en toutes choses, et notamment dans la construction politique, dans l'expérience faite pour construire un Etat « à soi ». En régime capitaliste, cette « expérience » signifie la guerre, l'isolement, le cloisonnement, l'étroit égoïsme des petites nations privilégiées (la Hollande, la Suisse). En régime socialiste, les masses laborieuses elles-mêmes ne voudront nulle part d'un cloisonnement, pour les motifs purement économiques que nous avons indiqués ci-dessus; mais la diversité des formes politiques, la liberté de sortir d'un Etat, l'expérience de la construction politique, tout cela sera — en attendant la mort de toute forme d'Etat en général — la base d'une riche vie culturelle, le gage de l'accélération d'un rapprochement spontané et d'une fusion des nations.

En mettant à part les colonies et en les opposant à l'Europe, les camarades polonais tombent dans une contradiction qui détruit d'un coup toute leur fausse argumentation.

VII. *Marxisme ou proudhonisme?*

A ce que nous avons dit de l'opinion de Marx sur la séparation de l'Irlande, les camarades polonais s'efforcent de répliquer, et ils le font par exception directement, au lieu de répondre indirectement comme ils en ont l'habitude. En quoi consiste donc leur riposte? Ce que l'on peut dire de la position de Marx en 1848-1871 n'a, selon eux, « aucune valeur ». Cette déclaration résolument affirmative et où l'on sent un extraordinaire dépit, est motivée par ce fait que Marx se serait prononcé « simultanément » contre tous les efforts d'affranchissement « des Tchèques, des Slaves du Sud, etc. ».

Le dépit se sent dans cette réplique précisément parce qu'elle n'est pas fondée. D'après les marxistes polonais, on pourrait conclure que Marx était tout simplement un confusionniste qui disait « simultanément » le pour et le contre. Cela est absolument faux et ce n'est pas là le marxisme. Le besoin d'analyse « concrète » que les camarades polonais font valoir *pour ne pas l'appliquer* nous oblige justement à examiner si les positions diverses de Marx, par rapport à différents mouvements « nationaux » concrets, ne procédaient pas d'une seule et même conception socialiste.

On sait que Marx était partisan de l'indépendance de la Pologne du point de vue des intérêts de la démocratie *européenne* dans sa lutte contre la force et l'influence — on pourrait dire : contre la toute-puissance et l'influence réactionnaire dominante du tsarisme.

La justesse de ce point de vue fut confirmée avec la plus grande évidence par les faits, en 1849, lorsque l'armée russe, composée de serfs, écrasa le soulèvement émancipateur national et démocratique-révolutionnaire de la Hongrie.

Et depuis lors, jusqu'à la mort de Marx, et même plus tard, jusqu'à 1890, lorsque l'on était menacé d'une guerre réactionnaire du tsarisme allié avec la France contre l'Allemagne alors *non impérialiste*, mais constituée en nationalité indépendante, Engels était partisan avant tout et au-dessus de tout de la lutte contre le tsarisme.

C'est pour cela et seulement pour cela que Marx et Engels se prononçaient contre le mouvement national des Tchèques et des Slaves du Sud.

En consultant simplement les écrits de Marx et d'Engels en 1848-1849, quiconque s'intéresse au marxisme autrement que pour se défendre du marxisme constatera que Marx et Engels *opposaient* alors très nettemnet « les peuples entièrement réactionnaires » qui servaient « d'avant-postes russes » en Europe « aux peuples révolutionnaires : Allemands, Polonais, Magyars ». C'est un fait. Et ce fait était *alors* indiqué avec une justesse *indiscutable* : en 1848, les peuples révolutionnaires luttaient pour la liberté dont le principal ennemi était le tsarisme; et les Tchèques et autres étaient vraiment dans leur ensemble des peuples réactionnaires, constituant des avant-postes du tsarisme.

Que nous montre donc cet exemple concret, qu'il faut analyser *concrètement* si nous voulons être fidèles au marxisme ? Simplement ceci que : 1° les intérêts d'émancipation de quelques-uns des grands et des plus grands peuples de l'Europe sont au-dessus des intérêts du mouvement émancipateur des petites nations; 2° la revendication de la démocratie doit être prise dans son sens européen, on doit dire maintenant : dans son plan mondial, et non par portions isolées.

Rien de plus. Il n'y a pas ombre de démenti donné à ce principe socialiste élémentaire que les Polonais oublient et auquel Marx fut *toujours* fidèle : un peuple qui opprime d'autres peuples ne peut être libre lui-même.

Si la situation concrète devant laquelle se trouvait Marx à l'époque de l'influence prédominante du tsarisme dans la politique internationale se retrouve encore, sous cette forme par exemple que plusieurs peuples commenceront la révolution socialiste (comme en 1848, en Europe, des peuples commençaient la révolution bourgeoise-démocratique), et qu'alors *d'autres* peuples se trouvent être les principaux soutiens de la réaction bourgeoise, nous aussi devrons être partisans de la guerre révolutionnaire contre eux, pour « les écraser », pour détruire tous leurs avant-postes, quels que soient les mouvements de petites nationalités qui soient ici mis en cause.

Par conséquent, nous ne devons pas du tout rejeter les exemples de la tactique de Marx : cela signifierait qu'en paroles, nous professons le marxisme, tandis qu'en réalité, nous rompons avec cette doctrine; mais de l'analyse concrète de ces exemples, nous devons tirer d'inappréciables leçons pour l'avenir. Les revendications particulières de la démocratie, et dans ce nombre celles du droit des nations à se définir elles-mêmes, ne sont pas quelque chose d'absolu; elles ne sont qu'*une parcelle* des revendications du mouvement général démocratique (aujourd'hui : socialiste) *mondial*. Il est possible que, dans certains cas d'espèce, la parcelle soit opposée aux intérêts généraux; il faut alors la repousser. Il est possible qu'un mouvement républicain dans un pays ne serve que d'instrument à une intrigue cléricale ou financière de la monarchie d'autres pays; alors, nous devons *nous refuser* à soutenir ce mouvement particulier; mais il serait ridicule, en basant là-dessus, de rejeter du programme de la social-démocratie internationale le mot d'ordre de la république.

En quoi donc s'est modifiée la situation concrète depuis 1848-1871 jusqu'à 1898-1916? (Je prends les grandes étapes de l'impérialisme, comme période allant de la guerre impérialiste hispano-américaine jusqu'à la guerre impérialiste européenne.) Le tsarisme, évidemment et indiscutablement, a cessé d'être le principal soutien de la réaction, en premier lieu parce qu'il a été soutenu par le capital financier international, principalement par celui de la France; en second lieu, par suite de la révolution de 1905. Le système des grands États, des grandes démocraties nationales de l'Europe apportait alors au monde la démocratie et le socialisme, en dépit du tsarisme (1). Marx et Engels n'ont pas vécu

---

(1) Riazanov a publié dans *Les Archives d'Histoire du Socialisme* de Grünberg (1915,1) un très intéressant article d'Engels, daté de 1866, sur la

jusqu'à l'époque de l'impérialisme. Le système actuel, c'est celui d'un petit groupe de « grandes » puissances impérialistes (cinq ou six au plus), dont chacune opprime un certain nombre de nations étrangères; et cette oppression est une des causes qui enrayent artificiellement la chute du capitalisme, qui soutiennent artificiellement l'opportunisme et le social-chauvinisme des nations impérialistes maîtresses du monde. A l'époque de Marx et d'Engels, la démocratie de l'Europe occidentale, procédant à l'émancipation des plus grandes nations, était hostile au tsarisme, lequel, dans un but de réaction, utilisait certains petits mouvements nationaux. Actuellement, *l'alliance* de l'impérialisme tsariste avec l'impérialisme évolué du capitalisme européen, sur la base de l'oppression générale, commune à eux tous, d'un certain nombre de nations, est en opposition au prolétariat socialiste que se partagent le chauvinisme, le « social-impérialisme » et le mouvement révolutionnaire.

Voilà en quoi réside la modification concrète de la situation, et les social-démocrates polonais passent justement sous silence ce changement, malgré la promesse qu'ils ont faite de s'en tenir aux réalités concrètes.

De là, une différence dans *l'application* que l'on donne aux mêmes principes socialistes : *au temps de Marx et d'Engels*, on se prononçait d'abord « contre le tsarisme » (et contre certains petits mouvements nationaux dont *le tsarisme se servait* contre la démocratie) et l'on était partisan des grandes nationalités, des grands peuples révolutionnaires d'Occident. *Aujourd'hui*, les socialistes se prononcent contre le front unique, entièrement rallié, des puissances impérialistes, de la bourgeoisie impérialiste, des social-impérialistes; les socialistes *veulent* utiliser pour leur révolution *tous les mouvements* nationaux qui se déclanchent contre l'impérialisme. Plus la lutte du prolétariat contre le front commun des impérialismes est à présent *nette*, plus le principe internationaliste devient essentiel qui dit : « un peuple qui opprime d'autres peuples ne peut être libre lui-même ».

Les proudhonistes, *au nom* de la révolution sociale qu'ils comprenaient en doctrinaires, voulaient ignorer le rôle international de la Pologne et rejetaient les mouvements nationaux. Les social-démocrates polonais agissent absolument de même, en doctrinaires, quand *ils brisent* le front international de lutte contre

question polonaise. Engels souligne la nécessité pour le prolétariat de reconnaître l'indépendance politique et « le droit à disposer d'elles-mêmes » (*the right to dispose of itself*) des grandes nations de l'Europe, en notant l'absurdité « du principe des nationalités » (surtout dans son interprétation bonapartiste), c'est-à-dire de la mise au même niveau de n'importe quelle petite nation avec les plus grandes. « La Russie, dit Engels, possède une énorme quantité de biens volés » (c'est-à-dire de nations opprimées) « qu'elle devra restituer au grand jour de la reddition des comptes ». Et le bonapartisme et le tsarisme *utilisent* les petits mouvements nationaux à *leur* profit, *contre* la démocratie européenne.

les social-impérialistes, secourant sans y songer, mais en fait, ces derniers par les fluctuations de leurs idées sur les annexions.

Car c'est précisément le front international de la lutte prolétarienne qui s'est modifié, à l'égard de la situation concrète des petites nations : autrefois (en 1848-1871), les petites nations avaient de l'importance, soit comme alliées possibles de « la démocratie occidentale » et des peuples révolutionnaires, soit comme alliées du tsarisme; à présent (de 1898 à 1914), les petites nations ont perdu cette valeur; leur signification, à présent, est d'être des fonds d'entretien du parasitisme et, par conséquent, du social-impérialisme des « grandes puissances ». Il importe peu de savoir *si*, avant la révolution socialiste, 1/50ᵉ ou 1/1.000ᵉ des petites nations parviendra à s'émanciper; ce qui est grave, c'est que le prolétariat, à l'époque impérialiste, en vertu de causes objectives, s'est scindé en deux camps internationaux dont l'un est habitué à mendier honteusement à la table de la bourgeoisie des grandes puissances — exploitant en outre deux ou trois petites nations — tandis que l'autre ne peut s'émanciper lui-même sans émanciper les petites nations, sans éduquer les masses dans un esprit anti-chauviniste, c'est-à-dire anti-annexionniste, c'est-à-dire selon le principe du droit des nations à disposer d'elles-mêmes.

C'est le côté essentiel de l'affaire que les camarades polonais semblent ignorer, en considérant les choses *autrement* que du point de vue que donne une position centrale dans l'époque de l'impérialisme, en négligeant de voir les deux camps du prolétariat international.

Voici d'autres remarquables exemples de leur proudhonisme: 1° leur attitude à l'égard de l'insurrection irlandaise de 1916, dont il sera question plus loin; 2° la déclaration contenue dans leurs thèses (II, 3, à la fin du § 3), affirmant que le mot d'ordre de la révolution socialiste « ne doit être dissimulé en aucune manière ». C'est justement une idée profondément antimarxiste que de croire que l'on « dissimulerait » le mot d'ordre de la révolution socialiste, en *le rattachant* à une position logiquement révolutionnaire dans toutes les questions, notamment dans la question nationale.

Les social-démocrates polonais trouvent que notre programme est « nationalo-réformiste ». Mettez en présence deux propositions pratiques : 1° celle de l'autonomie (les thèses polonaises, III, 4) et 2° la liberté de séparation. Car enfin, c'est seulement en cela que diffèrent nos programmes! Et n'est-il pas clair que c'est précisément la première proposition qui est réformiste, tandis que la seconde ne l'est pas? Les transformations réformistes sont celles qui n'ébranlent point les bases du pouvoir de la classe dirigeante, n'étant dues qu'à une concession de cette classe qui maintient sa domination. Ce qui est révolutionnaire s'attaque aux bases du pouvoir. Le réformisme, dans le programme national, *n'abolit point tous les privilèges* de la nation dominante, *ne crée point* une com-

plète égalité des droits, *ne supprime point toute* oppression nationale. Une nation « autonome » n'est pas dans ses droits l'égale
d'une « grande puissance »; les camarades polonais ne pourraient
se dispenser de le remarquer s'ils ne s'obstinaient à ignorer (de
même que nos « économistes » d'autrefois) l'analyse des conceptions et des catégories *politiques*. La Norvège autonome jouissait,
en tant que partie de la Suède, jusqu'à 1905, de la plus large autonomie; mais elle n'était pas dans ses droits l'égale de la Suède.
C'est seulement sa libre séparation qui montra *en fait* et prouva
son égalité de droit (et nous ajouterons entre parenthèses que, précisément, cette libre séparation créa une base pour un rapprochement plus étroit, plus démocratique, fondé sur l'égalité des droits).
Tant que la Norvège n'avait été qu'autonome, l'aristocratie sué-
doise possédait *un* privilège de plus; et ce privilège ne fut pas
« diminué » (l'essence du réformisme est dans la *diminution* du
mal, mais non dans sa suppression), mais *complètement supprimé*
(symptôme d'un caractère fondamentalement révolutionnaire du
programme).

Il est à propos de le dire : l'autonomie, en tant que réforme,
est distincte en principe de la liberté de séparation qui est une
mesure révolutionnaire. Cela est indubitable. Mais la réforme, tout
le monde le sait, n'est souvent, en pratique, qu'un pas vers la révolution. C'est précisément l'autonomie qui permet à une nation re-
tenue par violence dans les limites d'un État de se constituer définitivement en nation, de rassembler, de reconnaître, d'organiser
ses forces, de choisir un moment tout à fait propice pour faire une
déclaration... dans le goût de *celle de la Norvège* : diète autonome
de telle nation ou de telle région, nous déclarons que l'empereur
de toute la Russie a cessé d'être roi de Pologne, etc... A quoi l'on
« objecte » ordinairement : ces questions-là se décident par des
guerres et non par des déclarations. C'est juste : dans l'immense
majorité des cas, par des guerres (de même que les questions concernant le régime des grands États ne se décident, dans l'immense majorité des cas, que par des guerres et des révolutions).
Cependant, il n'est pas mauvais de se demander si *une pareille*
« objection » au programme politique d'un parti révolutionnaire
est logique. A moins que nous ne soyons opposés aux guerres et
aux révolutions qui se feraient *pour* la juste cause et *pour* le
profit du prolétariat, *pour* la démocratie et *pour* le socialisme?

« Mais nous ne pouvons pas être partisans d'une guerre entre
les grands peuples, du massacre de vingt millions d'hommes au
nom de l'émancipation problématique d'une petite nation qui se
compose peut-être de dix ou vingt millions d'habitants! » Bien entendu, nous ne le pouvons pas. Mais ce n'est pas parce que nous
rejetons de notre programme la complète égalité des nations; c'est
parce qu'il faut subordonner les intérêts de la démocratie d'*un* pays
aux intérêts de la démocratie *de plusieurs, de tous* les pays. Sup-

posons qu'entre deux grandes monarchies s'en trouve une petite dont le roitelet est « uni » par les liens du sang et autrement avec les monarques des deux pays voisins. Imaginons ensuite que la proclamation de la république dans le petit pays et l'expulsion de son monarque amène pratiquement la guerre entre les deux grands Etats voisins qui voudraient rétablir tel ou tel monarque dans le petit pays. Sans aucun doute, toute la social-démocratie internationale, de même que la portion véritablement internationaliste de la social-démocratie du petit pays se prononcerait en ce cas *contre le remplacement de la monarchie par la république*. Le remplacement du régime monarchiste par le républicain n'est pas un absolu; ce n'est qu'une des revendications démocratiques, et qui se subordonne aux intérêts de la démocratie (et plus encore, bien entendu, du prolétariat socialiste) dans son ensemble. Certainement, il n'y aurait pas ombre de dissentiment en pareil cas entre les social-démocrates de tels et tels pays. Mais si, se basant sur *ce fait*, un social-démocrate proposait de rejeter du programme de la social-démocratie internationale le mot d'ordre de la république en général, on le prendrait sans doute pour un fou. On lui dirait : Il est vraiment impossible d'oublier la distinction logique élémentaire entre *la partie et le tout*.

Cet exemple nous ramène, d'un autre côté, à la question de l'éducation *internationaliste* de la classe ouvrière. Cette éducation — dont la nécessité et l'extrême importance ne sauraient faire l'objet d'une discussion dans la gauche de Zimmerwald — peut-elle être *concrètement la même* dans les grandes nations qui oppriment et dans les petites nations opprimées, dans les nations qui font des annexions et dans les nations annexées?

Evidemment non. Le but unique, celui d'une complète égalité des droits, d'un très étroit rapprochement et ensuite d'une *fusion de toutes* les nations doit évidemment être atteint par des voies différentes; de même qu'un point se trouvant au milieu d'une page peut être atteint par la ligne qui part de la marge gauche ou par celle de la marge droite. Si un social-démocrate d'une grande nation qui opprime et qui annexe, professant en général la nécessité de la fusion des nations, oublie, ne serait-ce qu'une minute, que « son » Nicolas II, « son » Guillaume, « son » Georges, « son » Poincaré, et autres, sont *également partisans de la fusion* avec les petites nations (au moyen d'annexions) — Nicolas II voulant « la fusion » avec la Galicie, Guillaume II « la fusion » avec la Belgique, etc., — ce social-démocrate sera un ridicule doctrinaire dans la théorie, et l'un des soutiens de l'impérialisme dans la pratique.

L'éducation internationaliste des ouvriers dans les pays oppresseurs doit se ramener fatalement à l'enseignement et à la défense du droit des nations opprimées à s'émanciper. Sans quoi, *il n'y a pas* d'internationalisme. Nous avons le droit de traiter en impérialiste et en vaurien le social-démocrate d'une nation d'oppresseurs qui *ne ferait pas* cette propagande. C'est une exigence absolue, quand bien même la séparation pourrait se faire, serait « réalisable » avant l'ère socialiste, tout au plus dans un cas sur mille.

Nous sommes tenus d'éduquer les ouvriers dans « l'indifférence » à l'égard des distinctions nationales, c'est indiscutable, mais non pas dans l'indifférence *des annexionnistes*. Le sujet d'une nation qui opprime doit être « indifférent » à la question de savoir si les petites nations appartiennent à *son* Etat *ou à celui du voisin*, ou bien si elles s'appartiennent elles-mêmes, suivant leurs sympathies : s'il n'éprouve pas cette « indifférence » il *n'est pas* social-démocrate. Pour être social-démocrate internationaliste, il ne faut pas penser *seulement* à sa nation; il faut placer *au-dessus d'elle* les intérêts de tous, leur liberté générale et leur égalité de droits. En « théorie », tous sont d'accord là-dessus, mais en pratique, on montre presque toujours une indifférence d'annexionnistes. Là est la racine du mal.

Maintenant, au contraire, le social-démocrate d'une petite nation doit faire porter tout le poids de sa propagande sur le *second* terme de notre formule commune : « volontaire *réunion* » des nations. Il peut, sans enfreindre ses obligations d'internationaliste, être partisan de l'indépendance politique de sa nation et, *en même temps*, de son inclusion dans l'Etat voisin X, Y, Z. Mais, dans tous les cas, il doit lutter contre l'étroitesse, l'isolement, le particularisme du point de vue des petites nationalités, il doit réclamer que l'on tienne compte des intérêts généraux des nations, que les intérêts particuliers soient subordonnés à ceux de l'ensemble.

Ceux qui n'ont pas réfléchi à la question trouvent « contradictoire » que les social-démocrates des nations exerçant une oppression insistent sur « la liberté de *séparation* » tandis que les social-démocrates des nations opprimées sont pour « la liberté de *réunion* ». Mais il suffit d'y songer un instant pour voir qu'il n'existe pas *d'autre* chemin vers l'internationalisme et la fusion des nations; il n'y a pas et il ne peut y avoir d'autre chemin vers ce but en partant de la situation actuellement donnée.

Et ici, nous en venons à examiner la situation particulière de la social-démocratie hollandaise et polonaise.

VIII. *Ce qu'il y a de particulier et de commun dans la position des social-démocrates internationalistes hollandais et polonais.*

Sans le moindre doute, les marxistes hollandais et polonais qui sont opposés au droit des nations à se définir elles-mêmes appartiennent pourtant aux meilleurs éléments révolutionnaires et internationalistes de la social-démocratie internationale. Comment *peut-il donc se faire* que leurs raisonnements théoriques ne soient, comme nous l'avons vu, qu'un vaste ensemble d'erreurs? Qu'il n'y ait pas chez eux un seul raisonnement juste sur l'ensemble de la question, rien, si ce n'est « de l'économisme impérialiste »?

Cela s'explique non par des qualités plus ou moins regrettables de nos camarades hollandais et polonais, mais par les conditions objectives particulières de leurs pays.

Les deux pays sont : 1° petits et impuissants dans le « système » moderne des grandes puissances; 2° géographiquement situés entre des rapaces impérialistes géants, dont la rivalité est des plus acharnées (l'Angleterre et l'Allemagne, l'Allemagne et la Russie); 3° dans les deux pays sont extrêmement forts les souvenirs et les traditions des époques où les deux Etats comptaient *eux-mêmes* « comme grandes puissances » : la Hollande était une grande puissance coloniale plus forte que l'Angleterre; la Pologne était une grande puissance plus cultivée et plus forte que la Russie et la Prusse; 4° les deux pays ont conservé jusqu'à présent les privilèges que donne l'oppression de peuples étrangers : le bourgeois hollandais possède les très riches Indes Néerlandaises; le propriétaire polonais opprime le « rustre », le « vilain » d'Ukraine et de Russie-Blanche, le bourgeois polonais opprime le juif, etc...

Ces particularités, dues à la combinaison de ces quatre circonstances singulières, vous ne les trouverez pas dans la situation de l'Irlande, du Portugal (qui fut pendant un temps annexé à l'Espagne), de l'Alsace, de la Norvège, de la Finlande, de l'Ukraine, du pays Letton, de la province de Russie-Blanche et de beaucoup d'autres. Et dans cette particularité réside toute l'explication. Quand les social-démocrates hollandais et polonais raisonnent contre le droit des nations à disposer d'elles-mêmes à l'aide d'arguments *généraux*, c'est-à-dire concernant l'impérialisme en général, le socialisme en général, la démocratie en général, l'oppression nationale en général, on peut dire véritablement qu'ils commettent erreur sur erreur... Mais il suffit de rejeter *l'enveloppe* évidemment trompeuse des arguments généraux et de considérer le *fond* de l'affaire du point de vue des conditions *particulières* de la Hollande et de la Pologne pour que devienne *compréhensible* et tout à fait explicable leur position spéciale. On peut dire, sans crainte de tomber dans le paradoxe, que les marxistes hollandais et polonais qui s'élèvent, l'écume aux lèvres, contre le droit des nations à disposer d'elles-mêmes, ne disent pas tout à fait ce qu'ils veulent dire, ou encore : ne veulent pas dire tout à fait ce qu'ils disent. (1)

Nous avons déjà donné un exemple de cela dans nos thèses. Gorter se prononce contre le droit de *son pays* à disposer de lui-même, mais *pour* le droit des Indes Néerlandaises, opprimées par *sa* ration à disposer d'elles-mêmes! S'étonnera-t-on que nous le considérions comme un internationaliste plus sincère et plus proche de nous que ne le peuvent être des gens qui reconnaissent le droit des nations à disposer d'elles-mêmes — en paroles! — aussi hypocrite-

---

(1) Rappelons que, dans leur déclaration de Zimmerwald, *tous* les social-démocrates polonais *ont reconnu* le droit des nations à disposer d'elles-mêmes *en général*, bien que dans une formule très légèrement différente des autres.

ment que Kautsky chez les Allemands, Trotsky et Martov chez nous? Des principes généraux et fondamentaux du marxisme, il découle indiscutablement que l'on a le devoir de lutter pour la liberté de séparation des nations opprimées par « notre propre » pays; mais il n'est pas du tout nécessaire de mettre en avant, dans les revendications, l'indépendance de la Hollande dont le plus grave défaut est d'être enfermée, étroitement isolée, routinière dans son isolement, intéressée et obtuse : que le monde entier brûle, nous n'avons pas à le savoir, « nous » sommes satisfaits de notre ancien butin et *de ce qui en reste*, — les immenses richesses de l'Inde; — « nous » ne réclamons pas davantage. Car tel doit être le langage de ce pays.

Autre exemple. Karl Radek, social-démocrate polonais, — qui a bien mérité par la lutte résolue qu'il a menée pour l'internationalisme dans la social-démocratie allemande après la guerre, — dans un article intitulé : *Le Droit des Nations à disposer d'elles-mêmes* (*Lichtstrahlen*, revue mensuelle du radicalisme de gauche, interdite par la censure prussienne, rédigée par J. Borchardt, 5 décembre 1915. III° année, n° 3) s'élève violemment contre le droit des nations à disposer d'elles-mêmes, *ne citant* d'ailleurs *que* les autorités marxistes de la Hollande et de la Pologne qui peuvent lui servir, et donnant, entre autres arguments, celui-ci : le droit des nations à disposer d'elles-mêmes entretient cette idée que « l'obligation d'un social-démocrate serait, soi-disant, de soutenir toute lutte pour l'indépendance ».

Du point de vue de la théorie *générale*, cet argument est tout simplement exécrable, car il manque de toute logique : en premier lieu, il n'y a pas une seule revendication particulière de la démocratie et il ne peut y en avoir qui n'engendre des abus si l'on ne subordonne la partie au tout; nous ne sommes pas obligés de soutenir « toute » lutte pour l'indépendance, ni « tout » mouvement républicain ou antireligieux. En second lieu, *il n'y a pas et il ne peut y avoir* de formule de lutte contre l'oppression nationale qui ne soit entachée *du même* « défaut ». Radek lui-même dans le *Berner Tagwacht* (1915, n° 253) a employé la formule : « Contre les anciennes et les nouvelles annexions ». N'importe quel nationaliste polonais pourra légitimement « déduire » de cette formule ceci : « La Pologne est annexée, je suis l'adversaire des annexions, *c'est-à-dire que* je suis partisan de l'indépendance de la Pologne ». Ou bien encore Rosa Luxembourg (dans un article de 1908, je m'en souviens) exprimait cette opinion qu'il suffisait de la formule : « contre l'oppression nationale ». Mais n'importe quel nationaliste polonais dira, — *et il en aura parfaitement le droit*, — que l'annexion est *une* des formes de l'oppression nationale et que, *par conséquent*, etc...

Considérez cependant, au lieu de ces arguments généraux, la situation *particulière* de la Pologne : son indépendance *actuelle-*

ment est « irréalisable » sans guerre ou sans révolution. Etre partisan d'une guerre européenne au nom de la restauration de la Pologne seulement, cela signifie être le pire des nationalistes, mettre les intérêts du petit nombre représenté par les Polonais au-dessus des intérêts de centaines de millions d'hommes qui souffrent de la guerre. Or, telle est précisément la position, par exemple, des « fracs » (droite du P. S. P.) qui ne sont socialistes qu'en paroles et contre lesquels les social-démocrates polonais ont mille fois raison. Poser la devise de l'indépendance de la Pologne *actuellement*, dans les circonstances *données* aujourd'hui des rapports mutuels des puissances impérialistes *voisines*, cela signifie effectivement courir après l'utopie, tomber dans un étroit nationalisme, oublier les prémisses d'une révolution européenne ou, du moins, d'une révolution russe et allemande. Et de même, poser, comme un mot d'ordre indépendant, la devise de la liberté des coalitions en Russie de 1908 à 1914, cela signifiait courir après l'utopie en donnant une aide objective au parti ouvrier de Stolypine (aujourd'hui celui de Gvozdev-Potressov, ce qui d'ailleurs est la même chose). Mais ce serait de la folie que de supprimer en général la revendication de la liberté de coalition du programme de la social-démocratie!

Troisième exemple, sans doute le plus important. Dans les thèses polonaises (III, § 2, à la fin) contre l'idée d'un Etat-tampon polonais indépendant, nous lisons que c'est « l'utopie de petits groupes impuissants. Si cette idée était réalisée, ce serait la création d'une petite épave d'Etat polonais, qui serait une colonie militaire de l'un ou de l'autre groupe des grandes puissances, un jouet de leurs intérêts militaires et économiques, un domaine d'exploitation du capital étranger, un champ de bataille pour les guerres futures ». Tout cela est très *juste* quand on parle *contre* le mot d'ordre de l'indépendance de la Pologne *maintenant*, car la révolution, même dans la Pologne seule, ne changerait rien à l'affaire, et l'attention des masses polonaises serait détournée du *principal* : c'est-à-dire du lien qui doit exister entre la lutte qu'elles mènent et la lutte du prolétariat russe et allemand. Ce n'est pas un paradoxe mais un fait que le prolétariat polonais, en lui-même, peut maintenant soutenir la cause du socialisme et de la liberté, *et de la liberté polonaise y comprise*, d'une seule manière : en luttant *conjointement* avec les prolétaires des pays voisins contre les nationalistes *étroitement polonais*. Il est impossible de nier le grand service historique rendu par les social-démocrates polonais dans leur lutte contre ces nationalistes.

Mais les mêmes arguments, qui sont justes du point de vue des conditions *particulières* de la Pologne à une *époque donnée*, sont évidemment faux dans la forme *générale* qui leur a été attribuée. La Pologne restera toujours un champ de bataille dans les guerres qui se produiront entre l'Allemagne et la Russie, tant qu'il y aura des guerres; ce n'est pas un argument à produire contre une plus grande liberté politique (et par conséquent contre l'indépendance politique) dans les périodes qui séparent les guerres l'une de l'autre. On peut dire la même chose des réflexions qui concernent l'exploitation par le capital étranger, le rôle de jouet des intérêts étrangers, etc... Les social-démocrates polonais ne peuvent actuellement mettre en avant le mot d'ordre de l'indépendance de la Pologne car, en qualité de prolétaires internationalistes, les Polonais ne peuvent rien faire pour cette indépendance sans tomber comme les « fracs » dans une basse servilité à l'égard *d'une* des monarchies impérialistes. Mais pour les ouvriers russes et allemands, il n'est pas indifférent de savoir s'ils seront participants de l'annexion de la Pologne (ce qui signifierait que les ouvriers et les paysans allemands et russes seraient élevés dans le plus vil esprit de valetaille et qu'ils accepteraient le rôle de bourreaux des autres peuples) ou si la Pologne sera indépendante.

La situation est indiscutablement très embrouillée, mais il y a une issue qui permettrait à tous de rester des internationalistes : cette issue, c'est que les social-démocrates russes et allemands exigent absolument « *la liberté* de séparation » de la Pologne, tandis que les social-démocrates polonais lutteront pour l'unité de l'action révolutionnaire dans leur petit pays comme dans les grands, sans revendiquer pour l'époque ou pour la période présente, l'indépendance de la Pologne.

IX. *Une lettre d'Engels à Kautsky*

Dans sa brochure : *Le Socialisme et la Politique coloniale* (Berlin, 1907), Kautsky, qui alors était encore marxiste, publiait une lettre à lui adressée par Engels en date du 12 septembre 1892, qui présente un très grand intérêt pour la question que nous traitons. En voici la partie principale :

« A mon avis, les colonies proprement dites, — c'est-à-dire les territoires occupés par une population européenne, le Canada, le Cap, l'Australie, — deviendront toutes indépendantes; au contraire, les territoires seulement soumis, mais occupés par des indigènes, — comme l'Inde, l'Algérie, les possessions hollandaises, portugaises, espagnoles, — devront être adoptés provisoirement par le prolétariat et amenés le plus tôt possible à l'indépendance. Comment cette opération s'effectuera, il est difficile de le dire. L'Inde fera peut-être une révolution, c'est même probable, et comme le prolétariat en s'émancipant ne peut mener de guerres coloniales, il faudra accepter les circonstances telles qu'elles se présenteront, ce qui, bien sûr, ne pourra se faire sans donner lieu à de multiples destructions. Mais de pareilles choses sont inséparables de toutes les révolutions. Les mêmes événements peuvent se produire en d'autres lieux, par exemple en Amérique et en Egypte et, *pour nous*, ce serait, sans aucun doute, ce qu'il y aurait de mieux. Nous aurons assez de besogne chez nous. Du moment que l'Europe et l'Amérique du Nord seront réorganisées, cela donnera une si formidable énergie et un tel exemple que les pays à demi-civilisés se mettront d'eux-mêmes à notre suite; il suffira d'ailleurs des besoins économiques pour leur imposer cette conduite. Par quelles phases sociales et politiques passeront alors ces pays avant d'arriver aussi à l'organisation socialiste, nous ne pouvons le dire; nous ne pourrions, je pense, formuler sur ce sujet que des hypothèses assez oiseuses. Une seule chose est sûre : *le prolétariat vainqueur ne peut imposer le bonheur à aucun peuple étranger sans compromettre par là même sa propre victoire.* Bien entendu, cela n'exclut pas du tout des guerres défensives de divers genres »...

Engels ne pense pas du tout que « l'élément économique », par lui-même et directement, puisse triompher de toutes les difficultés. La transformation économique encouragera *tous* les peuples à *se mettre à la suite* du socialisme; mais des révolutions et des guerres sont possibles contre l'État socialiste. La politique devra inévitablement s'adapter aux nécessités économiques, mais elle ne le fera pas tout d'un coup, ni sans difficultés, ni simplement, ni directement. Ce qui est « indubitable » pour Engels, c'est seulement le principe indiscutablement internationaliste qu'il applique à *tous* « les peuples étrangers », c'est-à-dire non pas seulement aux peuples des colonies : leur imposer le bonheur, ce serait compromettre la victoire du prolétariat.

Le prolétariat n'acquerra pas la sainteté et ne sera pas garanti contre toutes erreurs et toutes faiblesses du seul fait qu'il aura accompli la révolution sociale. Mais les fautes possibles (et les intérêts de lucre qui pourraient l'amener à essayer d'exploiter les autres) le conduiront nécessairement à comprendre cette vérité.

Zimmerwaldiens de la gauche, nous avons tous cette conviction, qui était celle par exemple de Kautsky, avant qu'en 1914 il n'eût renié le marxisme pour défendre le chauvinisme, nous pensons que la révolution socialiste est tout à fait possible dans *le plus prochain avenir,* « du jour au lendemain », comme l'a dit une fois Kautsky lui-même. Les antipathies nationales ne disparaîtront pas si vite; la haine — tout à fait légitime — qu'éprouve une nation opprimée à l'égard de la nation qui l'opprime *subsistera* pour un temps; elle ne s'évaporera qu'*après* la victoire du socialisme et *après* l'établissement définitif de rapports tout à fait démocratiques entre les nations. Si nous voulons être fidèles au socialisme, nous devons, dès maintenant, faire l'éducation internationaliste des masses, éducation qui est impossible chez les peuples oppresseurs si l'on ne prêche pas la liberté de séparation pour les nations opprimées.

X. Le soulèvement irlandais de 1916

Nos thèses ont été écrites avant ce soulèvement, qui doit permettre de vérifier nos idées théoriques.

Les opinions des adversaires du droit des nations à disposer d'elles-mêmes mènent à cette déduction que ces théories ne peuvent jouer aucun rôle contre l'impérialisme, qu'on ne gagne rien à soutenir des tendances purement nationales, etc... L'expérience de la guerre de 1914-1916 donne *par les faits* un démenti à de pareilles déductions.

La guerre a été une époque de crise pour les nations de l'Europe occidentale, pour tout l'impérialisme. Toute crise supprime les aspects conventionnels, arrache les voiles extérieurs, rejette ce qui a cessé de vivre, découvre les ressorts cachés et les sources profondes. Qu'a donc découvert cette crise, au point de vue du mouvement des nations opprimées? Dans les colonies, ce fut une suite de tentatives de soulèvement que, bien entendu, les peuples oppresseurs essayèrent de cacher par tous les moyens, et notamment en utilisant la censure de guerre. On sait néanmoins que les Anglais ont réprimé férocement à Singapour le soulèvement de leurs troupes hindoues; qu'il y a eu des tentatives de soulèvement dans l'Annam français (voir *Naché Slovo*) et dans le Cameroun allemand (voir la brochure de Junius); qu'en Europe enfin, l'Irlande se soulevait et subissait la répression effroyable des Anglais « amis de la liberté », qui pourtant n'osèrent soumettre l'Irlande au service militaire obligatoire; d'autre part, le gouvernement autrichien condamnait à mort « pour trahison » des députés tchèques et faisait décimer pour le même « crime » des régiments tchèques...

Bien entendu, cette liste est fort loin d'être complète. Elle prouve cependant que des étincelles de soulèvements nationaux, *en fonction* de la crise de l'impérialisme, ont éclaté *et* dans les colonies *et* en Europe, que les sympathies et les antipathies nationales se sont manifestées malgré les menaces draconiennes et les mesures de répression. Et pourtant la crise de l'impérialisme est loin d'avoir atteint son apogée : la puissance de la bourgeoisie impérialiste n'est pas encore brisée (la guerre « jusqu'à épuisement » peut y amener, mais ne nous y a pas encore conduits); les mouvements prolétariens à l'intérieur des Etats impérialistes sont encore tout à fait faibles. Que se passera-t-il donc quand la guerre nous aura poussés jusqu'au complet épuisement ou lorsque, dans une au moins des grandes puissances, sous les coups du prolétariat, le pouvoir de la bourgeoisie sera ébranlé comme l'a été celui du tsarisme en 1905?

Dans le journal *Berner Tagwacht*, organe des zimmerwaldiens, y compris certains membres de la gauche, un article a été publié le 9 mai 1916, signé des initiales K. R., au sujet du soulèvement irlandais : cet article était intitulé : *Le tour est joué*. On y déclarait que l'insurrection irlandaise n'était ni plus ni moins qu'un « putsch », car, affirmait-on, « la question irlandaise est une question agraire »; les paysans étant calmés par des réformes, le mouvement nationaliste ne serait maintenant « qu'un mouvement limité aux villes, exclusivement petit-bourgeois, derrière lequel, malgré tout le bruit qu'il aurait fait, il n'y aurait pas un grand intérêt social ».

Il n'est pas étonnant que cette appréciation, monstrueuse par le pédantisme de doctrinaire qu'elle décèle, coïncide avec le jugement d'un nationalo-libéral russe, du cadet A. Kulicher (*Rietch*, n° 102, 15 avril 1916) qui, lui aussi, a appelé cette insurrection : « *le putsch de Dublin* ».

Il est permis d'espérer que, conformément au dicton « à quelque chose malheur est bon », bien des camarades qui n'ont pas compris dans quel marécage ils allaient tomber en niant « le droit des nations à se définir elles-mêmes », et en considérant dédaigneusement les mouvements nationaux des petites nations, ouvriront maintenant les yeux, devant cette coïncidence « fortuite » de l'appréciation d'un représentant de la bourgeoisie impérialiste avec celle des social-démocrates !

Pour ce qui est du « putsch », dans le sens scientifique de ce mot, on n'en peut parler que si la tentative de soulèvement n'est due qu'à un cercle étroit de conspirateurs ou de maniaques et ne suscite aucune sympathie dans les masses. Le mouvement national irlandais, qui a derrière lui des siècles d'existence, qui a passé par les différentes étapes et combinaisons des intérêts de classe, s'est exprimé notamment dans un congrès national des masses irlandaises en Amérique (*Vorwaerts*, 20 mars 1916) : ce congrès s'est prononcé pour l'indépendance de l'Irlande; ce même mouvement s'est manifesté dans des combats de rues menés par une partie de la petite bourgeoisie des villes et *une partie des ouvriers*, après une agitation prolongée des masses, après des démonstrations, après l'interdiction des journaux, etc... Dire qu'*un pareil* soulèvement est un putsch, c'est être ou bien un perfide réactionnaire, ou bien un doctrinaire absolument incapable de se représenter la révolution sociale comme un vivant phénomène.

Car penser que la révolution sociale soit *concevable* sans des soulèvements de petites nations dans les colonies et en Europe, sans des explosions révolutionnaires d'une partie de la petite bourgeoisie *avec tous ses préjugés*, sans des mouvements des masses prolétariennes et semi-prolétariennes non conscientes contre l'oppression des propriétaires, de l'Eglise, de la monarchie, de la nation étrangère, etc., penser ainsi, c'est *renier la révolution sociale*. On imagine donc qu'à un endroit quelconque, l'on verra se ranger une troupe qui dira : « Nous sommes partisans du socialisme », tandis qu'en face une autre troupe proclamera : « Nous sommes partisans de l'impérialisme », et que cela sera une révolution sociale! Ce n'est que d'un point de vue de ce genre, pédantesque et ridicule, que l'on a pu insulter l'insurrection irlandaise en disant que c'était « un putsch ».

Celui qui attend une « pure » révolution sociale, celui-là ne la verra *jamais* venir. Celui-là est un révolutionnaire en paroles, qui ne comprend pas la véritable révolution.

La révolution russe de 1905 était démocratico-bourgeoise. Elle consista en une suite de batailles livrées par *toutes* les classes, les groupes, les éléments mécontents de la population. Parmi eux, il y avait des masses qui entretenaient encore les plus sauvages préjugés, qui poursuivaient des buts extrêmement confus et fantastiques; il y eut de petits groupes qui acceptaient l'argent du Japon, il y eut des spéculateurs et des aventuriers, etc... *Objectivement*, le mouvement des masses brisait le tsarisme et frayait la route à la démocratie; et c'est pourquoi les ouvriers conscients le dirigeaient.

La révolution socialiste en Europe *ne peut être* autre chose qu'une explosion de la lutte de masses de tous ceux qui sont opprimés et mécontents, quels qu'ils soient. Des portions de la petite bourgeoisie et des ouvriers arriérés y prendront fatalement part; — sans leur participation, la lutte de *masses* est *impossible, aucune* révolution n'est possible; — et ces éléments, d'une façon non moins fatale, mêleront au mouvement leurs préjugés, leurs fantaisies réactionnaires, leurs faiblesses et leurs erreurs. Mais, *objectivement*, ils attaqueront *le capital*, et l'avant-garde consciente de la révolution, le prolétariat avancé, en exprimant cette vérité objective des masses les plus hétéroclites, les moins unies extérieurement, des voix les plus diverses, pourra unifier et diriger le mouvement, conquérir le pouvoir, s'emparer des banques, exproprier les trusts que tous détestent (bien que pour des raisons très variées!) et réaliser d'autres mesures dictatoriales qui donneront comme résultat définitif le renversement de la bourgeoisie et la victoire du socialisme, — celui-ci d'ailleurs étant encore bien loin de se « purifier » des scories petites-bourgeoises.

La social-démocratie, — lisons-nous dans les thèses polonaises (I, p. 4) — « doit utiliser la lutte de la jeune bourgeoisie coloniale dirigée contre l'impérialisme européen *pour aggraver la crise révolutionnaire en Europe* ». (Les italiques sont des auteurs.)

N'est-il pas clair que, *sous ce rapport*, opposer l'Europe aux colonies est ce qu'il y a de moins admissible! La lutte des nations opprimées *en Europe*, pouvant aller jusqu'aux soulèvements et aux batailles de rues, jusqu'à la violation de la discipline de fer des troupes et de l'état de siège, peut aussi « aggraver la crise révolutionnaire en Europe » d'une façon infiniment plus sérieuse qu'une insurrection, même beaucoup plus développée, dans une colonie lointaine. A forces égales, un coup porté au pouvoir de la bourgeoisie impérialiste anglaise en Irlande a cent fois plus d'importance politique que s'il était porté en Asie ou en Afrique.

Récemment, la presse chauvine française faisait savoir qu'en Belgique venait de paraître le numéro 80 d'une revue illégale : *La Libre Belgique*. Bien entendu, la presse chauvine de France ment très souvent, mais cette information a l'air d'être vraie. Tandis que la social-démocratie allemande des chauvins et de Kautsky, en deux ans de guerre, a été incapable de se donner une presse libre, supportant servilement la censure militaire (seuls, les éléments de la gauche radicale ont publié, à leur honneur, des brochures et des proclamations indépendamment de la censure), une nation cultivée, opprimée, répond aux fureurs inouïes du militarisme par la création d'un organe de protestation révolutionnaire! La dialectique de l'histoire est telle que les petites nations, impuissantes en tant que facteurs *indépendants* dans la lutte contre l'impérialisme, jouent le rôle de ferments, de bacilles qui favorisent l'apparition de la véritable force dirigée contre l'impérialisme, savoir : du prolétariat socialiste.

Les grands états-majors, dans la guerre actuelle, s'efforcent soigneusement d'utiliser tout mouvement national et révolutionnaire dans le camp ennemi : les Allemands cherchent à se servir de l'insurrection irlandaise, les Français veulent utiliser le mouvement tchèque, etc. Et de leur point de vue, ils ont parfaitement raison. On ne peut mener sérieusement une guerre sérieuse sans chercher à tirer profit de la moindre faiblesse de l'adversaire, sans s'efforcer de saisir la moindre chance, d'autant plus qu'il est impossible de savoir d'avance à quel moment précis et avec quelle violence « explosera » ici ou là telle ou telle poudrière. Nous serions de très mauvais révolutionnaires si, dans la grande guerre d'émancipation du prolétariat pour le socialisme, nous ne savions pas utiliser *n'importe quel* mouvement populaire contre *telles ou telles calamités* de l'impérialisme, en cherchant à aggraver et à élargir la crise par ce moyen. Si, d'une part, nous nous mettons à déclarer et à répéter de mille manières que nous sommes « adversaires » de n'importe quelle oppression nationale, et si, d'autre part, en même temps, nous appelons « putsch » le soulèvement héroïque de la portion la plus mobile et la plus intellectuelle de certaines classes d'une nation opprimée contre ses oppresseurs — nous nous abaisserons au niveau de sottise qui est celui des kautskistes.

Le malheur des Irlandais est en ceci qu'ils se sont soulevés avant le temps, alors que l'insurrection européenne du prolétariat *n'était pas encore* mûre. Le capitalisme n'est pas encore organisé avec tant d'harmonie que les diverses sources d'insurrection puissent d'elles-mêmes fusionner d'un coup, sans échecs ni défaites. Au contraire, c'est précisément la différence des temps, des espèces et des lieux des insurrections qui garantit la largeur et la profondeur du mouvement général; ce n'est que dans l'épreuve de mouvements révolutionnaires prématurés, particuliers, morcelés, et par conséquent voués à des échecs, que les masses acquerront de l'expérience, apprendront à se conduire, grouperont leurs forces, reconnaîtront leurs véritables chefs, les prolétaires socialistes, et prépareront ainsi l'assaut général, de même que des grèves, des manifestations dans les villes et dans tout le pays, des explosions brèves dans la troupe, de grandes explosions dans la paysannerie, etc., ont préparé l'assaut général de 1905.

XI. *Conclusion*

La revendication du droit des nations à disposer d'elles-mêmes, malgré l'affirmation erronée des social-démocrates polonais, a joué dans l'agitation de notre parti un rôle non moins important que celui qui était attribué à l'armement du peuple, à la séparation de l'Eglise et de l'Etat, à l'élection des fonctionnaires, et à d'autres points du programme que le vulgaire appelait des « utopies ». Au contraire, les mouvements nationaux s'étant ranimés après 1905, il en est naturellement résulté une nouvelle intensité de notre agitation : une suite d'articles en 1912-1913, la résolution de 1913 de notre parti qui a donné une définition précise et « antikautskiste » (c'est-à-dire intransigeante à l'égard d'une « reconnaissance » purement verbale, *du fond* de l'affaire.

Déjà alors s'était découvert un fait qu'il n'est pas permis de passer sous silence : des opportunistes de diverses nations, l'ukrainien Iourkiévitch, le bundiste Liebmann, le valet russe de Potressov et Cie Semkovsky s'étaient prononcés *pour* les arguments de Rosa Luxembourg, *contre* le droit des nations à disposer d'elles-mêmes! Ce qui, dans la social-démocratie polonaise, n'était qu'une généralisation théorique mal faite des conditions *particulières* du mouvement en Pologne, s'est trouvé brusquement, en fait, dans de plus larges circonstances, dans les conditions non d'un petit Etat, mais d'un grand, à l'échelle internationale et non étroitement polonaise, s'est trouvé *objectivement* n'être qu'une aide opportuniste donnée à l'impérialisme de la Russie. L'histoire *des courants* de la pensée politique (distincte de celle des opinions personnelles) a confirmé la justesse de notre programme.

Et maintenant de francs social-impérialistes dans le genre de Legien se dressent ouvertement contre le droit des nations à disposer d'elles-mêmes et contre ceux qui repoussent les annexions. Et d'autre part, les kautskistes reconnaissent hypocritement le droit des nations à disposer d'elles-mêmes; chez nous marchent dans cette voie Trotsky et Martov. En paroles, tous deux sont partisans de ce droit, de même que Kautsky. Mais en fait? Pour Trotsky, prenez ses articles *La Nation et l'Economie* dans *Naché Slovo*, nous y voyons son éclectisme habituel : d'une part, l'économie fait l'union des nations; d'autre part, l'oppression nationale provoque la désunion. Conclusion? Ceci, que l'hypocrisie régnante reste voilée, que l'agitation reste sans vie, qu'elle n'atteint pas le principal, le fondamental, l'essentiel, ce qui est tout proche de la pratique : l'attitude à prendre à l'égard d'une nation opprimée par « notre » nation. Martov et les autres secrétaires de l'étranger ont préféré simplement oublier — avantageux oubli! — la lutte menée par leur collègue et camarade Semkovsky contre le droit des nations à disposer d'elles-mêmes. Dans la presse légale des partisans de Gvozdev (*Nach Goloss*), Martov se prononçait pour ce droit en démontrant cette indiscutable vérité que, dans la guerre impérialiste, cela n'oblige pas encore à participer, etc., mais en laissant de côté l'essentiel — qu'il passe également sous silence dans la presse libre, illégale — ceci précisément que la Russie, *même en temps de paix*, a battu tous les records de l'oppression des nations sur la base d'un impérialisme beaucoup plus grossier, médiéval, économiquement arriéré, militaire et bureaucratique. Un social-démocrate russe qui « reconnaît » le droit des nations à disposer d'elles-mêmes à peu près comme le reconnaissent MM. Plékhanov, Potressov et Cie, c'est-à-dire sans lutter pour la liberté de séparation des nations opprimées par le tsarisme — ce social-démocrate russe est *en fait* un impérialiste et un laquais du tsarisme.

Quelles que soient, subjectivement, les « bonnes » intentions de Trotsky et de Martov, objectivement, par leurs façons évasives, ils soutiennent le social-impérialisme russe. L'époque matérialiste a fait de toutes les « grandes » puissances des oppresseurs de beaucoup d'autres nations, et le développement de l'impérialisme amènera fatalement une division plus nette des courants d'opinion sur cette question dans la social-démocratie internationale.

Octobre 1916.   N. LÉNINE.

Sur une brochure de Junius

Enfin, en Allemagne, vient de paraître illégalement, sans s'adapter à l'infamante censure des junkers, une brochure de la social-démocratie consacrée aux questions de la guerre! L'auteur, qui appartient évidemment à « l'aile gauche radicale » du parti, a signé Junius (ce qui, en latin, signifie : Plus jeune, cadet), et il a appelé sa brochure : *La Crise de la Social-Démocratie*. En appendice sont imprimées des « thèses sur les problèmes de la social-démocratie internationale » qui avaient déjà été présentées à la commission socialiste internationale de Berne et publiées dans le numéro 3 de son bulletin; elles appartiennent au groupe *l'Internationale* qui a publié au printemps de 1915 un numéro de sa revue sous ce titre (contenant des articles de Zetkin, Mehring, Rosa Luxembourg, Thalheimer, Dunker, Strœbel, etc.) et qui a organisé pendant l'hiver 1915-1916 une conférence social-démocratique de toute l'Allemagne, laquelle conférence a adopté ces thèses.

La brochure a été écrite en avril 1915, comme le dit l'auteur dans une introduction datée du 2 janvier 1916; elle a été imprimée « sans aucune modification ». « Des circonstances extérieures » ont empêché de faire plus tôt la publication.

Ce petit livre est consacré non pas tant à « la crise de la social-démocratie » qu'à l'analyse de la guerre; il réfute la légende qui attribue au grand massacre un caractère libérateur et national; il démontre que c'est une guerre impérialiste tant du côté de l'Alle-

magne que du côté des autres grandes puissances; enfin, il donne
la critique révolutionnaire de la conduite du parti officiel.

Écrite dans un ton extrêmement vif, la brochure de Junius a
joué sans aucun doute et jouera un rôle important dans la lutte
contre l'ancien parti social-démocrate allemand qui s'est livré à la
bourgeoisie et aux junkers, et nous en félicitons sincèrement l'auteur.

Le lecteur russe qui connaît la littérature social-démocrate publiée en russe à l'étranger en 1914-1916 ne trouvera rien d'absolument nouveau dans la brochure de Junius. Quand on la lit, en con-
frontant avec les arguments du marxiste révolutionnaire allemand
ce qui avait été exposé par exemple dans le manifeste du C. G. de
notre parti (septembre, novembre 1914), dans les résolutions de
Berne (mars 1915) et dans les innombrables commentaires qui s'y
sont ajoutés, on est obligé de constater seulement que les arguments
de Junius sont loin d'être complets et qu'il a commis deux erreurs.
Nous allons nous occuper de critiquer les défauts et les erreurs de
Junius; mais nous tenons à souligner que nous faisons cela uniquement en raison de la nécessité qu'il y a pour des marxistes à se critiquer eux-mêmes et à vérifier de toute manière les idées qui devront servir de base à l'idéologie de la III° Internationale. La brochure de Junius, dans son ensemble, constitue un excellent ouvrage
marxiste et il est tout à fait possible que les défauts que nous y re-
levons soient dus dans une certaine mesure à un accident.

Le principal défaut de la brochure de Junius, — un véritable
pas en arrière quand on le compare avec *l'Internationale*, revue légale (quoique interdite aussitôt après sa publication) — c'est qu'elle
ne dit pas un mot de la liaison du social-chauvinisme (l'auteur
n'emploie pas ce terme ni celui, moins précis, de social-patriotisme)
avec l'opportunisme.

L'auteur parle avec beaucoup de justesse de « la capitulation
et du krach du parti social-démocrate allemand », de « la trahison » des « leaders officiels », mais il ne va pas plus loin. Or, la
revue *l'Internationale* a déjà donné la critique « du centre », c'est-
à-dire du kautskisme, en raillant avec raison son manque de caractère, la prostitution qu'il fait du marxisme, sa conduite de laquais devant les opportunistes. Et la même revue *a commencé* à
dévoiler le rôle véritable des opportunistes, en livrant par exemple
à la publicité ce fait d'une extrême importance que le 4 août 1914,
les opportunistes ont publié un ultimatum où ils se montrent nettement décidés à voter *en tout cas, les crédits de guerre*. Ni dans
la brochure de Junius, ni dans les thèses, il *n'est dit un mot* ni de
l'opportunisme ni du kautskisme!

Au point de vue théorique, c'est une lacune regrettable, car
il est impossible d'*exppliquer* « la trahison » sans en établir le
lien avec l'opportunisme considéré comme *une direction* ayant
derrière elle la longue, longue histoire de toute la II° Internationale.

Au point de vue pratique et politique, c'est une erreur, car il est impossible de comprendre « la crise de la social-démocratie » et il est impossible de la surmonter sans avoir tiré au clair la signification et le rôle *des deux directions* : celle qui est ouvertement opportuniste (Legien, David, etc.) et celle qui dissimule son opportunisme (Kautsky et Cie). C'est un pas en arrière, en comparaison, par exemple, avec l'article historique d'Otto Rühle dans le *Vorwärts* du 12 janvier 1916, où celui-ci démontre franchement, ouvertement la *fatalité* d'une scission du parti social-démocrate allemand. (A quoi la rédaction du *Vorwärts* a répondu en répétant quelques phrases doucereuses et hypocrites de style kautskiste, sans trouver un seul argument sur le fond contre ce fait qu'il existe *déjà* deux partis et qu'il est impossible de les réconcilier.) C'est d'un frappant manque de suite dans les idées, car, dans la XIIe thèse de *l'Internationale*, il est parlé *franchement* de la nécessité de constituer une « nouvelle » Internationale, en raison de « la trahison » et du « passage sur le terrain de la politique impérialiste bourgeoise » « des représentations officielles des partis socialistes des pays dirigeants ». Il est clair que parler de la participation à une « nouvelle » Internationale de l'ancien parti social-démocrate allemand ou d'un parti qui s'accorde avec Legien, David et Cie, c'est tout simplement ridicule.

Comment s'explique ce pas en arrière du groupe de *l'Internationale*, nous n'en savons rien. Le plus grand défaut de tout le marxisme révolutionnaire en Allemagne, c'est l'absence d'une organisation illégale bien serrée qui suivrait systématiquement sa ligne et qui éduquerait les masses dans l'esprit des nouvelles tâches qui s'imposent : une pareille organisation devrait occuper une position déterminée par rapport à l'opportunisme comme par rapport au kautskisme. C'est d'autant plus nécessaire que les social-démocrates révolutionnaires allemands se sont vu priver de leurs deux derniers quotidiens : la *Bremer Bürger zeitung* et le *Volksfreund*, qui tous deux sont passés au kautskisme. *Seul*, le groupe des « socialistes internationalistes d'Allemagne » (I. S. D.) reste à son poste, clairement et nettement pour tous.

Certains membres du groupe *l'Internationale* se sont laissé apparemment rouler de nouveau dans le marais du kautskisme sans principe. Par exemple, Strœbel en est arrivé, dans la *Neue Zeit*, à faire des courbettes devant Bernstein et Kautsky. Et ces jours derniers, encore, le 15 août 1916, il a placé dans les journaux un article intitulé *le Pacifisme et la Social-Démocratie* où il défendait ce qu'il y a de plus vil et de plus vulgaire dans le pacifisme de Kautsky. En ce qui concerne Junius, il s'élève contre les perspectives du kautskisme, dans le genre du « désarmement », de « la suppression de la diplomatie secrète », etc., de la façon la plus résolue. Il est possible que dans le groupe *l'Internationale* existent deux courants : le courant révolutionnaire et celui qui penche du côté du kautskisme.

Parmi les estimations erronées de Junius, la première a reçu sa forme fixe dans la V⁵ thèse du groupe *l'Internationale*. A notre époque, dans cette ère d'impérialisme effréné, il ne peut plus se faire de guerres nationales. Les intérêts nationaux ne servent qu'à duper pour livrer les masses populaires laborieuses au service de leur mortel ennemi : « l'impérialisme »... Le début de la V⁵ thèse qui se termine par ce jugement, est consacré à la définition du caractère de la guerre *actuelle*, considérée comme impérialiste. Il est possible que la négation des guerres nationales en général soit ou bien un lapsus par omission, ou bien une erreur fortuite due à l'entraînement de l'auteur qui voulait souligner une pensée absolument juste, en disant que la guerre *actuelle* est impérialiste et non nationale. Mais comme le contraire est aussi possible, comme la négation erronée de *toutes* guerres nationales, due à la forte intention de montrer la guerre *actuelle* comme une guerre nationale, apparaît chez divers social-démocrates, il est impossible de ne pas s'arrêter sur cette erreur.

Junius a tout à fait raison quand il souligne l'influence décisive des « circonstances impérialistes » dans la guerre *actuelle*, quand il dit que, derrière la Serbie, se tient la Russie, « derrière le nationalisme serbe — l'impérialisme russe », que la participation de la Hollande, par exemple, à la guerre serait *aussi* due à l'impérialisme, car ce pays, en premier lieu, défendrait ainsi ses colonies et, en second lieu, serait l'allié d'une des coalitions *impérialistes*. C'est indiscutable, en ce qui concerne la guerre *actuelle*. Et quand Junius souligne encore particulièrement ce qui pour lui est de la première importance, savoir : la lutte contre « le fantôme de la guerre nationale », « qui, actuellement, domine toute la politique de la social-démocratie » (page 81), il est impossible de ne pas avouer que son raisonnement est juste et tout à fait à sa place.

Ce serait seulement une erreur d'exagérer cette vérité, de renoncer à l'exigence de la science marxiste qui veut que l'on se tienne toujours dans le domaine du concret; ce serait une erreur d'étendre l'appréciation de la guerre actuelle à toutes les guerres possibles sous l'impérialisme, d'oublier les mouvements nationaux qui peuvent se produire *contre* l'impérialisme. Le seul argument qui puisse intervenir à la défense de cette thèse, « il ne peut plus se faire de guerres nationales », c'est ceci : que le monde est divisé entre un tout petit nombre de « grandes » puissances impérialistes, que, par conséquent, toute guerre, même si elle est nationale au début, *devient* impérialiste dès qu'elle touche aux intérêts d'une des puissances ou des coalitions impérialistes (page 81 dans la brochure de Junius).

L'erreur contenue dans cet argument est évidente. Bien entendu, c'est un principe fondamental de la dialectique marxiste que tous les points de démarcation dans la nature et dans la société sont conventionnels et mobiles, qu'il n'y a *pas un seul* phénomène qui ne puisse, dans certaines conditions, gagner ou perdre en étendue et en signification; c'est ainsi qu'une guerre nationale peut se transformer en guerre impérialiste et *vice versa*. Par exemple : les guerres de la grande Révolution française ont commencé comme guerres nationales, et l'étaient vraiment. Ces guerres étaient révolutionnaires : c'était la défense de la grande Révolution contre une coalition de monarchies ennemies. Mais quand Napoléon constitua l'Empire français en asservissant un certain nombre d'Etats européens formés depuis longtemps, étendus en territoire et capables de vivre par eux-mêmes, les guerres nationales françaises devinrent impérialistes; mais elles engendrèrent *à leur tour* des guerres d'émancipation nationale *contre* l'impérialisme de Napoléon.

Seul, un sophiste pourrait essayer d'effacer la différence entre une guerre impérialiste et une guerre nationale, en prétendant que l'une *peut* se transformer en l'autre. La dialectique a servi plus d'une fois — et aussi dans l'histoire de la philosophie grecque — de pont vers la sophistique. Mais nous restons des dialecticiens, luttant contre les sophismes non pas en niant la possibilité de toutes transformations en général, mais en procédant à l'analyse concrète de *tel phénomène* dans son ambiance et dans son développement.

Que la présente guerre impérialiste de 1914-1916 se transforme en une guerre nationale, cela n'est pas du tout vraisemblable; car la classe qui représente un progrès *vers l'avenir*, c'est le prolétariat qui, objectivement, s'efforce de transformer cette guerre en guerre civile contre la bourgeoisie; en outre, les forces des deux coalitions ne sont pas sensiblement inégales et le capital financier international a constitué partout une bourgeoisie réactionnaire. Mais il est impossible de déclarer qu'une telle transformation soit *impossible* : si le prolétariat de *l'Europe* restait dans l'impuissance pour une vingtaine d'années; *si* la guerre actuelle *se terminait* par des victoires dans le genre de celles de Napoléon et par l'asservissement d'une série d'Etats nationaux viables; *si* l'impérialisme hors d'Europe (celui du Japon et de l'Amérique en tout premier lieu) se maintenait aussi pendant une vingtaine d'années, sans laisser de place au socialisme, par exemple en raison d'une guerre américano-japonaise, alors serait possible une grande guerre nationale en Europe. Ce serait un *développement* de l'Europe dirigé *en arrière*, une régression de quelques dizaines d'années. C'est improbable. Mais cela *n'est pas* impossible, car imaginer l'histoire universelle marchant régulièrement et sûrement de l'avant, sans faire parfois de gigantesques sauts en arrière, cela n'est pas d'un dialecticien, cela n'est pas scientifique, cela est théoriquement faux.

Continuons. Des guerres nationales ne sont pas seulement probables, elles sont *inévitables*, à une époque d'impérialisme, du côté des colonies et des semi-colonies. Dans les colonies et les semi-colonies (Chine, Turquie, Perse) il existe des populations atteignant au total jusqu'à un milliard d'hommes, c'est-à-dire *plus de la moitié* de la population du globe. Les mouvements nationaux émancipateurs, de ce côté, sont ou déjà très forts, ou en croissance et en maturation. Toute guerre est la continuation d'une politique par d'autres moyens. La continuation de la politique nationale émancipatrice des colonies sera *forcément* dans des guerres nationales qu'elles engageront *contre* l'impérialisme. Des guerres de ce genre *peuvent* amener une guerre des « grandes » puissances impérialistes d'aujourd'hui; mais elles peuvent aussi ne rien amener, cela dépendra de nombreuses circonstances.

Par exemple : l'Angleterre et la France ont combattu entre elles pendant la Guerre de Sept ans pour des colonies; c'est-à-dire qu'elles ont mené une guerre impérialiste (qui était possible sur la base de l'esclavage et du capitalisme primitifs comme sur la base moderne d'un capitalisme hautement développé). La France fut vaincue et perdit une partie de ses colonies. Quelques années plus tard commença la guerre nationale émancipatrice des Etats-Unis d'Amérique contre la seule Angleterre. La France et l'Espagne, qui possédaient encore des portions des Etats-Unis d'aujourd'hui, conclurent, par hostilité à l'égard de l'Angleterre, c'est-à-dire pour des intérêts impérialistes, une alliance amicale avec les Etats soulevés contre la Grande-Bretagne. Les troupes françaises, unies avec les soldats américains, battent les Anglais. Nous avons devant nous une guerre nationale émancipatrice dans laquelle la rivalité impérialiste est un élément accessoire, n'ayant pas d'importance sérieuse, — nous voyons le contraire de ce que nous a montré la guerre de 1914-1916; l'élément national dans la guerre austro-serbe n'a pas d'importance sérieuse comparé avec la rivalité impérialiste qui détermine ici toutes choses. On voit par là combien il serait absurde d'appliquer la notion d'impérialisme d'une façon générale, et d'en déduire « l'impossibilité » des guerres nationales. Une guerre nationale émancipatrice, par exemple celle que déclarerait une alliance de la Perse, de l'Inde et de la Chine contre telles ou telles puissances impérialistes est tout à fait possible et probable, car elle procéderait du mouvement national émancipateur de ces pays; en outre, la transformation d'une pareille guerre en guerre impérialiste entre les puissances impérialistes contemporaines dépendrait de très nombreuses circonstances concrètes dont on ne peut garantir l'apparition, car cela serait ridicule.

En troisième lieu, même en Europe, il n'est pas permis de considérer les guerres nationales à une époque d'impérialisme comme impossibles. « L'époque de l'impérialisme » a rendu la guerre actuelle impérialiste; elle engendre inévitablement de nouvelles guerres impérialistes, jusqu'au moment où surviendra le

socialisme; elle a donné un caractère profondément impérialiste
à la politique des grandes puissances actuelles; mais cette « époque » n'exclut pas du tout les guerres nationales, par exemple du
côté des petits Etats (mettons des petits Etats annexés ou opprimés) *contre* les puissances impérialistes, comme elle n'exclut pas
les mouvements nationaux de grande envergure à l'Est de l'Europe. Au sujet de l'Autriche, par exemple, Junius juge fort sainement quand il dit que « la monarchie des Habsbourg » n'est pas
l'organisation politique d'un Etat bourgeois, mais seulement un
syndicat faiblement uni de quelques bandes de parasites sociaux,
et que « la liquidation de l'Autriche-Hongrie n'est historiquement
que la conséquence de l'effondrement de la Turquie, et qu'elle est
en même temps une des nécessités de l'évolution historique ».
Pour plusieurs Etats balkaniques et pour la Russie, les affaires ne
vont pas mieux. En supposant un extrême épuisement des « grandes » puissances dans la guerre actuelle, ou en supposant une victoire de la révolution en Russie, des guerres nationales sont également possibles, et même des guerres victorieuses. L'intervention
des puissances impérialistes est réalisable en pratique, mais non
dans toutes les circonstances ; notons cela. Et notons d'autre part,
pour ceux qui raisonnent à « la va-comme-je-te-pousse » : la
guerre d'un petit Etat, nous disent-ils, contre un géant est sans
espoir; oui, faut-il leur répondre, mais une guerre sans espoir n'en
est pas moins une guerre; en outre, certains phénomènes dans les
Etats « géants », des phénomènes tels qu'un commencement de
révolution, peuvent faire d'une guerre « désespérée » une guerre
où il y aura beaucoup d' « espoir ».

Nous nous sommes arrêtés d'une façon détaillée sur la fausseté de ce principe qu' « il ne peut plus y avoir de guerres nationales » ; et ce n'est pas seulement parce que nous voyons là une
faute de théorie. Il serait, sans doute, profondément triste que les
partisans de « la gauche » se montrent insouciants à l'égard de la
théorie du marxisme à une époque où la création de la III° Internationale n'est possible que sur la base d'un marxisme non vulga-
risé. Mais, de plus, au point de vue de la politique pratique, nous
avons vu là une faute des plus pernicieuses : on en déduit une
absurde propagande de « désarmement », car, affirme-t-on, il ne
peut y avoir que des guerres réactionnaires; on en déduit une indifférence encore plus absurde et véritablement réactionnaire à
l'égard des mouvements nationaux. Une pareille indifférence devient du chauvinisme lorsque les membres de « grandes » nations
européennes, c'est-à-dire de nations qui oppriment des quantités
de petits peuples et de populations coloniales, déclarent avec un air
de faux savants : « il ne peut plus y avoir de guerres nationales! »
Des guerres nationales *contre* les puissances impérialistes ne sont
pas seulement possibles et probables, elles sont inévitables et elles
ont un caractère *progressiste, révolutionnaire, bien que*, bien en-

tendu, leur *succès* dépende : soit des efforts réunis d'immenses populations opprimées (de centaines de millions par exemple, pour
l'Inde et la Chine que nous avons déjà citées); soit d'une combinaison particulièrement favorable des circonstances internationales
(par exemple l'intervention des puissances impérialistes peut être
paralysée par leur affaiblissement, par leurs antagonismes, par des
guerres entre elles, etc.); soit d'une insurrection *simultanée* de tout
le prolétariat d'une des grandes puissances contre la bourgeoisie
(ce cas, le dernier de notre énumération, est le premier que nous
puissions souhaiter, le plus avantageux pour la victoire du prolétariat).

Notons cependant qu'il serait injuste d'accuser Junius d'indifférence à l'égard des mouvements nationaux. Il signale du moins,
parmi les fautes de la fraction social-démocrate, le silence qu'elle a
gardé sur l'exécution pour « trahison » (évidemment, pour une tentative de soulèvement pendant la guerre) d'un chef indigène du
Cameroun, soulignant d'autre part (spécialement pour les MM. Legien, Lensch et autres canailles qui comptent dans « la social-démocratie ») que les nations coloniales sont aussi des nations. Il
déclare avec une absolue netteté : « le socialisme reconnaît à chaque peuple le droit à l'indépendance et à la liberté, le droit de disposer librement de son sort »; « le socialisme international reconnaît le droit des nations libres, indépendantes, égales entre elles,
mais il ne peut créer de telles nations; il peut seulement réaliser le
droit des nations à disposer d'elles-mêmes. Et ce mot d'ordre du
socialisme, — comme le note justement l'auteur, — sert, de même
que tous les autres, non à justifier ce qui existe, mais à indiquer la
voie, à stimuler le prolétariat dans une politique révolutionnaire,
transformatrice, active » (pages 77 et 78). Ceux-là donc se trompe-
raient qui penseraient que tous les social-démocrates de la gauche
allemande sont tombés dans l'étroitesse de vues et ont donné la caricature de marxisme à laquelle sont arrivés certains social-démocrates hollandais et polonais en niant le droit des nations à disposer
d'elles-mêmes, même en régime socialiste. D'ailleurs, pour ce qui
est des sources *sociales* hollandaises et polonaises de *cette* erreur,
nous en parlons dans un autre article.

Il y a erreur dans un autre raisonnement de Junius qui concerne la question de la défense de la patrie. C'est une question politique de la plus haute importance pendant la guerre impérialiste.
Et Junius nous a affermis dans cette conviction que notre parti est
le seul à avoir posé comme il le fallait cette question : le prolétariat
est opposé à la défense de la patrie dans cette guerre impérialiste
en raison du caractère spoliateur, esclavagiste, réactionnaire de
cette guerre, *en raison* de la possibilité et de la nécessité de lui opposer la guerre civile (en essayant de la transformer elle-même en
guerre civile) pour le socialisme. Or, Junius, d'une part, a fort bien
dévoilé le caractère impérialiste de la guerre actuelle, la distinguant

des guerres nationales, et d'autre part il est tombé dans une erreur fort étrange en essayant de rattacher un programme national à cette guerre d'aujourd'hui *qui n'est pas* nationale. Cela semble presque invraisemblable, mais c'est ainsi.

Les social-démocrates d'Etat, ceux de la nuance de Legien comme ceux de Kautsky, se conduisant en larbins à l'égard de la bourgeoisie, qui criait si fort à « l'invasion » étrangère, pour tromper les masses populaires sur le caractère impérialiste de cette boucherie, ont concouru aux manœuvres de la bourgeoisie en reproduisant avec un zèle particulier cet argument de « l'invasion ». Kautsky, qui cherche maintenant à persuader aux naïfs et aux confiants (notamment par l'intermédiaire du *Russe Spectator*) que depuis 1914 il est passé à l'opposition, continue à rappeler cet « argument ». En essayant de réfuter le même argument, Junius cite des exemples historiques fort instructifs pour prouver que « l'invasion et la lutte de classe dans l'histoire bourgeoise ne sont pas en contradiction comme le prétend la légende officielle, mais que l'une est le moyen et la manifestation de l'autre ». Exemple : les Bourbons en France appelaient l'invasion étrangère contre les Jacobins; les bourgeois en 1871 contre la Commune; Marx écrivait dans *La Guerre Civile en France* :

« Le plus grand élan d'héroïsme dont était capable encore la vieille société, c'est la guerre nationale, et elle n'est plus maintenant qu'une tricherie de gouvernement; le seul but que l'on poursuit en trichant ainsi, c'est de renvoyer à une autre époque, aussi tard que possible, la lutte de classes; et quand la lutte de classes jette la flamme de la guerre civile, la tricherie est dénoncée et il n'en reste plus rien. »

« Un exemple classique pour tous les temps, — écrit Junius, rappelant l'année 1793, — c'est la grande Révolution française ». De là cette déduction : « Une expérience séculaire démontre donc que ce n'est pas l'état de siége, mais c'est le dévouement absolu à la lutte de classes qui éveille dans les masses populaires le respect d'elles-mêmes, l'héroïsme, la force morale, et qui constitue la meilleure défense d'un pays contre l'ennemi extérieur. »

Et voici la déduction pratique de Junius : « Oui, les social-démocrates sont tenus de défendre leur pays pendant les grandes crises historiques. Et la grande faute de la fraction social-démocrate du Reichstag réside précisément en ceci qu'elle a solennellement proclamé dans sa déclaration du 4 août 1914 : « A l'heure du danger, nous ne laisserons pas notre patrie sans défense », mais qu'en même temps elle a renié ses propres paroles. Elle *a laissé* la patrie sans défense à l'heure du plus grand des dangers. Car son premier devoir envers la patrie à cette heure, c'était de montrer au pays les véritables dessous de cette guerre impérialiste, de briser le réseau des mensonges patriotiques et diplomatiques qui enveloppait cet attentat contre la patrie; de déclarer haute-

ment et clairement que, pour le peuple allemand, la victoire
comme la défaite dans cette guerre étaient également désastreuses;
de résister jusqu'à la dernière extrémité à l'étouffement de la patrie par l'état de siège; de proclamer la nécessité d'armer immédiatement le peuple et de lui laisser à décider de la guerre ou de
la paix; d'exiger résolument que la représentation populaire sié-
geât en permanence pendant toute la guerre pour assurer le contrôle vigilant des représentants à l'égard du gouvernement, et du
peuple à l'égard de ses représentants; d'exiger l'annulation immédiate de toutes les mesures qui entravent l'exercice des droits politiques, car, seul, un peuple libre peut défendre sa patrie avec succès; enfin d'opposer au programme impérialiste de la guerre, — à
un programme qui avait pour but de conserver l'Autriche et la
Turquie, c'est-à-dire de garder la réaction en Europe et notamment en Allemagne, — le vieux programme vraiment national des
patriotes et des démocrates de 1848, le programme de Marx, d'Engels et de Lassalle : le mot d'ordre d'une grande république allemande une et indivisible. Tel était le drapeau qu'il aurait fallu
déployer devant le pays, qui eût été véritablement national, véritablement émancipateur, qui aurait convenu aux meilleures traditions de l'Allemagne et à la politique internationale de la classe
prolétarienne. »... « Ainsi, le pénible dilemme entre les intérêts de
la patrie et la solidarité internationale du prolétariat, le conflit
tragique qui a engagé nos parlementaires à se mettre, « le cœur
lourd », du côté de la guerre impérialiste, n'est que pure imagination, c'est une fiction nationaliste bourgeoise. Au contraire, entre
les intérêts de la patrie et les intérêts de classe de l'Internationale
prolétarienne, il existe, pendant la guerre comme pendant la paix,
une complète harmonie; et la guerre et la paix exigent le plus
énergique développement de la lutte de classes, le maintien le plus
résolu du programme social-démocrate ».

Ainsi raisonne Junius. La fausseté de ses raisonnements saute
aux yeux, et si nos laquais du tsarisme, avoués ou dissimulés,
MM. Plékhanov et Tchkhenkéli, et peut-être même MM. Martov
et Tchkhéidzé, s'emparent avec une joie mauvaise des paroles de Junius, songeant non pas à découvrir la vérité théorique, mais à se
tirer d'affaire, à effacer les traces de leurs mensonges, à jeter de
la poudre aux yeux des ouvriers, nous autres, nous devons examiner en détail les sources *théoriques* de l'erreur de Junius.

A la guerre impérialiste il demande que l'on « oppose » un
programme national. A la classe avancée, il propose de se tourner
vers le passé et non vers l'avenir. En 1793 et en 1848, en France
comme en Allemagne, et comme dans toute l'Europe, la révolution
bourgeoise-démocratique était *objectivement* à l'ordre du jour. A
cette situation historique *objective* correspondait un programme
« véritablement national », c'est-à-dire le programme national-
bourgeois de la démocratie d'alors qui, en 1793, fut réalisé par les

éléments les plus révolutionnaires de la bourgeoisie et de la plèbe;
programme qu'en 1848 Marx proclamait au nom de toute la démocratie avancée. Aux guerres féodales et dynastiques s'opposaient alors, *objectivement*, les guerres révolutionnaires-démocratiques, les guerres nationales-émancipatrices. Tel était le contenu
des problèmes historiques de l'époque.

A présent, pour les grands Etats avancés de l'Europe, la situation *objective* est autre. Le progrès, — si l'on néglige certains re-
culs provisoires, — n'est réalisable qu'en allant vers la société
socialiste, vers *la révolution socialiste*. A la guerre impérialiste
bourgeoise, à la guerre d'un capitalisme hautement développé, ne
peut s'opposer, *objectivement*, du point de vue du progrès, du
point de vue de la classe avancée qu'une guerre *contre* la bourgeoisie, la guerre pour le pouvoir, *sans* laquelle *il ne peut y avoir*
de sérieux mouvement en avant, et ensuite — mais seulement dans
certaines conditions particulières, — une guerre possible pour la
défense de l'Etat socialiste contre les Etats bourgeois. C'est pourquoi ceux des bolchéviks (par bonheur, ils ne sont que quelques-
uns et nous les repassons aussitôt aux gens du *Prizyv*) qui sont
disposés à se placer au point de vue d'une défense conditionnelle,
d'une défense de la patrie sous condition d'une révolution victorieuse et d'une victoire de la république en Russie, ceux-là sont
restés fidèles à *la lettre* du bolchévisme, mais ils en ont trahi *l'esprit*; car la Russie, entraînée dans la guerre impérialiste des puissances européennes avancées, la Russie, même en régime républicain, continuerait *aussi* la guerre impérialiste.

En disant que la lutte de classes est le meilleur moyen contre
l'invasion, Junius n'a appliqué la dialectique marxiste qu'à moitié,
faisant un pas dans la bonne voie et quittant aussitôt ce sûr chemin. La dialectique marxiste exige l'analyse concrète de chaque
situation historique particulière. Que la lutte de classes soit le
meilleur moyen contre l'invasion, — c'est juste et par rapport à
la bourgeoisie quand elle renversait le féodalisme, et par rapport
au prolétariat quand il renverse la bourgeoisie. Et précisément
parce que c'est juste par rapport à *toute* oppression de classes,
c'est *trop général* et par conséquent *insuffisant* en ce qui concerne
le cas présent, cas tout à fait particulier. La guerre civile contre
la bourgeoisie est *aussi* un des aspects de la lutte de classes, et
seul ce genre de lutte épargnerait à l'Europe (à toute l'Europe, et
non pas seulement à un pays) le danger des invasions. « La grande
république allemande », si elle avait existé en 1914-1916, aurait
également mené la guerre impérialiste.

Junius arrive tout près de la juste réponse qu'il faut donner
à la question et du juste mot d'ordre : la guerre civile contre la
bourgeoisie pour le socialisme; mais, comme s'il craignait de dire
jusqu'au bout toute la vérité, il revient brusquement *en arrière*,
vers cette fantaisie d'une « guerre nationale » en 1914-1915 et

1916. Si l'on considère la question du côté non théorique mais purement pratique, l'erreur de Junius ne sera pas moins évidente. Toute la société bourgeoise, toutes les classes de l'Allemagne, jusques et y compris la paysannerie, se prononçaient *pour* la guerre (en Russie, très probablement, *il en était de même*; — du moins la majorité de la paysannerie aisée et moyenne, avec une forte proportion de paysans pauvres, se trouvait-elle apparemment sous l'influence de l'impérialisme bourgeois). La bourgeoisie était armée jusqu'aux dents. Dans ces conditions, « proclamer » le programme de la république, du Parlement en permanence, de l'élection des officiers par le peuple (« armement du peuple »), etc., cela revenait *en pratique à « proclamer » la révolution* (avec un *faux* programme révolutionnaire).

Junius déclare ici même, tout à fait justement, qu'il est impossible de « faire » la révolution. La révolution attendait son tour en 1914-1916, dissimulée dans les entrailles de la guerre, *croissant et se nourrissant* de la guerre. Il fallait « proclamer » cela au nom de la classe révolutionnaire, indiquer hardiment et sans réserves le programme *de cette classe* : le socialisme, impossible à une époque de guerre sans une guerre civile contre la bourgeoisie archiréactionnaire, criminelle, qui condamnait le peuple à des calamités inouïes. Il fallait méditer, préparer des actes systématiques, conséquents, pratiques, *indiscutablement réalisables* quel que fût le rythme du développement de la crise révolutionnaire, des actes selon la ligne de la révolution imminente. Ces actes sont indiqués dans une résolution de notre parti : 1° voter contre les crédits de guerre; 2° rompre avec toute « union sacrée »; 3° créer une organisation illégale; 4° provoquer la fraternisation des soldats; 5° soutenir toutes les manifestations révolutionnaires des masses. Le succès *de toutes* ces mesures conduisait *inévitablement* à la guerre civile.

La proclamation d'un grand programme historique aurait eu, sans aucun doute, une formidable signification; seulement, au lieu d'un programme déjà vieux et périmé pour 1914-1916, au lieu d'un programme national allemand, il fallait un programme prolétarien, international et socialiste. Vous autres, bourgeois, vous guerroyez pour des buts de spoliation; nous autres, ouvriers de *toutes* les nations belligérantes, nous vous déclarons la guerre, la guerre pour le socialisme; — voilà le thème du discours qu'auraient dû prononcer, le 4 août 1914, dans les parlements, des socialistes qui n'auraient pas trahi le prolétariat comme les Legien, les David, les Kautsky, les Plékhanov, les Guesde, les Sembat, etc...

De toute évidence, des motifs erronés de deux sortes ont pu causer la méprise de Junius. Indubitablement, Junius est résolument adversaire de la guerre impérialiste et résolument partisan de la tactique révolutionnaire : ce *fait* ne saurait être supprimé par les sarcasmes de Plékhanov qui constate dans Junius des idées de « défense nationale ». A des calomnies de ce genre, qui sont possibles et probables, il est nécessaire de répliquer immédiatement et directement.

Mais Junius, en premier lieu, ne s'est pas encore tout à fait affranchi de l'influence des « milieux » allemands, même des milieux de la social-démocratie de gauche, où l'on craint les scissions, où l'on craint de formuler jusqu'au bout les mots d'ordre révolutionnaires. (1) C'est une crainte regrettable, et les social-démocrates allemands de gauche devront s'en affranchir et *s'en affranchiront*. Leur lutte contre les social-chauvins les y *amènera*. Et la lutte qu'ils mènent contre *leurs* social-chauvins, résolument, fermement, *sincèrement*, met une grande différence, une différence radicale, entre eux et les Martov et Tchkhéidzé qui, d'une main (à la Skobélev) brandissent un étendard portant l'inscription « Aux Liebknecht de tous les pays », et de l'autre enlacent tendrement Tchkhenkéli et Potressov!

En second lieu, Junius voulait, évidemment, réaliser quelque chose dans le genre de la « théorie » menchéviste « des étapes », — théorie de triste mémoire, — il voulait *commencer* à appliquer le programme révolutionnaire par son côté « le plus commode », « le plus populaire », le plus acceptable pour *la petite-bourgeoisie*. C'était une sorte de plan pour être « plus malin que l'histoire », plus malin que les philistins. Contre une *meilleure* défense de la vraie patrie, personne, n'est-ce pas, ne pourrait se prononcer : or, la vraie patrie, c'est la république de la grande Allemagne; la meilleure défense, *c'est* la milice, le Parlement en permanence, etc... Si ce programme était adopté, il menait de lui-même, paraît-il, à l'étape suivante : la révolution socialiste.

Ce sont probablement des raisonnements de ce genre, conscients ou à demi-conscients, qui ont déterminé la tactique de Junius. Est-il utile d'ajouter qu'ils sont erronés? Dans la brochure de Junius on sent *un homme isolé* qui n'a pas de camarades dans une organisation illégale où l'on aurait l'habitude de méditer jusqu'à leur terme logique les mots d'ordre révolutionnaires et d'éduquer systématiquement les masses dans cet esprit. Mais ce défaut, — il serait fort injuste de l'oublier, — n'est pas un défaut personnel de Junius; c'est le résultat de la faiblesse de *toute* la gau-

---

(1) On retrouve la même erreur dans les raisonnements de Junius sur ce thème : qu'est-ce qui vaut mieux? — la victoire ou la défaite? Sa conclusion: l'une et l'autre sont également indésirables (ruine, augmentation des armements, etc.). Ce n'est pas le point de vue du prolétariat révolutionnaire, c'est celui d'un pacifiste petit-bourgeois. Si l'on parle d'une « intervention révolutionnaire » du prolétariat — et malheureusement, Junius et les thèses du groupe *l'Internationale* en parlent en termes trop généraux — on devait *obligatoirement* poser la question d'un *autre* point de vue : 1° « une intervention révolutionnaire » est-elle possible sans risque de défaite? 2° est-il possible de frapper la bourgeoisie et le gouvernement de son pays sans courir le même risque? 3° n'avons-nous pas toujours dit et l'expérience historique des guerres réactionnaires ne dit-elle pas que les défaites facilitent l'œuvre de la classe révolutionnaire?

che allemande, qui est empêtrée de toutes parts dans l'ignoble réseau de l'hypocrisie kautskiste, du pédantisme, « de la bienveillance » à l'égard des opportunistes. Les partisans de Junius, *malgré* leur isolement, ont su *entreprendre* la publication illégale de tracts et la guerre contre le kautskisme. Ils sauront aller plus loin, de l'avant, dans la bonne voie.

N. LÉNINE.

Octobre 1916.

Le « défaitisme » naguère et aujourd'hui

Les conséquences de cette guerre (russo-japonaise) aideront enfin à la solution de la crise intérieure. Il est difficile de savoir quelle issue de la guerre serait pour cela préférable.

1904.   B. N. TCHITCHÉRINE.

Dans le cas d'une victoire du gouvernement tsariste sur le Japon, le grand vaincu ne serait autre que le peuple russe.

G. PLÉKHANOV.

Iskra, n° 74, 1904.

Si le chemin de la victoire (sur l'Allemagne) devait nous conduire à travers la révolution, je renoncerais à la victoire.

P. N. MILIOUKOV.

Douma d'État, 1916.

Finis Galliæ!... Finis Poloniæ!... et *finis Rutheniæ!...* La Russie est finie!... La victoire allemande arrêtera notre développement économique et mettra un terme à l'européanisation de la Russie...

G. PLÉKHANOV.

La Guerre, recueil d'articles, 1915.

Il y a une distance de dix années entre le début de la guerre russo-japonaise et celui de la guerre actuelle. Dix ans seulement! Quel court espace de vie, quelle longue expérience!

L'immense évolution politique accomplie pendant ces dix années par certaines couches sociales de la Russie devient particulièrement frappante quand on la considère du point de vue de l'attitude adoptée par ses différents milieux sociaux, à l'égard du « défaitisme », en 1906 et aujourd'hui!

« Le défaitisme » — avant le mot — a existé en Russie, comme un grand courant d'opinion publique, pendant toute la guerre russo-japonaise. Tout le camp socialiste, tous les milieux les plus actifs de la démocratie bourgeoise et même une bonne partie de la société libérale ont alors souhaité plus ou moins nettement la défaite de la Russie tsariste. Ce courant était si profond, l'état d'esprit « défaitiste » était tellement répandu que même le camp conservateur ne se risquait pas toujours à poursuivre d'une façon trop ostensible les « défaitistes ». La fonction dont se sont chargés aujourd'hui les Plékhanov et Cie était alors celle de Bourénine, Gringmut et Tikhomirov.

En 1904-1905, la social-démocratie russe était déjà scindée en deux camps. Les désaccords entre bolchéviks et menchéviks se manifestèrent aussi, partiellement, sur l'attitude à prendre à l'égard de la guerre, par exemple sur l'appréciation que l'on devait donner au mot d'ordre « la paix coûte que coûte ». Mais, sur le défaitisme, les bolchéviks et les menchéviks formaient bloc. Les uns et les autres souhaitaient avec une absolue netteté la défaite de leur gouvernement. Dans un article intitulé *La Chute de Port-Arthur*, l'organe central des bolchéviks d'alors (*Vpériod — En avant!*) disait ceci :

« La cause de la liberté russe et de la lutte du prolétariat russe (et mondial) pour le socialisme dépend très fortement des défaites militaires de l'autocratie. Cette cause a beaucoup gagné au krach militaire... Ce n'est pas le peuple russe, c'est l'autocratie qui a subi un honteux désastre. Le peuple russe a gagné à ces revers de l'autocratie. La capitulation de Port-Arthur est le prologue d'une capitulation du tsarisme ».

Et un peu plus tôt, dans l'organe central des menchéviks (la nouvelle *Iskra*) Plékhanov en personne écrivait ce qui suit :

« J'ai dit (au Congrès Socialiste International d'Amsterdam) que *dans le cas d'une victoire du gouvernement tsariste sur le Japon, le grand vaincu ne serait autre que le peuple russe lui-même...* Le gouvernement tsariste triomphant pourrait, en utilisant le prestige (de cette victoire), resserrer encore les chaînes dans lesquelles il tient le peuple russe. J'ai rappelé au Congrès cette vérité historique, malheureusement incontestable, que la politique étrangère du gouvernement tsariste était depuis longtemps une politique de pillage et de spoliation; que ce gouvernement s'efforçait depuis longtemps d'assujettir tous ceux des peuples de nos alentours qui n'étaient pas assez forts pour lui opposer une terrible résistance, et qu'il avait entouré la terre vraiment russe d'un véritable collier de populations vaincues, lesquelles lui rendaient en *haine* ce qu'elles recevaient de lui en *oppression*. Et j'ajoutais que la population russe elle-même ne souffrait pas moins, si ce n'est plus, d'une telle politique, car aucun peuple ne peut être libre s'il sert d'instrument pour l'oppression de ses voisins... Et lorsque je disais tout cela, je sentais que j'exprimais les idées et les sentiments de l'immense majorité des Russes. Jamais encore la voix de la social-démocratie russe n'avait été à un tel degré la voix du peuple russe. » (1)

Il est impossible de s'exprimer plus nettement. Pendant la guerre russo-japonaise, Plékhanov, dans l'organe des menchéviks et avec l'entier consentement de ces menchéviks (2), s'exprime rudement et nettement, comme « un défaitiste » de la plus belle eau.

---

(1) G. V. Plékhanov : *A Amsterdam (Pensées et Notes)*, *Iskra*, n° 74, 20 septembre 1904.

(2) Dans les cercles des liquidateurs, on affirme qu'au début de la guerre russo-japonaise, Plékhanov aurait hésité à se prononcer sur l'événement et n'aurait adopté la position ci-dessus indiquée que sous l'influence des autres rédacteurs de l'*Iskra* d'alors. Nous ne pouvons dire dans quelle mesure cela est juste. En tout cas, dans les paroles de Plékhanov que nous venons de citer, il n'y a pas la moindre trace d'hésitation.

Pas une voix de protestation contre les paroles de Plékhanov ne s'élève ni au Congrès International d'Amsterdam, ni du côté d'un seul socialiste russe, ou même simplement d'un démocrate! Le seul article qui paraît contre Plékhanov, l'accusant d'avoir commis « une honteuse action », c'est un article des *Moskovskia Védomosti*. (1)

Le parti de la classe ouvrière avait adopté, tout à fait ouvertement, avec une parfaite netteté, une position « défaitiste ». Telle était aussi la position des révolutionnaires russes en général et notamment des militants du parti socialiste-révolutionnaire les plus en vue. Sur les dispositions que l'on pouvait observer alors chez ces derniers, on peut se faire une opinion par exemple d'après les mémoires du défunt G.-A. Guerchouni. Celui-ci se trouvait alors à la forteresse de Pierre-et-Paul. Il apprit la nouvelle de la guerre russo-japonaise et des défaites de l'armée tsariste par son défenseur Karabtchevsky. Voici comment ce grand terroriste russe raconte son entrevue avec le grand avocat, qui était un représentant typique de la « société » et de l'opposition d'alors :

... J'attends avec impatience que toute cette comédie soit terminée et que je puisse rester seul avec mon défenseur, le seul homme vivant qui ait le droit de me voir, quoique n'étant pas du camp ennemi.

Après de longues et agaçantes cérémonies, la porte de ma cellule se referme et nous restons ensemble, en tête-à-tête, enfin!

— Plehve est-il encore au pouvoir? Vivant?

— Oui. Mais il y a de grandes nouvelles : savez-vous que la guerre est déclarée ?

— La guerre! Avec qui?

— Avec le Japon. Nos croiseurs sautent en l'air, nous subissons déjà des défaites !...

— Une seconde guerre de Crimée? Port-Arthur sera donc notre Sébastopol? *Ex Oriente lux?*

— On le dirait.

— Et le pays? Est-il saisi du délire « patriotique »? Brûle-t-il de se rassembler autour du « chef suprême »?

— Il y a un peu de cela, naturellement. Mais, pour une part considérable, tout cela est truqué, artificiel. La guerre n'est pas populaire. Personne ne s'y attendait et personne n'en veut.

C'est étrange — ajoute G.-A. Guerchouni. Dans une cellule obscure de la forteresse de Pierre-et-Paul, cette clarté soudaine... On sentait l'imminence de quelque chose d'infiniment terrible, d'infiniment pénible, d'infiniment triste, mais qui devait jouer dans le pays le rôle d'un coup de tonnerre qui réveillerait les dormeurs, qui déchirerait et mettrait en cendres le rideau derrière lequel se cachait pour la majorité du pays le fond véritable du régime autocratique... (2)

En 1904, le « défaitisme » de Plékhanov était accueilli par un tonnerre d'applaudissements au Congrès International d'Amsterdam. En 1914, le président de l'Internationale, Vandervelde,

____

(1) Quotidien de Moscou, organe du général-gouverneur et de la police. — *Note du traducteur.*

(2) G. A. Guerchouni : *Un Récent Passé*, Paris, 1908, édition du C. C. du P. P. S. R., 47-49.

dans le salon de réception du ministre de la guerre de Belgique, avec le prince Koudachev, ambassadeur de Russie, rédigeait un « manifeste » aux socialistes russes, les appelant à soutenir la juste guerre que menait le tsar de Russie!

En 1904, dans une obscure cellule de la forteresse de Pierre-et-Paul, un révolutionnaire-terroriste russe, tremblant d'émotion, apprenait de la bouche d'un représentant de la société libérale la nouvelle du défaitisme régnant en Russie. En 1915, le manifeste « patriotique » de Plékhanov était reproduit par les patrons coalisés de Moscou. Et il n'y aurait eu rien d'étonnant que les geôliers du tsar, par dérision, eussent distribué ce manifeste aux révolutionnaires russes qui remplissent maintenant la prison de Pierre-et-Paul et d'autres forteresses!

Dix ans seulement se sont écoulés!... Et que de chemin nous avons fait... en arrière!...

Quand Port-Arthur se rendit, G.-A. Guerchouni se trouvait déjà à Schlusselbourg avec d'autres captifs. Par « un stratagème », ils réussirent à savoir d'un gendarme que Port-Arthur était tombé. « Un tremblement vous prenait : Port-Arthur était tombé!... La chute de Port-Arthur, c'était la chute de l'autocratie; — tel était le leit-motiv de nos pensées », (1) Voilà l'état d'esprit des révolutionnaires incarcérés à Schlusselbourg.

Et c'était bien aussi l'état d'esprit des révolutionnaires russes qui vivaient « en liberté ». Rappelez-vous, par exemple, le fameux roman de M. V. Ropchine : *Ce qui ne fut point.* (2) L'auteur de ce livre essaie en réalité de représenter *ce qui fut.* Or, que voit-on? Tout le milieu révolutionnaire dans lequel évolua l'auteur pendant la guerre russo-japonaise avait une opinion résolument « défaitiste ». Seul, le héros principal du roman, — le terroriste André, prototype du Ropchine « revenu depuis à la raison », — du Ropchine qui est à présent un des piliers de la *Gazette de la Bourse*, — seul, celui-là, révolutionnaire qui déjà perd le Nord, souffre de voir que son titre de révolutionnaire l'oblige en quelque sorte à souhaiter la défaite de « nos troupes ». En revenant de l'étranger en Russie pour y accomplir « son travail de terroriste », le héros de M. Ropchine lit dans un journal la nouvelle du désastre de la flotte russe à Tsoushima. Il sent que, comme révolutionnaire, il doit se réjouir de cette débâcle, — comme se sont réjouis pendant toute la guerre tous les révolutionnaires qui le rencontraient. Mais, en sa qualité d' « homme sensible », étant le double de Ropchine, auteur du *Coursier Pâle*, il ne peut se faire à cette idée. Alors commence en lui-même un conflit tragique qui se résout plus tard... par son passage à la *Gazette de la Bourse*. Ce conflit en lui-même ne nous intéresse pas pour le moment. Ropchine ne nous

---

(1) *Ibidem* p. 144.
(2) Pseudonyme de Boris Savinkov. — *Note du traducteur.*

importe ici que comme témoin qui a noté dans une forme littéraire le fait d'un « défaitisme général » parmi les intellectuels révolutionnaires russes au moment de la guerre russo-japonaise.

Mais ce ne sont pas seulement les membres des partis révolutionnaires qui souhaitèrent alors la défaite de « la Russie ». Non, toute la démocratie des villes, en général, avait le même désir. Que celui qui n'a pas vécu cette époque en Russie même prenne connaissance du moins d'un « document » tel que celui que nous offre V. Vérésaïev, dans ses *Notes sur la Guerre russo-japonaise*. L'auteur, selon le tour d'esprit qui lui est propre, nous présente la reproduction quasi-photographique de ce qu'il a de ses yeux vu. Le résultat est que nous avons un tableau du « défaitisme » largement répandu dans tous les milieux de la société démocratique. Tout le « Tiers-Etat » russe, — médecins, statisticiens, professeurs, étudiants, — tout ce qui est plus ou moins de l'opposition, tout ce qui n'est pas intéressé directement à la durée d'une monarchie florissante des Romanov, tout cela est disposé contre la guerre et souhaite la défaite des troupes du tsar. (1)

Mais nous arrêterons-nous à la démocratie? Nous avons déjà dit que même une bonne partie des libéraux, pendant la guerre russo-japonaise, étaient des « défaitistes ». Cela semble à présent tout à fait invraisemblable. Et ce fut pourtant ainsi. Tout au début de la guerre, une partie des libéraux se jetèrent dans « le patriotisme ». Mais bientôt, une autre partie du même milieu réagit contre cet entraînement. Dans une lettre intitulée : *Quelques Mots sur l'Opinion russe au sujet de la Guerre*, lettre publiée dans *Osvobojdénié (l'Emancipation)*, M. Zémetz (sauf erreur, c'était le pseudonyme de Kolioubakine) fait savoir de Russie à l'organe des libéraux à l'étranger qu'une partie des hommes d'Etat les plus modérés luttent contre « le patriotisme ». Au sujet de la décision prise par certains *Zemstvos* (par celui de Kharkov, par exemple), faisant appel à des souscriptions volontaires pour la flotte, M. Zémetz fait savoir que de tels actes éveillent de l'indignation dans la société. « Nous ne comprenons pas du tout, — écrit M. Zémetz, — comment des représentants des *Zemstvos* peuvent s'arroger le droit d'imposer la terre au profit de la flotte... Et dans la cérémonie même de la remise de ces dons (par des députations envoyées au tsar), il y a eu pas mal d'inutile tapage et de servilité byzantine... Dans les pages d'*Osvobojdénié* on a déjà relevé l'étrangeté de la participation d'hommes comme Stasioulévitch et Arséniev à la députation du *Zemstvo* de Pétersbourg. »

» Dans presque tous les établissements d'enseignement supérieur, — ce thermomètre de l'opinion, — continue M. Zémetz, la

---

(1) Nous ne citons pas les textes mêmes de Ropchine et de Vérésaïev, parce que cela nous prendrait trop de place: les œuvres de ces deux auteurs sont d'ailleurs entre toutes les mains. — G. Z. (En Russie, du moins. — *Note du traducteur.*)

majorité des étudiants protestent contre les effusions et les manifestations de loyalisme auxquelles a donné lieu la guerre. » Pour montrer à quel point la guerre obtient peu d'assentiment dans les milieux les plus modérés de la société cultivée, M. Zémetz signale que B.-N. Tchitcherine, — « que personne ne pourrait accuser d'être un ennemi de l'Etat ou un antipatriote », — « quelques jours avant sa mort *disait que, peut-être, les conséquences de cette guerre aideraient à trouver enfin la solution de la crise intérieure et qu'il était difficile de savoir quelle issue de la guerre serait pour cela préférable.* » M. Zémetz souligne particulièrement l'importance et la signification symptômatique de cette déclaration. Et M. P. Struhve ajoute de son côté : « Nous estimons nécessaire de souligner que cette information concernant les idées de B.-N. Tchitcherine sur la guerre provient *d'une source absolument sûre*, elle coïncide d'ailleurs tout à fait avec l'opinion exprimée par le défunt dans son savant ouvrage : *La Russie à la veille du* XXe *siècle*, publié à Berlin. » (1)

Il est difficile de décider quelle issue de la guerre serait la plus souhaitable! N'est-ce pas là du « défaitisme », quoique exprimé sous une forme évasive? Et qui donc formule cette opinion en 1904? Un homme extrêmement modéré, qui ne saurait même être cadet!

Le rédacteur même d'*Osvobojdénié*, P. Struhve, a pris place dans l'aile droite de son groupe. Il écrit aux étudiants, dans une lettre du 11/24 février 1904 : « N'est-il pas étrange que jusqu'à présent les Russes ne sachent pas et n'osent pas crier : *Vive l'armée!* Car enfin, l'armée, c'est le peuple armé... L'armée, ce n'est pas M. Alexéiev... L'armée, c'est le soldat russe. » (2)

« Mais le mot d'ordre de vos manifestations patriotiques, continue Struhve, ne doit pas être seulement : Vive l'armée! Vous devez crier (!) cette devise en même temps que d'autres qui nous sont plus chères et plus patriotiques : Vive la Russie! Vive la liberté! Vive la Russie libre! » (3)

Dès le début de la guerre, Struhve proclame une sorte de « paix civile ». « En ce moment difficile, — écrit-il, — d'autres mots d'ordre plus violents et plus belliqueux seraient inconvenants et par conséquent indésirables; car il faut en ce moment se tenir d'un pied ferme sur le terrain commun que crée pour tous les Russes la calamité nationale, — la guerre ». Mais deux ou trois mois plus tard, Struhve change de front. Sous l'influence de l'opinion publique qui se manifeste dans toute la Russie, il incline fortement à gauche. Dès le 29 avril 1904, il écrit : « La Russie contemporaine est une prison. Il est absolument impossible de vivre

---

(1) *Osvobojdénié*, n° 21 (45), 1904, page 369.

(2) Cela ressemble tout à fait à la thèse actuelle de Plékhanov : « la Russie n'appartient pas à son tsar, mais bien à sa population laborieuse »...

(3) *Listok Osvobojdénia* (*La Feuille de l'Emancipation*), n°1, 1904, page 2.

dans cette prison... Démolissez-la, brisez les fers... Une prison ne peut être inexpugnable... L'histoire ne connaît qu'une seule armée invincible, c'est celle du pays qui, par un formidable élan de l'esprit national, a détruit, il n'y a pas si longtemps, la prison d'une monarchie absolue (il s'agit, évidemment, de l'armée de la Révolution française). Ni les trahisons, ni les troubles intérieurs, ni une complète débâcle financière ne purent abattre les forces de cette armée, et elle vainquit. » (1)

En appliquant à ces idées la terminologie d'aujourd'hui, cela signifie que P. Struhve, en 1904, proclamait la devise : *la révolution pour la victoire*. Cette devise était alors et est encore celle des nationalistes et des aventuriers. Mais, en tout cas, n'est-il pas remarquable que dans l'avant-dernière guerre qui a été menée par « la Russie », un libéral de droite ait occupé la position où se tiennent, dans la guerre actuelle, les socialistes les plus « à gauche » qui aient accepté la guerre ?

Telle fut la gamme des opinions pendant la guerre russo-japonaise.

* *

Que le prolétariat russe, que la social-démocratie de Russie, que les révolutionnaires russes de toutes nuances aient alors souhaité la défaite « de la Russie » au nom de l'émancipation de la véritable Russie populaire, c'est compréhensible et naturel. Cela n'a pas besoin d'être particulièrement expliqué. Mais... comment expliquer ce fait qu'une bonne partie de la bourgeoisie libérale russe, — de cette bourgeoisie qui est maintenant ivre de chauvinisme, qui maintenant se montre, devant le tsarisme, plus servile que les Cent-Noirs, — ait eu pendant la guerre russo-japonaise des dispositions « défaitistes » ?

Cela s'explique, à notre avis, par *deux causes*. En premier lieu, la bourgeoisie russe est intéressée à la guerre actuelle beaucoup plus qu'elle ne l'était à la guerre russo-japonaise. En second lieu, — et c'est le principal, — la bourgeoisie de Russie, qui est maintenant toute contre-révolutionnaire, passait alors à l'apogée de son mouvement d'opposition contre l'autocratie et, d'après toute la situation politique dans le pays, pouvait encore payer tribut aux opinions révolutionnaires.

La philosophie libérale de l'histoire dit que la guerre russo-japonaise n'a été suscitée que par Bézobrazov, Alexéïev, Abaza, qui agissaient dans leur intérêt personnel, songeant simplement à rendre plus florissantes les affaires de leur association pour l'exploitation forestière sur la rivière du Ialou. La guerre russo-japonaise n'aurait donc été qu'une « aventure coloniale » sur laquelle spéculaient quelques « grosses légumes » qui avaient de l'influence à la cour.

---

(1) *Osvobojdénié*, n° 22 (46, 385-386).

Il en est ainsi et il en est autrement. Une bande de gens attachés à la cour prétendaient sans doute se remplir les poches à la faveur de la guerre russo-japonaise. En 1910, Bourtzev a publié une note secrète du comte Lamsdorff adressée au tsar et un *Livre rose* secret consacré au conflit russo-japonais. Le directeur des affaires du Comité Spécial de l'Extrême-Orient, Abaza, télégraphie en 1904 à Bézobrazov, qui se trouvait alors à Port-Arthur : « Witte a raconté ici à mon ministre que tu avais déjà dépensé les deux millions. Rappelle-toi que le patron (c'est-à-dire Nicolas II) estime qu'au delà de trois cent mille, tu n'as pas le droit de dépenser un rouble sans une autorisation donnée chaque fois. Hier, on a fait un nouveau rapport sur tes propositions de renforcement de la garnison et d'organisation d'une *artel* dans le bassin. Le patron a ordonné de répondre qu'il adoptait tout ce que tu avais dit. Au cours de la conversation, le souverain a exprimé avec force la plus complète confiance en toi ». (1) Tout cela ressemble fort à une correspondance chiffrée entre des filous fieffés et des escrocs de haute marque. Que « le patron » Nicolas II et ses « ouvriers » Abaza, Bézobrazov et Cie aient essayé de gagner « la forte somme » en Mandchourie, il est aisé de le croire.

Mais en même temps, il est impossible de ne pas voir que la guerre russo-japonaise a ses racines dans toute la politique étrangère du tsarisme. Certainement, cette guerre peut être appelée « une aventure coloniale », mais uniquement dans le sens où la poursuite des conquêtes coloniales par les puissances impérialistes est une « aventure ». Derrière le Japon se tenait l'Angleterre. La guerre russo-japonaise fut, à un notable degré, le résultat de l'hostilité traditionnelle et de la rivalité prolongée qui existaient entre la Russie et l'Angleterre. Les impérialistes allemands poussaient le tsarisme vers l'Extrême-Orient pour avoir eux-mêmes une plus grande liberté d'action dans le Proche-Orient. Dans les cercles qui déterminaient la politique étrangère de « la Russie », les uns voulaient se concentrer sur l'Extrême-Orient, les autres sur le Proche-Orient. En tout cas, l'affaire n'était pas si simple qu'elle en avait l'air. Les Bézobrazov, les Alexéiev et Cie volaient certainement; certainement ils se livraient à de louches combinaisons. Mais la guerre russo-japonaise ne fut pas due seulement à cette poignée d'aventuriers de la cour. Elle fut un anneau dans la longue chaîne de la politique étrangère du tsarisme. Elle fut l'inévitable épilogue de la compétition impérialiste qui avait commencé dès la guerre sino-japonaise de 1894.

Et dans ce sens, la bourgeoisie russe était également intéressée à la guerre russo-japonaise.

Mais les intérêts qu'elle avait là n'étaient pas aussi grands que ceux qu'elle a trouvés dans la guerre de 1914-1916.

____

(1) Note secrète du comte Lamsdorff, page 15.

Avant tout, dans le camp même des gouvernants, il n'y avait pas unanimité sur la direction à donner alors à « la Russie » : devait-on précisément la guider vers *l'Extrême*-Orient? On sait qu'en 1903, le fameux Abaza lui-même, dans un rapport au tsar, avait écrit : « J'ai déjà dit que je considère le protectorat japonais en Corée comme inoffensif pour la Russie ». (1)

Vaincre le Japon, cela signifiait s'ouvrir un grand nombre de nouveaux débouchés; c'était améliorer la position de l'impérialisme russe par rapport à l'impérialisme anglais. Dans ce sens, « l'intérêt » économique de la bourgeoisie russe exigeait une victoire « de la Russie ». Mais une partie des théoriciens de l'impérialisme russe agitaient alors un autre plan : celui d'un rapprochement avec l'Angleterre impérialiste à peu près sur les bases de 1907.

La situation d'à présent est tout à fait différente. La bourgeoisie russe voudrait se tailler une bien plus belle part de gâteau. Il suffit de prononcer le mot de *Constantinople* pour comprendre dans quel but la bourgeoisie russe joue aujourd'hui son « va-tout ». Pour avoir Constantinople, on n'épargnera aucun sacrifice, surtout si ces sacrifices sont principalement supportés par le prolétariat et les paysans. « La route de Constantinople passe par Berlin », annonçait le professeur Mitrofanov, dans un article évidemment commandé (probablement par Sazonov) qui parut à la veille de la guerre sous forme de lettre ouverte adressée à Delbruck. « La guerre a pour objet l'héritage turc et autrichien », déclare ouvertement Struhve. La guerre, bien entendu, se fait pour des motifs impérialistes, reconnaissent les piliers du libéralisme russe. (2) Mais il y a impérialisme et impérialisme. Est-ce que « notre » effort pour atteindre Constantinople n'est pas « juste » et « légitime »?

« La question de Constantinople a pour la Russie un intérêt et une importance *de premier ordre*. C'est pour nous la question *du pain quotidien* et de toute notre puissance politique », écrit le « philosophe » de notre bourgeoisie libérale-impérialiste, le prince E.-N. Troubetskoï. Pour « le peuple », ce « penseur religieux » écrit : « Comme l'éternelle conception de Dieu, Sophia (Constantinople) contient en elle le monde entier, lié comme un ensemble par une pensée unique, par *l'unique Esprit Divin* ». Pour séduire « les intellectuels », il cite des vers de Vladimir Soloviev. Mais pour les véritables « hommes d'affaires », pour la bourgeoisie, il dit plus explicitement :

« *En premier lieu*, on peut affirmer qu'à peu près les trois quarts du blé que nous exportons passent par les détroits; par

---

(1) *Rapport du contre-amiral Abaza, de la suite de S. M., à la séance présidée par S. M. Imp. à Tsarskoïé-Sélo, le 16 décembre 1903*; page 59.

(2) Voyez par exemple les articles du professeur Grimm, de Maxime Kovalevsky, de P. Milioukov dans le recueil : *Les Questions de la Guerre Mondiale.*

conséquent, la question des détroits est en même temps la question
de tout le présent et l'avenir économique de la Russie... »

« *En second lieu*, à la question économique est indissolublement liée celle de toute l'existence et de toute la puissance politique de la Russie ». Constantinople, c'est pour « la Russie » —
« la perle de l'Evangile pour laquelle elle doit être prête à donner
tout ce qu'elle a ». (1)

Il ne s'agit plus ici de « l'Esprit Divin ». Nous voyons là une
indication absolument nette et claire sur les intérêts « de poche »
qui, pour la bourgeoisie russe, sont liés à l'histoire de « la perle
évangélique ».

Les libéraux russes ne pouvaient écrire *ainsi* pendant la
guerre russo-japonaise. Ils n'étaient pas intéressés *ainsi* à la guerre
d'alors.

Voilà une des raisons pour lesquelles une partie des libéraux,
en 1904, pouvait accepter le « défaitisme », que pas un bourgeois
d'aujourd'hui ne saurait admettre.

Comme nous l'avons déjà noté, il y a encore une autre cause
qui est beaucoup plus importante.

En 1904, la bourgeoisie libérale russe vivait la lune de miel de
« son mouvement révolutionnaire ». M. Pierre Struhve, qui appartient presque maintenant au *Novoïé Vrémia*, publiait alors à
l'étranger la revue illégale du libéralisme russe. La gauche du
mouvement *Osvobojdénïé (l'Emancipation)* appelait ouvertement
la révolution, comme le seul affranchissement possible. La classe
ouvrière ne leur semblait pas alors très importante pour la révolution, et ils n'avaient pas eu le temps de constater en pratique
que la social-démocratie russe entraînerait derrière elle tout le
prolétariat en lui démontrant que *la révolution était très importante « pour la classe ouvrière »*.

Depuis lors jusqu'au début de la guerre actuelle, dix années
se sont écoulées. Et dans ce nombre, 1905 en vaut des dizaines
d'autres. Devant la bourgeoisie russe, un nouvel ennemi s'est
dressé de toute sa taille : le prolétariat révolutionnaire. Craignant
une révolution véritablement démocratique, à laquelle la classe ouvrière mettrait une empreinte ineffaçable, la bourgeoisie russe a
choisi de deux maux le moindre. Elle a préféré se réconcilier avec
la monarchie tsariste, même sur les bases définies le 3 juin, plutôt
que de se livrer « à la folie de l'élément » qui a laissé pour longtemps une terreur profonde dans les esprits des libéraux en 1905.
La bourgeoisie russe est devenue contre-révolutionnaire.

La défaite du tsarisme au dehors en 1904 a été, en quelque
sorte, la goutte qui fait déborder le vase. La débâcle des armées
du tsar dans la guerre contre le Japon a définitivement « déclenché » la révolution. Mais il ne faut pas oublier que le même terrain

<hr>

(1) Prince E. N. Troubetskoï : *La Question Nationale, Constantinople et
Sainte-Sophie*. Moscou, 1915, pages 3-9.

de la politique extérieure a été pour le tsarisme le point de départ qui lui a permis de remédier à ses affaires à l'intérieur du pays. La sphère de la politique étrangère fournit au tsarisme le moyen de vaincre la révolution. La politique étrangère du tsarisme est le point de cristallisation autour duquel se forme un nouveau bloc contre-révolutionnaire.

Le tsarisme a séduit la bourgeoisie surtout par les perspectives de politique étrangère qu'il offrait. La bourgeoisie a eu l'espoir de prendre au dehors la revanche des concessions qu'elle avait accordées à la réaction féodale dans le domaine intérieur. Déjà, en 1905, la bourgeoisie libérale ne voulait pas empêcher le tsarisme de conclure des emprunts en France, — et l'y aidait même en fait. En 1906, les pourparlers de la Russie avec l'Angleterre, sur le partage des « sphères d'influence » en Perse, étaient en pleine marche. En 1907, le traité anglo-russe est officiellement conclu. Les anglomanes du libéralisme russe sont infiniment heureux. Enfin, la Triple Entente prend forme. L'enthousiasme de toute la bourgeoisie ne connaît plus de bornes. La perspective de conquérir Constantinople et les détroits lui est ouverte, des montagnes d'or lui sont promises. Maintenant, elle vend définitivement son âme au tsarisme. Pendant plusieurs années, la bourgeoisie russe va aider le tsarisme à préparer la guerre d'aujourd'hui. Des « idéologues » composent à la va-vite une théorie de « la Grande Russie ». « Les praticiens » du libéralisme s'oublient entièrement à besogner pour le renforcement de « la puissance militaire en Russie », faisant tout ce qu'il est possible de concevoir pour renforcer le militarisme russe. La guerre japonaise avait été préparée sans la bourgeoisie libérale; à la préparation de la guerre de 1914 la bourgeoisie libérale donne le plus actif concours.

L'impérialisme grand-russe est étroitement lié avec le nationalisme grand-russe, avec l'oppression des « peuples d'origine étrangère » que détermine la politique de Stolypine, avec toute la politique du 3 juin, en y comprenant « la révolution d'en haut ». Ce sont là tous les anneaux d'une seule chaîne. « La solution » de la crise intérieure au moyen des réformes contre-révolutionnaires de Stolypine et de Goutchkov, la lutte en commun contre la classe ouvrière et contre la paysannerie indigente; la politique étrangère impérialiste de grande puissance; — voilà sur quoi, en fait, se sont entendus la bourgeoisie russe (y compris les cadets de « la gauche » même) et le tsarisme « en son renouveau ». Le libéralisme russe est devenu un libéralisme nationaliste.

La bourgeoisie libérale russe est enchaînée à la politique étrangère du tsarisme comme un forçat à sa brouette. Le gouvernement des Cent-Noirs n'a plus à se gêner le moins du monde, il peut mettre, comme on dit, « les pieds sur la table ». La bourgeoisie acceptera tout. « Il se moque de nos alarmes et de votre impuissance; essayez donc de le toucher! », s'écrie un nationalo-libéral, V. Maklakov, dans sa parabole sur le gouvernement-chauffeur, conduisant en automobile ce que vous avez de plus cher, votre mère, c'est-à-dire la Russie. « Et lui (le chauffeur-tsar), il a raison : vous autres (libéraux), gardez-vous bien de le toucher même si la crainte ou l'indignation vous ont saisis à tel point qu'oubliant le danger, vous oubliant vous-mêmes, vous vous décidez à saisir de force le volant ».

Voilà pourquoi toute la bourgeoisie russe est maintenant l'adversaire irréconciliable du « défaitisme ». — Vous ne voulez pas d'une défaite, messieurs? — peut leur dire le tsarisme. — Mais alors, toute l'opposition que vous nous faites ne vaut pas un liard. Vous êtes alors *forcés* de m'aimer, quelle que soit ma noirceur. — Vous ne voulez pas du défaitisme, messieurs les social-patriotes? — peut dire encore le tsarisme. Vous voulez la victoire coûte que coûte? — Mais alors vous tombez dans mes bras! Alors le mot d'ordre des têtes brûlées parmi vous, — « la révolution pour la victoire » — n'est qu'une simple plaisanterie, un *lapsus calami*. En réalité, vous êtes mes vassaux...

En 1904, le plus modéré des représentants de la société russe cultivée, B.-N. Tchitchérine, se montrait plus ou moins ouvertement partisan d'une défaite de son gouvernement dans la guerre contre le Japon. En 1916, le représentant du parti libéral « de gauche », M. Milioukov, a déclaré qu'il renoncerait à la victoire si elle devait passer par la révolution. En cela est toute l'évolution du libéralisme russe depuis 1905, — vous l'avez là comme sur la main.

A la veille de 1905, le prolétariat révolutionnaire de Russie avait entraîné dans son « défaitisme » une partie de la bourgeoisie. En 1914, la bourgeoisie russe contre-révolutionnaire a entraîné dans son « victoirisme » une partie des intellectuels « marxistes », et une poignée d'ouvriers, avec Plékhanov, Gvozdev et Cie à leur tête. La victoire de l'opportunisme dans le mouvement ouvrier d'Occident, la débâcle de la IIᵉ Internationale ont simplement aidé la bourgeoisie russe chauvine à parfaire cette tâche.

En 1904, nous avions vu l'hégémonie politique du prolétariat sur la bourgeoisie. En 1914, nous sommes devenus témoins de l'hégémonie de la bourgeoisie sur une partie des « socialistes ».

En 1904, en Russie, le prolétariat n'était pas seul révolutionnaire. De là la large expansion « du défaitisme » d'alors. En 1914-1916, seul le prolétariat a des idées révolutionnaires en Russie. De là les dispositions « défaitistes » d'aujourd'hui, qui se trouvent uniquement dans le prolétariat; de là les hésitations de certains milieux intellectuels, même dans la social-démocratie qui ne s'est pas rattachée aux social-chauvins...

*
* *

A toutes conditions égales, la défaite d'un gouvernement despotique dans la guerre extérieure aide toujours le peuple à renverser ce gouvernement. Il est absolument impossible de nier sérieusement ce principe. (1) « Les braves Turcs ont hâté l'explosion, l'ont rapprochée de plusieurs années par les coups qu'ils ont portés non seulement à l'armée et aux finances russes, mais aussi, directement, *à la dynastie qui commande l'armée*, au tsar, à l'héritier et aux six autres Romanov. » Voilà ce qu'écrivait, en 1877, Karl Marx. (2) Toute l'histoire moderne de la Russie illustre admirablement cette vérité que les défaites extérieures des gouvernements réactionnaires s'inscrivent au profit du mouvement démocratique à l'intérieur du pays.

Les réactionnaires instruits comprennent, eux aussi, cette vérité. Donnons-en un exemple. Un fameux historien militaire allemand, l'intelligent conservateur Hans Delbruck, dans un livre récent (*le Gouvernement et la Volonté du Peuple*), compare la situation de l'armée en France et en Allemagne. Il existe en France un régime de parlementarisme que l'on n'a pas « grâce à dieu » en Allemagne. En Allemagne, l'armée n'obéit qu'au monarque. En France, l'armée est forcée d'obéir à des gouvernements parlementaires qui changent constamment, « à des gouvernements d'avocats ». Le cœur du junker est profondément blessé de cette situation humiliante pour l'armée, même pour une armée française. « Comment peut se soumettre à de pareils gouvernements une armée dans laquelle vivent encore les traditions du grand Napoléon avec toutes ses victoires, avec toute sa gloire? », demande Delbruck. Et il répond : « Cela s'explique par la défaite que cette armée a subie à Sedan ».

Transportons-nous — continue notre historien militaire — en Prusse, en Allemagne. « Imaginons un régime parlementaire en Allemagne. Imaginons autant que nous voudrons de membres du Reichstag dans le rôle du ministre de la guerre. Quiconque connaît un peu l'esprit de notre corps d'officiers, celui-là devine que *notre armée devrait à son tour subir une défaite dans le genre de Sedan pour supporter sans murmure un pareil état de choses.* » (3)

Vraiment, dans ce peu de mots d'un junker intelligent il y a plus de sens historique que dans les interminables raisonnements

---

(1) La défaite des gouvernements impérialistes dans la guerre actuelle peut aider un peuple dans sa lutte pour la liberté : les social-chauvins le comprennent fort bien *maintenant qu'il ne s'agit pas de « notre » gouvernement*, mais d'un autre. Plékhanov et Cie démontrent que seule la défaite de l'Allemagne apportera la liberté au peuple allemand. De leur côté, Lensch et Cie prouvent avec abondance que seule la défaite de l'Angleterre apportera la liberté au peuple anglais. On peut encore aujourd'hui être « défaitiste » à l'égard du gouvernement *ennemi*; ce qui est interdit, c'est d'être « défaitiste » à l'égard de « son propre » gouvernement!

Un révolutionnaire russe qui se prononce aujourd'hui pour la défaite de « la Russie » est, selon Plékhanov, un valet du Kaiser allemand. Mais Plékhanov, en 1904, était-il donc au service du Mikado et non du prolétariat international?...

(2) *Lettres à Sorge*, Stuttgart, 1906.

(3) Hans Delbruck : *Regierung und Volkswille*, Berlin, 1914, p. 125-136.

de nos propagandistes qui font de la réclame à l'idée : « Ni victoire, ni défaite! » Le véritable esprit du militarisme, la véritable
destination de l'armée, — soutien de la réaction dans sa lutte contre la démocratie, — la vraie signification que les défaites extérieures des gouvernements antipopulaires ont dans le procès historique des forces révolutionnaires et contre-révolutionnaires, tout
cela est saisi et reproduit par Delbruck en quelques mots avec
un frappant relief.

Pour mieux expliquer sa pensée, Delbruck l'illustre par un
exemple « vulgarisateur » que voici : lorsque, en 1870, dans les
grandes batailles qui furent données sous Metz, les Allemands eurent infligé aux Français une série de défaites des plus sensibles
et eurent cerné l'armée de Bazaine, Napoléon III et Mac-Mahon
virent clairement que la raison stratégique exigeait la retraite de
la seconde moitié de l'armée vers Paris. « Si l'armée ainsi sauvée
s'était retirée sur Paris, on ne voit guère comment nous aurions
pu (nous autres Allemands) vaincre les Français dans la mesure
où nous les avons vaincus. » Mais, pour des raisons *politiques*,
Napoléon III ne pouvait reculer sur Paris. Il aurait par là témoigné
de sa défaite militaire, ce qui, dans les conditions données, aurait
nécessairement appelé la révolution. « L'impératrice et le gouvernement qui se trouvaient à Paris supplièrent Napoléon de ne pas
battre en retraite vers la capitale : *dans le cas d'un pareil recul, la
révolution était inévitable, l'empire était perdu.* » (1) Napoléon, on
le sait, conduisit ce qui restait de l'armée vers le nord, dans l'espoir de revenir au secours de Bazaine qui était enfermé dans Metz.
Cela ne réussit pas, Napoléon fut battu et la révolution renversa
l'Empire.

L'historien militaire Delbruck discerne admirablement le lien
qui existe entre la défaite et la révolution. On ne peut que souhaiter à certains de nos révolutionnaires d'avoir sur les choses un
jugement également rassis...

— Mais si les socialistes de tous les pays souhaitent la défaite
de leur gouvernement, qui donc sera vainqueur? On arrive ainsi
à une sorte de « pandéfaitisme »!

Cet « argument » contre nous revient constamment, systématiquement. Les kautskistes le répétaient encore, il y a quelques
jours, dans le *Vorwärts* (2), ces mêmes kautskistes qui ne votent
contre les crédits de guerre que dans la mesure où « les frontières
de notre patrie ne sont pas menacées ».

Notre réponse à cet argument deviendra claire si nous citons
l'épisode suivant, tiré de l'histoire du socialisme international.

En 1885, un conflit qui durait depuis longtemps entre l'Angleterre et la Russie, au sujet de l'Afghanistan, s'aggrava au dernier degré. Cela sentait la poudre. La guerre semblait inévitable.

____

(1) *Ibidem*, p. 139.
(2) Voir l'éditorial du *Vorwärts* en date du 27 août 1915.

A ce moment-là, les meilleurs représentants du marxisme révolutionnaire, Engels, Bebel, Guesde, s'attendaient à voir la révolution sociale commencer dans un avenir relativement proche. En tout cas, ils « s'orientaient » vers la révolution. Et voici que, dans ces circonstances, Jules Guesde, qui était alors sans aucun doute marxiste et révolutionnaire, publie un article sur la guerre anglorusse imminente.

La guerre entre l'Angleterre et la Russie peut hâter le dénouement, peut rapprocher la fin du régime bourgeois. Mais à qui, dans le cas présent, souhaiter la victoire? à qui souhaiter la défaite? A l'Angleterre ou à la Russie? Guesde répond : Je souhaite la défaite à *toutes les deux.*

« *La défaite de la Russie,* — je l'écrivais il y a un mois, mais je ne me lasserai pas de le répéter, — la défaite de la Russie marquerait la fin du tsarisme, l'affranchissement politique de la Russie... Ce pays écrasé dans l'Asie Centrale, ce serait la fin du tsarisme... Et le premier, l'inévitable résultat d'une révolution politique à Pétersbourg, ce serait l'affranchissement de l'Allemagne ouvrière. Délivrée du cauchemar moscovite, ayant l'assurance que ses plans ne seront pas détruits par l'armée russe d'Alexandre qui se tiendrait derrière l'armée de Guillaume, la social-démocratie allemande aurait enfin la possibilité, sur les ruines d'un empire de sang et de fer, *d'ouvrir... le bal révolutionnaire,* le 1789 ouvrier... La banqueroute de la Russie ébranlerait tout le vieux monde »...

« La défaite de l'Angleterre aurait des conséquences non moindres et non moins heureuses. Ce seul fait que toutes les forces militaires de l'Angleterre devraient être transportées et concentrées sur un seul point amènerait ceci que l'Irlande, — débarrassée de l'état de siège, — respirerait librement... L'Irlande pourrait alors par la force... dicter sa volonté à l'Ile des fratricides (1), tandis que, d'autre part, le Soudan — et par conséquent aussi l'Egypte, — se débarrasseraient des bienfaits de la civilisation que leur apporte Wolseley à la pointe des baïonnettes... Après les premiers revers de l'Angleterre... commencerait fatalement le décollage général des colonies les plus importantes et les plus exploitées... Mais s'il se produisait un événement décisif, si l'Angleterre perdait l'Inde..., nous assisterions à un krach tel que l'humanité n'en a pas connu de pareil depuis l'époque de la liquidation de l'Empire Romain. Il n'y aurait pas un point du globe qui n'en ressentît le contre-coup. »

Et Guesde conclut :

« Quel que soit celui des deux régimes — également oppresseurs bien que d'espèce différente — qui tombe sous les coups de l'adversaire... ce sera la brèche par laquelle passera le nouveau

---

(1) Comparez ces paroles sur l'Irlande avec l'article (vil, on ne peut l'appeler autrement) de Plékhanov sur les événements de Dublin en 1916, et vous mesurerez la chute du social-chauvinisme actuel.

régime social. C'est pourquoi nous pouvons donner carte blanche au dieu des batailles. Quoi qu'il fasse, il travaillera pour nous. » (1)

N'est-ce pas là du « pandéfaitisme »? Guesde ne parlait pas alors de « la défense de la patrie »; il ne songeait pas au mot d'ordre : « ni victoire, ni défaite ». Il souhaitait également la défaite des deux adversaires. Il appelait le soulèvement des colonies contre les métropoles impérialistes. Un socialiste anglais ou russe qui aurait alors adopté les idées de Guesde aurait dû également devenir « défaitiste ». Le « pandéfaitiste » Guesde était un révolutionnaire marxiste.

Quel que soit celui des géants impérialistes également infâme qui tombera dans la guerre de pillage de 1914-1916, une brèche sera ouverte par laquelle passera la révolution prolétarienne; — voilà comment doit raisonner un socialiste-révolutionnaire de notre temps. Et c'est pourquoi ce socialiste-là ne peut se dispenser d'être « pandéfaitiste ».

La défaite de ta patrie est *le plus grand* des malheurs qui puisse te frapper : voilà l'idée avec laquelle les social-chauvins mènent derrière eux les plus arriérés des ouvriers dans les différents pays. Beaucoup croient cela sincèrement. De même que l'antisémitisme a été appelé « le socialisme des imbéciles », le social-chauvinisme pourrait être dénommé « le patriotisme des niais ». Tout ce que l'on voudra, sauf la défaite de « notre gouvernement » ! Les social-chauvins de tous les pays éduquent les ouvriers dans cette pensée *contre-révolutionnaire*. Et de là, cette conclusion logique : pour que « nous » ne soyons pas vaincus, nous devons « leur » infliger une défaite.

Contre une telle manière de voir on ne luttera pas en compagnie du kautskisme qui proclame : « ni victoire, ni défaite ». Non! Nous devons montrer aux ouvriers comment la défaite d'un gouvernement, maintes fois dans l'histoire, a rendu *le plus grand service* au peuple qui était assujetti à ce gouvernement; la défaite amenait l'accouchement de la révolution, c'est-à-dire qu'elle avait des conséquences bienfaisantes pour toute l'humanité.

En tâtonnant, les internationalistes de plusieurs pays arrivent à comprendre ainsi les choses. L'Allemagne d'aujourd'hui ne possédait pas la tradition de 1905, elle ne pouvait avoir de nette tradition « défaitiste ». Mais *nous savons bien* qu'il y a aussi parmi les internationalistes allemands et autrichiens des « défaitistes » conséquents. L'histoire en dira plus tard quelque chose...

Dans la guerre impérialiste de 1914-1916, on ne peut être internationaliste conséquent sans être « défaitiste ». Plus l'internationalisme sera fort, plus l'on s'assimilera cette vérité.

Octobre 1916.   G. ZINOVIEV.

---

(1) *Le Socialisme et le Radicalisme en 1885*, par Jean Jaurès, pages 118-123. *Discours parlementaires*, tome I, Paris, 1904.

Comment le mouvement des liquidateurs s'est transformé
en social-chauvinisme

Nous imprimons ci-dessous des notes détaillées sur les débats qui ont eu lieu à l'assemblée des délégués ouvriers de Pétersbourg; ces notes ont une grande importance pour l'histoire de la formation du parti « ouvrier » social-chauvin de Russie. Nos camarades de Pétersbourg ont compris l'intérêt de ces débats; ils ont fait tous leurs efforts pour en donner une rédaction aussi complète que possible et pour la publier ensuite.

Quiconque lira les notes que nous donnons ci-dessous reconnaîtra qu'elles ont été prises avec la plus entière bonne foi, par des hommes expérimentés et d'une manière absolument objective. Dans les discours des liquidateurs, tels qu'ils ont été rédigés par nos camarades (lesquels sont restés à la séance pour faire connaître ces morceaux d'éloquence aux ouvriers conscients), on retrouvera tous les principaux arguments des liquidateurs contre nous. Ces discours nous offrent indubitablement ce que l'on peut dire *de mieux* pour justifier la nouvelle évolution du mouvement liquidateur.

Les idées des ouvriers internationalistes n'apparaissent dans ce résumé qu'à travers un discours de peu d'étendue. Cela s'explique par ce fait que les bolchéviks, avec les éléments sympathisants au bolchévisme, au nombre d'environ 100 délégués, sont sortis de la réunion d'une façon démonstrative. Mais les liquidateurs y étaient représentés par tout leur état-major ouvrier.

Parmi les orateurs qui ont parlé dans le sens de la participation aux comités industriels de guerre, nous trouvons les ouvriers que Martov, il y a peu de temps, désignait dans *Nacha Zaria* comme l'élite de « l'intelligence ouvrière menchéviste », comme des militants dont ceux qui défendent l'idée d'un « parti ouvrier légal » ont le droit d'être particulièrement fiers.

Si l'on compare, avec une entière objectivité, les discours des liquidateurs, à la réunion du 21 novembre, avec les écrits « de guerre » du *Nacha Zaria*, du *Naché Diélo*, du *Nach Goloss* de Samara, avec les plus importantes déclarations du « groupe d'initiative » de Saint-Pétersbourg, avec les déclarations des « menchéviks » de Moscou, avec les discours de Tchkhéïdzé sur « le salut du pays », — chacun devra en venir à cette conclusion que, dans l'essentiel et le principal, tous ces écrits et ces discours expriment la même chose.

Les prinçiapux orateurs à la réunion du 21 novembre étaient des oisillons du nid de Lévitsky, Potressov, Maïevsky. Mais, en même temps, ils sont les représentants les plus légitimes, les plus expressifs, des idées de l'ensemble des liquidateurs. Leurs discours à la réunion, leurs projets de résolution et de déclaration ont été, sans aucun doute, élaborés en conciliabules avec les responsables du mouvement liquidateur.

Lorsque nous indiquons le lien indissoluble qui existe entre le social-chauvinisme et l'opportunisme (chez nous, en Russie, avec le mouvement des liquidateurs), nous nous entendons souvent reprocher d'avoir « l'esprit de fraction ». On ne voit dans notre procédé que l'amour de la polémique, le désir « d'utiliser au bénéfice d'une fraction » la crise actuelle, etc. Et pourtant, il est indiscutable que : le social-chauvinisme est de l'opportunisme appliqué en temps de guerre; *le social-chauvinisme russe, c'est le mouvement des liquidateurs appliqué à la situation de guerre de* 1914-1916.

Quand on lit les discours qui ont été prononcés à la réunion du 21 novembre, ce rapport entre les faits est comme tangible. Le liquidateur se transforme en social-chauvin pour ainsi dire sous nos yeux. Et remarquez qu'il y vient sans la moindre difficulté, sans la moindre malice, avec une facilité coulante, avec un parfait automatisme. *Il n'en peut être autrement* : pendant la guerre, dans les conditions de la guerre actuelle, le mouvement des liquidateurs *doit* conduire au social-chauvinisme.

Les discours des orateurs n'étaient pas tellement ceux que l'on pouvait attendre de chauvins que ceux qui devaient venir précisément de liquidateurs. Ce sont, peut-on dire, des discours typiques, dans le style classique des *anciens* liquidateurs. Mais étant prononcés dans une nouvelle situation, à un moment où le tsarisme fait la guerre pour prendre Constantinople et la Galicie, à un moment où toute la bourgeoisie libérale soutient absolument la politique de réaction et de spoliation du tsarisme, ces discours ont un caractère nouveau, ils viennent de *néo*-liquidateurs, *c'est-à-dire* de social-chauvins. La bourgeoisie libérale s'accroche au tsarisme impérialiste, les politiciens ouvriers libéraux» s'accrochent à la bourgeoisie libérale. Et de là, fatalement, ce résultat qu'en fait les liquidateurs eux aussi, par leur politique actuelle, soutiennent objectivement le tsarisme impérialiste.

Dans les discours des orateurs de la liquidation dominent certaines notes qui viennent de l'ancien mouvement, du comité unitaire, du *Loutch*. Les orateurs, en effet, nous parlent de la défense de la patrie dans la guerre actuelle, du « salut du pays » (formule à l'aide de laquelle Tchkhéidzé « sauve » le bloc qu'il a formé avec les chauvins), etc. C'est là *le nouvel élément* que la guerre a apporté dans la liquidation. Mais le fond, l'essentiel de ces discours, ce sont de *vieux motifs*, bien connus.

Si nous voulions désigner trois idées politiques des plus importantes qui ont servi de base à tout le mouvement des liquidateurs dans l'époque d'avant-guerre, nous devrions indiquer ce qui suit :

1. *Il faut soutenir la bourgeoisie libérale afin de créer une*

opposition d'ensemble national (« organisation de toutes les forces vives du pays », « isolation de la réaction », recherche « d'un contact » ou « de points de contact » avec les éléments de l'opposition bourgeoise; tout ceci n'étant que diverses formules d'une même idée);

2. *lutte pour la légalité*, ou, ce qui revient au même, lutte pour la formation d'un parti ouvrier légal, non clandestin;

3. « *européisation* » *de notre mouvement ouvrier russe*.

Sans aucune exagération, on peut dire que ce sont là les trois principes sur lesquels s'est maintenu le mouvement liquidateur tout entier pendant la très importante période qui va de 1908 à 1914, lorsque ce mouvement se fut complètement dessiné.

Et que voyons-nous donc? Considérez tous les motifs par lesquels les militants les plus en vue de la liquidation essayent de plaider pour la participation aux comités des industries de guerre! *Tout cela repose sur les trois mêmes arguments*. En partant de ces trois principes, on tire une ligne absolument droite qui conduit à participer aux organisations de « défense nationale » de Goutchkov.

A présent, cela ne fait pas le moindre doute, tout le mouvement liquidateur *en Russie*, toutes les organisations et tous les groupes de la liquidation, sans exception, se sont prononcés *pour* la participation aux comités des industries de guerre, c'est-à-dire, du point de vue des exigences élémentaires de l'internationalisme, sont entrés dans la voie de la politique social-chauvine. Pour la participation aux comités du tsar se sont prononcés non seulement les groupes et organisations qui ont marché ouvertement derrière la *Samozachtchita, Naché Diélo* et *Diélo* (Potressov, Maslov, Lévitsky, Tchérévanine); mais aussi toutes les organisations et tous les cercles qui, en paroles, font semblant de soutenir Zimmerwald et qui se solidarisent plus ou moins avec Martov et Axelrod. Il suffit de nommer ici : la fraction de Tchkhéidzé, le groupe d'initiative de Pétersbourg, les collaborateurs du *Goloss* de Samara, le comité régional du Caucase, les Sibériens les plus influents parmi les liquidateurs : Dann, Tsérételli, Iéjov, *Pas une* voix ne s'est élevée *en Russie* dans les rangs des liquidateurs contre la participation aux comités des industries de guerre. C'est un simple fait que Martov lui-même n'essaie pas de nier.

Et quels sont donc les motifs que fournissent les liquidateurs russes pour justifier cette participation?

Nous ne parlerons pas des francs partisans de Potressov. On dira peut-être de ceux-ci que ce sont des renégats du « Bloc d'Août » (bien qu'il soit hors de doute pour nous que « la mission historique » d'Axelrod-Martov soit de réconcilier, le lendemain de la guerre, l'aile « gauche » des liquidateurs avec Potressov et Cⁱᵉ). Nous nous arrêterons seulement aux motifs des liquidateurs qui se rattachent d'une façon ou d'une autre au camp de Martov. Quelles sont les raisons que donnent ces liquidateurs « de gauche » pour justifier la participation aux comités des industries de guerre?

Nous affirmons que toutes ces raisons sont liées *de la manière la plus étroite* aux trois principes énoncés plus haut du mouvement liquidateur et nous allons immédiatement le démontrer.

Prenez par exemple le plus influent des chefs des liquidateurs « de gauche », Dann. Il se déclare adversaire de la *Samozachtchita*; il se recommande comme internationaliste. Mais il se déclare pour la participation aux comités des industries de guerre.

Ses motifs? Les voici :

Ces comités, à côté des organes des unions de municipalités et de zemstvos, se sont déjà transformés parfois et ont des chances de se transformer de plus en plus dans l'avenir en cellules d'activité politique répandues dans tout le pays... En refusant d'avoir nos représentants dans ces organisations politiques ouvertes... les ouvriers se priveraient d'un puissant moyen de lutte pour l'organisation politique. (*Nach Goloss*, n° 10.)

Essayez de formuler brièvement toutes ces raisons et vous verrez qu'il s'agit en un mot de *la lutte pour la légalité* ou bien « d'une lutte pour un parti déclaré public ». En d'autres termes, tout le raisonnement d'un des partisans les plus influents des comités industriels de guerre s'appuie sur un des trois principes ci-dessus énoncés du mouvement des liquidateurs.

Ou bien, prenez encore la déclaration de principe du groupe d'initiative de Saint-Pétersbourg et du groupe social-démocrate de Moscou. Ces deux groupes, en paroles, sont partisans de Zimmerwald. Martov et Axelrod ont fait savoir qu'ils avaient été chargés par ces groupes de représenter « les menchéviks-internationalistes » à Kienthal. Or, les deux groupes sont des *partisans* résolus *de la participation* aux comités des industries de guerre.

Leurs motifs? Les voici :

L'opposition bourgeoise... est enfin entrée dans la voie du rassemblement des forces sociales disséminées. Il est de l'intérêt du prolétariat de soutenir le travail d'organisation politique de l'opposition. Le prolétariat doit mettre à la base de sa tactique le principe de la coordination des activités politiques...

Nous devons dans notre lutte contre le principal ennemi — l'autocratie — chercher des points de contact avec l'opposition bourgeoise... Aucune bourgeoisie ne peut vaincre l'autocratie sans le prolétariat; aucun prolétariat ne peut vaincre sans la bourgeoisie. (*Izvestia*, n° 5.) (1)

---

(1) En reproduisant pour « informer les social-démocrates étrangers », la déclaration des liquidateurs russes, Martov et ses amis ont recouru à un procédé... étrange que voici : ils ont dissimulé (par abréviation) aux lecteurs allemands la partie du document où les auteurs se prononcent en faveur de *la participation aux comités des industries de guerre!*

Essayez d'exprimer tout ce raisonnement dans une brève formule politique et vous arriverez à la fameuse « isolation de la réaction », c'est-à-dire au principe de soutenir la bourgeoisie libérale pour constituer « une opposition nationale ». En d'autres termes, toute la construction des liquidateurs « de gauche » de Pétersbourg et de Moscou repose sur un des trois principes de l'ancienne liquidation, tels que nous les avons exposés ci-dessus.

Nous ne tirons encore de cela aucune déduction. Peut-être faudra-t-il constater que cette coïncidence fait seulement grand honneur à l'ancien mouvement des liquidateurs comme à la tactique actuelle qui consiste à prôner la participation aux comités des industries de guerre. Nous nous bornons pour le moment à constater le fait : comme tous les chemins mènent à Rome, on peut dire que tous les motifs d'une pareille liquidation nous ramènent inévitablement aux trois principes de la liquidation.

Cela se reproduit avec la régularité d'un phénomène physique. Considérez la dernière des manifestations des « liquidateurs-internationalistes », qui prêchent pour la participation aux comités des industries de guerre. Nous parlons du programme publié en feuilleton dans le n° 2 du *Goloss Trouda* de Samara. Ce journal s'est prononcé plus d'une fois dans ces derniers temps « pour Zimmerwald ». Il a imprimé des articles « internationalistes » d'Elmar et de ses plus proches amis. Il a eu la possibilité de prendre connaissance en détail des idées de Martov qui se prononce, comme on sait, pour les comités des industries de guerre. Mais... il continue à soutenir la même participation d'une façon ferme et irréductible.

Les motifs? Les voici :

On nous propose de sortir des comités des industries de guerre, mais où aller? Se peut-il qu'on veuille nous ramener à l'action clandestine? Faut-il quitter les masses et reconstituer de petits cercles? Ce serait malheureux pour les ouvriers russes s'ils répondaient à cet appel. Alors, il faudrait reconnaître que l'expérience de tant d'années de lutte pour une organisation légale n'a laissé aucune trace, que dans la classe ouvrière on n'a pas vu paraître encore les représentants d'*un travail créateur d'organisation spontanée et active* (les italiques sont de l'auteur...). Seul, le travail infatigable et intensif de la démocratie, combiné avec d'autres manifestations des forces vives de la société, est capable de briser la réaction et de créer des conditions favorables pour l'œuvre politique et pour l'existence publique d'un parti ouvrier. (*Goloss Trouda*, n° 2.) (1)

____

(1) « Un travail créateur d'organisation spontanée et active » ! On peut dire qu'ici s'est conservée même la vieille orthographe du mouvement des liquidateurs. Il n'y a de différence qu'en ceci que ce travail de « création » « spontanée », « active » doit se développer... sur le terrain de la participation aux comités du tsar qui s'occupent de fabriquer des projectiles...

« Un travail créateur d'organisation spontanée et active », — mais c'est tout le programme de ce Bloc d'Août d'heureuse mémoire. En cette prose de

Essayez de formuler d'une façon concise et brève ces raisonnements et vous retrouverez aussitôt : 1° la lutte « pour la légalité », ou bien, ce qui revient au même, la lutte contre l'action clandestine; 2° l'union « de toutes les forces vives du pays », c'est-à-dire le bloc avec les libéraux. Encore et encore, nous retombons sur les mêmes « principes » du mouvement liquidateur.

Et si nous recherchons la même documentation, également précieuse, dans les discours de Gvozdev, de Breïdo, d'Emélianov et d'autres ouvriers-liquidateurs en vue, nous retrouverons toujours le même tableau. Chacun de ces discours ne sert qu'à développer un des trois principes essentiels du mouvement liquidateur d'avant-guerre, en l'adaptant à la situation créée par la guerre.

Autour du nom de Gvozdev et de ses collaborateurs immédiats, on a fait beaucoup de bruit. Ce n'est pas nous, bien entendu, qui défendrons Gvozdev. Mais la justice veut que nous disions: Gvozdev n'a fait que tirer les conclusions pratiques de ce que prêchent non seulement *Samozachtchita*, *Nacha Zaria*, Potressov et Lévitsky, mais aussi Dann, Tsérételli, le *Golosx* de Samara, Tchkhenkéli, Tchkhéïdzé, le groupe d'initiative de Pétersbourg, etc. Bien plus : la politique de Gvozdev ne fait que continuer la politique de Martov, de Dann et de tous les chefs du mouvement liquidateur d'avant-guerre. *Le mouvement de Gvozdev continue celui des liquidateurs simplement par d'autres moyens.* Dans ce sens, Gvozdev est un oisillon qui provient non seulement du nid de Gvozdev et de Konovalov, mais aussi de celui de Martov et de Dann. Dans le pire des cas pour Gvozdev, Martov peut lui reprocher d'avoir tiré des conclusions pratiques inexactes des « justes » principes théoriques du mouvement liquidateur (des trois fameux principes). Mais Dann ne peut pas même faire à Gvozdev ce reproche. Dans *l'essentiel* — dans la reconnaissance de la nécessité d'une participation aux comités de Goutchkov — Dann est tout à

---

liquidation — pourquoi le cacher — Trotsky lui aussi s'exprimait jadis. Au nom de « la lutte pour la légalité », il soutenait le journal *Loutch*; au nom de la fameuse « lutte » pour la liberté des coalitions il s'est donné un... *Nacha Zaria*. Rappelez-vous avec quelle ardeur Trotsky défendait la « campagne de coalition » des liquidateurs contre nous, contre l'immense majorité des ouvriers social-démocrates!

Il n'y a pas si longtemps, Trotsky dans *Naché Slovo* citait d'un air triomphant, contre Potressov et Cie, un ouvrier menchévik (Cinéblouznik, pseudonyme : « l'Homme à la Blouse Bleue »), qui s'était prononcé contre la participation aux comités des industries de guerre; et il notait dans sa lettre qu'à présent, dans les masses, croissait la protestation révolutionnaire, qu'on ne pensait plus à « une coalition », mais à une réforme radicale (c'est-à-dire à la révolution). C'est très bien, de la part du camarade Trotsky, de ne plus voir dans de pareilles contradictions ni « anarchisme », ni « syndicalisme », ni « sectarisme de bolchéviks ». Mais alors il faut honnêtement reconnaître la faute que l'on a commise auparavant. A moins que Trotsky ne suppose encore maintenant qu'en 1911-1914, les Potressov, les Lévitsky, les Maïevsky ont eu raison et qu'ils n'ont quitté brusquement la voie du marxisme qu'après le 4 août 1914? C'est ce qu'il faudrait dire nettement.

fait d'accord avec Gvozdev (1). Et, en outre, il a fallu surprendre
la majorité des ouvriers de Pétersbourg par des moyens peu
recommandables; mais c'est là « une triste nécessité » devant laquelle certains chefs de la liquidation n'ont pas reculé même en
1907, par exemple à l'époque des élections à la II° Douma...

Il n'y a aucune raison de soupçonner la sincérité des ouvriers
liquidateurs dont nous reproduisons dans ce numéro les discours.
Relisez les chaleureuses déclarations de Breïdo, d'Emélianov et
des autres. Nous n'en doutons pas un instant, ils sont parfaitement
sincères dans leur indignation, venant des reproches qu'on leur
fait de permettre, par leur tactique, à la bourgeoisie d'utiliser les
ouvriers pour ses buts à elle. Tous ces orateurs sont persuadés
sans aucun doute que ce n'est pas Goutchkov qui utilise politiquement les ouvriers liquidateurs; que ce sont ces derniers au contraire qui utiliseront Goutchkov. Mais plus ces discours sont sincères, plus ils ont d'importance, plus ils sont précieux comme
« documents humains » qui doivent nous servir à dénoncer le
fond liquidateur du social-chauvinisme actuel.

Gvozdev, Emélianov et Breïdo prononcent tous des paroles
très « à gauche ». Ils sont partisans de « la paix sans annexions »;
ils sont adversaires d'une victoire écrasante sur l'Allemagne; ils
reconnaissent que la guerre actuelle a un caractère impérialiste
(comme l'a reconnu la conférence de Londres des social-chauvins,
sur la proposition de M. Vandervelde); ils sont pour Zimmerwald;
ils sont contre le gouvernement tsariste. Ils sont seulement partisans de « la défense nationale »; ils ne veulent pas du tout d'une
« attaque nationale »; ils continuent à parler de « la solidarité
internationale des ouvriers ».

Mais... mais ils ont fortement appris qu'il faut « lutter pour la
légalité et pour un parti découvert », en premier lieu; qu'il faut
« européiser » notre mouvement ouvrier, en second lieu; et qu'il
faut marcher en étroite union avec la bourgeoisie « d'opposition »,
en troisième lieu. Ce dernier point est particulièrement important.
Et c'est dans cette forêt de trois arbres que se sont perdus même
ceux des ouvriers liquidateurs qui ne glissaient pas au vulgaire
chauvinisme de Potressov-Plékhanov-Tchkhenkéli.

La question de l'attitude de la classe ouvrière par rapport à
la bourgeoisie « d'opposition » a joué dans cette affaire un rôle

---

(1) Le liquidateur-internationaliste A. Ermansky, dans une brochure dirigée contre Potressov, se solidarise avec le groupe ouvrier de Gvozdev. « Il suffit
de comparer (du moins pour le début) la participation des ouvriers de Moscou
aux comités industriels de guerre avec celle des ouvriers de Pétrograd. Bien
que le public ne soit renseigné qu'imparfaitement par notre presse sur ce qui
se passe dans le groupe ouvrier de Pétrograd, il est impossible de dissimuler
les faits. Et la différence qui existe entre la maturité civique de l'ouvrier des
usines de Pétrograd et la masse des ouvriers du textile de Moscou qui n'ont
pas encore rompu avec le village est assez connue. » Voilà ce qu'écrit le liquidateur « de gauche » A. Ermansky. (*Les Marxistes à un Carrefour*, Saint-Pétersbourg, 1916, page 50).

particulièrement fatal. Et la responsabilité politique de cela incombe non seulement aux partisans de Potressov, mais même à « la gauche » de Martov. En effet, admettons une minute que les liquidateurs dans leurs appréciations sur la bourgeoisie libérale russe d'avant-guerre aient eu aussi raison qu'ils ont eu tort en réalité. Admettons que toute la marche de la révolution russe et de la contre-révolution ait confirmé l'opinion des liquidateurs suivant laquelle la bourgeoisie russe serait « la force motrice » de la révolution (alors qu'en réalité, les dix années qui séparent 1905 de 1914 nous ont montré le contraire). Admettons tout cela. Mais l'attitude de la bourgeoisie russe devant la guerre de 1914-1916 n'était-elle pas suffisante pour que le mouvement des liquidateurs se crût obligé d'entreprendre une revision radicale de ses appréciations sur la bourgeoisie « d'opposition » ? Et pourtant, en fait, nous ne voyons pas que l'on ait songé un instant à cette revision. Dans le meilleur des cas, Martov, cet « homme de gauche » se tait sur la question épineuse.

Toute notre bourgeoisie libérale, comme un seul homme, soutient depuis longtemps la politique étrangère réactionnaire du tsarisme; et elle la soutient en conscience, par tous les moyens.

Avec les octobristes et les Cent-Noirs, les cadets prêchent à qui mieux mieux l'augmentation de « la puissance militaire » du tsarisme; ils votent pour tous les crédits que comporte le programme de la guerre; ils travaillent l'opinion publique selon l'esprit de « la plus grande » Russie. La bourgeoisie libérale sait parfaitement que le tsarisme se prépare à la prochaine guerre. Pour Milioukov, le principal « mérite » de l'ancien ministre des affaires étrangères Sazonov est d'avoir « essayé de gagner *par tous les moyens* (!)... quelques années de paix », car, autrement, « nous aurions eu la guerre européenne non pas en 1914, *mais un an plus tôt*, c'est-à-dire à une époque où les alliés étaient encore moins préparés » (1). Un an plus tôt ou un an plus tard; c'est ainsi que se posait la question pour les deux coalitions. Le tsarisme s'efforçait seulement de gagner une ou deux années pour mieux préparer la guerre. C'est seulement pour duper « leur » peuple que les Milioukov, les Menchikov, les Plékhanov affirment à présent que « nous » n'avons pas voulu la guerre et que, par conséquent, « nous » faisons une guerre « juste »...

La bourgeoisie libérale aide le tsarisme à préparer la guerre actuelle, elle l'aide par tous les moyens qui sont en son pouvoir. Enfin, la guerre arrive : — guerre spoliatrice, réactionnaire, anti-populaire, telle que le monde n'en a jamais vu. La bourgeoisie libérale russe est aux pieds du tsarisme. Elle est devenue impérialiste bien des années auparavant. Le libéralisme, aux yeux de

____

(1) *Rietch*, n° 189; article de Milioukov : *La Politique russe du temps de S.-D. Sazonov*.

tous, est devenu le plus vil, le plus intéressé, le plus cynique national-libéralisme. Le tsarisme n'a pas fait au libéralisme la plus petite concession politique. Raspoutine à lui tout seul, Raspoutine le bien nommé (puisque son nom en russe signifie le débauché), un seul Raspoutine ou une seule débauchée ont dix fois plus d'influence sur la composition du ministère, sur la politique du gouvernement que tous les Milioukov et les Konovalov pris ensemble. On traite la IIIe Douma comme un ramassis de larbins. On nomme ministres des Khvostov et des Sturmer. Et pourtant, pourtant, la bourgeoisie libérale pour rien au monde ne voudrait toucher à quoi que ce soit du tsarisme. Pourquoi? Pour une raison très simple : parce que *la bourgeoisie russe est intéressée au plus haut degré* dans la guerre actuelle de spoliation impérialiste. Le leader de la bourgeoisie libérale impérialiste, M. Milioukov, a déclaré tout à fait ouvertement à la Douma d'Etat que si le chemin de la victoire sur les Allemands devait passer par une révolution, il renoncerait, lui, Milioukov, à la victoire.

On ne peut pas parler plus clairement. Si notre bourgeoisie n'était pas devenue un facteur contre-révolutionnaire avant la guerre, elle devrait le devenir aujourd'hui. Le groupe social qui soutient « la Russie », — c'est-à-dire l'impérialisme russe, — dans la présente guerre, *ne peut pas* ne pas devenir contre-révolutionnaire. Le mot d'ordre « la révolution pour la victoire », qui avait été lancé pendant un certain temps par Kérensky, Tchkhenkéli et plusieurs autres liquidateurs était, dès le début, un mot d'ordre *d'aventuriers*. En réalité, les intellectuels social-patriotes sont eux-mêmes devenus des instruments de la contre-révolution; eux-mêmes ont marché dans la ligne : la contre-révolution pour la victoire.

Le mouvement des liquidateurs, même du côté de ses « meilleurs » représentants, n'a opposé aucune résistance au mot d'ordre « la révolution pour la victoire ». Martov, dans un article que reproduit le recueil *L'Internationale et la Guerre*, cherche à jouer de ce mot d'ordre d'aventure nationaliste. Aucune modification des idées reçues sur la bourgeoisie libérale et sur une « union de toutes les forces vives du pays » n'est intervenue, dans le camp des liquidateurs. Peut-on s'étonner après cela de ce fait que, précisément « sur le même point », se sont fourvoyés les nombreux ouvriers menchéviks qui composaient la garde de Gvozdev?

« Actuellement, la révolution sociale n'est pas à l'ordre du jour... le pouvoir doit d'abord passer des mains du gouvernement dans celles de la bourgeoisie ». Cela veut dire, selon Govzdev, qu'il faut participer aux comités des industries de guerre. La révolution est bourgeoise; *donc*, la classe ouvrière doit danser au son du pipeau de la bourgeoisie; *donc*, les ouvriers ne doivent pas dépasser les limites qui conviennent aux modérés de la bourgeoisie...

Cette « idée » est prêchée par les liquidateurs depuis 1905 (1), ce syllogisme reparaît dans toutes les « études et enquêtes » des liquidateurs sur la révolution russe, en commençant par le fameux ouvrage en cinq tomes intitulé : *Le Mouvement social en Russie*.

« Notre force est dans une action commune (avec la bourgeoisie). Quand nous sommes seuls, nous sommes impuissants... Et voilà comment, partant de ces principes essentiels, nous en venons à la question des comités des industries de guerre... Dans la lutte pour la liberté politique, nous devons marcher en contact avec la bourgeoisie » : — ainsi parlait Emélianov. Peu importe que les comités des industries de guerre de Goutchkov ne songent nullement à mener la lutte pour la liberté politique. Le malheureux n'a pas compris que ces comités sont formés dans un tout autre but. Pourtant, ce ne serait encore qu'un demi-malheur. Mais le véritable, le grand malheur est en ceci que sous l'influence de la propagande menée pendant des années par les liquidateurs, il s'est trouvé d'assez considérables groupes d'ouvriers qui prêchent sérieusement au prolétariat de Russie l'idée de lutter en contact avec... Goutchkov pour la liberté politique. Lorsque nous sommes seuls, nous sommes impuissants; quand nous sommes avec Goutchkov, nous sommes puissants. Telle est la thèse de ces chefs de liquidateurs. Et ils ne remarquent pas qu'ils sont devenus tout simplement *des octobristes ouvriers*, qu'ils trahissent le mouvement ouvrier en le livrant aux complices de Stolypine le Pendeur.

« La classe ouvrière doit développer la lutte entre le gouvernement et elle-même, mais, dans cette lutte, elle a un allié des plus sérieux, qui est la bourgeoisie », — ainsi parlait un troisième liquidateur (délégué d'Aïvaz)... « Nous devons, en commun avec la bourgeoisie, renverser le bloc noir », — disait un quatrième liquidateur, Breïdo. C'est toujours la même idée d'une « opposition nationale » qui constitue un des trois grands principes de la tactique des liquidateurs. Cela vient de la même somme d'idées que Plékhanov développait récemment dans un article sur la ligne « montante » de la révolution — article qui plut tant à M. Izgoïev et en général à tous les impérialistes libéraux contre-révolutionnaires. « Vous dites que la révolution doit se développer selon une ligne « ascendante », c'est-à-dire que les ouvriers doivent d'abord aider les octobristes à se fortifier au préjudice des nationalistes; puis qu'ils devront aider la droite du parti cadet, au préjudice des octobristes; puis les cadets de gauche au préjudice de ceux de droite; puis les travaillistes, etc.? Eh bien, pour ce qui est des travaillistes et des autres, nous ne sommes pas tout à fait d'accord avec vous. Mais cela n'a pas d'importance. Ce n'est pas de cela qu'il s'agit aujourd'hui. Mais quant à votre appel aux ouvriers, les invitant à se serrer autour des octo-

---

(1) Qu'on se rappelle la résolution de la conférence menchéviste du printemps 1905, et surtout les commentaires des délégués caucasiens qui vinrent s'y joindre!

bristes et des cadets, nous y applaudissons. Cela, c'est une bonne affaire. S'il vous plaît d'appeler cela une « révolution » par ligne ascendante, nous ne discuterons pas, nous ne vous objecterons rien. Si vous prêchez tout cela « au nom de Marx », tant mieux : les ouvriers auront plus tôt fait de vous croire. C'est ainsi que la bourgeoisie a parlé de l'article de Plékhanov. Voilà ce qu'elle pensait aussi des discours de l'état-major des liquidateurs ouvriers.

« Là où la bourgeoisie est au pouvoir, elle revendique la liberté du développement de l'industrie et, dans ce sens, elle est une force progressiste... Il est pour nous indispensable de ne pas aider la réaction à triompher de la bourgeoisie. Nous devons dire maintenant de quel côté nous sommes : nous devons nous déclarer pour la bourgeoisie, à moins que nous ne soyons partisans d'un régime qui se meurt; nous devons montrer si nous sommes prêts à soutenir les revendications positives, progressistes de la bourgeoisie ou si nous y renonçons... En participant aux élections pour les comités des industries de guerre, les ouvriers montreront de quel côté ils entendent faire pencher la balance. » Ainsi a parlé Gvozdev. On ne sait si l'on doit rire ou pleurer à entendre de pareilles paroles. Les réactionnaires les plus pervers, les brigands de l'impérialisme, *par l'intermédiaire de leur agent direct* Goutchkov, cherchent à séduire les ouvriers, à les faire entrer dans les comités du tsar où l'on forge en réalité des chaînes contre toute liberté. Une partie des ouvriers se laissent prendre à cet hameçon et vont se jeter dans la gueule de la réaction. Et, en même temps, ces ouvriers déclarent d'un air important : *nous* soutenons la bourgeoisie d'opposition contre la réaction, *nous* mettons notre poids dans le plateau de la balance, *nous* avons notre politique prolétarienne indépendante, *nous* appliquons la tactique du marxisme, *nous*... etc. En vérité, on peut en rire, et l'on peut gémir.

Suivant la vieille tradition des liquidateurs, Gvozdev et Cie ont construit une théorie de « lutte pour le pouvoir » entre la bourgeoisie et la réaction là où, en réalité, des complices réglaient simplement entre eux quelques comptes sans importance. Ils n'ont pas remarqué une petite circonstance : ceci, que Goutchkov, loin d'être l'ennemi du tsarisme, en est le meilleur ami. L'attitude d'un « homme d'opposition » est indispensable à Goutchkov, entre autres choses pour mieux duper une partie des ouvriers. A un moment aussi critique que celui de 1915, pour un but d'aussi grande importance que celui d'entraîner les ouvriers vers la cause de « la défense nationale », les Goutchkov sont disposés à « gauchir » tant qu'on voudra.

A la réunion du 21 novembre, nous avons pu voir vraiment *in naturalibus* l'influence bourgeoise sur le prolétariat. Le vif Goutchkov, devant quelques dizaines d'électeurs ouvriers, dupait le vif Gvozdev et ceux qui se trouvaient avec lui. Nous avons vu l'influence de la bourgeoisie sur le prolétariat : c'était un grand *guignol*. Le pauvre petit goujon liquidateur va se jeter dans la gueule du brochet impérialiste et encore fait-il des grimaces de contentement : *nous* « poussons » la bourgeoisie à gauche, *nous* utilisons « la lutte pour le pouvoir » qui se livre entre le camp du progrès bourgeois et le camp de la réaction féodale...

Une partie des ouvriers liquidateurs a été dupée par Goutchkov et Cie; mais un certain nombre d'entre eux *voulaient être dupés*. Nous parlons de cette couche si mince en Russie de l'aristocratie ouvrière qui est achetée d'une façon ou d'une autre par la bourgeoisie, — laquelle lui accorde ou de hauts salaires, ou l'exemption du service militaire, ou des gratifications, des avantages, etc. Mais c'est déjà une autre histoire...

La vieille théorie des liquidateurs, l'appréciation donnée sur la bourgeoisie jadis et que les liquidateurs ont répandue pendant des années, a maintenant porté ses fruits. Elle a aidé Goutchkov à attirer une partie des ouvriers russes (1) et à les faire entrer dans les comités des industries de guerre. Cette théorie a été la partie essentielle de l'ancienne doctrine des liquidateurs; elle est devenue la partie essentielle du « nouveau » social-chauvinisme. Et ceci pour une raison très simple : parce que le social-chauvinisme, c'est la liquidation dans les circonstances de la guerre impérialiste.

A la réunion du 21 novembre, on voit que, dans l'idéologie des orateurs ouvriers, les deux autres grands « principes » de l'ancienne liquidation n'ont pas joué un moindre rôle : « La lutte pour la légalité » et « l'européisation ».

— « Nous faisons des tentatives pour sortir de notre situation clandestine... où nous étouffons tous », déclare Gvozdev. C'est le refrain de tous les « partisans », à commencer par Gvozdev et en finissant par Dann. *Contre l'action clandestine*, voilà la seule signification objective de tous ces discours. Et, bien entendu, cela non plus n'est pas un nouveau motif dans la propagande des liquidateurs, transformée en social-chauvinisme.

— « Les ouvriers de l'Europe occidentale ont compris les tâches du moment et ont adopté une position déterminée; mais nous en sommes empêchés, nous autres, par la droite comme par la gauche »; ainsi parle le délégué d'Aïvaz. En s'exprimant ainsi, il paraphrase simplement la déclaration qui a été faite par Potressov dans *Samozachtchita* : « Je ne crois pas à l'internationalisme oriental qui, soi-disant, fleurirait et sauverait l'honneur du socialisme, tandis que l'Occident se serait fané et plongé dans le crime » (page 18). « L'Europe », c'est Scheidemann et Renaudel. Liebknecht est sans doute un Asiatique; Hoeglund est un Asiatique aussi, mais Sudekum est un Européen, de même qu'Albert Thomas, de même que Branting. C'est une vieille histoire! Pendant de longues années, les

------

(1) D'après les calculs de la revue des liquidateurs, *Diélo* (août 1916), sur un nombre total de 239 comités régionaux et locaux, les élections n'ont eu lieu que pour 70 comités; et des représentants ouvriers n'ont été élus que dans 36 comités. (*Diélo*, n° 1, page 67). D'après ces chiffres, on voit combien les social-chauvins exagèrent quand ils affirment que tous les ouvriers russes se jettent à l'envi vers les comités des industries de guerre.

liquidateurs ont prêché aux ouvriers russes ce que l'on appelle
« l'européisme ». P. B. Axelrod a fait bourdonner toutes les oreilles
de cet « européisme ». Mais, sous ce mot, les liquidateurs ont toujours entendu invariablement : *l'opportunisme européen*. Voilà
tout. Et cela se répète aujourd'hui, en présence de la guerre.

Mais il serait inexact d'affirmer que les orateurs de la séance
du 21 novembre n'empruntent leurs maximes qu'à Potressov. Non,
ils mettent autant de soin à répéter ce qu'a déjà dit Tchkéïdzé.
Trois fois dans les discours revient le mot d'ordre du « salut du
pays ». Ce « salut » a tellement plu aux gens de Gvozdev qu'ils
l'ont même introduit dans leur résolution. Et ils mettent autant de
soin à répéter encore ce que leur ont enseigné pendant des années
Martov et Dann. Toutes les boutades contre « le boycottage »,
contre « les criailleries révolutionnaires », etc., vous les trouverez
en abondance dans les discours de ces orateurs. En résultat, nous
avons un amalgame des idées actuelles de Potressov, de Tchkhéïdzé,
de Maslov, de Martov, de Gvozdev, de Dann...

Les trois principes des liquidateurs ont été : le bloc avec la bourgeoisie libérale, la lutte pour un parti à ciel ouvert, l'européisme.
Les trois idées essentielles du social-chauvinisme, ce sont les mêmes
principes. Si $a + b + c = x$, et si $a + b + c = y$, il s'ensuit indiscutablement que $x = y$. Les trois principes de la liquidation sont également ceux du social-chauvinisme. De cela, il découle clairement
que le social-chauvinisme russe, c'est la liquidation, mais dans son
édition « de guerre ». Dans un étroit rapport avec les trois vieux
principes de la liquidation, on a construit la théorie de « la défense
de la patrie » dans la guerre actuelle, d'après la situation russe.
De là, l'on a conclu à la participation aux comités des industries
de guerre, c'est-à-dire à une franche trahison de la cause internationale. Les discours qui ont été prononcés le 21 novembre ont
montré le lien étroit qui existe entre le mouvement des liquidateurs
et le social-chauvinisme.

On écrit : isolation de la réaction. Il faut lire : soutien donné
à Goutchkov et, *par conséquent*, soutien donné à la réaction, services rendus au tsarisme.

On écrit : lutte pour la légalité. Il faut lire : participation aux
comités des industries de guerre qui préparent des munitions et
des projectiles, qui enrichissent les capitalistes et les usuriers, qui
aident le tsarisme à mener une ignoble guerre. On écrit : lutte pour
un parti à ciel ouvert. Il faut lire : trahison de l'action révolutionnaire clandestine, destruction de la révolution secrète.

On écrit : européisme. Il faut lire : opportunisme. On écrit :
pour la social-démocratie européenne. Il faut lire : pour Albert
Thomas et Albert Sudekum contre Karl Liebknecht et Z. Hoeglund...

Liquidation, opportunisme, social-chauvinisme sont une même
chose.

G. ZINOVIEV.

Octobre 1916.

La II° Internationale et le problème de la guerre
Renonçons-nous à notre héritage?

1. Deux époques dans la vie de la II° Internationale. Contre le tsarisme, contre l'impérialisme.

Les travaux préparatoires qui devaient amener la reconstitution de la II° Internationale ont eu lieu aux environs de 1885-1890. La renaissance de l'organisation internationale des travailleurs, — après la ruine de la I° Internationale, — se produit donc sur la ligne de démarcation de deux époques. Car les années 1880-1890 sont une période de crise et de transformation sous de nombreux rapports; c'est en ces années-là que s'ouvre l'ère de l'impérialisme moderne qui atteint son apogée au cours des dix premières années du XX° siècle.

L'histoire de la II° Internationale peut à son tour être divisée en deux périodes. La première va du congrès de Paris, de 1889 à peu près, jusqu'à celui d'Amsterdam (1904). La seconde période s'étend entre Stuttgart et Bâle.

Contre le tsarisme, — c'est le sens de l'action de la II° Internationale dans la première période de son développement. *Contre l'impérialisme*, — tel est le principal mot d'ordre de l'Internationale en sa seconde période.

Celui qui veut comprendre la lutte des tendances et l'évolution des opinions de la II° Internationale sur la question de la guerre doit examiner d'abord ce qui a été fait par le congrès de Zurich (1893), par celui de Stuttgart (1907), par celui de Bâle (1912), pendant la guerre balkanique (1912-1913).

1893, 1907 et 1912-1913, voilà les principales dates à noter si l'on veut juger de l'évolution des opinions de la II° Internationale. Zurich, Stuttgart et Bâle sont les principales étapes du chemin qu'elle a parcouru.

Pourquoi en 1893, à Zurich, la question de la guerre s'est-elle posée? Pourquoi le congrès de Zurich a-t-il été presque entièrement consacré précisément à cette question? Parce que, en 1891-1892, l'alliance franco-russe, — c'est-à-dire l'alliance de l'oligarchie française avec le tsarisme russe, était définitivement formée, et il semblait que la guerre européenne allait éclater dans le plus proche avenir.

Il faut se reporter à la situation d'alors pour bien comprendre le sens des événements qui se déroulèrent au congrès de Zurich.

Le début des années 1890 fut un moment décisif dans l'histoire de la politique étrangère des temps modernes. Les « grandes » puissances impérialistes, à dater de cette époque, mènent l'Europe à toute vapeur vers la guerre mondiale.

Quand on jette à présent un regard en arrière, on voit que l'ère de l'impérialisme moderne a commencé dans les années 1890 et

même dans les années 1880. Mais il ne faut pas oublier que notre
appréciation actuelle se base sur un aperçu rétrospectif. La génération des socialistes qui agirent dans les années 1880 et 1890 ne
pouvait encore juger du phénomène à peine esquissé ni concevoir
l'ampleur qu'il allait prendre. A présent, c'est-à-dire après trente-
cinq ans, nous voyons que la formation embryonnaire des deux
groupes essentiels, c'est-à-dire de la Triplice et, en particulier, de
l'alliance franco-russe qui se transforma en triple Entente, — a eu
lieu à titre de passage à l'impérialisme moderne. L'alliance de
l'Allemagne et de l'Autriche avait été conclue en 1878. En 1882,
cette double alliance devenait une Triplice. L'Italie se joignait à
l'Allemagne et à l'Autriche, obéissant à des considérations purement impérialistes (rivalité des impérialistes français et italiens au
sujet de Tunis). Mais au moment où les événements se produisaient,
le véritable caractère de ce nouveau groupement et la nécessité
fatale de la création d'un contre-groupe impérialiste des autres
« grandes » puissances, ne pouvaient encore être clairs. Marx mourut en 1883, c'est-à-dire après la formation de la Triplice. Et pourtant, ce génial penseur lui-même, qui possédait un don particulier
de prescience historique, n'avait pu remarquer l'approche d'une
nouvelle ère dans le développement du capitalisme moderne, —
de l'ère que nous appelons maintenant celle de l'impérialisme.

Engels lui-même, qui mourut douze ans après Marx, ne put
encore apercevoir l'impérialisme en tant que phénomène de l'époque, en tant qu'étape dans le développement du capitalisme. Les
années 1880 et 1890 furent, nous le répétons, des années de transition. Ce n'est qu'avec le début des *guerres* impérialistes que se dessine clairement le caractère de la nouvelle époque. La première
grande guerre impérialiste des temps modernes se produisit en
1894-1895, entre le Japon et la Chine. Or, Engels mourut en 1895.

La conclusion de l'alliance franco-russe ne pouvait pas ne pas
susciter les plus grandes inquiétudes dans le camp des socialistes,
des révolutionnaires, surtout parmi les social-démocrates révolutionnaires d'Allemagne. Que signifiait la conclusion de cette
alliance franco-russe? Elle voulait dire que la ploutocratie française, la réaction nationaliste française avait réussi à engager à son
service les hordes du tsar de Russie pour exécuter ses plans en
Europe, et, en premier lieu, pour engager la lutte contre l'Allemagne. Bismarck, en 1871, avait vaincu Napoléon III et annexé l'Alsace-Lorraine. Mais, jusqu'à ce moment-là, la France, jointe à la
Russie, avait opprimé pendant des dizaines et des dizaines d'années l'Allemagne, en l'empêchant de réaliser son unité nationale.
Cette oppression avait laissé une trace ineffaçable dans la psychologie du peuple allemand. Et il n'est pas du tout étonnant qu'*alors*
(en 1891), les révolutionnaires socialistes d'Allemagne aient sérieusement pesé le danger qui pouvait résulter pour leur pays de l'alliance franco-russe.

Il y a cela d'une part. Mais, d'autre part, l'alliance franco-russe signifiait aussi que le tsarisme se renforçait énormément aussi bien à l'intérieur que dans l'arène internationale. L'afflux des milliards français dans la Russie tsariste aidait la monarchie des Romanov à résoudre la crise intérieure. Et ce qui est plus grave, l'alliance franco-russe donnait un nouvel éclat à la politique étrangère du tsarisme. Dans une certaine mesure, par là même, la république française entrait au service de cette politique et tombait dans la dépendance du « gendarme international ».

Une question se posait : quelle devait être l'attitude des révolutionnaires socialistes devant ces événements?

Depuis longtemps, — depuis 1848, — Marx considérait *la Russie* comme le principal ennemi de la démocratie internationale. L'ancienne Russie du servage, qui avait écrasé la révolution hongroise, qui avait noyé dans le sang l'insurrection polonaise, la Russie réactionnaire qui avait joué le rôle d'une « prison des peuples » était bien en effet le principal ennemi de la démocratie, — jusqu'au moment où, dans la Russie même, commença à se former un mouvement révolutionnaire de masses.

Mais, au moment où l'alliance franco-russe se déclarait, le mouvement ouvrier des masses en Russie commençait à peine. La réaction dominait sans partage. Le début des années 1890 coïncide avec les belles journées du régime d'Alexandre III. Les Romanov et les Pobiédonostsev étaient tranquillement installés sur le dos de la Russie, goûtant les charmes tranquilles d'un cimetière. Sous la botte de la réaction gémissait le pays tout entier. A cette époque-là, la Russie de l'autocratie, en concluant une alliance avec les rois de l'or de la plus riche des « démocraties » de l'Europe occidentale, devait effectivement être considérée comme extrêmement dangereuse pour le socialisme.

La social-démocratie allemande présentait en ce temps-là une force déjà assez considérable. Elle comptait plus d'un million d'électeurs. Quelle position devait donc occuper le socialisme allemand devant le nouveau danger que présentait l'alliance franco-russe qui créait une nouvelle situation politique entre les peuples? Cette question se posa pour Frédéric Engels; elle se posa pour tous les révolutionnaires socialistes, peu de temps avant le congrès de Zurich de la IIe Internationale.

Deux ouvrages de Frédéric Engels, *Le Socialisme en Allemagne* et *La Politique étrangère du Tsarisme* ont été écrits à peu près à cette époque et sont liés par une unique pensée.

Engels continue à voir précisément dans le tsarisme l'appui de toute la réaction européenne, la principale base de la contre-révolution. Il croit à de grandes luttes révolutionnaires prochaines en Occident et ne doute pas que, devant la menace d'une révolution prolétarienne, *tous* les gouvernements européens — sans en excepter l'Allemagne — ne se jettent dans les bras du tsarisme, comme de la seule force qui puisse sauver « l'ordre ».

Malgré toutes les querelles qu'ils ont pu avoir avec le tsar au sujet de Constantinople, les gouvernements européens réactionnaires, à un certain moment, pourront bien jeter en proie au tsarisme et Constantinople, et le Bosphore, et les Dardanelles, et tout ce qu'il voudra, pourvu qu'il les défende contre la révolution.

Voilà ce qu'écrit Engels dans son article *La Politique étrangère du Tsarisme.*

« Que se passera-t-il cependant si *aucune* révolution européenne *ne* se produit et si, au lieu de cela, la Russie alliée à la France tombe sur l'Allemagne? Quelles seront les conséquences d'un pareil événement pour le sort du mouvement socialiste allemand »?

« On peut, dans tous les cas, assurer une chose » — remarque Engels à ce sujet. — « Ni le tsarisme russe, ni la république bourgeoise française, ni même le gouvernement allemand ne laisseront se perdre une pareille occasion pour étouffer le seul parti qui soit le vrai grand ennemi des trois puissances », c'est-à-dire pour étouffer la social-démocratie. (*Le Socialisme en Allemagne.*)

Que doit donc faire le prolétariat allemand, que doit faire la social-démocratie allemande? Défendre les junkers de Prusse, soutenir « son » gouvernement? Non, c'est inadmissible! Faudra-t-il regarder simplement et se taire lorsque les troupes du tsar de Russie et de la bourgeoisie française envahiront l'Allemagne? Non, pour des socialistes, cela aussi est inadmissible. Engels propose une solution tout à fait différente : le prolétariat allemand devra renverser son propre gouvernement et mener la guerre *révolutionnaire* contre le tsarisme en s'unissant avec les ouvriers français pour la lutte commune.

« La guerre pendant laquelle des Russes et des Français envahiront l'Allemagne deviendra pour celle-ci une lutte où il sera question de vie ou de mort. Dans cette lutte, notre pays ne peut sauver son existence nationale qu'en appliquant *les mesures révolutionnaires*... Nous avons un parti très fort... C'est le parti social-démocrate. Et nous n'avons pas oublié le grand exemple que nous a donné la France en 1793. Le centenaire de 1793 est proche... » Il faut montrer que « les prolétaires allemands d'aujourd'hui ne le cèdent en rien aux sans-culottes d'il y a cent ans; il faut montrer que l'année 1893 peut se mesurer avec 1793. »

Les social-chauvins d'Allemagne se reportent maintenant assez souvent à ces paroles d'Engels en affirmant qu'en 1914 ils ont agi précisément comme Engels leur conseillait d'agir au début des années 1890. Mais ils disent cela tout simplement... pour jeter de la poudre aux yeux. Nous n'insisterons pas sur ce fait que la guerre d'aujourd'hui *n'est pas du tout celle* qu'Engels envisageait. Nous demandons seulement : Pourquoi donc les social-chauvins d'Allemagne n'ont-ils pas renversé leur gouvernement? Pourquoi n'ont-ils pas recouru « aux mesures les plus révolutionnaires? » Un petit détail les sépare d'Engels. Lui parlait d'une guerre *révolutionnaire*. Eux soutiennent une guerre *contre*-révolutionnaire. Lui parlait de la méthode des sans-culottes c'est-à-dire des plus grands révolutionnaires de leur temps. Eux suivent la méthode des impérialistes, c'est-à-dire des pires réactionnaires de leur époque (1).

Par rapport à l'empire allemand, la république française *peut* dans certaines conditions représenter la révolution bourgeoise, écrivait Engels. Mais par rapport à une république qui se trouve au service du tsar, le *socialisme* allemand représente indiscutablement la révolution prolétarienne.

La conclusion est claire. *Quand* le prolétariat allemand aura renversé le gouvernement allemand et pris le pouvoir, mais *alors seulement*, il représentera dans la guerre contre l'alliance franco-russe réactionnaire — la révolution prolétarienne. Il déclarera la guerre révolutionnaire au tsarisme comme à la république de Rouvier — au nom de la révolution prolétarienne. Il transportera la propagande révolutionnaire également en France, agissant selon la méthode de 1793. Il sauvera l'Allemagne de l'écrasement dont elle sera menacée par les troupes du tsar et de la république bourgeoise. Mais il ne fera cela qu'*après* avoir sauvé l'Allemagne de ses propres junkers et de sa bourgeoisie, *après* avoir recouru « aux mesures les plus révolutionnaires » à l'intérieur du pays.

En parlant ainsi, Engels, sans aucun doute, continuait, dans une situation nouvelle, la tradition de Marx, la tradition de la *Nouvelle Gazette du Rhin* (2) qui avait appelé en 1848 à la guerre *révolutionnaire* contre le tsarisme.

Et telles étaient bien les opinions de l'élite de la social-démocratie allemande à cette époque; telles étaient par exemple les idées d'Auguste Bebel et de Wilhelm Liebknecht.

On sait qu'en cette même année 1891, l'opportuniste allemand Vollmar fit paraître un programme achevé de social-chauvinisme. Nous entendons par là les fameux discours qu'il prononça à Munich en juin et juillet 1891 (3). Dans ces discours, Vollmar déclarait ouvertement : « *Nous autres* (social-démocrates allemands) *devons soutenir la Triplice* »; « dès le moment où notre pays serait atta-

---

(1) On peut en dire autant des procédés des social-chauvins français. Guesde, Sembat, Hervé sont assez disposés à prétendre qu'ils agissent précisément dans l'esprit de 1793. Mais une pareille affirmation n'est qu'un cynique abus de la vérité. Quand on lèche la main sanglante de Nicolas II (voir la visite d'Albert Thomas), quand on se laisse emprisonner comme otages dans un ministère de la ploutocratie française, cela ne veut pas dire que l'on agit selon l'esprit de 1793. Un impérialiste français, le comte de Fels, avait parfaitement raison quand il a dit que « le chef-d'œuvre » de la politique bourgeoise avait été ce procédé des impérialistes français qui obligèrent « l'opposition » (Guesde, Sembat et les autres) à prendre place dans un ministère et à prendre la responsabilité de la guerre actuelle...

(2) *Neue Rheinische Zeitung.*

(3) Georg von Vollmar, *Uber die nächsten Aufgaben der deutschen Sozialdemokratie,* zwei Reden, gehalten am 1 Juni und 6 Juli 1891 im « Eldorado » zu München. München 1891, M. Ernst.

qué, il n'y aurait plus en Allemagne qu'*un seul* parti, et nous autres, social-démocrates, ne serions pas les derniers à faire notre devoir ».

Bebel et Liebknecht s'élevèrent résolument contre Vollmar, et à la conférence du parti qui se tint à Erfurt, caractérisèrent sa politique comme celle d'un nationalo-libéral (1).

Vollmar accusait alors Engels et Bebel « d'appeler » la guerre, de prêcher la guerre, de vouloir la guerre. « Quand on prêche inlassablement sur la nécessité fatale de la guerre et que l'on ajoute chaque fois que cette guerre sera la dernière, que, dans cette guerre, l'humanité s'affranchira de toute les souffrances et de toutes les calamités, on appelle fatalement cette supposition que l'homme qui parle ainsi *désire* cette guerre » (2). C'est ainsi que Vollmar interprétait l'idée de la guerre révolutionnaire contre le tsarisme que défendaient Engels et Bebel.

« C'est ainsi que l'on arrive au socialisme *nationalo-libéral*; c'est ainsi que l'on introduit la tactique nationalo-libérale dans le parti social-démocrate », répond Bebel à Vollmar... « Il est faux que Liebknecht et moi (Bebel) ayons occupé dans la question de la Triplice une position comme celle de Vollmar... *Sur la situation européenne, entre moi et Engels domine*, comme le prouve notre correspondance continue, *une conformité d'opinion des plus frappantes...* » (3).

Telle était la position non seulement des social-démocrates révolutionnaires d'Allemagne, mais — ce qui, dans le cas présent, a une importance particulière — celle aussi des social-démocrates révolutionnaires *de Russie*. Plékhanov qui représentait alors la social-démocratie révolutionnaire russe, fut son rapporteur au congrès de Zurich. Et, dans son discours, il disait littéralement ce qui suit :

Quand l'armée allemande passera notre frontière (de Russie), elle sera pour nous une libératrice comme les Français du temps de la Convention, il y a cent ans, furent des libérateurs quand ils vinrent en Allemagne pour apporter la liberté au peuple après avoir vaincu les rois.

On nous dit que le danger russe n'est pas si grand. Mais avez-vous oublié que le tsarisme russe s'est uni avec votre bourgeoisie (Plékhanov à ce moment s'adresse aux Français), que c'est lui qui étouffe la Pologne? Comment donc la France peut-elle ainsi oublier son passé révolutionnaire ?...

Il n'existe pas, dites-vous, de danger russe ! Mais demandez donc aux délégués de la Hongrie, de la Bulgarie, de la Serbie, quel danger les menace du côté du tsarisme russe !

Plus nos amis allemands attaquent le tsarisme russe, plus nous leur sommes reconnaissants. Bravo, mes amis, battez le tsarisme, trai-

---

(1) Voyez les procès-verbaux d'Erfurt, 1891, pages 173, 207, 210.

(2) Ibidem, pages 185, 187.

(3) Ibidem, pages 275, 283.

nez-le au banc des accusés le plus souvent possible, frappez-le par tous les moyens dont vous pouvez disposer ! (1)

Nous voyons que Plékhanov, en 1893, pose la question tout comme Engels avec lequel se solidarisait alors complètement Bebel. Plékhanov, bien entendu, parlait aussi, déjà, d'une guerre *révolutionnaire* de l'Allemagne contre la Russie de l'autocratie. *Contre le tsarisme !* A ce mot d'ordre se ralliait toute la social-démocratie révolutionnaire internationale, en 1893; d'après ce critérium s'orientait alors l'Internationale.

Nous avons cité les déclarations « défaitistes » en leur genre de Plékhanov au congrès de Zurich, mais non pas pour le compromettre devant ses amis d'à présent, les Menchikov, les Struhve, les Tikhomirov. Nous ne les avons pas citées non plus pour affirmer que, prises littéralement, elles seraient encore justes aujourd'hui. En 1914, pas un révolutionnaire socialiste de Russie ne pourrait répéter pareille invitation à l'adresse des Allemands. Ni à Stuttgart (1907), ni à Bâle (1912), aucun des socialistes russes n'a adressé de pareils appels aux Allemands. La Russie qui a passé par 1905 n'est pas du tout celle qu'on connaissait en 1893. Avant même le début de la guerre de 1914, Pétrograd venait encore de voir des barricades élevées par le prolétariat révolutionnaire de la capitale. D'autre part, dans l'Allemagne d'aujourd'hui, il est impossible d'en appeler à 1793. Dans l'Allemagne d'aujourd'hui, il faut parler d'un nouveau 1871, d'une insurrection dans le genre de la Commune de Paris, d'une révolution *prolétarienne* ayant pour but de renverser la bourgeoisie et d'établir le régime socialiste. Si le prolétariat allemand, au début de 1914, avait renversé les junkers et la bourgeoisie, s'il avait réalisé aussitôt par la voie révolutionnaire une série de mesures socialistes, il aurait pu alors, et seulement dans ce cas, apporter « à la pointe des baïonnettes » la liberté et le socialisme aux autres pays. Le gouvernement du prolétariat allemand aurait dû alors proposer aux adversaires de l'Allemagne une paix immédiate. Et si cette paix n'avait pas été acceptée, la classe ouvrière, dans ce cas, aurait pu « à la pointe des baïonnettes » apporter la liberté et le socialisme aux autres pays. Le gouvernement du prolétariat allemand aurait dû, alors, proposer à l'Allemagne de faire une paix immédiate. Et si cette paix n'avait pas été acceptée, la classe ouvrière d'Allemagne aurait dû faire la guerre aux classes dirigeantes des pays en cause — une guerre qui aurait pu, dans le sens stratégique, être une offensive, mais qui, dans le sens *historique*, aurait été une *juste* guerre de défense. Et seulement alors les prolétaires russes, français, anglais, auraient pu, reprenant les paroles prononcées par Plékhanov en 1893, dire aux prolétaires allemands : « Quand l'armée allemande (c'est-à-dire l'armée allemande *révolutionnaire*, une armée marchant sous les drapeaux des Liebknecht

---

(1) Procès-verbaux du congrès international de Zurich de 1893, édition allemande, page 30.

et des Hohenzollern) passera notre frontière, elle viendra à nous comme une émancipatrice ».

Cette circonstance que Plékhanov pouvait, au congrès de Zurich de 1893, avec l'assentiment général des socialistes de tous les pays, prononcer un pareil discours, caractérise un moment bien déterminé dans l'histoire du socialisme international. A cette époque, *le tsarisme* était le principal ennemi. Alors toute l'Internationale pouvait s'unir sous ce seul mot d'ordre : *contre le tsarisme!* En 1907, 1912, 1914, c'était déjà impossible. Le mot d'ordre de l'Internationale ne devait plus dès lors être dirigé contre le tsarisme, mais, avant tout, *contre l'impérialisme!*

Pendant soixante ans, l'élite des révolutionnaires d'Allemagne a prêché au peuple allemand une juste haine contre le tsarisme. Depuis l'époque de la *Nouvelle Gazette du Rhin* de Marx, l'appel à la lutte « contre le tsarisme » ne cesse de retentir aux oreilles des ouvriers allemands. Et voici que maintenant, lorsque la guerre de 1914 a éclaté, les social-chauvins allemands, qui sont passés dans le camp de l'impérialisme, *ont exploité* sciemment cette haine révolutionnaire des prolétaires allemands contre le tsarisme sanglant. Ils *ont utilisé* cyniquement le vieux mot d'ordre « contre le tsarisme » pour s'en couvrir et forcer les ouvriers allemands à verser leur sang dans l'intérêt de l'impérialisme germanique. De militants révolutionnaires contre le tsarisme, les anciens social-démocrates allemands ont maintenant dégénéré en défenseurs de « leur » impérialisme. Mais leurs ennemis, qui sont aussi leurs amis, du camp russo-anglo-français ne sont pas en reste à leur égard. D'anciens militants révolutionnaires contre le tsarisme, ils sont à leur tour devenus des défenseurs réactionnaires du régime autocratique. Et à leur tête se trouve ce même Plékhanov qui, en 1893, appelait les Allemands à apporter, à la pointe des baïonnettes, la liberté à la Russie; ce même Plékhanov, qui, en 1914, a déclaré que le tsar faisait « une guerre juste, indispensable » et que « les revendications de la Russie en faveur de la Serbie étaient presque (!) identiques à celles de l'Internationale social-démocrate »! (Recueil *La Guerre*, p. 19, 25, 32).

Tel est le chemin qui a été parcouru par une portion déterminée de la IIe Internationale en vingt ans, de 1893 à 1914.

La social-démocratie révolutionnaire de Russie n'invite plus maintenant les Allemands à nous apporter la liberté avec leurs baïonnettes germaniques. Le prolétariat révolutionnaire de Russie est maintenant lui-même le plus important des facteurs de la révolution européenne qui mûrit. Maintenant, au nom de notre parti, nous avons pu écrire en octobre 1915, ce qui suit :

Si l'on nous demande ce que ferait le parti du prolétariat, dans le cas où la Révolution le placerait au pouvoir pendant la guerre actuelle, nous répondons : Nous proposerions la paix à *tous* les belligérants sous condition d'un affranchissement des colonies et de *tous* les peuples dépendants, opprimés, ne jouissant pas de tous leurs droits. Ni

l'Allemagne, ni l'Angleterre avec la France n'accepteraient, sous les
gouvernements actuels, ces conditions. Alors nous devrions préparer
et mener la guerre révolutionnaire, c'est-à-dire que non seulement nous
exécuterions complètement, par les moyens les plus décisifs, tout notre
programme minimum, mais nous entreprendrions systématiquement de
soulever toutes... les colonies et tous les pays dépendants de l'Asie...,
et en même temps, et même avant tout, nous susciterions le soulèvement du prolétariat socialiste de l'Europe. (*Social-Démocrate*, n° 47,
Quelques Thèses de la rédaction).

Mutatis mutandis, c'est ainsi qu'auraient dû parler les social-
démocrates révolutionnaires allemands au début de la guerre. *Cela
seulement* aurait été une véritable application des idées d'Engels
à une situation modifiée.

Le représentant des social-démocrates révolutionnaires d'Allemagne, le camarade Junius a tout à fait raison lorsqu'il dit :

Engels, quand il écrivait (ce que nous avons cité plus haut) avait
en vue une situation tout à fait différente de celle d'aujourd'hui. Il
avait encore devant lui la vieille Russie tsariste... En outre, il envisageait une guerre de véritable défense nationale de l'Allemagne attaquée,
résistant à deux ennemis qui lui porteraient simultanément des coups...
Enfin, il surestimait la maturité des conditions en Allemagne, il s'exagérait les perspectives de révolution sociale... Mais, avec tout cela, ce
qui ressort clairement des paroles d'Engels, c'est que, par défense nationale entendue dans le sens d'une politique social-démocrate, il ne
voulait pas du tout dire qu'on soutiendrait le régime militariste des
junkers prussiens et de leur état-major ; il voulait parler d'une action
révolutionnaire d'après l'exemple qui fut donné par les jacobins français (1).

Junius se trompe quand il dit plus loin qu'en 1914, comme programme révolutionnaire de guerre, les social-démocrates allemands
auraient dû lancer « le programme national des patriotes et des
démocrates de 1848, de Marx, d'Engels, de Lassalle; qu'ils auraient
dû proclamer le mot d'ordre d'une grande république allemande ».
C'est faux, car, actuellement, on ne peut se borner à réclamer simplement la république; il aurait fallu inscrire ouvertement sur le
drapeau : *le socialisme, la révolution socialiste*. Junius abuse d'une
terminologie périmée quand il dit que « c'était là le drapeau... qui
aurait paru véritablement national » (p. 88). Dans cette terminologie de Junius, nous entendons les derniers et faibles échos des idées
que l'on comprenait encore en 1891-1893, mais qui ne peuvent plus
être mises en avant aujourd'hui.

Pourtant, les véritables continuateurs de l'œuvre d'Engels en
Allemagne sont précisément aujourd'hui les camarades Junius,
Liebknecht, Rosa Luxembourg, Borchardt, *Ils* continuaient, dans
une nouvelle situation, à défendre la tactique révolutionnaire qui
a été celle des marxistes orthodoxes, en 1893, au congrès de Zurich,
de même que, dans une nouvelle situation, notre parti défend la
même tactique sur le terrain russe. Celui qui est capable de réflé-

---

(1) *Die Krise der Sozial-Demokratie*, von Junius, 1916, pages 87, 88.

chir verra qu'en luttant contre l'opportunisme de la II· Internationale, nous ne biffons pas toute son histoire, nous ne déclarons pas que son activité de vingt-cinq ans n'a été qu'un simple malentendu. Nous découvrons que, dans la II· Internationale, il y a toujours eu deux courants, qu'à la fin de la II· Internationale, l'opportunisme a pris le dessus et qu'il a amené le krach de cette organisation. Et nous continuons la besogne de son aile marxiste, mais dans une nouvelle situation.

II. *La guerre et la grève générale*

La question de la lutte contre l'alliance franco-russe qui venait de se former, contre le danger du tsarisme, la nécessité d'une résistance *internationale* au tsarisme sanglant, voilà ce qui déterminait *un côté* des débats qui eurent lieu au congrès de Zurich. Une autre question se posait : *comment* fallait-il lutter contre la guerre prochaine? Et c'est alors qu'intervint, avant tout, le prôblème de la grève générale : on se demanda si le mouvement ouvrier dans les principaux pays avait atteint le niveau où les socialistes seraient en état d'empêcher la guerre par le moyen de la grève générale.

La question se posait à Zurich précisément de ce côté purement pratique. Il est très important de le remarquer. Les préjugés de principe contre la grève générale, causés par l'influence de l'anarchie qui dénaturait l'idée même de grève, se faisaient, bien entendu, sentir. Mais quand on rejette les motifs anarchistes, quand on étudie attentivement les arguments des principaux orateurs du congrès, on voit clairement qu'en 1893 la question d'une grève des masses révolutionnaires, pour l'élite des socialistes, consistait à savoir si cette grève était réalisable dans l'état actuel des forces des partis ouvriers. L'élite des socialistes ne déclarait pas que la grève révolutionnaire des masses était « de l'anarchie », elle ne luttait pas contre elle en indiquant la nécessité pour les socialistes de « défendre la patrie » dans n'importe quelle guerre. Ces social-démocrates se demandaient seulement si nous étions assez forts pour recourir immédiatement à une lutte ouverte des masses révolutionnaires.

Deux résolutions furent présentées à la commission du congrès de Zurich. L'une émanait des Hollandais, à la tête desquels se trouvait le fameux Domela Nieuwenhuis. L'autre venait des Allemands, de Bebel et de Liebknecht.

Le projet des Hollandais, dans sa forme définitive, disait ceci :

Prenant en considération que le prolétariat n'est en aucun cas intéressé aux oppositions d'intérêts nationaux et qu'au contraire ses oppresseurs seuls y sont intéressés ;

Que toutes les guerres modernes sont exclusivement suscitées par la classe des capitalistes poursuivant ses propres intérêts, et qu'elles lui sont un moyen de briser le mouvement révolutionnaire et de fortifier la domination de la bourgeoisie, en se basant sur l'exploitation la plus éhontée ;

Que pas un gouvernement ne peut se justifier en prétendant qu'on l'a provoqué à faire la guerre, car, en réalité, la guerre est le résultat de la volonté internationale du capitalisme ;

Le congrès déclare que les ouvriers socialistes entraînés dans les guerres nationales doivent répondre à la déclaration de guerre des gouvernements par le refus des réservistes de se présenter au service militaire (grève militaire), par la grève générale, en particulier dans les branches de la production qui se rattachent à la guerre, et par un appel aux femmes pour qu'elles retiennent au foyer leurs maris et leurs fils.

D'autre part, le projet des Allemands était formulé de la manière suivante :

L'attitude des ouvriers vis-à-vis de la guerre est nettement dessinée dans la résolution du congrès de Bruxelles sur le militarisme. La social-démocratie révolutionnaire internationale doit lutter par tous les moyens, dans tous les pays, contre les appétits chauvins des classes dirigeantes. Elle doit arriver à obtenir que les liens de solidarité entre les ouvriers de tous les pays se resserrent, elle doit lutter infatigablement pour la destruction du capitalisme qui a divisé l'humanité en deux camps ennemis et qui pousse les peuples l'un contre l'autre. Avec la destruction de la domination de classe disparaîtra aussi la guerre. Le renversement du capitalisme marquera l'établissement de la paix sur la terre.

Tous les débats au congrès furent menés autour de la résolution de Nieuwenhuis. Les Allemands, dans leur projet, avaient exprimé des vérités communément admises. Seul, Nieuwenhuis proposait des nouveautés.

Dans sa manière de poser la question, il y avait sans aucun doute bien des éléments d'anarchisme simplifié. Ses arguments étaient sans vie, ils rendaient un son abstrait lorsque, comme plus tard Hervé, — quand celui-ci était encore « hervéiste », — il affirmait que, pour les ouvriers, il était indifférent que la France appartînt à l'Allemagne ou l'Allemagne à la France. Une bonne partie de ses propositions pratiques ne résistait à aucune critique, même du point de vue de la simple utilité rationnelle. Pour l'application de son propre plan, il n'était pas avantageux que les réservistes refusassent de répondre à l'ordre de mobilisation, car on aurait ainsi privé l'armée de ses éléments les plus conscients et on aurait laissé sans armes les militants populaires les plus résolus. Il exprimait des idées vraiment naïves, enfantines, sur la révolution sociale.

Par quels arguments les marxistes répliquèrent-ils à Nieuwenhuis au congrès de Zurich? Fournirent-ils la théorie d'une « défense de la patrie » dans n'importe quelle guerre comme le font à présent les social-chauvins? Défendirent-ils la politique de « la paix civique », de l'union sacrée, pendant la guerre? Dirent-ils (comme Kautsky en 1915) que, pendant la guerre, la lutte de classes doit être suspendue et que les social-démocrates doivent agir d'après la formule : « La lutte pour la paix, la lutte de classes *pendant la paix* »?

Rien de pareil!

Tous les marxistes, comme nous l'avons déjà noté, répliquèrent en se plaçant surtout au point de vue de la possibilité pratique d'une grève en l'état où se trouvait alors le mouvement ouvrier (en 1893).

Plékhanov fut le rapporteur de la commission du congrès.

Les motifs qui nous ont amenés à repousser la résolution des Hollandais sont les suivants : la grève générale n'est pas réalisable sur le terrain de la société actuelle, car le prolétariat n'a pas les moyens de la faire, disait Plékhanov. D'autre part, si nous avions la possibilité de faire la grève générale, cela signifierait que le pouvoir économique se trouve déjà entre les mains du prolétariat, et alors la grève générale ne serait plus qu'une ridicule platitude (*eine lächerliche Plattheit*) (1).

De cette déclaration fondamentale de Plékhanov, comme de tous les débats qui suivirent, il résulte clairement que dans les discussions d'alors sur la lutte contre la guerre, l'attitude à prendre à l'égard de la grève générale jouait un rôle de première importance.

On sait que l'opinion de la II° Internationale sur le problème de la grève générale a beaucoup évolué. Il fut un temps où la II° Internationale, par une grande erreur, rejetait la grève générale en principe; en ce temps-là, presque toute la social-démocratie internationale se plaçait au point de vue qui est exprimé dans le fameux aphorisme de l'opportuniste Auer : « *Generalstreik ist Generalunsinn* » (La grève générale est un non-sens général). Les anarchistes avaient mal posé la question : leur phraséologie « révolutionnaire », plus que légère, l'opposition absolument fausse qu'ils établissaient entre la grève générale et la lutte politique (notamment le parlementarisme), leurs idées enfantines sur la grève générale considérée comme un moyen d'arriver d'un seul coup au socialisme — tout cela renforçait seulement les préjugés que l'on pouvait avoir sur la grève générale dans la social-démocratie internationale. Mais la raison principale de l'attitude négative que l'on avait adoptée à cet égard, c'était pourtant *la faiblesse relative du mouvement ouvrier* à cette époque dans les plus importants pays. Il fallut encore bien des années pour que l'on arrivât à une meilleure solution. Déjà, au congrès d'Amsterdam (1904), on peut noter une nouvelle attitude de la social-démocratie internationale sur la question de la grève générale (ou grève de masses). Au congrès de Stuttgart (1907), cela devient encore plus évident. Entre Amsterdam et Stuttgart s'est produite la révolution russe. En 1905, toute la social-démocratie mondiale avait vu par expérience *comment cela se pratique*. En 1906, à la conférence du parti (Iéna), l'idée d'une grève politique de masses remporte une grande victoire.

---

(1) Procès-verbaux du congrès de Zurich, 1893, p. 20.

Sur le rapport de Bebel, la social-démocratie allemande qui avait résisté plus que toutes autres à l'idée de la grève générale, introduit cette arme dans son arsenal tactique (1).

La social-démocratie internationale a certainement purifié l'idée de la grève générale des altérations qu'y avait introduites l'anarchisme. Elle a accepté la grève comme *instrument* de lutte politique et non comme un procédé excluant « la politique ». Elle l'a adoptée comme *un des moyens* de la lutte prolétarienne — *à côté* d'autres plus violents (l'insurrection) et d'autres moins décisifs (le bulletin électoral). Mais enfin *elle l'a acceptée*. Et cela ne pouvait pas ne pas donner un nouveau caractère aux idées ultérieures de la social-démocratie internationale sur la lutte à mener contre la guerre.

On compare souvent les internationalistes d'aujourd'hui, « qui n'acceptent pas » la guerre de 1914-1916, — Karl Liebknecht en Allemagne, les bolchéviks en Russie, — on les compare dans un but de polémique avec Domela Nieuwenhuis et Hervé (ancienne manière). C'est un bien mauvais procédé de polémique! Il n'y a pas de ressemblance même extérieure entre les uns et les autres. La position des internationalistes d'aujourd'hui est aussi peu pareille à celle de Nieuwenhuis et d'Hervé (ancienne manière) que l'opinion de l'Internationale sur la grève politique de masses ressemble peu, depuis la Révolution russe, aux idées à l'ancienne mode des anarchistes sur la grève générale. Les différences sont aussi grandes.

Mais revenons aux débats qui nous intéressent, à ceux du congrès de Zurich.

Nous avons dit qu'un des arguments des adversaires de Nieuwenhuis consistait à indiquer non pas que tout socialiste, en toute circonstance, est tenu de défendre sa patrie, mais bien que le plan de grève générale était pratiquement irréalisable en raison de l'insuffisance des forces constituées par les ouvriers avancés.

Le premier qui prit la parole après Nieuwenhuis commença précisément par dire cela. « La proposition hollandaise est irréalisable, c'est pourquoi nous nous prononçons contre elle », déclare le délégué hongrois Zalkai (p. 24). Et la même idée se retrouve littéralement dans tous les discours. Wilhelm Liebknecht dit ceci : « Le délégué hongrois a déjà déclaré qu'il voterait pour la proposition hollandaise si elle était réalisable... Si le parti social-démocrate en Europe et dans le monde entier était capable de faire une pareille grève, nous aurions en Europe un régime sous lequel aucune guerre ne serait possible. Nous n'en sommes pas encore arrivés là. Nous avons beaucoup travaillé, à la sueur de notre front; bien des militants ont sacrifié leur vie, mais nous sommes encore loin du but; le plus difficile reste à faire. » (p. 24). Victor

____

(1) Ce qui n'empêcha pas, remarquons-le tout de suite, la social-démocratie allemande d'annuler pratiquement sa décision presque aussitôt, principalement sous la pression des leaders opportunistes des syndicats.

Adler déclare que les propositions des Hollandais sont « irréalisables », que « nous ne voulons pas surestimer nos propres forces et sous-estimer celles de l'adversaire ». Et s'adressant aux Hollandais, il remarque : « Vous pouvez nous considérer comme de mauvais révolutionnaires, mais, lorsque le temps viendra, lorsque nous en serons au moment *décisif*, on verra bien ceux qui sont prêts à agir... Nous autres, socialistes, personne ne peut nous détruire, — sauf nous-mêmes » (p. 25, 26) (1).

Au nom des Anglais, Aveling, aux applaudissements du Congrès, déclare : « Les Anglais sont d'accord avec le développement de la pensée contenue dans la résolution hollandaise; nous sommes tous d'accord là-dessus. Il ne s'agit que de la manière d'appliquer ce programme » (p. 27).

Héritier, au nom des Suisses, déclare : « L'esprit de la résolution hollandaise m'est également sympathique, mais je reconnais qu'elle est inapplicable » (p. 27).

Turati, au nom des socialistes italiens, dit ceci : « La résolution hollandaise est toute pénétrée d'un noble sentiment, mais son application est actuellement impossible. Nous devrions en différer la réalisation jusqu'au jour où nous disposerons du pouvoir, mais alors elle ne serait plus nécessaire. » En ce moment, « la grève générale amènerait une fusillade, une exécution générale de tous les grévistes ».

Le plus important argument de Plékhanov (rapporteur) contre la grève générale est aussi purement pratique; il se base sur l'état du mouvement ouvrier international dans le moment actuel :

La grève militaire désarmerait d'abord les peuples civilisés et livrerait l'Europe occidentale sans défense aux Cosaques de Russie. Le despotisme russe anéantirait toute notre culture, et au lieu de la liberté prolétarienne, dont la grève militaire devrait être la brillante manifestation, nous verrions s'installer l'oppression de la Russie, le régime du knout. (2)

Il y a un quart de siècle, la situation était telle que de pareilles considérations avaient un sens. Trop différent était l'état des choses dans les différents pays. Trop différent était le niveau du mouvement ouvrier dans les divers Etats. En Russie, le mouvement ouvrier ne faisait que commencer. *A cette époque-là*, les motifs de Plékhanov étaient acceptables.

---

(1) Ces derniers mots d'Adler peuvent être considérés comme prophétiques. Voici dans quel sens : les socialistes ne peuvent être détruits par personne, si ce n'est par eux-mêmes. En 1893, Adler craignait qu'une manifestation *prématurée* des socialistes ne les amenât à se détruire eux-mêmes. Un quart de siècle s'est écoulé. La social-démocratie a grandi, elle est devenue un parti de millions d'hommes. Le « moment décisif » est venu et il s'est trouvé que la IIe Internationale a, au contraire, péri par défaut d'action... La bourgeoisie ne peut pas anéantir ou affaiblir pour longtemps le socialisme; les gouvernements ne le peuvent pas non plus; mais les Scheidemann, les Sudekum, les Vandervelde, les Renaudel, les Hyndman, les Legien, les Plékhanov y ont réussi.

(2) Procés-verbaux, p. 21.

Exactement de la même manière, Jules Guesde posait la question, lui qui était alors, sans aucun doute, un révolutionnaire marxiste, le propagateur des idées du marxisme sur le terrain français.

Immédiatement après le congrès de Bruxelles qui avait précédé celui de Zurich et dans lequel le Hollandais Nieuwenhuis avait formulé les mêmes propositions, Jules Guesde écrit :

La grève générale que les Hollandais ont proposée (ces mêmes Hollandais qui ont reconnu n'avoir pu organiser même une grève partielle pour le 1er mai) serait, si elle était réalisable, le plus grand des crimes contre le socialisme. Car cette grève qui ne s'étendrait fatalement qu'aux pays ayant un fort parti socialiste, livrerait ces pays à des États ennemis tels que la Russie où le parti socialiste est encore à créer et où, par conséquent, aucune grève ne peut empêcher la mobilisation et l'offensive de l'armée tsariste.

Désarmer l'Occident socialiste devant la barbarie asiatique, tel serait l'inévitable résultat de la tactique anarchiste de Domela. Voilà pourquoi — et *exclusivement* pour cette raison — cette tactique a été rejetée (1).

A ces paroles de Guesde, nous voyons bien clairement que le mot d'ordre « contre le tsarisme » déterminait à cette époque toute la tactique internationale des révolutionnaires marxistes. « Exclusivement pour cette raison », voilà l'expression littérale de Guesde.

Le marxisme révolutionnaire a repoussé les sottises anarchistes de Domela. Ce n'est pas du tout pour les motifs qu'essaye maintenant d'alléguer ce « déchu » de Plékhanov.

Pas une minute les révolutionnaires marxistes n'ont repoussé, même alors, l'idée de *la guerre civile*, en réponse à la guerre criminelle que devaient entreprendre les gouvernements bourgeois.

La guerre — écrivait encore Guesde en 1891, — la guerre est aussi inévitable en régime capitaliste que le choléra aux sources du Gange... Ou bien la révolution sociale, ou bien la guerre... Conquérir une paix durable, nous emparer des moyens de production, nous le pouvons, mais non pas en jetant le fusil qu'un gouvernement malavisé et les capitalistes nous mettront entre les mains. Non, nous devons charger ce fusil, nous devons le mettre sur l'épaule, et seulement alors la classe déshéritée... (réalisera les conquêtes en question).

Partout où les socialistes disposeront de forces pour cela, ils devront faire tout autre chose que de se croiser les bras. Grâce à la guerre qui commencera, les ateliers se videront, les hostilités mettront sur pied des milliers et des milliers de prolétaires qui seront alors armés et deviendront maîtres de la situation.

Voilà pourquoi, sachant qu'ils auront à accomplir cette tâche *tout à fait différente*, les révolutionnaires socialistes, laissant aux enfants (*c'est-à-dire aux anarchistes hollandais*, — G. Z.) la faculté de s'amuser de belles paroles, ont décidé, selon l'expression de Vaillant, d'aller

____

(1) *Le Socialiste*, 26 août 1891. Reproduit dans *En Garde*, Paris, 1911, page 99.

jusqu'au bout (1) dans l'accomplissement de leur devoir... (*Le Socialiste*, 2 septembre 1891, *En Garde !* (p. 193).

Contre l'anarchisme de Domela, *mais aussi contre les idées bourgeoises opportunistes* que M. Plékhanov nous offre maintenant sous l'étiquette de « marxisme », se sont prononcés en 1891-1893 tous les révolutionnaires marxistes dans la II° Internationale. Ils ne repoussaient pas la guerre civile; *au contraire, ils la prêchaient ouvertement...*

III. *La lutte des tendances au Congrès de Stuttgart*

La situation était différente lorsque, quinze ans plus tard, le congrès de Stuttgart étudiait la question de la guerre. La révolution de 1905 n'avait pas été victorieuse, mais elle avait montré l'immensité des forces révolutionnaires que renfermait la Russie moderne. D'autre part, les événements de 1905 avaient dévoilé le rôle profondément réactionnaire des « démocraties » occidentales contemporaines, qui sont capables — comme on l'a vu avec la France impérialiste, — de sauver la monarchie de brigandage des Romanov pour complaire à une poignée de magnats du capital. Le sort de la révolution bourgeoise-démocratique russe se trouva étroitement lié avec la lutte du prolétariat de l'Europe occidentale pour la révolution socialiste.

La révolution de 1905 n'avait pas remporté la victoire; néanmoins, elle avait réveillé les peuples de l'Asie, elle avait soufflé le vent de la liberté en Europe.

Et en même temps, dans l'arène de la politique internationale, s'étaient produits des événements décisifs. Les guerres de 1894-1895 (entre le Japon et la Chine), de 1898 (entre les Etats-Unis et l'Espagne), de 1900-1902 (entre l'Angleterre et les Boers, entre l'Europe et la Chine) avaient un caractère nettement prononcé d'impérialisme et formaient de nouveaux nœuds impérialistes. L'alliance franco-russe se transformait en triple Entente. L'Italie, achetée par les impérialistes d'Angleterre et de France, s'éloignait en fait de la Triplice, cherchant à jeter le grappin sur la Tripolitaine. Le Maroc en échange de l'Egypte; en échange du Maroc, Tripoli; d'après cette « formule » se faisait le rapprochement des impérialistes anglo-franco-italiens. Les impérialistes anglais et russes, vieux adversaires par tradition, se partageaient maintenant « à l'amiable » la Perse qu'ils avaient décidé de piller ensemble. Au sujet de leur « influence » au Maroc, les impérialistes de l'Allemagne et de la France avaient déjà failli déclancher la guerre mondiale. La paix européenne reposait sur le tranchant d'un couteau. Le conflit impérialiste entre l'Angleterre et l'Alle-

---

(1) *Aller jusqu'au bout.* On entendait *alors* par là marcher les armes à la main contre la bourgeoisie, engager la guerre civile. A présent, *aller jusqu'au bout*, sur les lèvres de Guesde et Cie, a un tout autre sens. Nouveaux temps, nouvelles chansons...

magne mûrissait à vue d'œil. Les armements sur terre et sur mer prenaient une extension de plus en plus folle. L'impérialisme arrivait à son apogée. Les lignes générales de la guerre européenne qui s'annonçait, dans laquelle deux trusts impérialistes, au nom de leurs intérêts esclavagistes, allaient jeter sur la carte des millions et des millions de vies humaines, les lignes générales de cette guerre se dessinaient déjà avec une parfaite clarté. La réaction impérialiste devenait de jour en jour plus insolente. Il devenait évident que la guerre prochaine mettrait la II⁰ Internationale devant une question de vie ou de mort.

Telle était, dans ses traits les plus généraux, la situation au cours de laquelle se réunit le congrès de Stuttgart.

Quelle position occupa donc la II⁰ Internationale devant une pareille situation?

Il n'était pas possible alors de parler de la faiblesse du mouvement, d'alléguer comme naguère la faiblesse des forces dont on disposait. Le nombre des électeurs socialistes, des membres des syndicats socialistes avait atteint presque dix millions.

En revanche, à cette époque, l'opportunisme commençait déjà à prendre, en fait, le dessus dans l'Internationale. Cette circonstance même que le socialisme disposait déjà d'une immense armée inspirait aux politiques de l'opportunisme l'idée de plus en plus affirmée d'un travail « positif », « organique », dans les cadres du capitalisme et « en collaboration » avec la bourgeoisie.

Il suffit de se rappeler qu'à ce même congrès de Stuttgart, les opportunistes faillirent remporter la victoire en exigeant la « reconnaissance » par les socialistes de la politique coloniale contemporaine. En fait, cela signifiait qu'alors déjà la presque majorité des socialistes « européens » glissaient vers le social-chauvinisme. Nous devons toujours nous souvenir de cette circonstance quand nous voulons juger du congrès de Stuttgart. Nous comprendrons alors pourquoi des déclarations de ce congrès, en 1907, contre la guerre, il ne restait en 1914 que des mots, des mots et des mots...

Les principaux débats sur la question du militarisme et sur la lutte contre la guerre eurent lieu dans la commission du congrès, et non pas dans l'assemblée même. Mais des centaines de délégués assistèrent aux travaux de la commission. Tous les partis y envoyèrent leurs meilleurs représentants. Car tous comprenaient que ce qui se décidait ici était de la plus haute importance : il s'agissait pour l'Internationale d'être ou de ne pas être.

Sur la proposition de Vandervelde, on élut comme président de la commission... Sudekum. Quand on regarde à présent en arrière, on croit discerner en cela une mauvaise plaisanterie, une sorte de symbolique facétie. *Sudekum* dans le rôle de président de l'assemblée internationale qui devait décider comment les ouvriers socialistes de tous les pays auraient à lutter en commun

contre l'impérialisme et contre la guerre! N'est-ce pas là l'image
même de toute la IIe Internationale au début de sa décadence?...

Le rôle de Nieuwenhuis à Stuttgart fut joué par Gustave Hervé
(« première manière »). Dans son discours-programme, furent
exprimées quelques idées sensées. Il avait raison quand il se prononçait contre la conception banale que l'on a de la guerre défensive et offensive. « Quand on veut gober le petit Maroc, tout le
monde reconnaît que c'est une guerre offensive. Mais quand commencera la guerre entre grandes puissances, l'influente presse
capitaliste suscitera une telle vague de nationalisme que nous ne
pourrons y résister. Alors, vous arriverez en retard avec toutes vos
subtiles distinctions. » (1) Il avait raison quand il disait que la
tactique des social-chauvins, traduite en simple langage, signifiait :
« Prolétaires de tous les pays, entretuez-vous! » (p. 84). Mais il disait une sottise lorsque, de cet axiome : « Toute patrie n'est qu'une
vache à lait pour les capitalistes » (p. 83), il tirait cette conclusion :
« La monarchie allemande ou la république française, c'est tout
un pour les socialistes » (p. 83).

Lorsque, dans la résolution qu'il propose au congrès, Hervé
déclare que pour le prolétariat il est « absolument indifférent »
que le pays se trouve sous la domination de telle ou telle bourgeoisie nationale, il formule et défend une absurdité pire que celle de
Nieuwenhuis. Il n'est pas du tout indifférent au prolétariat de pouvoir, par exemple, parler librement sa langue maternelle, ou bien
de subir une oppression nationale qui vient s'ajouter à l'exploitation de classe. Au lieu de tirer des prémisses qui annoncent le
socialisme, cette déduction que le prolétariat est la seule classe
qui luttera jusqu'au bout, notamment contre toute oppression
nationale, pour la complète égalité des droits des nations, pour le
droit des nations à disposer d'elles-mêmes, au lieu de cela,
Hervé déclare que le prolétariat n'a pas à se préoccuper de l'oppression nationale, qu'il ignore la question nationale en générale.
Bien entendu, en posant la question de cette façon quasi-
« gauchiste », les hervéistes ne faisaient qu'aider l'extrême-droite
des révisionnistes.

Une autre absurdité était défendue par les guesdistes qui, à
cette époque, passèrent en partie dans le camp des opportunistes,
tandis qu'une autre partie d'entre eux dégénérait en une secte ridicule. Leur opinion était qu'en général, il était inutile de mener
une lutte particulière contre le militarisme (voyez leur projet de
résolution, pages 86, 87), car... car « le militarisme est un produit
naturel et inévitable du régime capitaliste ». Après avoir accumulé
des truismes de ce genre, la résolution des guesdistes s'achève
ainsi : « S'il y a menace de guerre, le Bureau Socialiste International, conformément à ses statuts, doit se réunir et prendre les
mesures nécessaires. » C'est simple et clair! S'il y a menace de

____

(1) Procès-verbaux du congrès de Stuttgart, p. 84.

guerre, le Bureau se réunira et jugera. Attends un peu : le patron
va venir, et il nous dira qui a raison !... Pour le moment, inutile de
se casser la tête : il suffit de continuer « la propagande socialiste
et l'agitation ».

C'est là une position remarquable par l'impuissance dont elle
témoigne... Nous avons déjà vu ailleurs (1) comment, à l'époque
de la « dreyfusiade », Guesde invitait les socialistes français à ne
pas se mêler de cette affaire qui émouvait des millions d'hommes,
mais simplement à continuer la propagande contre le capitalisme
en général, — pour cette raison que l'affaire Dreyfus, comme tant
d'autres, n'était qu'un résultat naturel et inévitable du capitalisme.
Par outrance, on peut faire de n'importe quelle vérité un sophisme
ridicule. C'est ce qu'a fait souvent le guesdisme. Dans la saine
aversion qu'il éprouvait pour le réformisme, lequel oubliait souvent, à propos des détails de l'actualité, la grande tâche du socialisme, le guesdisme tombait lui-même souvent dans une sorte
d'érémitisme socialiste. Là où il aurait fallu se mêler à la masse, se
jeter la tête la première dans la vie sociale, les guesdistes donnaient de sages leçons de « morale » socialiste, ils se tenaient
à l'écart du champ de bataille, ils offraient des formules scolas-
tiques sans rapport avec la vie. Ce côté faible du guesdisme s'ac-
centuait d'année en année. Et c'est ce qui a le plus aidé, disons-le
entre parenthèses, les réformistes français à vaincre les marxistes
de leur pays.

Dans la résolution des guesdistes au congrès de Stuttgart,
nous retrouvons le même mélange de marxisme avec une scolas-
tique sans vie. *Etant donné que* les guerres sont des résultats
naturels du capitalisme... il est inutile de mener une lutte particulière contre les guerres !... *En fait*, une pareille résolution laissait
la place libre aux opportunistes. Personne au congrès ne l'a prise
sérieusement en considération. On la rejeta. On la repoussa simplement. On la laissa sans attention.

La lutte se concentra entre les majorités allemande et française : d'une part, Bebel et Vollmar; de l'autre, Jaurès et Vaillant.

Le désaccord entre ces deux camps était en réalité beaucoup
moindre qu'il ne pouvait paraître. Et Bebel, et Jaurès, et Branting,
et Vandervelde, et Vollmar et Vaillant parlèrent à ce congrès de
« la nation » et de « la patrie » en des termes que les social-
patriotes de tous les pays peuvent maintenant fort bien utiliser
pour justifier « la nouvelle tactique ». Et Bebel et Jaurès conti-
nuèrent à parler simplement de « la défense de la patrie », sans
établir une nette différence entre la véritable défense de la patrie
dans les guerres nationales d'autrefois et le caractère trompeur
de ce mot d'ordre dans les guerres impérialistes d'aujourd'hui.

En faisant une concession à l'opportunisme, Bebel, par

____

(1) Cet article constitue un chapitre revu et augmenté d'un livre de l'auteur consacré à la guerre et au krach de la II° Internationale.

exemple, reniait à Stuttgart le principe du *Manifeste Communiste*
qui disait que « les ouvriers n'ont pas de patrie ». (La même erreur avait été commise auparavant par Edouard Bernstein, Jaurès
et d'autres).

Bebel déclara ce qui suit :

Hervé prétend que la patrie n'appartient qu'aux classes dirigeantes, qu'elle n'intéresse pas le prolétariat. La même idée avait été exprimée dans *Le Manifeste Communiste* où nous lisons que « les prolétaires
n'ont pas de patrie ». Mais, premièrement, les disciples (1) de Marx
et d'Engels ont déclaré qu'ils ne partageaient plus (?) ces principes du
Manifeste. Et, deuxièmement, ils ont occupé (il s'agit apparemment de
Marx et d'Engels, mais ce n'est pas clair d'après le contexte) pendant
des dizaines d'années, une position très nette et pas du tout négative
dans les questions nationales européennes et particulièrement allemandes (82).

Cela n'est pas dit fort clairement, mais la tendance est indubitable : on veut déclarer « périmé » ce principe que les prolétaires n'ont pas de patrie. Et cela entraînait, bien entendu, beaucoup d'autres concessions à l'opportunisme.

Bebel continue à insister sur ce point que le critérium de la
guerre défensive ou offensive doit rester en vigueur et doit s'appliquer à la guerre prochaine.

Je conteste qu'il soit impossible d'établir une distinction entre la
guerre défensive et la guerre offensive, — dit alors Bebel. La situation,
aujourd'hui n'est pas telle qu'un politique observateur et suffisamment
expérimenté ne puisse discerner les fils qui ont déclenché la catastrophe de la guerre. La politique de cabinet est une chose du passé (p. 82).

Hélas ! Ces paroles montrent seulement à quel point les esprits les plus perspicaces peuvent s'égarer quand ils restent attachés à d'anciennes formules, inapplicables dans des conditions
nouvelles.

La politique de cabinet est chose du passé ! Cela se disait *en
Allemagne*, en 1907.

Bien plus ! Bebel affirme que les dirigeants de l'Allemagne
ne veulent pas du tout de la guerre.

Dans les cercles dirigeants de l'Allemagne, personne ne veut de
la guerre et cela s'explique, dans une forte mesure, par l'existence d'un
mouvement socialiste. Bülow lui-même a reconnu, dans sa réponse à
mon discours, que les gouvernements comprennent ce que l'État et la
société auraient à mettre sur la carte dans le cas d'une guerre européenne et il a dit que, par conséquent, l'on ferait tout pour éviter cette
guerre (p. 83).

En vérité, c'est un complet aveuglement...

Se plaçant donc sur le terrain de la guerre « défensive », Bebel
continue :

---

(1) Bebel a tort en fait même sur ce point : Plékhanov, « disciple » de
Marx, défendait encore en 1905, très résolument, la thèse : « Les prolétaires
n'ont pas de patrie ».

Si nous aussi, social-démocrates, — jusqu'à l'époque où les rapports entre Etats auront été modifiés radicalement, — ne pouvons nous passer tout à fait d'armements militaires, nous ne le faisons que pour la défense nationale et sur une très large base démocratique qui ne permettra pas d'abuser de la force armée (p. 83).

De ces paroles, il faut conclure, en somme, que la milice populaire nous est indispensable pour le maintien du *statu quo* européen — ni plus ni moins! L'application du critérium de la guerre « défensive » à l'époque présente mène ou bien à la tactique actuelle des Scheidemann et des Sembat, ou bien, dans le meilleur des cas, à la simple conservation du *statu quo* tout en donnant des assurances que « notre » gouvernement ne veut pas de guerre.

La proposition de Bebel (et de la social-démocratie allemande en général) se résumait primitivement en ceci qu'il fallait laisser toutes choses en l'état où elles se trouvaient, confirmer les anciennes décisions, etc. Et l'essentiel était de ne pas dire clairement qu'en cas de guerre, la social-démocratie devrait recourir à des mesures révolutionnaires déterminées. Nous ferons ce que nous pourrons, mais ne nous mettez pas pour le moment dans une situation impossible, ne faites pas en sorte que le Parquet ait une arme directe contre notre parti légal! Tel était le sens du discours de Bebel et de ses camarades à Stuttgart.

Mais quelle était la position de Jaurès et de la majorité française?

Dans leur résolution, il était dit nettement que pour empêcher la guerre, il faudrait recourir à tous les moyens, « *y compris la grève générale et le soulèvement* ». Les paroles sacramentelles avaient été prononcées. Cela voulait-il dire que Jaurès et les jauressistes étaient plus révolutionnaires que Bebel et ses partisans?

Pas le moins du monde!

Il faut chercher la clef de la position de Jaurès dans une autre direction. De même que Bebel, il n'établissait pas de distinction bien tranchée entre la défense de la patrie dans les guerres nationales et « la défense de la patrie » dans les guerres capitalistes. Lui aussi reconnaissait que l'on devait se battre pour la patrie dans la guerre « défensive ». Mais il savait et sentait que sa patrie à lui, la France, était *plus faible* que l'Allemagne. Il comprenait bien que *la France*, plutôt que tout autre pays, aurait à « se défendre », elle, « patrie de la révolution », « conservatrice de la civilisation », etc. De là ses efforts pour obtenir le consentement des socialistes des autres pays — et d'abord des Allemands — à aider la France dans le cas d'une guerre « juste » du point de vue français. De là ses efforts pour engager les socialistes allemands à accepter cette obligation de recourir non pas seulement à une protestation platonique, mais à la grève et à l'insurrection.

Il n'y avait pas en cela de calcul conscient, et il n'y avait aucune mauvaise intention. Mais l'imaginaire « esprit de révolution » des jauressistes dans cette question provenait, à nos yeux, précisément de cette source. Ce n'était pas en réalité de l'esprit révolutionnaire; c'était une manifestation assez originale d'opportunisme.

Dans la même résolution des jauressistes où il est question de la grève générale et de l'insurrection, on trouve la déclaration suivante qui est de la plus haute importance : « La nation et la classe ouvrière menacées ont l'impérieuse obligation de défendre leur indépendance et leur autonomie contre de telles attaques. Et elles ont le droit de compter sur le secours de la classe ouvrière du monde entier » (p. 86). Jaurès, de même que Bebel, appelle cette politique, quelques lignes plus loin, dans la même résolution, « une politique défensive ».

Les majorités française et allemande se tiennent *sur la même position* de principe. Une différence s'est manifestée seulement par suite de ce fait que les uns appartiennent à un pays militairement plus fort, les autres étant d'un pays plus faible. La psychologie des uns s'explique surtout par la défaite que leur patrie a subie en 1870-1871, en y perdant deux provinces. La psychologie des autres est à l'opposé. Ni les uns ni les autres ne sont capables d'apprécier dans son ensemble la nouvelle époque impérialiste, période où le principe même de la défense de la patrie et de la guerre défensive a perdu son ancienne signification. Les Français, malgré les apparences, n'ont pas du tout opposé une tactique particulière à celle des Allemands, au congrès de Stuttgart. Ils se tenaient sur le même terrain que celui des Allemands. Entre Jaurès et Vollmar, il n'y a pas de différence de principe.

Dans les discours de Vaillant et de Jaurès, on voit plus souvent indiqué le danger qui menace le prolétariat de la part de la réaction impérialiste. « Il y a danger que la bourgeoisie ne recoure à la guerre mondiale que pour nuire au mouvement prolétarien », disait Vaillant (p. 88). Mais il ne se demandait pas le moins du monde comment, *dans ce cas*, il faudrait appliquer la théorie de la guerre défensive, de quelle défense de la patrie il pouvait être question *dans une pareille guerre*.

Jaurès déclare que sa résolution « n'est pas une invention gratuite, qu'elle est sortie par nécessité des grandes crises qui ont suivi les affaires de Fachoda et du Maroc. A ce moment, le prolétariat a dû se demander s'il tolérerait de pareils crimes contre l'humanité, commis dans l'intérêt d'une poignée de capitalistes. Ne devons-nous pas opposer aux criminels la grande union de millions de prolétaires organisés? » (p. 89). Et il dit plus loin :

Jadis, les conflits nationaux rendaient les guerres inévitables, — quand l'Italie luttait pour s'affranchir du joug de l'Autriche, quand l'Allemagne ne pouvait arriver à s'unifier sans le secours du sang et du fer. Mais à présent, le prétexte national a disparu et, pendant la crise du Maroc, la première pensée des ouvriers français et allemands a été de s'unir (p. 89).

Tout cela n'est pas mal dit. Mais où sont les conclusions? Quelles sont les déductions de Jaurès? Comment lier ce qu'il vient de dire ainsi avec l'esprit général de sa résolution qui nous parle d'une défense de la patrie en général et d'une guerre juste en général; idée *qui provient précisément de la vieille époque, du temps où l'Italie luttait pour s'affranchir du joug de l'Autriche, où l'Allemagne ne pouvait s'unifier sans le secours du sang et du fer, etc.* (1)?

Jaurès sent très bien que c'est là son talon d'Achille, que sa position est très faible sur ce point. Il continue à chercher et à tourner autour de la question.

Imaginons, dit-il, le cas où un gouvernement « sans attaquer directement la social-démocratie, mais inquiet des succès du socialisme, chercherait une diversion et provoquerait un conflit militaire. Si la guerre entre l'Allemagne et la France se produisait de cette façon, est-ce que nous permettrions aux prolétaires français et allemands de se massacrer entre eux pour le service et l'avantage des capitalistes? Est-ce que la social-démocratie ne ferait pas un suprême effort? Si nous ne tentions pas d'agir ainsi, nous serions déshonorés ». (*Tonnerre d'applaudissements.*)

Cela n'est pas mal, pas mal du tout, encore une fois. Mais que faire, dans ce cas, du principe universel de « la défense de la patrie »? Quel gouvernement, dans une pareille situation, sera reconnu comme l'agresseur? Lequel sera dans la position de défense? N'est-il pas parfaitement clair que *le principe même de la défense et de l'attaque est absolument inapplicable à une telle guerre?*

C'est pourquoi, continue Jaurès qui semble se répondre à lui-même, nous devons déclarer clairement : bien que nous reconnaissions l'inviolabilité de chaque pays, bien que nous ne permettions pas d'asservir un pays quelconque au joug et à l'exploitation d'une autre nation, nous n'accepterons pourtant pas que l'on mène au carnage le prolétariat international (99).

----

(1) En 1859, il s'agissait de l'émancipation de l'Italie opprimée par l'Autriche, il s'agissait de créer l'unité italienne à laquelle était intéressé *tout le peuple, toute la démocratie.* L'Autriche opprimait, l'Italie était opprimée.

En 1859, à la veille de la guerre, le poète russe Dobrolionbov flétrissait l'Autriche, lui prêtant les paroles suivantes :

N'avez-vous pas honte, Italiens indociles,
De vous dresser contre vos maîtres!...
Voilà quarante ans que nous vous protégeons
Contre vos étourderies, vos enfantillages...
Nous vous avons tout donné, d'une main généreuse :
Notre langue, nos espions, nos garnisons,
Nos fonctions, nos coutumes et nos lois!
Et voilà comment vous payez les bontés de l'Autriche maternelle!...
N'avez-vous pas honte? Que vous faut-il encore?
Pourquoi ne pas vivre, comme jadis, en bonne amitié?
Nos troupes chez vous ne sont-elles pas assez nombreuses?
Notre police n'est-elle pas assez vigilante?
Dites-nous ce qui manque, et nous vous donnerons ce qu'il faut,
Et nous mettrons au besoin un bataillon dans chaque maison...

Et maintenant? Maintenant, l'Italie elle-même met des garnisons dans la Tripolitaine; elle-même est fort disposée à se saisir de l'Albanie, elle-même a des bandes d'espions; maintenant l'Italie est une puissance rapace, impérialiste, qui opprime les autres peuples.

Bien que nous reconnaissions... *pourtant* nous ne permettrons pas...

Cette opposition de termes, prise dans son sens littéral, n'est ni claire, ni logique, ni intelligible. Nous ne voyons là aucune opposition réelle. Mais nous y retrouvons, bien en relief, toute la contradiction qui se trouve entre la position de Jaurès et celle des autres représentants les plus en vue de la IIe Internationale. Instinctivement, ils sentent que leur façon de poser la question de « la défense de la patrie » et de la guerre « défensive » sera utilisée par l'ennemi de façon à « mener le prolétariat international au carnage ». Certainement, ils ne veulent pas cela, car ils sont les sincères amis des ouvriers. Mais ils ne peuvent pas s'élever à une conception rationnelle des tâches nouvelles, ils ne peuvent pas se défaire de la vieille idéologie. Et il ne leur reste qu'à osciller entre les « bien que » et les « pourtant ». Il ne leur reste qu'à constater douloureusement que leur situation est sans issue, et ils font appel tantôt aux utopies pacifistes du désarmement et des tribunaux d'arbitrage, tantôt à la panacée d'une grève militaire...

Il n'y a pas de différence de principe entre la position de la majorité française et celle des Allemands : on le voit aux discours de ces typiques représentants du « juste milieu » que sont dans la IIe Internationale des hommes tels que Vandervelde. Dans ses discours au congrès et surtout à la commission, vous trouverez des déclarations radicales. « Nous devons travailler pour conquérir les soldats... L'antimilitarisme nous est nécessaire immédiatement et non pas au lendemain de la révolution sociale... De toute mon âme, je suis partisan de la résolution de Vaillant » (la grève et l'insurrection), déclare Vandervelde à la commission (p. 94). « Sous le militarisme capitaliste, l'obligation de défendre la patrie est moins importante pour le soldat que celle de tirer sur ses père et mère », déclare Vandervelde à la réunion plénière du congrès (p. 67). De cœur, Vandervelde est partisan de Jaurès et de Vaillant; mais par l'esprit, il appartient à Bebel. Cela n'était possible qu'à défaut de différence de principe entre la position des Français et celle des Allemands.

Un seul des discours prononcés à Stuttgart fut différent *par le principe* des autres. Ce fut le discours de Rosa Luxembourg. Elle donna la base d'une position *révolutionnaire* marxiste, bien que la forme n'en fut pas tout à fait achevée. Ce fut elle qui approcha le plus de la conception qui sert maintenant de base aux internationalistes.

Rosa Luxembourg parlait « au nom des délégations russe et polonaise ». Rosa Luxembourg entra, comme déléguée des bolchéviks russes, à la sous-commission du congrès qui élabora le texte de la résolution de Stuttgart (p. 101).

Voici ce qu'elle déclara :

Au dernier congrès, à Amsterdam, en 1904, la question de la grève de masses fut mise en discussion... Une résolution fut adoptée qui déclarait que nous n'étions pas assez mûrs, assez préparés pour la la grève de masses. Mais la dialectique marxiste... a bientôt réalisé ce que nous avions déclaré impossible. Je dois me prononcer contre Vollmar (celui-ci avait fait un discours assez ouvertement « patriotique ») et, malheureusement aussi, contre Bebel : tous deux ont dit que nous ne pouvions faire plus que ce que nous avons fait jusqu'à présent. Pourtant, la révolution russe n'est pas seulement sortie de la guerre, elle a également servi à arrêter la guerre... Nous comprenons la dialectique historique non dans ce sens que « nous devons attendre, les bras croisés, qu'elle ait apporté ses fruits ». Je suis partisan convaincu du marxisme, et c'est pourquoi je constate qu'il y a un grand danger à donner comme on le fait une forme fataliste, ruineuse, aux idées marxistes. Cela nous amène seulement à des réactions excessives comme l'hervéisme... C'est un fait que l'immense majorité des prolétaires allemands a désavoué les idées de Vollmar. Cela s'est produit à la conférence du parti à Iéna... Dans la résolution d'Iéna, la social-démocratie allemande a proclamé comme un des moyens de lutte la grève générale qu'elle avait rejetée pendant de nombreuses années, à titre d'idée anarchiste. Mais l'esprit qui se faisait sentir dans les travaux de la conférence d'Iéna, ce n'était pas celui de Domela Neuwenhuis, c'était l'esprit de la Révolution russe. Il est vrai que nous avions alors en vue la grève générale non contre la guerre, mais comme réplique au retrait du droit électoral dont nous étions menacés. Sans doute, nous ne pouvons jurer que si l'on nous ôte le droit électoral, nous répondrons nécessairement par la grève générale. Mais nous ne pouvons pas non plus jurer de ne recourir à la grève de masses qu'en réponse au retrait du droit électoral. Après le discours de Vollmar et en partie de Bebel, nous estimons nécessaire de rendre plus précise, plus tranchante la résolution de Bebel et c'est pourquoi nous proposons une addition... Je dois ajouter que notre amendement va, pour certains points, plus loin encore que ne vont les camarades Jaurès et Vaillant, car nous voulons qu'en cas de guerre l'agitation n'ait pas seulement pour but de mettre fin à la guerre le plus tôt possible ; *nous voulons que la guerre elle-même soit utilisée pour accélérer le krach de la classe dominante* (1).

Nous voyons que l'orateur de la gauche n'admet aucune « défense de la patrie » dans des guerres comme celle d'aujourd'hui. Ses discours contiennent une critique décisive à l'égard des hommes qui parlent de défense nationale, une critique dirigée non seulement contre Vollmar, mais aussi contre Bebel. Les paroles prononcées contre « le fatalisme marxiste » atteignent en pleine figure les kantskistes d'aujourd'hui. Elles étaient alors dirigées contre Adler et partiellement contre Bebel, lesquels cherchaient à tranquilliser les consciences en disant que le militarisme, qui constitue une lourde charge pour la population, crée graduellement une situation qui rendra son existence impossible. L'orateur de la gauche repousse les phrases des « hervéistes ». Mais il ne rejette pas du tout la grève de masses. Et enfin, c'est précisément l'orateur de la gauche qui apporte, sous forme d'« amendement », le principal article de la résolution de Stuttgart qui déclare : en cas de guerre, il faut lutter pour mettre fin le plus tôt possible aux hostilités, et il faut en

____

(1) Procès-verbaux, 98, 99.

même temps « *soulever les masses*, utiliser la crise créée par la guerre pour hâter le krach de tout le régime capitaliste » (1).

Cet « amendement » fut signé par N. Lénine, Rosa Luxembourg et d'autres. Il fut adopté par le Congrès. Et il devint le passage essentiel de la résolution de Stuttgart. C'est cette déclaration que l'on cite le plus souvent. Car, seule, elle exprime avec une complète clarté les idées marxistes.

IV. *Positions contradictoires des chefs officiels de la II* Internationale*

Dans l'élaboration de la résolution même, une situation extrêmement originale se créa.

Ce fut remarquable! Les deux camps — celui de la majorité allemande comme celui de la majorité française — avaient adopté le principe de la « défense de la patrie ». Ils étaient sûrs d'obtenir une énorme majorité au congrès. Et pourtant, dans la résolution même du congrès, il n'y a pas un mot concernant « la défense de la patrie ». Le principe fondamental des jauressistes, que nous avons cité, sur la guerre défensive et la défense de la patrie — principe qui était entièrement celui des Allemands — *ne figure pas dans la résolution du congrès.*

Comment cela s'est-il produit?

C'est une question très grave.

A première vue, le fait est absolument inexplicable. Et pourtant, cela doit nous donner la clef de la position de toute la IIe Internationale sur cette question.

Cette position était double et contradictoire.

Les opportunistes, qui, partout en « Europe », composaient la majorité dans les « hautes sphères » du parti, unissaient sciemment le réformisme au « patriotisme ». Ils avaient raison lorsque, pour répliquer à la bourgeoisie qui leur reprochait de manquer « de patriotisme », ils affirmaient que, sur ce point, les « socialistes » réformistes peuvent donner aux bourgeois quelques leçons. Les opportunistes menaient sciemment la IIe Internationale au social-chauvinisme.

L'affaire n'était pas si simple pour l'autre portion de l'Internationale. Le centre marxiste en Allemagne, les révolutionnaires de vieille trempe en France (dont le représentant le plus typique

____

(1) Je me rappelle fort bien qu'avant la rédaction définitive de cet amendement, il y eut de longs pourparlers directs entre nous et Bebel. Le premier texte parlait beaucoup plus nettement d'agitation révolutionnaire et d'actes révolutionnaires. Nous le montrâmes à Bebel; il répondit : Je ne l'accepte pas, car le parquet dissoudrait alors nos organisations, ce que nous ne voulons pas pour le moment; nous attendrons que la situation soit sérieuse. Nous consultâmes des juristes spécialisés dans ces questions, le texte fut refait plusieurs fois, et l'on arriva enfin à la formule définitive qui exprimait d'une façon légale notre pensée; cette formule, Bebel consentit à l'accepter. — N. Lénine.

était le défunt Vaillant) ne s'étaient pas affranchis de l'ancienne idéologie créée par l'époque des guerres nationales. D'autre part, en politiciens suffisamment expérimentés, ils voyaient que la guerre réelle qui menaçait l'Europe serait autre que les précédentes, que ce serait une guerre de pillards, une guerre dans laquelle il serait impossible de distinguer les assaillants des assaillis, une guerre pendant laquelle il serait ridicule de parler de justice, de droit, de morale.

Dans un article écrit aussitôt après le congrès de Stuttgart, Kautsky disait :

« Dans la situation politique mondiale d'aujourd'hui, il ne peut être question d'une guerre au cours de laquelle on pourrait admettre que le prolétariat ou la démocratie soient intéressés à la défense ou à l'attaque... *Le seul danger de guerre existant aujourd'hui vient de la politique mondiale coloniale* (il dit en allemand : *d'outre-mer, überseeischen*), devant laquelle le prolétariat, dès le début, a pris une attitude nettement négative » (1).

En parlant ainsi, Kautsky exprimait sans aucun doute la conviction d'alors (ou l'état d'esprit) d'un grand nombre des anciens militants de la IIᵉ Internationale, et peut-être aussi des meilleurs parmi les opportunistes.

La prochaine guerre à laquelle la bourgeoisie des « grandes » puissances menait obstinément l'Europe, devait être une guerre de spoliation impérialiste, — une guerre dans laquelle, du point de vue du prolétariat et de la démocratie, il ne pouvait être question d'attaque ou de défense! Cette idée ne pouvait manquer de s'offrir à la IIᵉ Internationale! Cette idée devait hanter constamment les esprits de tous les militants de la IIᵉ Internationale pour qui le sang ouvrier avait encore une valeur, pour qui l'intérêt prolétarien n'était pas un vain mot.

C'est parce que l'on avait conscience de cela que l'on formula la résolution de Stuttgart dans laquelle il n'y avait pas un mot sur « la défense de la patrie »; en revanche, cette résolution contient un serment d'Annibal, le serment de mettre à profit la guerre qui vient pour soulever le peuple et hâter la chute du régime bourgeois.

Voilà pourquoi le congrès de Stuttgart, dans sa résolution, ne recommandait pas « la défense de la patrie » pour la guerre prochaine et ne prononçait pas un seul mot sur la distinction à établir dans les guerres modernes entre la défensive et l'offensive.

Nous savons maintenant comment expliquer que ni Jaurès, ni Bebel n'exigèrent qu'on reconnût dans la résolution « la défense de la patrie ».

Cela s'explique par ce fait que, dans l'époque impérialiste mo-

---

(1) *Neue Zeit*, 1907, pages 855-856. Kautsky avait exprimé encore plus nettement la même pensée en 1909 dans son article : *Œsterreich und die Mächte, Neue Zeit*, 1909, 249; dans l'article : *Sozialistische Kolonialpolitik*, 1909, II, page 42, et en 1910, *Neue Zeit* II, pages 76, 77.

derne, *on ne peut plus* poser comme autrefois la question de la défense de la patrie et de la guerre défensive. Si l'on s'en tient à l'ancien point de vue, il est tout simplement impossible de joindre deux idées, d'exprimer une pensée politique plus ou moins intelligible. Ceux qui ont rédigé la résolution ont pu ne pas le comprendre, mais ils l'ont senti. S'ils avaient voulu, dans leur résolution, s'exprimer plus ou moins nettement, plus ou moins concrètement, et indiquer *quelle guerre actuelle* entre « grandes » puissances d'aujourd'hui, dans l'étape impérialiste où nous sommes, devait être considérée comme juste, défensive, s'ils avaient voulu dire dans quels conflits européens les socialistes d'aujourd'hui devraient défendre leur patrie, ils n'auraient pu d'abord s'entendre entre eux. En second lieu, et c'est le principal, ils seraient tombés du coup dans une situation absurde, ridicule et sans issue. Nous le répétons, tout homme capable de pensée politique savait que n'importe quelle guerre d'aujourd'hui deviendrait fatalement un grandiose conflit mondial entre deux coalitions impérialistes. Tous savaient que même les conflits partiels auxquels on pouvait s'attendre auraient un caractère impérialiste nettement prononcé : comme la guerre de l'Italie et de la Turquie au sujet de Tripoli, comme les conflits provoqués par l'occupation du Maroc, etc... C'est là *le type* des guerres modernes qui se font pour un butin colonial; à la base, on retrouve toujours la guerre entre deux trusts impérialistes géants qui se disputent au sujet du partage définitif du monde. Et dans une telle situation, que pouvait dire vraiment la résolution des partisans de « la défense de la patrie » ? *Qui* aurait à se défendre ? *Qui* pourrait se vanter de faire une guerre juste ? Quelle politique serait déclarée « défensive », et laquelle serait « offensive » ?

Il suffit de poser ces questions pour que l'on comprenne les choses : rédiger en 1907, au nom d'un congrès *international*, une résolution qui parlerait franchement de « la défense » de la patrie, *c'était tout simplement inconcevable en politique.*

Figurez-vous pour une minute l'affaire dans ses circonstances concrètes. Jaurès, Bebel, Vaillant, Vollmar, Vandervelde, Branting approuvaient également le principe de la défense de la patrie dans une guerre « défensive ». Mais voici que, membres de la commission, ils ont pris place à la même table pour élaborer, — en 1907 ! — une résolution commune. S'ils ne voulaient pas se contenter de planer dans les nuages, ils devaient parler de la lutte à prévoir entre la Triplice et l'Entente, des conflits réels qui se manifestaient depuis des années sur l'avant-scène politique de l'Europe, de cette rivalité entre les deux trusts impérialistes qui seule devait amener la guerre. Mais alors on demande ce que pouvaient dire ces chefs de l'Internationale, s'ils se plaçaient sur ce terrain de la réalité ? Laquelle des deux parties prenait donc vraiment la défense de « la civilisation » : la Triplice ou l'Entente ?

Quand la guerre de 1914 commença, il n'était plus question de trouver des arguments raisonnables. Lorsque s'allumèrent les passions, on put bourrer les ouvriers de phrases sur « la lutte contre le tsarisme », sur le renversement du « militarisme prussien », sur les principes essentiels de la morale et du droit, défendus par le tsar Nicolas II, et sur « l'humanité allemande » défendue par Guillaume II. *Mais en 1907, c'était impossible.* Pas un socialiste honnête ne pouvait alors « prendre le parti » d'une des coalitions. Chacun devait reconnaître que *les deux* groupements agissaient en vertu de leur impérialisme spoliateur et réactionnaire.

Voilà pourquoi il ne faut pas confondre certaines déclarations, même émanant des chefs les plus influents de la II° Internationale, avec la position officielle de l'Internationale elle-même. Dire dans un discours ou dans un article : « je suis partisan de la défense de la patrie », « je suis le meilleur patriote allemand (ou français) », « je soutiendrai une guerre défensive », cela se pouvait. Mais sur l'arène *internationale*, au nom des ouvriers de *tous* les pays, faire adopter systématiquement et entièrement un pareil point de vue, c'était *déjà* impossible. Cela ne pouvait ni se motiver, ni se défendre. Il était impossible d'offrir cela aux ouvriers, ou du moins, de le proclamer pour les travailleurs de *tous* les pays. Cela aurait fatalement amené un « socialisme » *national*, et non international, cela aurait fatalement signifié que la II° Internationale tombait en ruines, — ce qui est arrivé plus tard, de nos jours.

Pour les chefs de la II° Internationale, la situation ainsi créée était pleine de contradictions. Voilà pourquoi un petit groupe de représentants de la gauche put influer si fortement sur la résolution que l'on adopta. Voilà pourquoi, au lieu de « la défense de la patrie », on trouve dans la résolution l'éloge des procédés de lutte contre la guerre qui ont été employés par les ouvriers russes en 1904-1905.

Les marxistes révolutionnaires que représenta alors Rosa Luxembourg ne formaient à Stuttgart qu'une petite minorité. Les opportunistes et le « centre » constituaient indiscutablement l'écrasante majorité. Mais la logique de la situation était en faveur des marxistes révolutionnaires. Ils étaient seuls à défendre d'une manière conséquente les intérêts de millions d'ouvriers de tous les pays. Et les masses ouvrières qui assistaient invisibles au congrès *forcèrent* les leaders officiels de la II° Internationale à accepter bien des idées que proposaient les marxistes révolutionnaires, par l'intermédiaire de Rosa Luxembourg.

Il est vrai que, dans leurs « terribles déclarations » sur la révolution possible, sur la lutte « par tous les moyens », sur « le soulèvement des masses », etc., les hommes de la majorité, les opportunistes et le « centre » s'exprimaient sans aucune confiance en eux-mêmes et ne prenaient pas au sérieux leurs engagements.

Certains leaders opportunistes déclaraient ouvertement qu'en acceptant la formule : « lutter contre la guerre par *tous* les moyens », ils n'envisageaient en réalité qu'une protestation pacifique devant les parlements. Le délégué du parti ouvrier indépendant anglais déclare ceci : « Les socialistes anglais, dans leur protestation contre la guerre, ne peuvent en aucun cas dépasser les limites d'une action parlementaire pacifique et d'une action non moins pacifique dans les réunions et dans la rue » (p. 98).

En outre, de nombreux chefs opportunistes ne croyaient pas que la guerre mondiale fût si proche. En juillet 1914, quelques jours avant la guerre, Victor Adler, dans une séance du Bureau Socialiste International, à Bruxelles, disait encore qu' « il ne croyait pas aux miracles et que, par conséquent, il ne croyait pas à la guerre européenne ». Bien des opportunistes ne remarquaient pas la rapide aggravation de la crise fatalement engendrée par les rivalités impérialistes: ils étaient plongés jusqu'au cou dans leur social-pacifisme. Tout cela explique qu'ils acceptèrent avec une relative facilité de faire des concessions à la gauche dans les *résolutions*. « Les discours de Bebel et de Vollmar à la commission étaient noirs, mais la résolution du congrès est blanche! », s'écria Hervé quand on vota sur le projet de la commission. On aurait pu en dire autant des discours de Jaurès et de Vaillant.

Où allait donc se loger leur « défense de la patrie », et que pensaient-ils faire de la guerre « défensive »?...

V. *Les commentaires de Bebel et de Jaurès sur la résolution de Stuttgart*

Comment donc les représentants de la majorité à Stuttgart se tirèrent-ils d'affaire?

Quatre ans plus tard, Bebel (au congrès du parti, en 1911, à Iéna) racontait la discussion de Stuttgart dans les termes suivants :

« Nous autres, Allemands, nous démontrâmes d'une façon détaillée pourquoi il nous était impossible de voter une pareille résolution (celle que proposaient les Français). Et quand on essayait de faire adopter cette résolution à tout prix et malgré nous, je dis de la façon la plus catégorique, au nom de la délégation : C'est bon, faites comme vous voudrez, décidez comme il vous conviendra, mais nous, Allemands, nous nous prononcerons contre vous. A quoi l'on nous répondait : Eh bien, si vous autres, Allemands, pensez ainsi, cela ne peut marcher, il faut arriver à une entente. Et trois d'entre nous (Bebel, Haase, Vollmar) furent chargés de rédiger un projet de résolution ». (1)

Et citant les principaux passages de la résolution de Stuttgart, Bebel continue ainsi :

« Cette résolution ne dit donc pas que tous, dans tous les pays, nous devons recourir aux mêmes moyens; — en cela réside la dif-

____

(1) Procès-verbal du congrès du parti, Iéna, 1911, page 345.

férence qui est entre nous d'une part et les Français avec les Anglais de l'autre » (p. 346).

Suivant cette interprétation de Bebel, il résulte que le désaccord entre les Français et les Allemands *n'était pas* en ceci que les
uns voulaient des actes plus décisifs (la grève), tandis que les autres n'en voulaient pas. Il était possible que l'on recourût et à la
grève, et à des actes encore plus décisifs. Mais il ne fallait pas
croire que l'on pourrait inventer une panacée également utilisable
dans tous les pays et dans toutes les circonstances. L'uniformité
d'action dans tous les pays était impossible. Il fallait laisser aux
socialistes de chaque pays une certaine liberté dans le choix des
moyens, d'après l'ensemble des circonstances qui se présenteraient.

Les moyens devaient être différents, mais tous devaient être
dirigés *contre* la guerre. Dès 1904, déclare Bebel dans le même discours, je disais au prince de Bülow que la prochaine grande guerre
« mettrait sur la carte l'existence de la société bourgeoise » (p. 347).

Ainsi parlait Bebel. Du moins n'essayait-il pas en public de
tieren) dans cette résolution ce qui ne s'y trouve pas; il y glisse de
fense de la patrie » et de la guerre « défensive ».

Pour Jaurès, c'était une autre affaire, comme Français —
pour des motifs dont nous avons déjà parlé, — il avait absolument
besoin de concilier la résolution de Stuttgart avec le principe de
« la défense de la patrie ». Et il tente, selon l'expression allemande,
d'introduire par une interprétation arbitraire (*hinein zu interpretieren*) dans cette résolution ce qui ne s'y trouve pas ; il y gliss de
force les idées dont il a besoin.

Le 7 septembre 1907, Jaurès, devant une assemblée de l'avant-
garde ouvrière de Paris, rendait compte du congrès de Stuttgart.
Ce meeting se tenait au Tivoli-Vauxhall : dans cette réunion mémorable, Jaurès s'exprima comme il suit :

« Pas de malentendu possible! Le parti socialiste international
s'est prononcé à Stuttgart *contre* la guerre et *pour* l'indépendance
des nations, *contre* « les rencontres sanglantes » et les « guet-apens
des despotes et des capitalistes », mais, en même temps, *pour* la
défense nationale... Le mot d'ordre de l'Internationale fut, à Stuttgart : « Ni traitre au socialisme et à la classe ouvrière, ni traitre
à la patrie! » La guerre à la guerre, par *tous* les moyens, légaux ou
révolutionnaires, c'est un devoir au même titre que la guerre pour
la défense de l'indépendance nationale. » (1)

D'après Jaurès, il semblerait donc que le congrès de Stuttgart
ait adopté la disposition fondamentale de la résolution française
(de Limoges) sur « la défense de la patrie ». En réalité, nous savons
que le congrès *n'avait rien adopté de pareil*. Et dans la situation

____

(1) Voyez le livre de Charles Rappoport : *Jean Jaurès*, Paris, nouvelle édition, 1925, page 244. Cet ouvrage, il est à propos de le dire, est un panégyrique
de Jaurès et du jauressisme. L'auteur semble n'avoir jamais entendu dire que
le jauressisme, c'est l'opportunisme sur le terrain français...

d'alors, *il ne pouvait* accepter cette formule française, pour des
motifs que nous avons déjà mentionnés.

La résolution de Stuttgart arrivait tout droit à cette pensée que
le principe de « la défense de la patrie » dans la guerre *impérialiste*
ne pouvait servir qu'à duper le peuple. C'est là l'acquis essentiel du
congrès de Stuttgart; mais Jaurès, quand il fait des phrases sur une
possible « trahison de la patrie », annule en quelque sorte cette
conclusion.

Bien entendu, le congrès, ainsi que tous les socialistes en général, admettait une véritable défense de la patrie dans une guerre
juste et nationale. Il ne peut y avoir de discussion là-dessus. Mais
l'importance de la résolution de Stuttgart était en ceci qu'elle indiquait, — bien qu'assez peu logiquement, sans la netteté et la clarté
nécessaires, — elle démontrait au prolétariat international que les
guerres prochaines ne seraient ni nationales, ni justes : que ce seraient des guerres *impérialistes* iniques, et que l'époque nous amenait une longue série de conflits armés par la réaction et contre
l'émancipation des peuples.

Dans les « commentaires » de Jaurès, il n'est pas fait la moindre allusion à cette distinction. L'orateur préfère disserter contre
« la trahison à la patrie » en général.

Et, remarquons-le, par de semblables commentaires, Jaurès
ouvre toutes grandes les portes devant les Renaudel et les Sembat
d'aujourd'hui. Ceux-ci n'auront plus qu'à « démontrer » que « nous
autres, Français, nous » combattons pour l'indépendance nationale, tandis que ce sont « eux, les Allemands » qui « nous » attaquent; les Renaudel, les Sembat n'auront qu'à rappeler les paroles
de Jaurès contre « toute trahison à la patrie » pour que leur cause
soit, de ce côté, gagnée.

En fait, dans l'esprit du défunt Jaurès, la résolution de
Stuttgart était entièrement opposée aux principes qu'il essaya,
après coup, d'y glisser.

Jaurès disait encore, dans le même compte rendu :

Lorque Bebel a déclaré que si une nation, en quelque circonstance
que ce fût, renonçait d'avance à se défendre, elle ferait le jeu des gouvernements de violence, de barbarie et de réaction ; lorsque Vandervelde et Bebel disaient cela, ils ne faisaient que reproduire dans l'Internationale ce qu'avait dit Limoges, ce qu'avait dit Nancy, et ce que
moi-même, dans les libres controverses de notre parti, j'ai objecté bien
souvent à Gustave Hervé (1).

Dans cette observation, Jaurès a raison. Et lui, et Bebel, en
vérité, avaient fait plusieurs fois des déclarations de ce genre. Si
nous renonçons « d'avance à la défense nationale », cela signifie
que nous encourageons extrêmement le parti militaire en Prusse,
disait Jaurès. Si nous renonçons « d'avance à la défense de la patrie », cela signifie que nous encourageons extrêmement les chau-

____

(1) Ch. Rappoport : *Jean Jaurès*, page 247.

vins de France et d'Angleterre, disait Bebel. Mais une troisième opinion se proposait : renoncer à « la défense de la patrie » dans les guerres impérialistes serait le devoir *simultané* des socialistes de *tous* les pays, de *toute l'Internationale*. Dans ce cas, on n'a plus que faire d'objecter un encouragement donné d'avance aux chauvins d'un autre pays ; dans ce cas enfin, personne ne « ferait le jeu des gouvernements de violence, de barbarie, de réaction. »

C'est précisément à ce point de vue qu'en étaient arrivés les marxistes révolutionnaires, au congrès de Stuttgart. Et cette idée trouva son expression — quoique très incomplète — dans la résolution même du congrès. Jaurès en donnait une interprétation radicalement fausse.

VI. *Proposition de Keir Hardie et de Vaillant, du point de vue de la guerre défensive. Plékhanov contre le jauressisme et pour l'insurrection armée.*

En 1910, à Copenhague, nous avons vu se répéter, à une moindre échelle, ce qui s'était passé à Stuttgart. Formellement, la victoire restait encore du côté des Allemands. Mais ceux-ci s'étaient bien dispensés d'attaquer franchement et de dire les choses telles qu'elles étaient. Ceux qui parlaient en leur nom, ce n'étaient pas Vollmar, ni Legien, ni David, dont les idées opportunistes dominaient en réalité dans le parti social-démocrate allemand. En leur nom, — et au nom de toute la commission du congrès, — parlait le kautskiste Ledebour.

Il prononça une quantité de phrases pacifistes sur « le désarmement » et « les tribunaux d'arbitrage » ; (il reconnut pourtant aussitôt que « tous les partis bourgeois, même monarchistes et aristocrates, se prononçaient également en faveur de l'institution des tribunaux d'arbitrage »). Mais en même temps, il exprima beaucoup d'idées très saines sur les guerres de l'époque actuelle.

Qui provoque des guerres à présent ? disait Ledebour. Ce sont les classes dirigeantes, les capitalistes intéressés aux fournitures militaires, tous ces Krupp, Armstrong et autres du même acabit... L'acharnement qu'ils montrent à se soumettre les peuples étrangers et à les exploiter est la cause économique des guerres contemporaines (1).

En défendant le droit des nations à disposer d'elles-mêmes, Ledebour disait que l'Allemagne opprimait « non seulement les Polonais et les Danois, mais aussi la population française de l'Alsace-Lorraine »... « Nous exigeons, — déclarait-il, — que tous les peuples puissent librement se gouverner eux-mêmes, non seulement en Europe, mais en Asie et en Afrique. »

Le débat le plus ardent s'éleva au sujet de la proposition bien

____

(1) Procès-verbaux du congrès de Copenhague, 1910, pages 29-81.

connue que firent Keir Hardie et Vaillant. Voici quel en était le texte :

Parmi tous les moyens qui doivent être mis en usage pour prévenir les guerres, le congrès considère comme particulièrement efficace la grève générale des ouvriers, surtout dans les branches de l'industrie qui fournissent du matériel de guerre (armes, munitions, équipements, moyens de transport, etc.). Il n'est pas moins nécessaire de mener une agitation et une action dans le peuple, et cela par les moyens les plus énergiques (p. 32).

La proposition Vaillant-Keir Hardie nous montre, disons-le encore une fois, sous une vive lumière, combien différente est la position actuelle des anciens chefs de la II⁰ Internationale qui ont adopté le point de vue des social-chauvins. En effet, considérons cette proposition par rapport au principe de la guerre défensive, de la défense de la patrie. Des hommes qui prétendent logiquement soutenir aujourd'hui la nécessité de se battre pour la patrie dans une guerre « défensive » auraient-ils pu faire une proposition telle que celle de Vaillant et de Keir Hardie? S'ils avaient été conséquents dans leur attachement à la théorie de la guerre défensive, ils auraient dû dire : nous proposons que, pour lutter contre la guerre, les ouvriers recourent à la grève *mais seulement dans les pays qui attaquent ou se préparent à attaquer, seulement dans les Etats qui prennent l'offensive*. Au contraire, dans les Etats qui subissent l'agression, les ouvriers doivent « défendre la patrie », et non pas organiser des grèves.

Pourquoi donc Vaillant et Keir Hardie n'ont-ils pas parlé ainsi? Parce qu'ils comprenaient plus ou moins nettement que, dans la prochaine guerre impérialiste, il serait impossible d'établir cette distinction. Parce que, si même ils n'en avaient pas conscience, ils pressentaient du moins confusément que les guerres prochaines ne pourraient être justes, qu'elles seraient nécessairement *iniques*. Et tel était bien l'état d'esprit de la majorité du congrès. Ni les adversaires, ni les partisans de Vaillant et Hardie ne soufflèrent mot pour objecter qu'à cette situation la théorie de la guerre défensive ne pouvait s'appliquer.

Les Allemands, et, dans ce nombre Ledebour, s'élevèrent contre cette proposition. Leurs arguments, dans l'essentiel, furent ceux-là mêmes que Bebel avait employés contre Jaurès et Vaillant en 1907. Ledebour contestait aux Anglais le droit moral de présenter de pareilles propositions tant que les socialistes anglais eux-mêmes voteraient pour les crédits de guerre. Et il avait raison contre les opportunistes anglais, contre les social-jingoïstes du type de Hyndman. Keir Hardie répliquait à cela par des considérations archi-opportunistes, déclarant par exemple, que « la question du vote du budget n'était pas une question de principe, mais de pratique et de tactique » (p. 37). (A cet endroit de son discours, la « minorité » allemande d'alors, c'est-à-dire les francs partisans du vote du budget, soutenus par les opportunistes anglais et français, interrompirent Keir Hardie par de tumultueux applaudissements). Keir Hardie déclara (combien il se trompait!) que les opinions chauvines de Hyndman et de Blatchford étaient tout à fait isolées et qu'elles n'avaient aucune influence parmi les socialistes anglais.

Au nom du parti social-démocrate anglais (actuellement « parti socialiste de Grande-Bretagne »), Jones déclara que la section britannique soutenait unanimement la proposition Vaillant-Keir Hardie. « En Angleterre, — dit cet orateur, — nous avons à éduquer pour la lutte contre la guerre non pas tant la classe ouvrière que certains chefs de cette classe. Car, il faut bien le dire, le sixième de tous les députés du Labour Party ont voté l'augmentation du budget de la Marine ».

Renner, au nom des social-démocrates d'Autriche, reproduisit les arguments des Allemands en les délayant dans une assez forte sauce d'opportunisme avoué. La majorité française soutint énergiquement la proposition de Vaillant et de Keir Hardie.

En résultat, la proposition ne fut ni adoptée ni repoussée par le congrès. Des deux côtés, on convint de la soumettre à l'examen préalable du Bureau Socialiste International, de telle sorte que la question fut de nouveau posée au prochain congrès international.

Les éléments marxistes des autres nations (par exemple les social-démocrates russes), étant en principe *partisans* de l'action révolutionnaire, ne soutinrent pourtant pas la proposition de Vaillant et de Keir Hardie. Ils donnaient un sens révolutionnaire aux mots : « par tous les moyens ». Ils estimaient que ces mots comportaient non seulement la grève, mais des mesures beaucoup plus énergiques... Ils pensaient que la majorité de la social-démocratie allemande s'en tenait au même point de vue.

Ces idées des marxistes russes (et pas seulement russes) ont été exposées en détail, après le congrès de Copenhague, par Plékhanov qui, alors, n'était pas encore l'allié de M. Pierre Struhve. Cet article de Plékhanov est maintenant oublié. C'est pourquoi nous en citerons ici quelques passages essentiels.

« Keir Hardie, — écrivait en 1910 Plékhanov, — est sans aucun doute une individualité très respectable. Mais cette individualité, respectable sans aucun doute, se trouve à la tête d'un des partis les plus opportunistes qui existent dans le monde socialiste d'aujourd'hui. On peut en dire autant de Vaillant, qui est un homme tout à fait distingué. Cet homme tout à fait distingué appartient à la majorité opportuniste du parti socialiste français. Le leader de cette majorité, c'est encore Jaurès. Et que dire de Ledebour? Qu'il est un des représentants les plus en vue du marxisme révolutionnaire en Allemagne. Si donc nous en croyons les naïfs, nous devrons admettre qu'à Copenhague le marxisme allemand a cessé d'être révolutionnaire, tandis que les opportunistes anglais et français se mo-

bilisaient pour la défense de la tradition révolutionnaire. Est-ce
vraisemblable? Non, cela ne l'est pas; c'est impossible. Alors, que
se passe-t-il donc? » Voici...

Si le congrès de Copenhague avait décidé, comme le voulaient
Keir Hardie et Vaillant, qu'à la déclaration de guerre le prolétariat
devrait répondre par la grève, cette décision n'aurait eu, en Angleterre,
que la valeur d'un bon conseil, d'un conseil que les syndicats auraient
été libres de suivre ou de ne pas suivre. On peut en dire autant de la
France où l'influence du socialisme est également faible...

Il est vrai que les syndicalistes français ont marqué beaucoup de
sympathie pour la proposition de Keir Hardie et de Vaillant. Mais
peut-on ignorer que « les grèves générales » décrétées par les syndicalistes français ne sont jamais plus terribles qu'une tempête dans un
verre d'eau ? Par conséquent, pour la France également, la décision
du congrès de Copenhague n'aurait eu que la valeur d'un bon
conseil. Les gens qui auraient répété ce conseil en France et en Angleterre n'auraient suscité à leur parti aucune difficulté pratique, mais,
en même temps, ils se seraient préparé des succès assez appréciables
aux élections. L'électeur français a grand'peur des « Prussiens » et le
parti qui lui aurait annoncé que, grâce aux décisions du congrès, « les
Prussiens » n'oseraient pas faire la guerre, aurait été reçu à bras ou-
verts. Voilà pourquoi la majorité opportuniste du parti socialiste français, dirigée par Jaurès, réclamait si instamment des congrès socialistes internationaux que l'on prît des décisions « pratiques », « concrètes »,
sur la question de la guerre...

Et l'Allemagne ? Le socialisme a déjà une influence immense sur
son prolétariat. Et si le parti social-démocrate allemand disait : « Il
faut répondre à la guerre par la grève générale », cela signifierait que
ce parti accepte des obligations pratiques déterminées ; il ne s'agirait
pas seulement de donner un bon conseil qui pourrait être suivi ou non
par la classe ouvrière... Il n'est pas étonnant que nos camarades allemands qui considèrent la décision de grève autrement que comme un
bon conseil, qui voient en cela un engagement pratique des plus sérieux, se demandent d'abord, avant de voter cette proposition, si l'on
peut être sûr d'avance qu'en cas de déclaration de guerre, les conditions concrètes d'une grève seront toujours réalisées ? C'est à cela,
en effet, que doivent réfléchir des gens sérieux. Mais lorsque les gens
sérieux se mettent à réfléchir, des phraseurs, des criailleurs, dans le
genre du fameux Gustave Hervé, les accusent d'irrésolution, de lâche-
té, de manque d'esprit révolutionnaire, de chauvinisme, etc... (Voyez
La Guerre Sociale, numéro 7, 13 septembre 1910, article : *Les Socialistes allemands au pied du mur*)...

*Ce n'est pas par des paroles, c'est par des actes, qu'il faut mener
la guerre contre la guerre.* Dans le domaine de l'action qui consiste
avant tout à organiser la masse et à développer en elle la conscience,
nos camarades allemands sont beaucoup plus avancés que tous les
autres. Et l'on peut affirmer, sans craindre de faire une erreur, que
c'est précisément le prolétariat conscient d'Allemagne qui saurait le
mieux utiliser dans l'intérêt de la révolution la situation que créerait
une guerre en Europe, une guerre, disons, entre l'Allemagne et l'Angleterre...

Le camarade Ledebour qui a été le rapporteur sur cette question
avait raison d'affirmer que le congrès pouvait se satisfaire de la résolution de Stuttgart. En effet, cette résolution déclare qu'en cas de nécessité les partis socialistes seront tenus de mettre en œuvre *tous* les
moyens qui leur paraîtront les plus convenables pour empêcher la
guerre. Cette formule algébrique englobe d'une façon générale *toutes*

les possibilités, *c'est-à-dire, non seulement celle d'une grève générale, mais celle aussi de l'insurrection armée.* Et cela suffit (1).

Le lecteur ne nous reprochera pas ces longues citations. Elles sont extrêmement instructives.

L'explication que Plékhanov nous donne des motifs de Jaurès et de Vaillant est un peu grossière. Il ne s'agissait pas seulement d'obtenir le plus de voix possible aux élections. L'interprétation que nous avons donnée de la position de la majorité française, quelques pages plus haut, nous semble plus juste. Cependant, Plékhanov, en 1910, avait parfaitement raison d'expliquer la position de Jaurès et de Vaillant non par un excès d'esprit révolutionnaire, mais par un excès d'opportunisme.

Mais quelle était la position des Allemands? L'opinion de Plékhanov (et non de lui seul) sur ce point était, comme nous l'avons vu, extrêmement favorable à la social-démocratie allemande. Hélas! nous n'avions pas vu qu'en choisissant « la formule algébrique », elle se guidait sur des considérations bien différentes des nôtres...

Certes, un grand nombre de social-démocrates allemands s'inspiraient alors d'excellents motifs. Ledebour par exemple et beaucoup d'autres avec lui jugeaient d'après le raisonnement que leur attribue favorablement Plékhanov, dans l'article que nous avons cité. Mais... mais, déjà à cette époque, dans la social-démocratie allemande, les opportunistes (c'est-à-dire les futurs social-patriotes) avaient la majorité. Ceci fut démontré par la situation, quand il fut question de la politique coloniale. A cette époque, dans la social-démocratie allemande, les véritables maîtres étaient déjà, nous le répétons, non plus Ledebour ou même Bebel, mais Legien, Sudekum et David.

L'interprétation que donne Plékhanov de la formule algébrique « *par tous* les moyens » disant qu'il s'agissait de quelque chose *de plus* qu'une grève était très répandue parmi les admirateurs de la social-démocratie allemande. C'était la meilleure interprétation que l'on pût donner d'un point de vue révolutionnaire.

Bien entendu, l'état des choses n'aurait pas été différent dans le fond si le congrès, au lieu d'adopter la formule algébrique des opportunistes allemands, avait admis la formule arithmétique des opportunistes français. Les social-chauvins seraient restés des social-chauvins. Mais il convient de reconnaître l'erreur. Nous estimions que la social-démocratie allemande *lutterait* par tous les moyens *contre la guerre*. Ce ne fut pas tout à fait cela... La social-démocratie officielle allemande, en 1914-1916, lutta « par tous les moyens » *pour* la guerre: « par tous les moyens » (et autrement encore...) elle servit les impérialistes de sa « patrie »...

Quel aurait été le sort de la proposition Keir Hardie-Vaillant si la guerre n'avait pas éclaté et si la II° Internationale ne s'était

____

(1) *Le Social-Démocrate*, n° 17, octobre 1910. Art. : *Le Congrès Socialiste International de Copenhague.*

disloquée? Le plus probable c'est que, avec des réserves diplomatiques, elle aurait été acceptée au congrès qui devait se tenir en 1914, à Vienne. Ce qui le prouve, c'est le discours prononcé à Copenhague par Vandervelde, président de la IIe Internationale, représentant typique de sa majorité et un de ses principaux diplomates. En défendant la résolution de Stuttgart et la proposition Vaillant-Hardie, il déclare que la social-démocratie a agi plus d'une fois déjà dans cet esprit. « C'est ainsi que les camarades anglais ont protesté contre la guerre sud-africaine; c'est ainsi que la social-démocratie russe, quand éclata la guerre russo-japonaise, recourut non seulement à la grève générale, mais à la révolution. Nous avons encore un exemple plus proche, celui de nos frères espagnols qui, il n'y a pas longtemps, opposèrent une résistance héroïque lorsque leur gouvernement entreprit son incursion de brigandage. Et cela bien que les socialistes espagnols ne constituent qu'une section des plus faibles dans l'Internationale. En tout cas, conclut Vandervelde, je vous prie de ne pas repousser la proposition Vaillant-Hardie, *dont nous sommes tous partisans... Je vous prie de la transmettre au prochain congrès; non que j'estime que cette proposition soit erronée ou prématurée; au contraire; mais parce que, j'en suis convaincu, elle sera alors adoptée à l'unanimité* » (p. 41).

Oui, la proposition aurait été adoptée. Mais les choses n'en auraient pas marché autrement. Dès le début de la première guerre impérialiste européenne, le tableau aurait été le même que celui de 1914.

N'avait-on pas prononcé, en dehors de cette proposition, assez de phrases ronflantes? N'avait-on pas fait assez de promesses et de serments d'Annibal?...

VII. *La IIe Internationale pendant la guerre balkanique* *« Le grand Pardon de Bâle »*

La IIe Internationale, — tout en faisant d'immenses concessions à l'opportunisme, — ne pouvait déjà plus proclamer officiellement le principe de « la défense de la patrie » et de « la guerre défensive »; nous en avons la preuve dans l'attitude qu'elle observa pendant les guerres balkaniques de 1912-1913. Dans ces conflits, l'élément national jouait son rôle. Mais il était entièrement étouffé par des motifs impérialistes. Les petits peuples n'étaient que des jouets entre les mains des cliques impérialistes.

Et personne, dans l'Internationale, n'eut l'idée de considérer de pareils conflits du point de vue de « la guerre défensive », de « la défense de la patrie ». Les socialistes des Balkans votèrent tous *contre* les crédits et luttèrent contre la guerre. Tous les socialistes européens applaudirent à cette manifestation et personne ne songea à leur rappeler qu'ils étaient tenus de « défendre leur patrie ».

Pourquoi? Parce que tous comprenaient que l'on devait chercher le responsable de la guerre dans l'impérialisme.

Nous avons cité une opinion de Kautsky qui avait été exprimée en 1907. Nous citerons maintenant l'avis d'un autre représentant distingué du « centre » marxiste, Otto Bauer. Dans son ouvrage excellent sous beaucoup de rapports : *La Guerre balkanique et la Politique allemande mondiale*, il écrivait, à la fin de 1912 : « *Contre l'Impérialisme!* Voilà l'ordre du jour! Le prolétariat serbe doit lutter contre les attentats commis par la Serbie à l'égard de l'Albanie; le prolétariat austro-hongrois doit s'opposer aux attentats de l'Autriche-Hongrie contre la Serbie; le prolétariat russe doit repousser une politique d'excitation dirigée contre l'Autriche-Hongrie. Et le prolétariat d'Allemagne et d'Italie, de France et d'Angleterre, doit résister de toutes ses forces à ceux qui lui proposent de verser du sang à l'occasion du conflit austro-serbe!

« *Contre l'Impérialisme!* Tel restera le mot d'ordre du prolétariat international... Ne touchez pas à l'Asie, — tel doit être le mot d'ordre du prolétariat allemand » (1).

Ainsi, pendant la guerre turco-balkanique, les marxistes du « centre » comprenaient aussi qu'il s'agissait non du critérium de « la guerre défensive », ni « de la défense de la patrie », mais bien *de l'impérialisme*. Leur mot d'ordre d'alors, ce n'était pas « la défense de la patrie »; c'était « *contre l'impérialisme!* »

Et pourtant la guerre de 1914-1916 a, sans aucun doute, un caractère impérialiste beaucoup plus nettement marqué; et l'élément national y joue un rôle absolument insignifiant. Qu'y a-t-il donc de changé? Ceci seulement qu'en 1912-1913, la guerre était faite par « les autres », tandis qu'en 1914-1916, la guerre est faite « par nous »; ce sont *nos* « patries » qui se combattent...

Dans le manifeste que publièrent en commun, en 1912, les socialistes de la Turquie et des Balkans, on ne parlait pas de « la défense de la patrie »; on parlait de la lutte contre les « grandes » puissances impérialistes.

— « En fait, nous nous trouvons simplement aux avant-postes, car la guerre des Balkans porte en elle un danger imminent pour la paix générale. En réveillant tous les appétits capitalistes des grands États, en donnant la prépondérance dans la vie politique aux éléments impérialistes avides de conquêtes, elle peut provoquer non seulement le conflit entre les nations, mais encore la guerre civile. » (2)

Voilà ce qu'écrivaient les socialistes de la Turquie et des Balkans dans un manifeste que publia le bulletin du Bureau Socialiste International (IX, 4). Et toute l'Internationale leur témoignait sa complète solidarité. Dans un article sur le congrès de Bâle, Kautsky

____

(1) Otto Bauer : *Der Balkankrieg und die deutsche Weltpolitik*, Berlin, 1912, page 49.

(2) *Archives* de Grünberg, 1915, 3e cahier, page 389.

raconte qu'un des motifs principaux de la convocation de ce congrès fut le désir d'exprimer la sympathie que l'on ressentait pour les socialistes balkaniques et turcs, le désir de les soutenir moralement. Et pourtant, du point de vue de « la défense de la patrie » et de la guerre « défensive », il devait y avoir un côté, — celui des Turcs ou celui des Balkans, — qui, loin de mériter un appui, devait être sévèrement blâmé; oui, les uns ou les autres méritaient le blâme qu'adresse par exemple M. Plékhanov, aujourd'hui, à nos camarades de Serbie.

La majorité des partis social-démocrates européens ont trahi, en 1914, le drapeau de l'Internationale; mais les socialistes balkaniques lui sont restés fidèles jusqu'à présent. Les social-démocrates serbes ont voté contre les crédits; ils ont lutté contre la guerre.

L'Autriche a montré le dessein d'étouffer la révolution nationale des Slaves du Sud. Si, dans un certain sens, on pouvait encore parler de la défense des intérêts nationaux, d'une émancipation nationale, il ne pouvait être question que de la Serbie. « Si la social-démocratie en général avait le droit, quelque part, de voter pour la guerre, c'était bien d'abord en Serbie », — écrit un socialiste serbe, notre camarade Douchan-Popovitch. Mais, poursuit-il, « pour nous, la circonstance décisive était en ceci que la guerre austro-serbe n'est qu'une petite chose : c'est *l'ouverture de la guerre européenne et mondiale*, laquelle, d'après notre profonde conviction, est une guerre impérialiste nettement définie ». « Nous avons démontré, — écrit un autre représentant de la social-démocratie serbe, le camarade Katzlerowitch, — que la Serbie, avec ses tendances nationales et son territoire, ne serait que de la monnaie de change, dans les comptes que devaient faire les puissances impérialistes européennes entre elles;... nous avons démontré que la bourgeoisie serbe voulait, dans cette guerre, réaliser « la grande Serbie », « un grand État des Slaves du sud », et que, par conséquent, elle menait une guerre de conquête, et non de nationalité »...

Le petit parti social-démocrate serbe n'a fait que rappeler aux grands partis « dirigeants » de la social-démocratie européenne les vérités élémentaires que ces partis eux-mêmes avaient formulées des dizaines de fois. Aux simples et clairs arguments des social-démocrates serbes, les social-chauvins « européens » n'ont pu répliquer définitivement rien.

Plus encore que les déclarations de certains leaders autorisés et de certains partis social-démocrates, les manifestations officielles de la IIᵉ Internationale dans son ensemble, à l'occasion des guerres de 1912-1913, sont significatives. Tâchez donc d'y trouver un seul mot où il soit question de « la défense de la patrie » ou bien d'une guerre « défensive »! La résolution qui fut adoptée à l'unanimité par le congrès international extraordinaire de Bâle est un document, bien entendu, des plus autorisés. Le manifeste de Bâle a été rédigé précisément dans l'attente de *cette guerre générale euro-*

péenne qui a éclaté à présent. Ce manifeste partait de ce principe qu'il y aurait une guerre impérialiste, causée par un conflit des différentes cliques du capital financier européen. Dans ce document, on étudiait en détail la situation des socialistes de chaque pays. On y donnait un programme d'action pour les socialistes de tous les pays. Or, que voyons-nous? Est-ce que l'on y admet, même un instant, l'idée que les socialistes d'un des pays qui seront entraînés dans la guerre devront « défendre la patrie » et appliquer le critérium de la guerre « défensive »? *Il n'y a pas un mot dans cet esprit!* Vous trouverez dans ce document un appel à l'organisation de la guerre civile, des mentions faites de la Commune, de la Révolution de 1905, etc. Mais vous ne trouverez *rien* qui concerne la guerre « défensive ».

Oui, à la veille de la guerre *impérialiste, il n'en pouvait être autrement,* — nous le répétons, — tant que les « socialistes » européens ne se seraient pas ouvertement placés au point de vue du national-libéralisme...

Nous n'avons pas besoin de nous étendre plus longuement sur la résolution de Bâle; elle est assez connue. Non seulement la résolution, mais aussi les discours qui ont été prononcés à ce congrès constituent un réquisitoire des plus persuasifs contre le « cours nouveau » des socialistes chauvins d'aujourd'hui. Le prolétariat devait répondre à la guerre par la révolution : telle était la menace adressée dans les discours du congrès à la bourgeoisie européenne; et cela non seulement par Jaurès, Haase, Keir Hardie, Zetkin, Vaillant : le plus circonspect, le plus modéré de tous, Victor Adler, s'écriait : « *En vérité, les prolétaires sont-ils donc des moutons pour accepter qu'on les conduise comme des muets à l'abattoir?* » Et il ajoutait : « L'heure est proche où le prolétariat élèvera la voix pour accuser ouvertement: le moment vient où le prolétariat tiendra en ses mains le glaive dont il a besoin pour exécuter la sentence ». (1)

Il suffit de reproduire les discours prononcés par les leaders de la IIᵉ Internationale pour montrer, à la lumière la plus éclatante, la monstrueuse trahison perpétrée maintenant par la majorité de ces leaders...

Le Congrès de Stuttgart avait adopté un des principes essentiels des révolutionnaires marxistes, un principe qui s'élève maintenant comme un reproche muet à toute la conduite des principaux partis de la IIᵉ Internationale.

A Copenhague, nous avons vu de nouvelles fluctuations du côté de l'opportunisme. Le congrès adopte des formules qu'utilisent maintenant les social-chauvins pour justifier leur « cours nouveau ».

Le manifeste de Bâle était rédigé à un moment où la guerre impérialiste de toute l'Europe était déjà toute proche. La décision

____

(1) Procès-verbaux du congrès de Bâle, édition allemande, pages 18, 19.

de Bâle, loin d'être plus mauvaise, était meilleure que celle de Stuttgart. Chacun des termes de ce document peut être considéré comme
un soufflet infligé aux partis « dirigeants » de la II° Internationale
dans leur tactique actuelle.

Et néanmoins, nous ne devions pas échapper à notre sort, le
4 août 1914.

La II° Internationale, telle qu'elle était, ne pouvait donner
aucun espoir, — en dépit de toutes les bonnes résolutions qu'elle
avait pu prendre.

Cela ne signifie pourtant pas que ces résolutions n'avaient aucune importance. Cela ne signifie pas que, dans la lutte actuelle
contre les social-chauvins, les internationalistes doivent leur « par-
donner » les résolutions prises autrefois; il faut au contraire rappeler ces décisions, il faut citer à la barre les hommes qui avaient
juré d'être fidèles à ces résolutions et qui les ont trahies cyniquement.

Dans un excellent petit livre intitulé : *L'Impérialisme, la
Guerre mondiale et la Social-Démocratie*, le marxiste hollandais
Hermann Gorter dit ceci :

Celui qui connaissait de près la situation de la social-démocratie
internationale avait vu depuis longtemps que la crise (la politique du
4 août) était imminente. Le congrès de Stuttgart fut le dernier où l'on
prit sérieusement position contre l'impérialisme. A Copenhague, déjà,
commençaient les hésitations ; à Bâle, ce fut la déroute.

Plus fort devenait l'impérialisme, plus grand le danger de la guerre,
plus celle-ci était proche, et plus, semblait-il, l'Internationale devenait pusillanime. A Bâle, on sonnait encore de la trompette. Mais à
travers les phrases ronflantes de Jaurès, les vaines menaces de Keir
Hardie, les lamentations peureuses de Victor Adler sur la fin de la civilisation, les pâles et insignifiantes déclarations de Haase, le bruit et les
éclats, les fanfaronnades de tout le congrès, — à travers tout cela, on
apercevait nettement le manque de volonté, d'effort, de force pour une
action quelconque... La bourgeoisie qui, grâce à sa propre décomposition, a du flair quand il s'agit de reconnaître une pourriture morale,
devina immédiatement la corruption intime du congrès et de l'Internationale. Elle sentit que, de ce côté-là, elle n'était nullement menacée (1).

Il y a beaucoup de vrai dans ce que dit le marxiste hollandais.
La bourgeoisie, effectivement, flairait la faiblesse de la II° Internationale et savait que, du côté de la majorité opportuniste, sa fidèle
sujette, il n'y avait aucun danger. Sembat, actuellement ministre,
dans son livre *Faites un Roi*, paru peu de temps après Bâle, raconte
avec quelle ironie les bourgeois français parlaient de ce congrès
qu'ils appelaient un « Grand Pardon ». « Il y a quelque chose de
pourri dans le royaume de Danemark » ; ce pressentiment existait
aussi chez beaucoup de socialistes. Mais tâchons de ne pas trop
nous distinguer par « l'esprit de l'escalier ». Reconnaissons-le honnêtement : aucun d'entre nous ne pouvait imaginer qu'on verrait
quelque chose approchant, même de loin, ce dont nous fûmes

----

(1) Hermann Gorter, *Der Imperialismus, der Weltkrieg und die Sozial-
demokratie*, Amsterdam, 1915, page 20.

témoins le 4 août 1914... Il n'est pas juste de dire qu'à Bâle, ce fut la déroute. Les partis social-démocrates officiels « d'Europe » ne connurent la débâcle que le 4 août 1914. A Bâle, aucun mot n'avait été prononcé pour demander aux masses ouvrières de « défendre la patrie « dans la guerre imminente. Au contraire, on avait parlé, pour les prolétaires du monde entier, de l'exemple de la Commune, de l'exemple de 1905; on avait dit que c'était « un crime de tirer les uns sur les autres »; que la guerre prochaine se ferait à cause des intérêts d'une poignée de capitalistes.

Qu'on veuille bien nous comprendre : Nous ne nions pas la justesse du sévère jugement porté par Gorter sur les leaders qui donnaient le ton au congrès de Bâle. Nous savons que les opportunistes, dans tous les pays, ne pouvaient croire à la révolution. Nous nous représentons fort bien comment on traita l'affaire dans cette cuisine diplomatique de la IIᵉ Internationale où fut accommodée la résolution de Bâle. Nous savons également, de même que le collègue Gorter, que ceux qui s'occupaient de cette cuisine à Bâle croyaient fort peu à ce qu'ils disaient eux-mêmes dans leur manifeste. Nous aussi, nous avons vu, en d'autres temps, des maîtres en pareilles œuvres, et nous imaginons sans peine « comment cela se fabrique ». C'est entendu. Mais une question se pose, malgré tout, une question sérieuse : que disait donc le congrès de Bâle *aux masses* ouvrières du monde entier? Car les ouvriers socialistes croyaient alors sincèrement à la moindre parole de l'Internationale. Ils prenaient pour argent comptant les termes du manifeste. Et ensuite, il faut se demander *pourquoi même* les diplomates *se crurent obligés* de parler aux masses comme ils le firent, et non autrement; pourquoi ils leur dirent tout autre chose que ce qu'ils disent maintenant.

Nous faisons cette observation sans vouloir justifier les Adler et les Vandervelde, les Scheidemann et les Renaudel. Bien au contraire! Leur faute *n'en est que plus grande*, leur chute que plus profonde, leur trahison que plus honteuse.

VIII. *La IIᵉ Internationale quarante-huit heures avant la guerre.*
Hervé, Jaurès, les syndicalistes français.

On ne peut mieux dénoncer l'infamie de la conduite actuelle des social-chauvins de tous les pays qu'en rappelant les déclarations qu'ils firent eux-mêmes dans les derniers jours qui ont précédé la déclaration de guerre de 1914. Entraînés par la force d'inertie, ceux-là même qui se trouvaient à la tête des social-chauvins continuaient encore à dire les choses telles qu'elles étaient. *De quoi donc* parlaient alors les principaux organes du socialisme européen, les députés social-démocrates, les comités centraux, les syndicats? Ils ne parlaient pas de « la défense de la patrie », en tout cas! Ils disaient que la guerre serait impérialiste, que ce serait une guerre de pillage, qu'elle serait dirigée contre les intérêts de la classe ouvrière; ils disaient que le sang de millions d'ouvriers serait versé pour une cause absolument étrangère à leurs propres intérêts...

Plékhanov et les autres chauvins de l'Entente, dans le but de démontrer qu'ils ont raison, aiment beaucoup à citer les déclarations faites par les social-démocrates du *Vorwaerts*, disant que l'ultimatum de l'Autriche à la Serbie est une consciente provocation à la guerre; déclarations de la direction du parti, disant que la guerre est nécessaire aux impérialistes allemands. C'est indiscutable, de pareilles déclarations *doivent* être le plus souvent possible rappelées aux ouvriers. Mais il n'est pas moins nécessaire de leur remettre en mémoire fréquemment les déclarations que firent, en ces jours-là, les leaders officiels du socialisme *français*.

Hervé, ce même Hervé qui est maintenant ivre de chauvinisme, qui imprime des articles intitulés *Vive le Tsar!* — ce même Hervé écrivait le 28 juillet 1914 :

Une guerre pour la défense d'une petite nation opprimée par une grande puissance ? Ce serait trop beau ! Il y a beau temps qu'il n'existe plus en Europe une seule grande puissance dont les mains ne soient pas ensanglantées.

Non, ce n'est pas une guerre pour la défense du petit peuple serbe; c'est une guerre pour maintenir le prestige de notre allié, *le tsar*.

L'honneur de notre allié ! L'honneur du gouvernement russe ! A ce seul mot, Rabelais, Voltaire, Victor Hugo se retourneront dans leurs cercueils... Le gouvernement russe n'était pas si sensible au point d'honneur quand il étouffait la Finlande et la Pologne, quand il lâchait ses bandes de Cent-Noirs sur la population juive de Kiev et d'Odessa !

Se battre pour sauver le prestige du tsar ! Quel admirable motif pour un peuple dont les aïeux ont fait la grande révolution ! Quelle joie ce sera de mourir pour une si noble cause ! (1).

Donc, trois jours avant la guerre, Hervé lui-même savait que les ouvriers français devraient se battre non pour « la démocratie », non pour « la France révolutionnaire », mais, avant tout, pour le tsar sanglant.

Et le même jour, le conseil général du parti socialiste français, dans un manifeste signé par Jaurès, Guesde, Vaillant, Sembat, Renaudel, Hervé et d'autres, disait aux ouvriers que la guerre imminente était provoquée par la politique de pillage des impérialistes. « Les rivalités coloniales, les intrigues et les violences de l'impérialisme, la politique de spoliation des uns, la politique d'ambition et de maintien de prestige des autres, — voilà dix ans déjà que tout cela a créé dans toute l'Europe une tension permanente, un danger de guerre constant et croissant » (2).

L'organe central des syndicalistes écrivait, le 29 juillet 1914 : « Ouvriers! Si vous n'êtes pas des lâches, si vous ne voulez pas que,

____

(1) *La Guerre Sociale*, 28 juillet 1914.

(2) *L'Humanité*, 28 juillet 1914.

d'ici quelques heures, l'on jette votre pays *dans la pire aventure que l'on puisse imaginer* », protestez, etc. (1).

Et Jaurès, quatre jours avant sa mort, dans une réunion publique à Vaise (près de Lyon), à la veille de la guerre, déclarait à qui voulait l'entendre que c'était une guerre impérialiste. En honnête démocrate, il n'épargnait pas son gouvernement. Il disait franchement qu'une des responsabilités de la guerre se trouvait dans « la politique coloniale de la France » et dans la politique étrangère du tsarisme qui « redoutait la lumière ». Il traçait le tableau que voici :

> Citoyens, la note que l'Autriche a adressée à la Serbie est pleine de menaces... L'Allemagne fait savoir par ses ambassadeurs qu'elle se solidariserait avec l'Autriche... Ce n'est plus seulement le traité d'alliance entre l'Autriche et l'Allemagne qui entre en jeu, c'est le traité secret, mais dont on connaît les clauses essentielles, qui lie la Russie et la France... Dans une heure aussi grave, aussi pleine de périls pour nous tous, pour toutes les patries, je ne veux pas m'attarder à chercher longuement les responsabilités... Lorsque nous (socialistes français) avons dit que pénétrer par la force, par les armes, au Maroc, c'était ouvrir à l'Europe l'ère des ambitions, des convoitises et des conflits, — on nous a dénoncés comme de mauvais Français... Voilà, hélas ! notre part de responsabilités, et elle se précise si vous voulez bien songer que c'est la question de la Bosnie-Herzégovine qui est l'occasion de la lutte entre l'Autriche et la Serbie, et que nous, Français, quand l'Autriche annexait la Bosnie-Herzégovine, nous n'avions pas le droit, ni le moyen, de leur opposer la moindre remontrance, — parce que nous étions engagés au Maroc et que nous avions besoin de nous faire pardonner notre propre péché en pardonnant les péchés des autres.
>
> Et alors notre ministre des affaires étrangères disait à l'Autriche :
>
> « Nous vous passons la Bosnie-Herzégovine à condition que vous nous passiez le Maroc... »
>
> Et nous disions à l'Italie :
>
> « Tu peux aller en Tripolitaine puisque je suis au Maroc; tu peux voler à l'autre bout de la rue, puisque, moi, j'ai volé à l'extrémité. » (2).

Il semble que ces deux brefs dialogues, où s'exprime, d'après Jaurès, le fond de la politique étrangère de « grandes puissances », comme la France, l'Autriche et l'Italie, soient assez éloquents...

Mais écoutez encore :

> Les Russes vont peut-être prendre parti pour les Serbes... — continue Jaurès, — et vont dire :
>
> « Mon cœur de grand peuple slave ne supporte pas qu'on fasse violence au petit peuple slave de Serbie. »
>
> Oui, mais qu'est-ce qui a frappé la Serbie au cœur ? Quand la Russie est intervenue dans les Balkans, en 1877, et quand elle a créé une Bulgarie « indépendante » avec la pensée de mettre la main sur

---

(1) *La Bataille Syndicaliste*, 27 juillet 1914. Nous empruntons nos citations aux excellentes collections des *Archives* de Grünberg.

(2) *Les Causes de la Guerre*, discours de Jean Jaurès, *L'Avenir Socialiste*, Lyon, 1ᵉʳ août 1914, imprimerie spéciale de la Fédération du Tonneau. Ce discours est reproduit intégralement dans le livre de Charles Rappoport : *Jean Jaurès, le Penseur, le Socialiste*, Paris, 1925. Pages 77 et suivantes.

elle, elle a dit à l'Autriche : « Laisse-moi faire et je te confierai l'administration de la Bosnie-Herzégovine... »

Dans l'entrevue que le ministre des affaires étrangères russes a eue avec le ministre des affaires étrangères de l'Autriche, la Russie a dit à l'Autriche : « Je t'autoriserai à annexer la Bosnie-Herzégovine à condition que tu me permettes d'établir un débouché sur la mer Noire, à proximité de Constantinople. » (1).

En se résumant, Jaurès dit littéralement ceci :

La politique coloniale de la France, la politique sournoise de la Russie et la volonté brutale de l'Autriche, ont contribué à créer l'état de choses horrible où nous sommes.

Et voici sa conclusion pratique :

Citoyens, si la tempête éclatait, tous, nous socialistes, nous aurons le souci de nous sauver le plus tôt possible du crime que les dirigeants auront commis...

Nous ne savons, bien entendu, ce qu'aurait dit Jaurès, quand la guerre a commencé. Il n'a jamais considéré les choses en marxiste révolutionnaire. Mais nous savons que lui, ainsi que tous les leaders des socialistes et des syndicalistes français, a stigmatisé, deux ou trois jours avant le début de la guerre, les impérialistes français et le tsar de Russie, comme responsables de cette guerre. Même les opportunistes français les plus ouvertement déclarés n'étaient pas alors dépourvus de conscience au point d'affirmer que cette guerre était « juste », au point de parler d'une défense nationale.

Le mot d'ordre des socialistes allemands et *français*, ce n'était pas la « défense de la patrie » ; c'était la lutte contre l'impérialisme! Deux jours avant la déclaration de guerre, quand le tableau se dessinait nettement dans son ensemble, les partis socialistes officiels de France et d'Allemagne parlaient encore de défendre les vies ouvrières contre les brigands impérialistes *des deux* coalitions. C'était le dernier tribut payé par ces partis à l'Internationale. Et cela prouve une fois de plus que les « socialistes » officiels d'Allemagne et de France n'ont pu adopter leur point de vue actuel qu'en *trahissant* toutes les décisions de l'Internationale.

IX. *Ce que pensent les internationalistes de la défense de la patrie.*
Nos tâches.

Quelle est donc notre tâche de propagande pour le temps présent?

Avant tout, les partisans de la IIIe Internationale doivent poser très nettement la question de la défense de la patrie. La moindre confusion sur cette question peut causer le plus grand mal à notre agitation.

Un socialiste est tenu de « défendre sa patrie » *dans n'importe*

____
(1) Ibidem.

quelle guerre : voilà le principe fondamental du social-chauvinisme. Les social-chauvins les plus francs posent ce principe sans l'estomper en aucune manière. Admettons que notre gouvernement ait tort, admettons que ce soit lui qui, le premier, ait déclanché la guerre; admettons que toute sa politique étrangère avant la guerre ait été erronée, voire criminelle. Encore reste-t-il qu'il est impossible de faire expier au peuple les fautes ou même les crimes de son gouvernement. Du moment que la guerre est un fait, du moment que notre pays est menacé de l'invasion étrangère, nous devons nous défendre. Et cela indépendamment du contenu, des buts, du sens de la guerre. La défaite de ma patrie, c'est le plus grand des maux que je puisse imaginer. En conséquence : que ma patrie ait raison ou tort, elle est avant tout ma patrie!

« Quelles que soient les causes de la guerre, quelle que soit notre appréciation sur l'histoire de la préparation de la guerre... un fait est hors de doute: notre plus haut devoir est de *maintenir à travers tout* la patrie (*durchzuhalten*) ». Ainsi parlait, il y a quelques jours, à la conférence du parti, le plus remarquable diplomate du social-chauvinisme international, Victor Adler (1).

Tous les social-chauvins ne s'expriment pas avec une pareille franchise. La majorité préfère nous parler de la défense de « la culture », de « la liberté », de la lutte contre le militarisme, etc. Mais ils agissent tous d'après le même principe.

Telle est la position du social-chauvinisme.

Que répondent à cela les internationalistes?

Nous ne rejetons pas la défense de la patrie en général. Nous repoussons ce que l'on appelle « la défense de la patrie » dans les guerres impérialistes, c'est-à-dire dans les guerres de la réaction et du capitalisme. Mais nous ne nous bornons pas à indiquer ce fait indiscutable que *la guerre présente*, celle de 1914-1916, procède de l'impérialisme. Nous établissons en principe que, dans *l'époque impérialiste* actuelle, les guerres entre « grandes puissances » ne peuvent être causées que par l'impérialisme.

Cela ne signifie pas encore que partout et toujours, dans tous les cas et dans tous les temps, même dans l'époque impérialiste, nous repousserions l'idée de la défense de la patrie.

Dans les numéros 1 et 2 du *Communiste*, nous écrivions :

Des guerres « justes » à l'époque des luttes nationales ont-elles pu avoir lieu ? Oui, certainement. Les guerres de la grande Révolution française ont été « justes » pour la plupart ; les guerres pour l'indépendance nationale de l'Italie étaient « justes ».

Mais des guerres « justes » peuvent-elles se produire maintenant, dans notre époque impérialiste ?

Oui, certainement, mais dans deux cas *seulement*. Le premier serait celui d'une guerre menée par *un prolétariat* vainqueur dans son pays, qui défendrait sa conquête, le régime socialiste. Le second, ce serait une guerre de la Chine, de l'Inde et d'autres pays *opprimés* par

____

(1) *Arbeiter Zeitung*, Vienne, n° 318, 16 novembre 1916.

l'impérialisme, qui défendraient leur indépendance contre les gouvernements impérialistes européens (1).

Une guerre « juste » entre les gouvernements impérialistes européens est impossible comme, pour des honnêtes gens, il est impossible de voir de « la justice » dans une bataille entre brigands qui se disputent le butin. Toute autre guerre, en dehors des deux cas indiqués plus haut, sera nécessairement, à notre époque, menée *contre toute justice* ; ce sera une guerre entre impérialistes, une guerre entre cliques financières et dynastiques; une guerre *toujours dirigée contre la classe ouvrière de tous les pays.*

Dans les « justes » guerres nationales dont nous avons parlé, pouvait-il être question d'une lutte de la bourgeoisie contre un prolétariat qui mettrait à l'ordre du jour la révolution socialiste ? Non, il ne s'agissait pas de cela ! Mais à présent, dans les guerres impérialistes, surtout d'extension européenne, c'est une des principales tâches de la bourgeoisie internationale.

Dans deux cas, des guerres « justes » sont encore possibles. Mais, en 1915, ni l'un ni l'autre de ces cas n'était réalisé.

Ainsi, bien entendu, nous reconnaissons aux « patries » opprimées par des puissances impérialistes, le droit de se défendre. L'effort que pourront faire les colonies et les pays de protectorat pour s'émanciper du joug des « grandes puissances » mérite sans aucun doute d'être soutenu par la social-démocratie.

Ainsi, bien entendu, nous reconnaissons aux « patries » opprimées par des puissances impérialistes, le droit de se défendre. L'effort que pourront faire les colonies et les pays de protectorat pour s'émanciper du joug des « grandes puissances » mérite sans aucun doute d'être soutenu par la social-démocratie.

Il y a une grande différence entre cette véritable défense de la patrie et cet autre genre de « défense de la patrie » où l'on voit une bourgeoisie impérialiste essayer de subjuguer des peuples ou d'affermir sa domination sur des pays déjà livrés à son oppression;

---

(1) Cette seconde thèse n'a peut-être besoin que d'une certaine restriction. Prenons l'exemple de la Perse pendant la guerre impérialiste de 1914-1916.

On sait que les impérialistes allemands, jouant sur la juste haine que les Persans éprouvent à l'égard de leurs oppresseurs russo-anglais, faillirent entraîner, en 1915, la Perse dans la guerre. Le journal libéral *Rousskia Viédomosti* exposait ainsi la marche des événements : « En septembre et en octobre 1915, le gouvernement persan semble avoir étudié sérieusement les moyens de s'émanciper de l'influence (!) anglo-russe par une alliance avec l'Allemagne et la Turquie. Le shah, avec son Cabinet et le *Medjlis*, se disposait déjà à quitter Téhéran, trop proche de la frontière russe. Mais les énergiques représentations de la diplomatie anglo-russe, — représentations soutenues (!) par l'apparition d'un détachement russe sous les murs de Téhéran, — mirent bientôt fin aux hésitations du shah... La révolution éclata en Perse; des comités révolutionnaires se constituèrent dans le centre et dans le midi... Ce mouvement révolutionnaire fut toutefois liquidé par les armées russes dans le cours de l'hiver et du printemps dernier. » (*Rousskia Viédomosti*, 28 juillet 1916).

Quelle doit être notre attitude devant une pareille situation en Perse? Les socialistes, bien entendu, n'éprouvent que de la sympathie pour un mouvement révolutionnaire dirigé contre les impérialistes russo-anglais. Mais si la Perse avait participé à la guerre de 1914-1916, en se rangeant du côté de la coalition allemande, ce nouveau conflit n'aurait été qu'un épisode insignifiant dans la grande guerre *de pillage impérialiste*. Objectivement, le rôle de la Perse n'aurait pas été bien différent de celui de la Turquie dans la conflagration mondiale.

si l'on ne comprend pas cette différence, c'est qu'*on ne veut pas* la comprendre.

Un social-chauvin de marque française (bien qu'il soit d'origine allemande). M. Grumbach, dans un petit livre récemment paru, qui s'appelle *L'Erreur de Zimmerwald et de Kienthal*, cite les lignes suivantes de la brochure de Lénine et Zinoviev intitulée *Le Socialisme et la Guerre* :

> Si, demain, le Maroc, par exemple, déclarait la guerre à la France, l'Inde à l'Angleterre, la Perse ou la Chine à la Russie, etc., ce seraient là des guerres « justes », des guerres « de défense », *indépendamment* du fait que l'un ou l'autre des belligérants aurait attaqué le premier ; et tout socialiste serait heureux de la victoire que pourraient remporter les États opprimés, les peuples dépendants, restreints dans leurs droits, sur « les grandes puissances » qui exercent l'oppression, le pillage et qui tiennent les peuples en esclavage.

Avec une feinte indignation, M. Grumbach nous réplique à ce sujet :

> Les colonies ont donc le droit de mener même des guerres d'offensive... Pourtant, quand la plus grande République de l'Europe (la France)... se défend contre l'invasion des armées de la féodalité, de la monarchie allemande, on nous parle de trahison à l'égard du socialisme, etc. (1).

Le « socialiste » qui parle ainsi est bien entêté, si, consciemment, il fait semblant de ne pas comprendre la différence de situation qui existe entre une colonie luttant *contre* son oppresseur et une « grande » puissance qui elle-même opprime des peuples. A moins que les social-chauvins ne se soient embourbés dans l'idéologie bourgeoise au point d'y avoir perdu tout sentiment socialiste; ils ne savent plus alors distinguer l'oppresseur de l'opprimé, l'esclave du maître, le capitaliste de l'ouvrier, l'exploiteur de l'exploité, le lock-out de la grève, l'insurrection révolutionnaire de la répression contre-révolutionnaire.

La « plus grande des républiques de l'Europe », par 100 kilomètres carrés de sa métropole, possède 1.135 kilomètres carrés de colonies opprimées par elle et dont l'oligarchie financière française pompe le sang et la sueur. C'est pour affermir sa domination sur ces colonies, notamment, que « la plus grande des républiques de l'Europe » fait la guerre en ce moment.

Mais les valets de l'impérialisme ne voient pas de différence entre les colonies et leurs oppresseurs!

Il serait bien inutile, ici, de s'indigner. Les social-chauvins et nous, nous ne parlons pas la même langue. Ils défendent les intérêts de la bourgeoisie, nous défendons les intérêts du prolétariat. Mais « l'argument » de M. Grumbach nous montre une fois de plus combien il est nécessaire de mettre de la clarté dans cette question de la défense de la patrie.

---

(1) *Der Irrtum von Zimmerwald-Kienthal*, page 77.

Il nous montre combien il serait désastreux de se prêter le moins du monde au jeu des social-chauvins, en ce qui concerne cette idée de « défense de la patrie »; et il nous montre qu'il serait inadmissible de prêcher le renoncement *à toute défense* de la patrie, en tout temps, indépendamment du caractère du conflit.

La faiblesse de la II° Internationale est en ceci qu'elle reconnaissait *en général* le principe de la défense de la patrie. Pour les guerres nationales, ce principe était juste. Pour certaines guerres dont nous avons envisagé la possibilité, ce principe reste juste jusqu'à présent.

La faiblesse de la II° Internationale est en ceci qu'elle n'a pas dit clairement et nettement : à une époque de guerres nationales, la défense de la patrie est légitime et indispensable; à une époque de guerres impérialistes, il ne faut pas appliquer l'idée de « défense de la patrie » à une guerre *impérialiste*.

Et le malheur, le krach de la II° Internationale vient de ce que l'opportunisme, pour des raisons qu'il est inutile d'exposer ici, a laissé la politique bourgeoise prendre le dessus dans ses partis, et trouve intérêt à ce que les guerres impérialistes les plus iniques soient présentées aux ouvriers comme des luttes pour la justice et pour le progrès...

En proclamant la nécessité de créer une III° Internationale, renonçons-nous absolument, entièrement, à l'héritage de la II° Internationale?

La tâche des révolutionnaires marxistes consiste à montrer que, pendant les vingt-cinq ans d'existence de la II° Internationale, deux tendances essentielles s'y sont combattues avec des alternatives de succès et de revers : le marxisme et l'opportunisme. Nous ne voulons pas effacer toute l'histoire de la II° Internationale. *Nous ne renions pas* ce qu'il y avait en elle de marxiste.

Un certain nombre de théoriciens et de « leaders » ont renoncé au marxisme révolutionnaire; les kautskistes de tous les pays se sont détournés du marxisme révolutionnaire. Les opportunistes et « le centre », pendant les dernières années d'existence de la II° Internationale, ont obtenu la majorité sur les marxistes. Malgré cela, la tendance marxiste révolutionnaire a toujours existé dans la II° Internationale. *Pas une minute, nous ne pensons à renoncer à son héritage.*

Pendant la guerre de 1914-1916, ont fait faillite l'opportunisme, d'une part, l'anarchie et le syndicalisme de l'autre. La guerre a été un coup formidable pour le socialisme. Mais elle a eu cet avantage positif pour le mouvement ouvrier qu'elle nous aidera à enterrer les *deux déviations* petites-bourgeoises du socialisme.

Notre lutte contre l'anarchie et le syndicalisme ne doit pas être moins violente que celle que nous menons contre l'opportunisme. Notre tâche de propagande, aujourd'hui, n'est pas de chercher « le grain de vérité » et « le noyau sain » que peut contenir le syndicalisme. Notre tâche est de montrer comment le syndicalisme officiel en est arrivé, comme l'opportunisme, à trahir la cause ouvrière, à servir également la bourgeoisie. Bien plus : la faute du syndicalisme et de l'anarchie est beaucoup plus grande. L'opportunisme conséquent restait, du moins, fidèle à lui-même. Bien des opportunistes, longtemps avant la guerre, ont dit ce qu'ils disent aujourd'hui. Mais les syndicalistes et les anarchistes ont scindé le mouvement ouvrier en France, en Italie — au nom d'une lutte soi-disant intransigeante contre la bourgeoisie, contre le militarisme, contre les guerres — pour se conduire à présent avec la traîtrise dont font preuve les pires opportunistes. Les anarchistes et les syndicalistes ont fait tout ce qu'il était humainement possible de faire dans le domaine de la phraséologie révolutionnaire et, par là, ont seulement compromis davantage aux yeux des ouvriers les mots d'ordre, les appels révolutionnaires.

Contre l'opportunisme et contre l'anarchie!

Et contre les « marxistes du centre », en première ligne! Le « centre » a secondé tout le temps l'opportunisme de la IIe Internationale. Le centre seconde à présent le social-chauvinisme. Le kautskisme joue un rôle réactionnaire : on le voit aujourd'hui bien clairement à ce que fait le « longuettisme », cette tendance kautskiste sur le terrain français, qui, en réalité, vient en aide aux pires chauvins.

Retour en arrière vers Marx!

Et, par conséquent, fondons *la IIIe Internationale!*

Octobre 1916.   G. ZINOVIEV.

Sur le mot d'ordre : désarmement

Dans un certain nombre de pays, et plus particulièrement dans de petites nations qui ne sont pas mêlées à la guerre actuelle, en Suède, en Norvège, en Hollande, en Suisse, des voix s'élèvent pour demander que l'ancien mot d'ordre du programme minimum de la social-démocratie : « *milice* » ou « *armement du peuple* » soit remplacé par : « *désarmement* ». Dans l'organe de l'Internationale de la Jeunesse (*Jugend-Internationale*), n° 3, un article éditorial a été publié en faveur de cette conception. Dans les « thèses » de R. Grimm sur la question de la guerre, rédigées en vue du congrès du parti social-démocrate suisse, nous trouvons une concession à l'idée du « désarmement ». Dans la revue suisse *La Vie Nouvelle* (*Neues Leben*) de 1915, Roland-Holst, sous apparence de « concilier » les deux revendications, se prononce en réalité en faveur de cette concession. Dans l'organe de la gauche internationale, l'*Avant-Coureur* (*Vorbote*), n° 2, un article du marxiste hollandais Wynkop reprend l'ancien mot d'ordre de l'armement du peuple. Les gauches scandinaves acceptent l'idée du « désarmement », tout en reconnaissant parfois qu'il y a là un élément de pacifisme.

Examinons la position des partisans du désarmement.

I

Un des principaux arguments que l'on puisse invoquer en faveur du désarmement est celui-ci, que l'on n'exprime pas toujours bien franchement : nous sommes contre la guerre; nous sommes adversaires en général de n'importe quelle guerre, et l'expression la plus nette, la plus claire, la moins équivoque de cette opinion se trouve dans notre exigence de désarmement.

Dans l'article que nous avons consacré à la brochure de Junius, article auquel nous renvoyons le lecteur, nous avons montré en quel sens cet argument était erroné. Des socialistes ne peuvent se déclarer adversaires de n'importe quelle guerre, sous peine de cesser d'être des socialistes. Il n'est pas permis de se laisser aveugler par la guerre impérialiste actuelle. A une époque impérialiste, des guerres de ce genre entre « grandes » puissances sont précisément typiques; mais cela n'exclut pas la possibilité de guerres démocratiques et d'insurrections, venant par exemple de nations opprimées qui tenteraient de s'affranchir de leurs oppresseurs. Des guerres civiles du prolétariat contre la bourgeoisie, pour le socialisme, sont inévitables. Des guerres du socialisme vainqueur dans un pays contre d'autres pays, bourgeois ou réactionnaires, sont possibles.

Le désarmement est l'idéal du socialisme. Dans la société socialiste, il n'y aura plus de guerres; par conséquent, le désarmement sera réalisé. Mais celui-là n'est pas socialiste qui espère la réalisation du socialisme *en dehors* de la révolution sociale et de la dictature du prolétariat. La dictature est un pouvoir d'Etat qui s'appuie directement sur *la violence*. La violence, au XX° siècle — comme en général à l'époque de la civilisation — ce n'est pas le poing et ce n'est pas une trique; c'est *l'armée*. Inscrire le « désarmement » au programme, c'est donc dire d'une façon générale : nous sommes adversaires de l'emploi des armes. Il n'y a pas plus de marxisme là-dedans que si nous disions : nous ne voulons pas recourir à la violence!

Notons que la discussion internationale sur cette question a été menée presque exclusivement en langue allemande. Or, en allemand, l'on emploie deux termes dont il est difficile de traduire la différence en russe (1). *Abrüstung* signifie *désarmement* au sens propre et est employé, par exemple, par Kautsky et les kautskistes, dans le sens d'une réduction des armements. L'autre terme, *Entwaffnung* signifie plutôt *suppression des armements* et est employé de préférence par les gauches, dans le sens d'une abolition du militarisme et de tout système militariste. Nous parlons dans cet article

---

(1) C'est également difficile en français (*note du traducteur*).

de désarmement dans le sens du *second* terme, qui exprime une revendication habituelle chez certains social-démocrates *révolutionnaires*.

Lorsque Kautsky prêche le « désarmement », s'adressant aux gouvernements actuels des grandes puissances impérialistes, il fait preuve du plus grossier opportunisme, d'un pacifisme bourgeois qui, *en réalité* — en dépit « des excellentes intentions » de nos doucereux kautskistes — sert à détourner les ouvriers de leur lutte révolutionnaire. En effet, par cette prédication, on inculque aux ouvriers l'idée que les gouvernements bourgeois actuels, dans les puissances impérialistes, *ne sont pas* entravés par les milliers de fils du capital financier, et par d'innombrables *traités secrets*, conclus entre eux, ayant pour fins le pillage, le brigandage et préparant la guerre impérialiste.

II

Une classe opprimée qui ne s'efforcerait pas d'apprendre à se servir des armes, de posséder des armes, mériterait simplement d'être traitée en esclave. Nous ne pouvons pas, à moins de nous transformer en pacifistes bourgeois ou en opportunistes, nous ne pouvons pas oublier que nous vivons dans une société de classes et qu'il n'y a pas, qu'il ne peut y avoir d'autre issue pour nous que la lutte de classe et le renversement du pouvoir de la classe dirigeante.

Dans toute société de classes — qu'elle soit basée sur l'esclavage, sur le servage ou, comme à présent, sur le travail salarié, — la classe des oppresseurs est armée. Non seulement l'armée permanente de notre temps, mais même la milice — et cela dans les républiques bourgeoises les plus démocratiques, par exemple en Suisse — est un armement de la bourgeoisie *contre* le prolétariat. C'est une vérité tellement élémentaire qu'il est à peine utile de s'y arrêter. Il suffira de rappeler l'usage qui est fait de la troupe (et des milices républicaines démocratiques tout aussi bien) contre les grévistes : procédé que nous retrouvons dans tous les pays capitalistes sans exception. L'armement de la bourgeoisie contre le prolétariat est un des faits les plus remarquables, les plus graves, les plus significatifs qui caractérisent la moderne société capitaliste.

Et, en présence de ce fait, on vient proposer à des social-démocrates révolutionnaires de formuler une « revendication » de « désarmement » ! Cela équivaudrait à renoncer une fois pour toutes à l'idée de la lutte de classe, à l'idée de la révolution. Notre mot d'ordre doit être : armement du prolétariat pour qu'il puisse vaincre, pour qu'il puisse exproprier et désarmer la bourgeoisie. C'est la seule tactique possible pour une classe révolutionnaire. Cette tactique découle de toute *l'évolution objective* du militarisme capitaliste; elle est prescrite par cette évolution. Il faut d'abord que le prolétariat désarme la bourgeoisie; après cela, mais *seulement après cela*, il pourra, sans manquer à sa tâche historique et mondiale, jeter à la ferraille toutes les armes en général. Et c'est ce que fera certainement le prolétariat, mais pas avant d'avoir accompli sa révolution.

Si la guerre actuelle n'inspire aux socialistes chrétiens réactionnaires, aux petits-bourgeois pleurnichards que de l'épouvante et de l'horreur, que du dégoût pour l'emploi des armes, que de la répulsion devant le sang et la mort, nous autres, nous avons le devoir de dire : la société capitaliste a toujours été et sera toujours *une horreur sans fin*. Et si maintenant la plus réactionnaire de toutes les guerres prépare à cette société *une fin sans horreur*, nous n'avons aucune raison d'en ressentir du doute ou du désespoir. Or, objectivement parlant, cette « revendication » de désarmement — ou mieux : cette rêverie de désarmement — n'est pas autre chose qu'une manifestation de désespoir, à une époque où, de toute évidence, la bourgeoisie elle-même prépare la seule guerre véritablement légitime, la guerre révolutionnaire, la guerre civile contre la bourgeoisie impérialiste.

A celui qui nous dirait que c'est là une théorie en dehors de la vie, nous rappellerions deux grands faits historiques de signification mondiale : d'une part, le rôle des trusts et le travail des femmes dans les fabriques; d'autre part, la Commune de 1871 et l'insurrection de décembre 1905 en Russie.

C'est l'affaire de la bourgeoisie que de développer les trusts, d'enfermer des enfants et des femmes dans les fabriques, de les y torturer, de les y débaucher, de les condamner à la misère. Nous ne « demandons » pas que les choses marchent ainsi, nous ne « soutenons » pas cela, nous luttons contre cela. Mais *comment* luttons-nous? Nous savons que les trusts et le travail des femmes dans les fabriques marquent, en un certain sens, un progrès. Nous ne voulons pas revenir en arrière, vers l'artisanat, vers le capitalisme antérieur aux monopoles, nous ne voulons plus du travail des femmes à domicile. En avant, à travers les trusts et plus loin, vers le socialisme!

Ce raisonnement, qui tient compte du progrès *objectif*, est applicable, sauf modifications convenables, à la militarisation actuelle des peuples. En ce moment, la bourgeoisie impérialiste appelle sous les armes non seulement tout le peuple, mais même des adolescents. Demain, elle pourrait au besoin militariser aussi les femmes. Nous devons dire : tant mieux! Qu'on se hâte! Plus on ira vite, plus vite nous en viendrons à l'insurrection armée contre le capitalisme! Comment des social-démocrates peuvent-ils se sentir intimidés par la militarisation de la jeunesse, s'ils n'ont pas oublié l'exemple de la Commune? Il ne s'agit pas ici d'une « théorie en dehors de la vie »; ce n'est pas un rêve, mais un fait, et il serait véritablement fort regrettable que les social-démocrates, en dépit de tous les faits économiques et politiques, éprouvassent des doutes sur les conséquences de l'époque impérialiste, de la guerre impérialiste, qui, fatalement, doivent nous mener à la répétition de pareils faits.

Un observateur bourgeois de la Commune écrivait, en mai 1871, dans un journal anglais : « Si la nation française ne se composait que de femmes, quel méchant peuple ce serait! » Des femmes et des enfants de treize ans combattirent, pendant la Commune, à côté des hommes. Il n'en sera pas autrement dans les batailles qui s'annoncent pour le renversement de la bourgeoisie. Les femmes des prolétaires ne se borneront pas à regarder passivement une bourgeoisie bien armée tirer sur des ouvriers mal équipés ou complètement dépourvus d'armes. Elles aussi prendront le fusil, comme en 1871 et, de toutes ces nations terrorisées d'aujourd'hui, ou plus exactement : de tout ce mouvement ouvrier, actuellement plus désorganisé par les opportunistes que par les gouvernements, sortira sans aucun doute, tôt ou tard, mais infailliblement, une union internationale de « méchants peuples », c'est-à-dire de prolétariats révolutionnaires.

Actuellement, la militarisation se fait sentir dans toute la vie sociale. L'impérialisme est une lutte acharnée des grandes puissances pour le partage du monde; il doit donc fatalement amener la militarisation de tous les pays, même des neutres et des petites nations. Que feront donc contre cela les femmes prolétaires? Se borneront-elles à maudire la guerre et les armes, à réclamer le désarmement? Jamais les femmes d'une classe opprimée qui est véritablement révolutionnaire ne se résigneront à un rôle si pitoyable. Elles diront à leurs fils :

« Bientôt tu seras grand. On te donnera un fusil. Prends-le et exerce-toi de ton mieux au métier des armes. C'est une expérience que doivent posséder les prolétaires, non pour tirer contre leurs frères, les ouvriers des autres pays, comme il arrive dans la guerre actuelle et comme te le conseillent les traîtres du socialisme — mais pour lutter contre la bourgeoisie de notre propre pays, pour mettre fin à l'exploitation, à la misère et aux guerres — autrement que par des vœux inoffensifs — par la victoire sur la bourgeoisie *qui sera alors désarmée.* »

Si l'on renonce à mener cette propagande, et justement à l'occasion de la guerre actuelle, mieux vaut s'abstenir de grandes phrases sur la social-démocratie révolutionnaire internationale, sur la révolution socialiste, sur la guerre contre la guerre.

III

Les partisans du désarmement se prononcent contre le point du programme qui demande « l'armement du peuple » en affirmant, entre autres choses, que cette revendication nous amène à faire des concessions à l'opportunisme. Nous venons d'examiner le côté le plus important de la question : l'idée du désarmement considérée par rapport à la lutte de classe et à la révolution sociale. Voyons maintenant ce que l'on peut dire du désarmement par rapport à l'opportunisme. Une des raisons essentielles qui nous font repousser cette revendication, c'est qu'avec les illusions par elle engendrées, elle affaiblit fatalement notre lutte contre l'opportunisme.

Indiscutablement, cette lutte est la principale question à l'ordre du jour de l'Internationale. Une lutte contre l'impérialisme qui ne serait pas indissolublement liée à celle que nous menons contre l'opportunisme n'aurait aucun sens : nous ne verrions là qu'une phrase vide ou une duperie. Un des plus graves manquements de Zimmerwald et de Kienthal, une des causes profondes du fiasco possible, de l'avortement de ces embryons de la IIIe Internationale apparaît précisément en ce point : la question de la lutte contre l'opportunisme n'a même pas été posée ouvertement; encore moins a-t-on résolu cette question dans le sens de la nécessité d'une rupture avec les opportunistes. L'opportunisme a vaincu — pour un temps — à l'intérieur du mouvement européen. Dans tous les grands pays se sont manifestées deux nuances principales d'opportunisme : en premier lieu, le social-impérialisme avoué, cynique et par conséquent moins dangereux de messieurs Plékhanov, Scheidemann, Legien, Albert Thomas, Sembat, Vandervelde, Hyndman, Henderson, etc.; en second lieu, le social-impérialisme dissimulé, voilé, kautskiste : Kautsky, Haase et « le groupe des travailleurs social-démocrates » en Allemagne; Longuet, Pressemane, Mayéras et autres, en France; Ramsay Macdonald et autres leaders de l'*Independent Labour Party*, en Angleterre; Martov, Tchkéidzé et autres en Russie; Treves et autres réformistes de gauche, comme on les appelle, en Italie.

L'opportunisme avoué se déclare ouvertement et franchement contre la révolution et contre les mouvements et explosions révolutionnaires qui commencent; il a conclu une alliance ouverte avec les gouvernements, si variées que soient les formes de cette alliance, à commencer par l'entrée de ses membres dans les cabinets ministériels, et en finissant par leur participation aux comités des industries de guerre. Les opportunistes qui cachent leur jeu, les kautskistes, sont beaucoup plus nuisibles et dangereux pour le mouvement ouvrier parce qu'ils dissimulent leur alliance avec les gouvernements sous des phrases sonores, sous des termes de *moi-aussi-« marxiste »*, sous des mots d'ordre pacifistes. La lutte contre ces deux formes de l'opportunisme dominant doit être menée sur *tous* les terrains de la politique prolétarienne : dans le parlementarisme, dans les syndicats, dans les grèves, dans les questions militaires, etc.

Où se trouve donc le trait essentiel qui distingue *ces deux* formes de l'opportunisme dominant?

Il est en ceci que l'on garde le silence sur la question concrète

*des rapports de la guerre actuelle avec la révolution et sur les autres
questions concrètes de la révolution,* ou bien qu'on en voile la
nature, ou bien qu'on les traite de manière à ne pas enfreindre les
interdictions policières. Et cela en dépit de ce fait qu'avant la
guerre, on a indiqué, à d'innombrables reprises, le lien qui devait
exister précisément entre *cette guerre future* et la révolution prolétarienne; on en parlait alors aussi bien dans des déclarations non
officielles que dans l'officiel manifeste de Bâle.

Le gros défaut de cette revendication de désarmement est précisément en ceci qu'on laisse de côté toutes les questions concrètes
de la révolution. Faut-il penser que les partisans du désarmement
envisagent un genre tout nouveau de révolution sans armes?

IV

Continuons. Nous ne sommes nullement adversaires d'une lutte
pour des réformes. Nous ne voulons pas ignorer la triste possibilité
qui s'annonce pour le genre humain de connaître une seconde
guerre impérialiste, — au pis aller, — si la révolution ne réussit
pas à sortir de la guerre actuelle, malgré les innombrables explosions de colère, malgré la fermentation que nous constatons dans
les masses, et malgré nos efforts. Nous sommes partisans d'un programme de réformes qui doit être *aussi* dirigé contre les opportunistes. Ceux-ci seraient trop heureux si nous leur abandonnions à
eux seuls la lutte pour les réformes, et si nous restions nous-mêmes
dans les nuages, à rêver de « désarmement », fuyant la triste réalité. Cette idée de « désarmement », c'est précisément une échap-
patoire pour ne plus connaître l'affreuse réalité; ce n'est pas un
moyen de lutter contre celle-ci.

A propos : un des grands défauts de cette discussion, par
exemple quand on parle de la défense de la patrie chez certains
hommes de gauche, réside dans ce fait que la réponse donnée n'est
jamais suffisamment concrète. Il est beaucoup plus juste théoriquement, et infiniment plus utile pratiquement, de dire que, dans
la guerre impérialiste *actuelle,* la défense de la patrie est une tromperie bourgeoise et réactionnaire, que de formuler une thèse « générale » contre « toute » défense de la patrie. Ce principe n'est pas
juste et il « n'atteint pas » l'ennemi direct des ouvriers à l'intérieur des partis ouvriers : les opportunistes.

Sur la question de la milice, nous devrions dire, élaborant une
réponse concrète et pratiquement indispensable : nous sommes
adversaires de la milice bourgeoise, et seulement partisans d'une
milice prolétarienne. Par conséquent « pas un sou et pas un
homme », non seulement pour l'armée permanente, mais même
pour la milice bourgeoise, et même dans des pays tels que les Etats-
Unis, ou la Suisse, la Norvège, etc... D'autant plus que nous voyons,
dans les républiques les plus libres (par exemple en Suisse) la mi-

lice se « prussianiser » de plus en plus, et se prostituer quand on la mobilise contre des grévistes. Nous pouvons réclamer : que les officiers soient élus par le peuple, que toute justice militaire soit supprimée, que les ouvriers étrangers jouissent de droits égaux à ceux des ouvriers du pays (c'est un point particulièrement important à retenir dans des Etats impérialistes, comme la Suisse, qui exploite d'une façon de plus en plus éhontée, et en nombre toujours plus considérable, des ouvriers étrangers, tout en leur refusant le droit de cité); ensuite, nous réclamerons : le droit pour les habitants, groupés disons par centuries, de former des associations libres, pratiquant dans tout le détail l'étude de l'art militaire, élisant librement leurs instructeurs qui seront payés aux frais de l'Etat, etc. Ce n'est que dans ces conditions que le prolétariat pourrait se préparer à la guerre *pour son propre compte*, et non pour ceux qui le tiennent en esclavage; et les intérêts du prolétariat exigent incontestablement cette préparation. La révolution russe a prouvé que tout succès, même partiel, du mouvement révolutionnaire, — par exemple la prise d'une ville ou d'un faubourg industriel, ou le débauchage d'une partie de l'armée, — *forçait* le prolétariat vainqueur à réaliser précisément un pareil programme.

Enfin, l'on ne peut lutter, bien entendu, contre l'opportunisme en se bornant à rédiger des programmes; il faut constamment veiller à les faire réellement appliquer. La grande faute, le fatal manquement de la II⁰ Internationale qui a fait faillite, vient de ce que, chez elle, les actes ne correspondaient pas aux paroles; on s'habituait à prononcer sans aucun scrupule de grandes phrases révolutionnaires : voyez ce que pensent maintenant Kautsky et Cie du manifeste de Bâle. Si nous prenons de ce côté la revendication de « désarmement », nous devons avant tout nous demander ce que cela signifie *objectivement*, dans la réalité. L'idée du désarmement, en tant qu'idée sociale, — c'est-à-dire produite par des circonstances sociales déterminées, et pouvant agir sur un certain milieu social, au lieu de rester à l'état de chimère individuelle, de rêverie de petit cercle, — est évidemment née dans des conditions particulières, exceptionnelles de « tranquillité », dans de petits Etats qui avaient pu rester longtemps à l'écart de la voie sanglante des guerres mondiales et qui espèrent y rester encore. Pour s'en convaincre, il suffit de réfléchir sur l'argumentation que nous offrent par exemple les Norvégiens, partisans du désarmement : « Nous sommes une petite nation; notre armée est insignifiante; nous ne pouvons rien faire contre les grandes puissances » (et nous sommes également incapables de résister à la violence quand on veut nous entraîner dans une *alliance* impérialiste avec tel ou tel groupe de grandes puissances!); « par conséquent, nous voulons qu'on nous laisse tranquilles dans notre petit coin, où nous continuerons notre petite politique de province perdue, réclamant le désarmement, le principe obligatoire des tribunaux d'arbitrage, la neutralité permanente, etc... » (« permanente », sans doute comme la neutralité belge?)

Cette petite tendance des petits Etats à se maintenir à l'écart, ce désir petit-bourgeois de rester le plus loin possible des grandes batailles de l'histoire mondiale, d'utiliser une situation qui, relativement, est celle d'un monopole, pour demeurer dans la routine, dans une inerte passivité, voilà la situation sociale *objective* qui peut assurer à l'idée du désarmement un certain succès et une certaine diffusion dans plusieurs petits Etats. Bien entendu, c'est une tendance réactionnaire et qui repose entièrement sur des illusions; car l'impérialisme, d'une manière ou d'une autre, entraîne les petits Etats dans le tourbillon de l'économie universelle et de la politique mondiale.

Prenons pour expliquer cela l'exemple de la Suisse. Sa situation dans le monde impérialiste détermine pour ce pays, objectivement parlant, *deux* directions du mouvement ouvrier. Les opportunistes, en alliance avec la bourgeoisie, tâchent de faire de la Suisse une sorte de syndicat républicain démocratique, monopolisant les bénéfices du tourisme bourgeois des nations impérialistes; ils tâchent de tirer de cette situation « de tout repos » les plus gros avantages possibles, avec le moins de trouble possible. En réalité, c'est la politique d'un petit syndicat d'ouvriers privilégiés, dans un petit pays privilégié, syndicat allié à la bourgeoisie du pays même *contre* les masses du prolétariat. Les véritables social-démocrates de Suisse s'efforcent d'utiliser la liberté relative dont on jouit dans ce pays, sa situation « *entre*-nationale » (dans le voisinage des pays les plus hautement cultivés), et enfin cette circonstance que la Suisse parle, grâce à Dieu, au lieu d'une langue « originale » trois langues étrangères universellement répandues pour élargir, fortifier, affermir l'union *révolutionnaire* des éléments révolutionnaires du prolétariat de toute l'Europe. Aidons notre bourgeoisie à se maintenir à l'écart, dans son monopole, dans le commerce architranquille qu'elle fait de la beauté de ses Alpes; nous y trouverons peut-être notre compte, nous aussi; — voilà le contenu *objectif* de la politique des opportunistes suisses. Aidons à l'union du prolétariat révolutionnaire entre Français, Allemands, Italiens, pour le renversement de la bourgeoisie, — voilà le contenu objectif de la politique des social-démocrates révolutionnaires suisses. Par malheur, cette politique n'est pas encore poussée assez loin par les « hommes de gauche » en Suisse, et l'excellente décision du congrès de leur parti (Aarau, 1915), — dans laquelle ils reconnaissent la lutte révolutionnaire des masses, — reste pour le moment sur le papier. Mais ce n'est pas de cela qu'il s'agit actuellement pour nous.

La question qui nous intéresse aujourd'hui se pose ainsi : l'idée du désarmement correspond-elle à la direction révolutionnaire prise chez les social-démocrates suisses? Evidemment non. Objectivement, « la revendication » du désarmement convient à une tendance opportuniste, étroitement nationale, bornée aux horizons d'un petit Etat, dans le mouvement ouvrier. Objectivement, « le désarmement » est ce qu'il y a de plus spécifiquement national dans le programme des petits Etats; ce n'est pas du tout le programme international d'une social-démocratie révolutionnaire dépassant toutes les frontières.

N. Lénine.

P.-S. — Dans le dernier numéro de *The Socialist Review* (septembre 1916), organe de l'*Independent Labour Party* opportuniste, nous trouvons, page 287, une résolution de la conférence de ce parti tenue à Newcastle : refus de soutenir toute guerre, *quelle qu'elle soit*, de la part de *quelque gouvernement que ce soit*, quand bien même cette guerre serait dite « de défense nationale ». Mais à la page 205, nous trouvons la déclaration suivante qui vient de la rédaction : « Nous n'approuvons pas l'insurrection des Irlandais (Sinn-feiners) ». — Il s'agit du récent soulèvement. — « Nous n'approuvons aucune insurrection armée, de même que nous n'approuvons aucune forme de militarisme et de guerre ».

Est-il nécessaire de démontrer que *de pareils* « antimilitaristes », *de pareils* partisans du désarmement, non plus dans un petit pays, mais dans une grande puissance, sont les opportunistes les plus dangereux? Et pourtant, théoriquement, ils ont tout à fait raison quand ils considèrent l'insurrection armée comme « une des formes » du militarisme et de la guerre.

N. L.

Octobre 1916.

L'impérialisme et la scission du socialisme

Existe-t-il une relation entre l'impérialisme et l'abominable, la monstrueuse victoire que l'opportunisme a remportée (sous son nouvel aspect de social-chauvinisme) dans le mouvement ouvrier européen?

C'est pour le socialisme d'aujourd'hui la question la plus grave. Nous avons établi, d'une manière complète et irréfutable, dans nos publications de parti : 1° le caractère impérialiste de notre époque et de la guerre actuelle; 2° le lien historique certain qui, de l'opportunisme, conduit nécessairement au social-chauvinisme, et, en même temps, l'identité de leurs idées politiques; maintenant, nous pouvons et nous devons aller plus loin; nous avons à examiner la question essentielle que nous venons d'énoncer en tête de cet article.

Il faut commencer par définir d'une façon aussi précise et aussi complète que possible l'impérialisme.

L'impérialisme est une phase particulière dans l'histoire du capitalisme. Son caractère particulier se reconnaît à trois indices : 1° l'impérialisme est le capitalisme de monopole; 2° c'est le capi-

talisme parasitaire, ou de décomposition; 3° c'est le capitalisme
agonisant. La substitution du monopole à la libre concurrence est
un fait économique d'une importance radicale, c'est le fond même
de l'impérialisme. Le monopole se manifeste sous cinq aspects essentiels : 1° Les cartels, syndicats et trusts; la concentration de la
production est arrivée à un tel degré qu'il en est sorti des alliances
monopolisatrices de capitalistes. 2° Le monopole des grosses banques : trois ou cinq banques gigantesques gouvernent toute la vie
économique de l'Amérique, de la France, de l'Allemagne. 3° Les
sources de *matières premières* sont entièrement captées par les
trusts et par une oligarchie financière (le capital financier est un
capital industriel monopolisateur qui a fusionné avec le capital
bancaire). 4° Le partage (économique) du monde par les cartels internationaux *est commencé*. On compte déjà plus de *cent* de ces
cartels internationaux qui possèdent *entièrement* le marché mondial et se le partagent « à l'amiable », en attendant que la guerre
ait permis un nouveau partage. L'exportation du capital, phénomène caractéristique, distinguant l'impérialisme du capitalisme
antérieur au monopole où l'on ne voyait que l'exportation des marchandises, se produit en fonction directe du partage économique et
politique (territorial) du monde. 5° Le partage territorial du monde
(les colonies) *est terminé*.

L'impérialisme, en tant que phase dernière et suprême du capitalisme en Amérique et en Europe, et ensuite en Asie, a achevé
de se constituer entre 1898 et 1914. Les guerres hispano-américaine
(1898), anglo-sud-africaine (1900-1902), russo-japonaise (1904-
1905) et la crise économique de l'Europe en 1900, — telles sont les
principales étapes historiques de la nouvelle époque.

L'impérialisme est un capitalisme parasitaire, c'est-à-dire en
décomposition; cela se voit avant tout à la tendance au marasme,
à cette stagnation qui caractérise *tout* monopole, en régime de pro-
priété privée sur les moyens de production. La différence entre les
bourgeoisies impérialistes, que les unes soient républicaines-démo-
cratiques, les autres monarchistes-réactionnaires, s'efface précisément parce que les unes et les autres ne sont plus qu'une vivante
pourriture (ce qui n'empêche nullement que le capitalisme se développe avec une extraordinaire rapidité dans certaines branches de
l'industrie, dans certains pays, à certaines périodes). Le marasme,
la stagnation du capitalisme se manifeste aussi par ce fait qu'il se
constitue une formidable catégorie de *rentiers*, de capitalistes vivant de leurs coupons. Dans les quatre pays impérialistes les plus
évolués, en Angleterre, aux Etats-Unis, en France et en Allemagne,
le capital en papiers-valeurs forme une somme totale de 100 à 150
milliards de francs, ce qui représente un revenu annuel d'au moins
5 à 8 milliards par pays. En troisième lieu, l'exportation du capital
marque un parasitisme élevé au carré. En quatrième lieu, « le capital financier tend à la domination et non à la liberté ». La réaction

politique sur toute la ligne est une des particularités de l'impérialisme. La corruption, la concussion prennent des proportions inouïes. C'est un Panama dans tous les genres. En cinquième lieu, l'exploitation des nations opprimées, inséparable des annexions, et surtout l'exploitation des colonies par quelques « grandes » puissances fait de plus en plus du monde « civilisé » un parasite vivant sur le corps des peuples non civilisés, c'est-à-dire de centaines de millions d'hommes. Le prolétaire romain vivait aux frais de la société. La société d'à présent vit aux dépens du prolétariat moderne. Marx soulignait avec insistance cette profonde remarque de Sismondi. L'impérialisme a légèrement modifié la situation. Une couche intermédiaire, le prolétariat privilégié des puissances impérialistes tire en partie sa subsistance des centaines de millions d'hommes qui forment les peuples non civilisés.

On comprendra facilement pourquoi l'impérialisme est un capitalisme *agonisant*, une *transition* vers le socialisme : le monopole, qui *sort* du capitalisme, marque *déjà* l'agonie de ce capitalisme, le début de sa transformation en socialisme. La gigantesque *socialisation* du travail par l'impérialisme (ce que les économistes bourgeois appellent « l'amalgamation ») n'est pas autre chose.

En définissant ainsi l'impérialisme, nous nous mettons en complète opposition avec K. Kautsky qui refuse de voir dans l'impérialisme « une phase du capitalisme » et qui définit l'impérialisme comme *une politique* « préférée » par le capital financier, comme une tendance des pays « industriels » à annexer les pays agricoles (1). Cette définition de Kautsky est théoriquement absolument fausse. Ce qui caractérise l'impérialisme, c'est justement la domination du capital financier, et non du capital industriel; c'est la tendance à annexer *n'importe quel pays*, et non pas seulement les régions agricoles. Kautsky *sépare arbitrairement* la politique de l'impérialisme de son économie, il distingue le monopole en politique du monopole en économie pour frayer la voie à son vulgaire réformisme bourgeois, présenté sous des formules de « désarmement », d' « ultra-impérialisme », et autres fadaises. Le sens et le but de ce mensonge théorique se ramènent entièrement à dissimuler, à estomper les antinomies *les plus profondes* de l'impérialisme et à justifier ainsi la théorie de « l'unité », de l'union avec les défenseurs de l'impérialisme, les francs social-chauvins et opportunistes.

Nous avons déjà suffisamment insisté dans le *Social-Démocrate* et dans le *Communiste* sur cette rupture de Kautsky avec le marxisme. Nos kautskistes russes, les hommes du Comité unitaire, avec Axelrod et Spectator à leur tête, sans en excepter Martov

---

(1) « L'impérialisme est le produit d'un capitalisme industriel hautement développé. Il consiste dans la tendance de toute nation capitaliste industrielle à se soumettre et à s'annexer des régions *agricoles* de plus en plus étendues, sans se préoccuper des nations qui les peuplent. » (Kautsky : *Neue Zeit*, 11 septembre 1914).

et dans une notable mesure Trotsky, ont préféré passer sous
silence la question du kautskisme comme tendance. Ils n'ont pas
osé défendre ce que Kautsky a écrit pendant la guerre; ils se sont
tirés d'affaire soit en lui adressant simplement des éloges (Axelrod
dans sa brochure en allemand que le Comité unitaire nous
promet en russe), soit en publiant (Spectator) des lettres privées de
Kautsky où celui-ci déclare appartenir à l'opposition et essaie, en
jésuite, de présenter comme nulles et non avenues ses déclarations
chauvines.

Remarquons d'ailleurs que dans son « interprétation » de l'impérialisme, — qui n'est qu'un moyen de l'embellir, — Kautsky est
en recul non seulement par comparaison avec le *Capital Financier*
de Hilferding (quel que soit le zèle de Hilferding lui-même à défendre maintenant Kautsky et « l'unité » avec les social-chauvins!)
mais même par comparaison avec le social-libéral J.-A. Hobson.
Cet économiste anglais, qui n'a pas la moindre prétention au titre
de marxiste, définit avec beaucoup plus de profondeur l'impérialisme et en décèle les antinomies dans son ouvrage qui date de
1902 (1). Voici ce que disait cet écrivain (chez lequel on peut re-
trouver presque toutes les vulgaires idées pacifistes et « concilia-
trices » de Kautsky) sur la question particulièrement importante
du parasitisme impérialiste :

Selon Hobson, des circonstances de deux genres différents ont
affaibli la puissance des anciens empires :

1° « Le parasitisme économique », et 2° le recrutement des troupes parmi les peuples dépendants. La première de ces circonstances, c'est cette habitude du parasitisme économique qui amène l'État
dominateur à utiliser ses provinces, ses colonies et les pays dépendants pour enrichir sa classe dirigeante, tout en corrompant, par le
même moyen, les classes inférieures, afin qu'elles restent tranquilles.

Au sujet de la seconde circonstance, Hobson écrit :

Un des plus étranges symptômes de l'aveuglement de l'impérialisme (dans la bouche du social-libéral Hobson, cette ariette sur
« l'aveuglement » des impérialistes est mieux à sa place que chez « le
marxiste » Kautsky), « c'est l'insouciance avec laquelle la Grande-Bretagne, la France et d'autres nations impérialistes entrent dans cette
voie. La Grande-Bretagne a devancé toutes les autres. La plupart des
combats dans lesquels nous avons conquis l'Empire des Indes ont été
livrés par des troupes recrutées parmi les indigènes ; dans l'Inde, comme depuis quelque temps en Égypte, de grandes armées permanentes
se trouvent sous le commandement des officiers britanniques ; presque toutes les guerres qui nous ont valu la soumission de l'Afrique,
à l'exception du Sud, ont été faites pour nous par des indigènes. »

La perspective du partage de la Chine amène Hobson à l'appréciation économique suivante :

La plus grande partie de l'Europe Occidentale (dans le cas où le
partage serait fait) pourrait alors prendre l'aspect et le caractère

---

(1) J.-A. Hobson : « Imperialism », London, 1902.

qui n'appartiennent actuellement qu'à quelques-unes de nos régions :
le Midi de l'Angleterre, la Riviera, les contrées de l'Italie et de la
Suisse les plus fréquentées par les touristes et peuplées de riches ;
quelques groupes d'opulents aristocrates, recevant des dividendes et
des pensions du lointain Orient ; auprès d'eux un groupe un peu
plus considérable d'employés et de commerçants ; une quantité plus
forte de serviteurs et d'ouvriers des transports et de l'industrie appli-
quée au finissage de la fabrication. Mais les branches principales de
l'industrie disparaîtraient, et la forte masse des produits alimentai-
res, des marchandises à demi manufacturées, arriverait comme un tribut de l'Asie et de l'Afrique. Telles sont les possibilités que nous
ouvre une plus large alliance des États Occidentaux, une fédération
européenne des grandes puissances ; non seulement elle ne ferait pas
progresser la civilisation mondiale, mais elle pourrait constituer un
formidable danger de parasitisme occidental : elle établirait la sélec-
tion d'un groupe de nations industrielles avancées, dont les classes
supérieures recevraient un énorme tribut de l'Asie et de l'Afrique et,
avec ces richesses, entretiendraient des multitudes domestiquées d'employés et de serviteurs qui, au lieu de travailler à la production en
masse de denrées agricoles et industrielles, seraient occupées au service des maîtres ou à des travaux de production secondaire, sous le
contrôle d'une nouvelle aristocratie de la finance. Que ceux qui voudraient rejeter cette théorie (il faudrait dire : ces perspectives) comme ne méritant aucune attention, réfléchissent aux conditions économiques et sociales des régions méridionales de l'Angleterre qui sont
actuellement dans une pareille situation. Qu'ils y songent, qu'ils se
demandent dans quelles immenses proportions l'élargissement de ce
système deviendrait possible si la Chine était soumise au contrôle
économique de pareils groupes de financiers, de rentiers, entourés de
leurs services politiques, commerciaux et industriels, — lesquels seraient occupés à tirer des bénéfices du plus grand réservoir virtuel
de production que le monde ait jamais connu, dans le but d'en assurer la consommation en Europe. Bien entendu, la situation est trop
complexe, il est trop difficile de calculer le jeu des forces mondiales
pour qu'on arrive à des probabilités dans telle ou telle interprétation
de l'avenir. Mais les influences qui gouvernent l'impérialisme de l'Europe Occidentale à l'heure actuelle poussent dans cette direction et,
si elles ne rencontrent pas d'obstacles, si elles ne sont pas canalisées
d'un autre côté, c'est dans le sens que nous avons dit que le processus s'accomplira.

Le social-libéral Hobson ne voit pas que « l'obstacle » dont il
parle ne peut être suscité que par le prolétariat révolutionnaire, et
seulement sous la forme d'une révolution sociale. Cela se comprend
puisqu'il est un social-libéral ! Mais il a très bien abordé, dès 1902,
la question. Il a très bien parlé de la signification des « États-Unis
d'Europe » (nous attirons sur ce point l'attention du kautskiste
Trotsky !) et de tout ce que cherchent à dissimuler *les hypocrites
kautskistes* de différents pays : il a notamment montré que *les opportunistes* (les social-chauvins) collaborent avec la bourgeoisie
impérialiste, *justement* dans le sens de la création d'une Europe
impérialiste, étayée sur l'Asie et l'Afrique; que *les opportunistes*
représentent objectivement une partie de la petite bourgeoisie et de
certaines couches ouvrières, éléments *corrompus* à l'aide des plus-
values réalisées par l'impérialisme, éléments devenus les *chiens de
garde* du capitalisme, les *corrupteurs* du mouvement ouvrier.

Nous avons indiqué plus d'une fois, non seulement dans nos articles, mais dans les résolutions de notre parti, ce rapport économique des plus profonds qui existe précisément entre la bourgeoisie impérialiste et l'opportunisme aujourd'hui vainqueur (est-ce pour longtemps?) du mouvement ouvrier. De là nous avons conclu, entre autres choses, à l'absolue nécessité d'une scission avec le social-chauvinisme. Nos kautskistes ont préféré passer à côté de la question! Martov, par exemple, dans les rapports qu'il écrivit, produisait un sophisme que nous trouvons exprimé de la manière suivante dans les *Nouvelles du Secrétariat étranger du C. U.* (n° 4 du 10 avril 1916) :

...L'œuvre de la social-démocratie révolutionnaire serait en très mauvaise voie, et ne laisserait même aucun espoir si les groupes ouvriers qui se rapprochent le plus, par leur développement intellectuel de « l'intelligence » et qui sont le plus qualifiés, s'en allaient fatalement vers *l'opportunisme*...

A l'aide de ce mot bébête « fatalement », et en « arrangeant » un peu les choses, on *passe sous silence* ce *fait* que *certaines* couches intermédiaires de la classe ouvrière *s'en sont allées* à l'opportunisme et à la bourgeoisie impérialiste! Mais, pour les sophistes du Comité unitaire, c'est justement le fait qu'il faut *passer sous silence!* Ils se tirent d'affaire en jouant à « l'optimisme », en affectant cet optimisme de commande dont se pare aussi maintenant le kautskiste Hilferding, de même que beaucoup d'autres : la situation objective, nous affirment-ils, est une suffisante garantie de l'unité du prolétariat et de la victoire du courant révolutionnaire! Nous sommes, nous disent-ils, « optimistes » sur le compte du prolétariat!

En réalité, ils sont tous, ces kautskistes, les Hilferding, les gens du Comité unitaire, les Martov et Cie, — ils sont *optimistes*... sur le compte de *l'opportunisme*. Voilà le fond des choses!

Le prolétariat est l'enfant du capitalisme mondial, et non pas seulement du capitalisme européen, et non pas seulement du capitalisme impérialiste. Sur le plan mondial, que cela arrive cinquante ans plus tôt ou plus tard, — sur *ce plan-là*, la question est secondaire, — « le prolétariat », bien entendu, « sera » uni et la social-démocratie révolutionnaire, dans son sein, remportera « inévitablement » la victoire. La question n'est pas là, messieurs les kautskistes; elle est en ceci qu'actuellement, dans les pays impérialistes d'Europe, *vous vous faites les valets* des opportunistes qui sont *étrangers* au prolétariat, en tant que classe, qui sont les serviteurs, les agents, les conducteurs d'influence de la bourgeoisie; et le mouvement ouvrier, *s'il ne réussit pas à se débarrasser* de ces gens-là, restera *un mouvement ouvrier bourgeois*. Quand vous prêchez « l'union » avec les opportunistes, avec les Legien et les David, les Plékhanov ou les Tchkhenkèli et les Potressov, ce que vous défendez objectivement, c'est *l'asservissement* des ouvriers à la bourgeoisie impérialiste par l'intermédiaire de ses meilleurs agents dans le mouvement ouvrier. La victoire de la social-démocratie révolutionnaire sur le plan mondial est absolument sûre, inévitable; mais elle s'annonce, elle viendra, elle s'accomplit et s'accomplira uniquement *contre* vous; ce sera une victoire remportée *sur* vous.

Ces deux tendances, et même ces *deux* partis dans le mouvement ouvrier d'aujourd'hui, ces divergences accusées si nettement dans le monde entier en 1914-1916, *ont été étudiées par Engels et Marx* qui les reconnaissaient déjà *en Angleterre* durant plusieurs *dizaines d'années*, approximativement de 1858 à 1892.

Ni Marx ni Engels n'ont vécu jusqu'à l'époque impérialiste du capitalisme mondial, époque qui ne commence qu'aux environs de 1898-1900. Mais une des particularités de l'Angleterre, dès le milieu du XIXᵉ siècle, était en ceci qu'elle possédait déjà *deux* au moins des traits distinctifs de l'impérialisme : 1° d'immences colonies, et 2° des revenus de monopole (par suite du monopole exercé sur le marché mondial). Sous ces deux rapports, l'Angleterre faisait alors exception parmi les pays capitalistes: et Engels, et Marx, analysant cette situation exceptionnelle, ont indiqué de la façon la plus nette et la plus précise en quoi cela était lié avec la victoire (temporaire) de l'opportunisme dans le mouvement ouvrier anglais.

Dans une lettre à Marx du 7 octobre 1858, Engels écrivait : « Le prolétariat anglais, en fait, s'embourgeoise de plus en plus, de sorte que cette nation, la plus bourgeoise de toutes, semble finalement tendre à avoir une aristocratie bourgeoise et un prolétariat bourgeois *à côté* de la bourgeoisie. Pour une nation qui exploite le monde entier, c'est, dans un certain sens, assez juste ». Dans une lettre à Sorge, du 21 septembre 1872, Engels fait savoir que Hales a soulevé un gros scandale au Conseil fédéral de l'Internationale et a fait voter un blâme à Marx, pour avoir dit « que les ouvriers anglais étaient vendus » (lettres à Sorge, page 62). Marx écrit à Sorge, le 4 avril 1874 : « En ce qui concerne les ouvriers des villes, il est regrettable que toute la bande des leaders ne soit pas entrée au Parlement. Ce serait le chemin le plus sûr pour se débarrasser de cette canaille ». Engels parle, dans une lettre à Marx du 11 août 1880, de « ces détestables trade-unions anglaises qui se laissent gouverner par des gens que paye la classe moyenne » (« worst english Trade Unions which allow themselves to be led by men... paid by the middle class »). Dans une lettre à Kautsky du 12 septembre 1882, Engels écrivait : « Vous me demandez ce que les ouvriers anglais pensent de la politique coloniale? Eh bien, ils ont là-dessus les idées qu'ils ont sur la politique en général; il n'y a ici aucun parti ouvrier; il n'y a que des radicaux conservateurs et libéraux, et les ouvriers profitent tranquillement avec eux du monopole de l'Angleterre dans les colonies, ainsi que sur le marché mondial ».

Le 7 décembre 1889, Engels écrit à Sorge : « Ce qu'il y a de plus répugnant ici, c'est cette « respectability » bourgeoise (cette

vaniteuse prétention) qui a gagné profondément le monde ouvrier...
Tom Mann, que je tiens pour un des meilleurs, raconte volontiers
qu'il doit déjeuner avec le Lord Maire. Quand on compare ces gens-
là aux Français, on voit qu'une révolution est bonne à quelque
chose. » Dans une lettre du 19 avril 1890 : « Le mouvement (de la
classe ouvrière en Angleterre) progresse *sous* la surface, s'étend à
des couches de plus en plus larges et surtout *au niveau inférieur*
(souligné par Engels) de la masse jusqu'à présent stagnante; et le
jour n'est plus très éloigné où cette masse *se reconnaîtra* tout à
coup *elle-même*, où elle verra clairement qu'elle est bien une masse
formidable et en mouvement. »

Le 4 mars 1891, c'est la débâcle du syndicat des dockers :
« Les vieilles trade-unions conservatrices, *riches* et lâches par conséquent, restent seules sur le champ de bataille »... Le 14 novembre
1891 : au congrès des trade-unions de Newcastle, les vieux unionistes, adversaires de la journée de huit heures, sont vaincus, « et
les journaux bourgeois reconnaissent la défaite *du parti ouvrier
bourgeois* » (tous les mots en italiques ont été soulignés par Engels)... Ces idées d'Engels, redites pendant des dizaines d'années,
ont été également exprimées par lui publiquement dans la presse :
nous en avons la preuve dans son avant-propos à la deuxième édition de son livre *La Situation de la Classe ouvrière en Angleterre*,
1892. Il y parle d'une « aristocratie dans la classe ouvrière », d'une
« minorité privilégiée » faisant contraste avec les « larges masses »
ouvrières. Cette minorité « privilégiée et dirigeante » de la classe
ouvrière a seule profité des durables avantages de la situation anglaise entre 1848 et 1868; « la large masse n'y a participé que pas-
sagèrement »... « Après la ruine du monopole, la classe ouvrière
anglaise perdra sa situation privilégiée »... Les membres du « nouvel unionisme », des organisations d'ouvriers « non instruits »...
« ont un avantage inappréciable : leur psychologie est encore un
sol vierge, absolument libre de tous préjugés bourgeois, de tout héritage de « respectability », de tout ce qui jetait la confusion dans
les esprits des « vieux unionistes » les mieux placés... » « Ceux que
l'on appelle des représentants ouvriers » sont en Angleterre des
hommes à qui l'on pardonne leur qualité d'ouvriers parce qu'ils
n'ont qu'une envie : celle de noyer leur origine dans l'océan de
leur libéralisme »...

C'est à dessein que nous avons donné ici d'assez longues citations de Marx et d'Engels, afin que les lecteurs puissent les étudier
sans en rien omettre. Il est indispensable de les méditer attentivement. Car on y trouvera le secret de la tactique qui est prescrite
dans le mouvement ouvrier par les conditions objectives de l'époque
impérialiste.

Kautsky, encore sur ce point, a essayé de « troubler l'eau » et
de substituer au marxisme un doucereux esprit de conciliation avec
les opportunistes. Dans une polémique contre les francs et naïfs

social-impérialistes (comme Lensch) qui essaient de justifier la
guerre du côté de l'Allemagne, comme une destruction du monopole
de l'Angleterre. Kautsky « *corrige* » ce mensonge évident par un
autre mensonge non moins évident. Au cynisme il oppose une hypocrisie doucereuse! Le monopole *industriel* de l'Angleterre est dé-
moli, détruit, depuis longtemps, déclare-t-il; il est inutile et impossible de songer à le détruire encore.

Où est la fausseté de cet argument?

En ceci d'abord que Kautsky ne nous dit mot du monopole
colonial de l'Angleterre. Or Engels, comme nous l'avons vu, dès
1882, il y a trente-quatre ans, indiquait ce monopole fort nettement!
Si le monopole industriel de l'Angleterre est détruit, il lui reste
encore son monopole colonial qui non seulement subsiste mais a
acquis une importance extrême, puisque toute la terre est déjà partagée! A l'aide d'un doucereux mensonge, Kautsky essaie de faire
admettre cette petite idée pacifiste et bourgeoise, cette idée de petit
opportuniste que « la guerre ne sert absolument à rien ». Bien au
contraire, les capitalistes ont des motifs de faire la guerre, et il est
même impossible d'éviter la guerre si l'on veut conserver le capitalisme! Car il faut arriver, par la force, à un nouveau partage des
colonies pour que *les jeunes pays* impérialistes puissent obtenir les
privilèges dont jouissent des puissances impérialistes plus anciennes (*et moins fortes*). En second lieu, pourquoi le monopole de
l'Angleterre explique-t-il la victoire (temporaire) de l'opportunisme
dans ce pays? Parce que le monopole donne une *plus-value*, un excédent de bénéfices sur les revenus normaux, habituels dans le monde
capitaliste. Sur cet excédent, les capitalistes peuvent prélever une
certaine part (et même assez considérable!) pour corrompre *leurs*
ouvriers, pour créer une sorte d'alliance (rappelez-vous ces fa-
meuses « alliances » des trade-unions anglaises avec leurs entrepre-
neurs qui ont été décrites par Webbs), une alliance des ouvriers de
la nation avec leurs capitalistes *contre* les autres pays. Le monopole industriel de l'Angleterre était détruit dès la fin du xixᵉ siècle.
C'est indiscutable. Mais *comment* cela s'est-il produit? Doit-on
croire que *tout* monopole a disparu?

S'il en était ainsi, la « théorie » de Kautsky, cette théorie de
conciliation avec l'opportunisme, se justifierait en un certain sens.
Mais, précisément, *il n'en est pas ainsi*. L'impérialisme *est* un capitalisme de monopole. Chaque cartel, chaque trust, chaque syndicat,
chaque banque géante représente un monopole. La plus-value
n'a pas disparu: elle subsiste. L'exploitation par un pays privilégié,
financièrement riche, de *tous* les autres pays continue et s'est ren-
forcée. Il existe un très petit groupe de pays riches, — il y en a
quatre, si l'on parle d'une richesse autonome, effective, véritablement gigantesque, de la richesse « moderne » : l'Angleterre, la
France, les Etats-Unis et l'Allemagne; — ce petit groupe a développé les monopoles dans des proportions incommensurables: il

perçoit une *plus-value* qui se chiffre par centaines de millions, si ce n'est par milliards; ce petit groupe vit du travail forcé de centaines de millions d'hommes peuplant les autres pays; entre les membres du groupe, il y a lutte pour le partage d'un butin particulièrement luxueux, abondant et sûr.

En cela précisément se révèle la nature économique et politique de l'impérialisme dont Kautsky dissimule les antinomies les plus profondes, au lieu de les dévoiler.

La bourgeoisie d'une « grande » puissance impérialiste *peut économiquement* corrompre les couches supérieures de « sa » classe ouvrière, en sacrifiant cent ou deux cents millions de francs par an; car la *plus-value* qu'elle perçoit s'élève probablement à un milliard environ. Et c'est une question secondaire que de savoir comment cette petite gratification est répartie entre les ouvriers-ministres, « les ouvriers-députés » (rappelons-nous la merveilleuse analyse que nous a laissée Engels de cette notion), les ouvriers-participants des comités pour les industries de guerre, les ouvriers-fonctionnaires, les ouvriers organisés en unions étroitement corporatives, les employés, etc., etc.

Entre 1848 et 1868, et même partiellement plus tard, l'Angleterre était seule à jouir d'un monopole; *c'est pourquoi* l'opportunisme dans ce pays a pu rester vainqueur pendant des dizaines d'années; *il n'y avait pas* d'autre pays qui possédât comme elle les plus riches colonies et un monopole industriel.

Le dernier tiers du XIXᵉ siècle a été une période de transition vers la nouvelle époque impérialiste. La jouissance du monopole est assurée au capital financier *non plus* d'un seul pays mais de plusieurs grandes puissances, d'ailleurs très peu nombreuses. (Au Japon et en Russie, le monopole des forces militaires, d'immenses territoires occupés ou de certaines commodités pour piller les étrangers, comme la Chine par exemple, supplée en partie ou s'ajoute au monopole du moderne capital, du nouveau capital financier). Cette distinction établie, il faut en conclure que le monopole de l'Angleterre *a pu* rester *en dehors de toute contestation* pendant des dizaines d'années. Le monopole du moderne capital financier est contesté avec acharnement; l'époque des guerres impérialistes a commencé. Dans la période précédente, on pouvait corrompre, acheter la classe ouvrière d'*un* pays pendant des dizaines d'années. Maintenant, c'est une éventualité invraisemblable, on peut même dire que c'est impossible; en revanche, *toute* « grande » puissance impérialiste peut acheter et achète une certaine *minorité* de « l'aristocratie ouvrière » (dans une moindre mesure qu'en Angleterre entre 1848 et 1868). Jadis un « *parti ouvrier bourgeois* », selon l'expression remarquablement profonde d'Engels, ne pouvait se constituer que dans le pays qui possédait le monopole; mais cela pouvait durer longtemps. Actuellement « *un parti ouvrier bourgeois* » doit *inévitablement* se constituer dans *tous* les pays impérialistes, il en sera une des créations typiques; mais en raison de la lutte acharnée que se livrent ces puissances pour le partage du butin, il est invraisemblable qu'un parti de ce genre puisse rester longtemps vainqueur dans plusieurs pays. Car les trusts, l'oligarchie financière, le renchérissement de la vie, et autres causes, tout *en permettant* de corrompre quelques éléments supérieurs de la classe ouvrière, écrasent de plus en plus, oppriment, tourmentent et exterminent *la masse* du prolétariat et du demi-prolétariat.

D'un côté, il y a une tendance de la bourgeoisie et des opportunistes à faire d'un tout petit nombre de nations extrêmement riches et privilégiées de « perpétuels » parasites sur le corps de l'humanité; la tendance de ce monde est de « se reposer sur ses lauriers », en exploitant les nègres, les Hindous, etc., en les maintenant dans la soumission avec les moyens perfectionnés, la merveilleuse technique de destruction du moderne militarisme. D'autre part s'affirme la tendance des *masses* plus opprimées que jamais et qui supportent toutes les calamités des guerres impérialistes, à se débarrasser du joug et à renverser la bourgeoisie. C'est dans la lutte entre ces deux tendances que se déroulera désormais, inévitablement, l'histoire du mouvement ouvrier. Car la première tendance n'est pas un phénomène dû au hasard; elle a sa raison d'être économique. La bourgeoisie a déjà procréé, nourri et gardé pour son service « les partis ouvriers bourgeois » des social-chauvins dans *tous* les pays. Les distinctions que l'on voudrait établir entre un parti formé selon toutes les règles, comme celui de Bissolati en Italie, — c'est un parti absolument social-impérialiste, — et, disons, le presque-parti, à moitié constitué, des Potressov, des Gvozdev, des Boulkine, des Tchkhéïdzé, des Skobelev et Cie, — ces distinctions-là n'ont aucune valeur. Ce qui importe, c'est de savoir que, au point de vue économique, certains éléments de l'aristocratie ouvrière sont prêts à se détacher, et se détachent de leur classe pour gagner le côté de la bourgeoisie et que ce fait économique, cette translation d'éléments, dans les rapports entre classes, trouvera facilement son expression politique.

Sur la base économique indiquée, les institutions politiques du capitalisme moderne, — la presse, le parlement, les associations, les congrès, etc., — ont créé des privilèges correspondant aux privilèges et gratifications économiques, pour les employés et ouvriers respectueux, dociles, pour les réformistes et les patriotes. Des places lucratives et tranquilles dans les ministères, dans les différentes commissions, dans les rédactions des « grands » journaux ou dans les directions des non moins « grands » syndicats ouvriers, « bourgeoisement dociles », — voilà ce que la bourgeoisie impérialiste trouve pour attirer et récompenser les représentants et les partisans des « partis ouvriers bourgeois ».

Le mécanisme de la démocratie politique agit dans le même sens. En notre siècle, on ne peut se passer d'élections; on ne peut faire fi des masses; or, il est impossible, à l'époque de l'imprimerie et du parlementarisme, d'entraîner les masses derrière soi si l'on ne dispose pas d'un large réseau, systématiquement établi et solidement monté pour la diffusion des flatteries, des mensonges, des impostures, pour jongler avec les mots à la mode et les bons mots populaires, pour répandre à droite et à gauche, chez les ouvriers, des promesses de réformes et de bien-être, — pourvu seulement que les travailleurs renoncent à mener la lutte révolutionnaire et à renverser la bourgeoisie. J'appellerais volontiers « Lloyd-Georgisme » ce système, du nom d'un des hommes les plus éclairés et les plus madrés qui l'aient appliqué dans le pays classique du « parti ouvrier bourgeois ». Homme d'affaires de haute volée, grand bourgeois, grand flibustier de la politique, orateur populaire, sachant parler sur n'importe quoi, sachant même prononcer des discours révolutionnaires devant un auditoire de travailleurs, capable d'obtenir d'importantes gratifications en faveur des ouvriers bien sages (réformes sociales, assurances, etc.), Lloyd George est un admirable serviteur de la bourgeoisie (1), et il la sert précisément *parmi* les ouvriers, il diffuse son influence dans le prolétariat, là où l'on a le plus besoin et où il est le plus difficile d'asservir moralement les masses.

Et la différence est-elle grande entre un Lloyd George et les Scheidemann, les Legien, les Henderson, les Hyndman, les Plékhanov, les Renaudel et Cie? Parmi ces derniers, nous objectera-t-on, certains reviendront au socialisme révolutionnaire de Marx. C'est possible, mais c'est une différence de degré absolument insignifiante si l'on considère la question dans le plan politique, c'est-à-dire à l'échelle des masses. Quelques-uns des leaders social-chauvins d'aujourd'hui peuvent revenir au prolétariat. Mais le courant du social-chauvinisme ou (ce qui revient au même) de l'opportunisme ne peut ni disparaître, ni « remonter » vers le prolétariat révolutionnaire. Dans les milieux ouvriers où le marxisme sera populaire, cette tendance politique, ce « parti ouvrier bourgeois » jurera par le nom de Marx. On ne peut le leur interdire comme on ne peut empêcher une firme commerciale d'employer une étiquette, d'afficher une enseigne, de faire sa réclame. Dans l'histoire il est toujours arrivé que les noms des chefs révolutionnaires, populaires parmi les classes opprimées, servaient, après leur mort, à leurs ennemis pour duper ces mêmes classes opprimées.

C'est un fait que « des partis ouvriers bourgeois », en tant que phénomène politique, se sont déjà constitués dans *tous* les pays capitalistes avancés, que sans une lutte résolue, impitoyable, sur

____

(1) Récemment, dans un journal anglais, je lisais l'article d'un tory, adversaire politique de Lloyd George : *Lloyd George vu par un tory*. Grâce à la guerre, cet adversaire reconnaît enfin en Lloyd George un excellent commis de la bourgeoisie! Les tories se sont réconciliés avec lui!

toute la ligne, contre ces partis — ou contre les groupes, les tendances analogues, — il ne peut être question ni de lutte contre l'impérialisme, ni de marxisme, ni de mouvement ouvrier socialiste. La fraction de Tchkéïdzé, *Naché Diélo*, *Goloss Trouda*, en Russie, et les gens du Comité unitaire à l'étranger ne sont pas autre chose qu'une variété de la même espèce, ils forment un de *ces* partis. Nous n'avons pas la moindre raison de penser que ces partis puissent disparaître *avant* la révolution sociale. Au contraire, plus cette révolution se rapprochera, plus puissamment elle s'allumera, plus les poussées et les secousses seront brusques et violentes dans son processus, et plus deviendra important, dans le mouvement ouvrier, le combat des masses révolutionnaires déchaînées contre le courant opportuniste et petit-bourgeois. Le kautskisme n'a rien en lui-même d'une tendance indépendante, autonome, car rien ne le rattache aux masses ni aux éléments privilégiés qui se sont livrés à la bourgeoisie. Mais le danger du kautskisme est en ceci qu'en utilisant l'idéologie du passé, il s'efforce de mettre en accord le prolétariat avec « le parti ouvrier bourgeois », il tâche de maintenir une unité entre les masses et ce parti dont il voudrait ainsi relever l'autorité. Les masses ne suivent déjà plus les social-chauvins déclarés : Lloyd George a été sifflé en Angleterre, dans des meetings ouvriers; Hyndman a quitté le parti; les Renaudel et les Scheidemann, les Potressov et les Gvozdev sont sous la protection de la police. L'intervention dissimulée des kautskistes en faveur des social-chauvins est ce qu'il y a de plus dangereux.

Un des sophismes les plus répandus du kautskisme, c'est son prétendu attachement « aux masses ». Nous ne voulons pas, nous disent ces hommes, nous séparer des masses et des organisations des masses! Mais réfléchissez, voyez comment Engels posait cette question. « Les organisations de masses » des trade-unions anglaises, au XIX° siècle, soutenaient le parti ouvrier bourgeois. C'est pourquoi Marx et Engels ne pouvaient les accepter, et les dénonçaient. Ils n'oubliaient pas que les organisations des trade-unions n'englobent directement que *la minorité* du prolétariat. En Angleterre à cette époque-là, comme en Allemagne aujourd'hui, il n'y avait pas plus d'un cinquième du prolétariat dans les organisations. Il n'est pas permis de croire sérieusement que, sous le régime capitaliste, il sera possible de faire entrer dans les organisations la majorité des prolétaires. En second lieu, et c'est là l'essentiel : il ne s'agit pas de savoir combien de membres compte l'organisation, mais quelle est la signification réelle, objective, de sa politique : celle-ci représente-t-elle à bon droit les masses, sert-elle les intérêts des masses, c'est-à-dire prépare-t-elle l'affranchissement des masses opprimées par le capitalisme; ou bien représente-t-elle les intérêts de la minorité, l'accord de celle-ci avec le capitalisme? C'est précisément cette seconde supposition qui était juste en Angleterre au XIXᵉ siècle, et qui est juste en Allemagne aujourd'hui, ainsi que dans d'autres pays.

Du « parti ouvrier bourgeois » des *anciennes* trade-unions, de la minorité privilégiée, Engels distingue « la masse *inférieure* », la véritable majorité; il fait appel à celle-ci qui n'a pas subi la contagion de la « respectability » bourgeoise. Voilà bien le fond de la tactique marxiste!

Nous ne pouvons pas et personne ne peut apprécier dans quelle mesure une certaine partie du prolétariat suit et suivra les social-chauvins et les opportunistes. Nous ne le verrons qu'au cours de la lutte; la question ne sera définitivement résolue que par la révolution socialiste. Mais nous savons pertinemment que « les défenseurs de la patrie » dans la guerre impérialiste ne *représentent* qu'une minorité. Et c'est pourquoi notre devoir, si nous voulons rester des socialistes, est de *descendre, d'aller en profondeur*, vers les véritables masses : là est le sens et tout le contenu de la lutte contre l'opportunisme. En dénonçant les opportunistes et les social-chauvins, en montrant qu'en réalité ils trahissent et vendent les intérêts des masses, qu'ils défendent les privilèges temporaires d'une minorité d'ouvriers, qu'ils répandent les idées et l'influence de la bourgeoisie, qu'ils sont en réalité les alliés et les agents de la bourgeoisie, — nous enseignons, par le fait même, aux masses à discerner leurs véritables intérêts politiques, à combattre pour le socialisme et pour la révolution à travers toutes les douloureuses et longues péripéties des guerres et des trêves impérialistes.

Expliquer aux masses la nécessité inéluctable d'une scission avec l'opportunisme, les éduquer pour la révolution par une lutte impitoyable contre celui-ci, profiter de l'expérience de la guerre pour dénoncer toutes les coquineries de la politique ouvrière nationalo-libérale, et non pour les dissimuler, — voilà la seule ligne de conduite marxiste dans le mouvement ouvrier mondial.

Octobre 1916.   N. LÉNINE.

Le coup de feu d'Adler et la crise du socialisme

Dans les murailles de la justice de la monarchie des Habsbourg, loin des yeux du monde extérieur, se déroule en ce moment une tragédie des plus émouvantes. Frédéric Adler qui a mis à mort le premier ministre d'Autriche Stürgkh, et que, pour cet acte, ses propres « camarades » ont déclaré fou, lutte contre les bourreaux de la magistrature *pour le droit de mourir*, pour le droit de rester dans la mémoire de son peuple ce qu'il a voulu devenir : un vengeur de la révolution, un combattant qui élève haut sa protestation, celui qui devance les autres dans la lutte contre la tourbe sanguinaire des impérialistes.

« Il ne peut y avoir aucun doute : l'acte d'Adler doit s'expliquer *par des motifs politiques* » : un seul journal socialiste, plus ou moins d'opposition, en Autriche, *La Tribune du Peuple* (*Die Volkstribüne*, n° 43) a osé affirmer cela. Et en effet, pour tout honnête homme, il est évident que le coup de feu d'Adler est un acte *politique* et qu'il y a la plus étroite relation entre cet acte et la crise du mouvement ouvrier en Autriche, la crise du socialisme en général.

« En tirant sur le comte Stürgkh, Frédéric Adler a voulu atteindre son propre parti... afin... de diriger dans la voie qu'il désirait ses propres camarades », a écrit la *Neue Freie Presse*, journal officieux du gouvernement, (22 octobre 1916), le lendemain du meurtre, avant que la légende de l'irresponsabilité et de la maladie mentale ne se fût accréditée. L'officieux autrichien avait raison : *oui*, Frédéric Adler visait aussi l'agent du gouvernement, — le social-chauvinisme.

Par toute son éducation, par toute sa nature spirituelle, Frédéric Adler était un pacifique propagandiste, un socialiste de la culture. Dans sa poitrine a toujours battu un cœur ardent. Il croyait sincèrement à l'idéal socialiste. Pour l'œuvre qu'il estimait juste, il était prêt à faire les plus grands sacrifices; par son acte du 21 octobre, il l'a prouvé au monde entier. Mais par toute son activité, par sa psychologie, jusqu'à la guerre et longtemps encore après le début de la guerre, il a appartenu à la génération des socialistes d'une époque profondément enfoncée dans la paix.

Adler était le type même du propagandiste pacifique, adversaire résolu de la terreur. Et pourtant il vient d'accomplir un acte de terroriste! *Ainsi donc*, — en concluent les social-chauvins d'Allemagne et d'Autriche, — ainsi donc, Adler a agi dans une crise de démence; Adler est tout simplement un fou. Et ces messieurs sont incapables d'arriver à cette simple réflexion : toute l'histoire du terrorisme politique ne nous a-t-elle pas montré que, dans certaines conditions, ce sont justement les hommes les plus paisibles, appartenant de naissance aux œuvres de culture civilisatrice, qui se saisissent du revolver? Ne se rappelle-t-on pas qu'un des plus notables représentants du terrorisme russe déclara un jour, devant un tribunal, que beaucoup de ses camarades, terroristes comme lui, avaient vécu leur adolescence dans « de roses rêveries », croyant à la possibilité d'un travail fécond pour le bien du peuple sur le terrain de la culture et d'un progrès pacifique?

La situation créée par la guerre actuelle dans tous les pays, — et en Autriche particulièrement, — devait, depuis longtemps, guérir tout honnête « homme de culture » des rêveries de sa rose adolescence. Depuis 1914, en Autriche, est rétabli le pire absolutisme. C'est par milliers que se dressent les potences. Le monde entier a entendu parler de la lâche exécution dont a été victime le social-patriote Bettisti, député autrichien-italien. Mais qui nous parlera des milliers et des milliers de tombes sans nom où gisent aujourd'hui des ouvriers et des paysans ruthènes, tchèques et serbo-croates, massacrés par les impérialistes autrichiens pour manque de « patriotisme »?... Les fureurs de la censure autrichienne nous remettent en mémoire l'heureuse époque de Metternich. Lorsque, dans les journaux autrichiens, l'on peut lire : dans telle ville, dans telle localité, sont « morts subitement » tant d'hommes, toute l'Autriche comprend qu'il s'agit de *pendus*. Les persécutions contre les ouvriers qui essaient de défendre même leurs intérêts les plus étroitement économiques, sont à peu près comparables à celles que subissent les ouvriers en Russie. L'état-major autrichien, aussitôt après le coup de feu d'Adler, dément qu'il ait fait fusiller 700 travailleurs en Styrie. Mais on n'accordera pas plus de créance à ce démenti que l'on n'en accorde aux communiqués relatant les victoires des armées autrichiennes.

Et l'on peut dire en même temps que, nulle part, le niveau moral de la « social-démocratie » officielle n'est tombé aussi bas qu'en Autriche. Après le 4 août 1914, on a dit fort justement de la social-démocratie de ce pays que c'était elle qui avait le moins trahi son passé, car..., car, longtemps avant la guerre, elle avait déjà adopté la position du social-chauvinisme. Il suffira de rappeler la honteuse conduite de ce parti pendant la crise de Bosnie-Herzégovine et pendant la guerre des Balkans. Il suffira de rappeler que tous les chefs reconnus de la social-démocratie autrichienne sont des monarchistes déclarés. Il suffira de rappeler que M. Renner, il y a dix ans, défendait déjà la fameuse autonomie de culture nationale avec des arguments de pur social-chauvinisme. (1)

Pendant la guerre, les social-chauvins autrichiens ont battu tous les records. Avec la bénédiction de Victor Adler, Austerlitz écrivait des articles de fond d'une inspiration sanguinaire : *Nach Paris (A la conquête de Paris!).* Renner était devenu tout simple-

-----

(1) « Combien de temps tarderons-nous encore? », écrivait Renner, « Les autres peuples se mettent en avant et *se partagent la terre*, tandis que nous n'arrivons pas à régler nos querelles domestiques... Dans une ou deux dizaines d'années, le monde sera complètement partagé : si nous ne trouvons pas une solution, non seulement nous nous mettrons en retard pour participer à ce partage, mais nous serons nous-mêmes de ceux que l'on se partagera. »... « L'autonomie nationale marque un retour de l'Autriche vers *une puissante situation en Orient*... L'autonomie des Polonais et des Ruthènes en Galicie nous assure une position contre l'Orient et le Sud de la Russie qui *vaut un corps d'armée*. » Voilà ce qu'écrivait *Renner* (Springer) dans son livre bien connu : *La Lutte des Nationalités en Autriche*, Vienne et Leipzig, 1902.

Dans notre presse, le programme national de la social-démocratie autrichienne a été plus d'une fois critiqué. Mais il est maintenant particulièrement indispensable de souligner que le principal théoricien de ce programme, dans un livre qui en est le commentaire, se servait déjà, longtemps avant la guerre, d'arguments qui appartiennent au pur chauvinisme.

ment le courtier le plus vil de l'alliance impérialiste de l'Europe
centrale. Leuthner tombait plus bas que Sudekum, et Pernerstorfer
« démaillotait » l'opposition de la social-démocratie autrichienne,
disant que c'était « une petite poignée d'hommes » composée non
seulement d'académiciens, mais aussi de *juifs* (!) ».

C'est dans cette lourde atmosphère que Frédéric Adler a dû
vivre et lutter. Il a commencé par faire une opposition très faible,
irrésolue, au courant social-chauvin. Sa situation personnelle vis-
à-vis de Victor Adler lui rendait cette lutte très pénible. Il ne voulait pas de scission. Mais le régime des Pernerstorfer et des Austerlitz l'a guéri, même dans ce milieu, de toutes ses roses illusions.
Dans le dernier article qu'il fit paraître, quelques jours avant de
tuer le comte Stürgkh, Frédéric Adler appelait les ouvriers à lutter
contre « les autorités *unies* de l'Etat et du parti social-démocrate ». Il stigmatisait « les chefs » de la social-démocratie autrichienne, « une armée de fonctionnaires », disait-il, qui avaient
cessé d'être des social-démocrates.

Les autorités unies du gouvernement impérialiste et du parti
social-chauvin autrichien! Oui, la balle de Frédéric Adler était
destinée à ceux-ci comme à ceux-là.

Mais la résolution de Frédéric Adler ne pouvait pas ne pas
tenir aussi à la crise européenne et mondiale que traverse le socialisme.

Dans l'espace d'une semaine environ, il s'est produit, dans
le socialisme international, trois événements différents par le caractère, n'ayant pas de rapport entre eux, mais qui éclairent d'un
coup toute la situation actuelle dans l'Internationale. 1° Le comité
central du plus grand des partis social-démocrates du monde,
celui du parti allemand, a conclu ouvertement une alliance avec
les généraux de Guillaume II et, se servant de leur appui, *a volé*
aux ouvriers de Berlin leur journal (*Le Vorwärts*) qui est maintenant rédigé par des gens aux gages de Scheidemann et par le général Kessel. 2° Le président du petit parti social-démocrate
danois, Stauning, est entré dans le ministère bourgeois et s'efforce
cyniquement de « prouver » aux ouvriers de tous les pays qu'en
agissant ainsi, il se conforme sans faiblesse à la volonté de l'Internationale. 3° Frédéric Adler a tué le comte Stürgkh. D'un côté,
nous avons en masse, une monstrueuse félonie à l'égard de la
cause ouvrière. D'autre part, nous voyons un honnête, un pacifique propagandiste se livrer soudain à un acte de terrorisme,
abandonnant pour la violence les recherches auxquelles l'avait entraîné un demi-kautskisme. D'une manière inattendue s'éclaire
vivement toute cette débâcle, on aperçoit la profonde perturba-
tion, la fermentation de cette crise indiciblement douloureuse
d'où doit sortir, dans les tourments, une nouvelle Internationale!...

Le premier mot de condoléance qui ait été prononcé après
le coup de feu d'Adler par le *Vorwärts* social-chauvin était

adressé... à qui pensez-vous?... à l'empereur d'Autriche! « Le
Kaiser aux cheveux blancs! Il a perdu son frère, son fils, son
épouse, son neveu et son héritier; à présent, en un temps de dures
épreuves, il perd l'homme qui était son fidèle conseiller. Tout sentiment humain s'incline devant ce vieillard sur le trône. Qui pourrait affirmer avoir vécu et souffert ce que ce grand vieillard a vécu
et souffert? » Voilà ce qu'écrivait le *Vorwärts* (n° 291) qui dans
toute cette affaire a montré une bassesse à laquelle n'est pas des-
cendu un seul journal bourgeois.

Le premier mot de condoléance que puissent prononcer des
ouvriers socialistes sera adressé au camarade Frédéric Adler.
Adler n'est pas un fou, bien que devant la profanation de l'idéal
socialiste à laquelle se livrent quotidiennement les social-chauvins, il ne soit pas difficile de tomber dans la démence. Frédéric
Adler n'est pas fou comme voudraient le faire croire les social-
chauvins pour atténuer le retentissement de son acte et pour
maintenir leur Union Sacrée avec « leur » bourgeoisie. Frédéric
Adler est un honnête révolutionnaire, profondément dévoué à la
cause ouvrière. Frédéric Adler a tenté de sauver comme il pouvait
l'honneur du socialisme autrichien. Frédéric Adler a joint son
nom à ceux glorieux de Karl Liebknecht, Z. Höglund, M. Mouranov et Mac Lean. Les ouvriers de tous les pays honoreront le nom
de Frédéric Adler, de même qu'ils honorent les inoubliables noms
de Khaltourine, de Jéliabov et de Pérovskaïa.

Cela ne signifie-t-il pas que le marxisme révolutionnaire doive
reviser son opinion sur le terrorisme politique comme système de
tactique?

En aucune manière!

Pendant la longue époque « de paix » du socialisme occidental, laquelle s'est achevée au seuil de la guerre actuelle, le facteur
de la violence révolutionnaire a été complètement repoussé à l'ar-
rière-plan, derrière les méthodes de lutte légales et purement parlementaires (1). Les opportunistes se refusaient consciemment à
voir dans la violence un moyen d'émancipation de la classe opprimée. « La violence a toujours joué dans l'histoire un rôle réactionnaire » : telle était la fausse thèse des opportunistes et des
social-pacifistes. La préface bien connue qu'Engels a donnée à *La
Lutte de Classes en France* était interprétée en tel sens que le
compagnon de Marx, vers la fin de sa vie, serait aussi devenu
partisan par principe de l'action légale. Engels lui-même a protesté

(1) Il est caractéristique que certains socialistes européens, même de ceux
qui ont de la sympathie pour Adler, expliquent son acte par le désir de provoquer une réunion du Parlement autrichien. Ce serait là le motif principal...
Même le terrorisme, dans leur imagination, apparaît comme un moyen de parlementarisme!

plus d'une fois contre cette interprétation. Dans la préface en question, il écrivait même : « *Le droit à la révolution* est le seul véritable droit historique ». Mais, après la mort d'Engels, les opportunistes, sur l'initiative de Bernstein, répandirent avec un zèle tout particulier leur « version ». Les leçons de la Révolution russe restèrent pour eux closes dans un livre à sept sceaux. Lorsque Kautsky, après l'insurrection armée de Moscou (il était encore marxiste à ce moment-là), déclara qu'il fallait revoir les idées d'Engels sur cette question particulière d'une possible bataille de barricades, personne, dans la social-démocratie allemande, ne fit attention à cette observation. De 1871 à 1905, la social-démocratie européenne n'avait pas vu, on peut dire, une seule vraie bataille révolutionnaire. Toutes les circonstances, toutes les conditions de cette époque de paix entretenaient le crétinisme pacifiste et légaliste qui était un élément indispensable de « la philosophie opportuniste ».

La social-démocratie russe travaillait dans de tout autres conditions. Si elle combattit le terrorisme, *ce n'était pas* pour nier la violence. « Le meurtre n'est pas l'assassinat », écrivait l'ancienne *Iskra*, à propos d'un acte de terrorisme commis vers 1900. Et pendant les années de la pire contre-révolution, lorsque le terrorisme russe, fortement défraîchi dans la personne de Ropchine, lança ce nouveau mot d'ordre, inspiré du christianisme : « *Tu ne tueras point* », nous citâmes, dans la *Rabotchaia Gazéta*, à propos du meurtre de Stolypine, les célèbres vers de Pouchkine :

> *Tyran vieilli dans les forfaits,*
> *Quand verrons-nous ta sépulture?*
> *Quand apprendrai-je, satisfait,*
> *La mort de ta progéniture?*

A la tactique du terrorisme, nous n'opposions pas le drapeau de la légalité, ni l'enseignement chrétien : « Tu ne tueras point! » Non, nous opposions à cela, la tactique de *la violence révolutionnaire des masses*. Et si la guerre actuelle a prouvé quelque chose d'une façon irréfragable, c'était bien la justesse de l'opinion des marxistes révolutionnaires sur cette question. A une époque où sont mises en mouvement des armées de millions d'hommes, où les fronts de guerre s'étendent sur des milliers de kilomètres, à une époque où combattent véritablement des peuples entiers, à cette époque, plus que jamais ce sont les masses, ce sont les mouvements de masses qui ont quelque importance.

La Russie a été le pays classique du terrorisme politique dans l'histoire moderne. Et même en Russie, le terrorisme a échoué dans un pitoyable fiasco. L'aventure d'Azev et, plus encore peut-être, celle de Ropchine ont enterré pour toujours le terrorisme en Russie. Le ressusciter en Europe occidentale ou orientale serait commettre une faute impardonnable.

Il ne faut pas juger de toutes choses sur un seul modèle. Nous savons que, si le terrorisme russe a été un phénomène de réaction, comparativement à l'action révolutionnaire de l'*Iskra*, on ne pourrait en dire autant du terrorisme autrichien, comparé au social-chauvinisme de ce pays. C'est seulement par comparaison avec la tactique d'internationalisme révolutionnaire, par comparaison avec la méthode de Liebknecht et de Mouranov, que celle de Frédéric Adler nous paraît périmée.

De même que l'ancien populisme pacifique, épuisé, nous a donné les Jéliabov, tandis que d'autre part, Nicolas Romanov nous amenait les révolutionnaires terroristes et aussi toute une génération de paisibles fonctionnaires libéraux, ainsi la vieille social-démocratie pacifique, arrivée au terme de sa carrière, en pleine décomposition, a produit le social-pacifisme et peut aussi créer un courant éphémère de terrorisme. Le terrorisme russe s'est formé dans des conditions particulières, à une époque où nos intellectuels révolutionnaires ne trouvaient devant eux que les masses amorphes de la paysannerie. Mais la base du socialisme d'aujourd'hui, c'est le prolétariat, une classe formée de millions et de millions d'ouvriers, qui n'a pas encore su prononcer un mot décisif dans la guerre actuelle, mais qui parlera aujourd'hui ou demain. Aucune force dans le monde ne pourra s'opposer longtemps à la naissance d'un mouvement révolutionnaire des *masses* laborieuses, même dans les pays où ce mouvement rencontre aujourd'hui la plus forte compression. Les efforts conjugués de la bourgeoisie et des social-chauvins subiront fatalement un échec. Déjà, même dans les pays de mouvement ouvrier « européen », une nouvelle social-démocratie fait son apparition. La décomposition de l'ancienne social-démocratie pacifique a mis en avant les Sudekum et les Scheidemann. Mais, ne l'oublions pas, elle vient aussi de nous donner les Liebknecht, les Höglund et les Borchardt. Et notre devoir est d'appeler les honnêtes révolutionnaires qui, comme Adler, sont prêts à donner leur vie pour la cause du socialisme *révolutionnaire*, dans la voie que frayent actuellement de leur corps les Liebknecht de tous les pays. Le parallèle entre Liebknecht et Adler vient de lui-même à la pensée. Il n'est guère permis de douter que Liebknecht et Adler soient également adversaires du terrorisme, considéré en tant que tactique politique. Pourquoi donc Adler, *en pratique*, est-il arrivé à résoudre cette question autrement que Liebknecht? Il faut chercher la réponse dans la vétusté des rapports et conditions politiques qui dominent en Autriche. Derrière Liebknecht, dès à présent, se dressent des dizaines de milliers d'ouvriers. Derrière Adler, il n'y avait que de petits cercles. Dans son dernier article, que l'on peut considérer comme son testament politique, Adler se plaint de l'indifférence, du « fatalisme », de la stupidité qui règnent actuellement en Autriche. La classe ouvrière autrichienne, dans la guerre actuelle, est exterminée au simple sens physique de ce mot. Il ne reste au logis que des vieillards et des femmes; nulle part autant qu'en Autriche, le travail des hommes n'a été remplacé si fréquemment par celui des femmes. Les masses sont écrasées. On a la sensation d'être arrêté devant un mur... Aucun écho ne se fait entendre : tel est le sombre tableau que nous trace Adler. Une sourde muraille! Peut-être même ne peut-on dénoncer l'exécution de 700 ouvriers et les autres forfaits de la camarilla autrichienne qu'en tirant sur le premier ministre. C'est ainsi sans doute que Frédéric Adler voyait la situation. Et il abandonne alors son travail, l'organisation des premiers cercles d'ouvriers révolutionnaires; il prend un revolver...

Nos camarades hollandais de la *Tribune* ont dit du coup de feu d'Adler que c'était *un signal*. Hélas! Ce n'est malheureusement pas encore le signal qui doit déclencher les véritables batailles révolutionnaires des masses. Le coup de revolver du militant autrichien *peut* prendre une signification de propagande révolutionnaire. Tout en niant la terreur comme système, la social-démocratie révolutionnaire n'a jamais nié, par exemple, que le coup de feu de Véra Zassoulitch, dans la situation russe de l'époque, servit à révolutionner le pays. Mais en même temps, l'acte d'Adler a douloureusement souligné toute l'impuissance des terroristes isolés. Frédéric Adler voulait exprimer hautement, devant le monde entier, sa protestation contre le brigandage des impérialistes et la trahison des social-chauvins. Mais on peut craindre sérieusement que cette protestation n'atteigne pas les masses, qu'elle ne soit interprétée au gré de la bourgeoisie et des social-chauvins alliés. *S'il est vrai* que « le fatalisme » soit si fort en Autriche, s'il n'existe pas dans ce pays d'organisations ouvrières illégales, si les internationalistes social-démocrates n'y publient pas de tracts ni de feuilles clandestines, alors..., alors les masses ouvrières ne connaîtront de l'acte d'Adler que ce qu'il plaira d'en dire aux impérialistes et aux social-chauvins. A partir du moment où la porte de la prison s'est refermée sur Adler, on ne voit paraître dans la presse que ce que veulent bien laisser passer les frères en esprit des Stürgkh et des Scheidemann.

Par bonheur, *il existe* aussi en Autriche des social-démocrates révolutionnaires, nous le savons positivement. Tôt ou tard, d'une façon ou d'une autre, ils se montreront.

Notre voie est différente : c'est celle de Liebknecht et de Mouranov. Nous savons bien qu'en Autriche il y a des hommes partisans de suivre ce chemin, qui vivent et luttent, unis avec nous par la pensée, surmontant de terribles difficultés dans leur travail de pionniers et se frayant une route vers les masses en dépit de tous les obstacles. Mais le coup de feu d'Adler a montré que la crise traversée par le socialisme atteint son apogée, que nous arrivons à un tournant, qu'enfin le temps est venu où les socialistes

« européens » ne songent plus seulement à prendre des fauteuils ministériels et à rendre de petits services aux ministres, mais où ils savent aussi faire parler à leur place « Mr. Browning ». Le coup de feu d'Adler a montré que l'idéalisme révolutionnaire vivait encore parmi les meilleurs des militants qui ont été élevés dans les traditions du passé. Adler n'a pas choisi la meilleure des voies qui mènent à la transformation de l'actuelle guerre esclavagiste en guerre civile. Mais *le but* qu'il s'assignait était celui-là même que poursuivent les internationalistes révolutionnaires. Il a fait un faux pas, mais c'était tout de même pour passer de l'opportunisme au marxisme révolutionnaire.

Notre génération de militants se trouve devant des tâches immenses, d'une difficulté inouïe. Nous sommes entourés d'ennemis, nous sommes entourés d'obstacles de toutes parts. Mais dans la lutte que nous mènerons contre ces obstacles, nous donnerons à nos avant-gardes la trempe nécessaire et, tôt ou tard, nous ouvrirons une brèche dans le front ennemi, dans le front unique des impérialistes et des social-chauvins.

Allons aux masses! Telle est la grande leçon que nous retenons de l'acte commis par le camarade Frédéric Adler. *Allons aux masses!* C'est une voie actuellement hérissée de difficultés et qui exige des sacrifices sans nombre, qui exige souvent une abnégation plus grande encore que celle dont a fait preuve Frédéric Adler. Mais cette voie est la seule vraie. *Allons aux masses*, en dépit de tous les obstacles et coûte que coûte! Car le marxisme révolutionnaire n'a de vie que dans les moments où il respire d'une seule poitrine avec les masses prolétariennes.

Octobre 1916.   G. ZINOVIEV.

FIN

TABLE ANALYTIQUE
DES MATIÈRES

TABLE ANALYTIQUE DES MATIÈRES

L'objet de cette table est uniquement de faciliter au lecteur la recherche des textes, dans un ouvrage d'une composition forcément touffue. On trouvera, à l'aide de cette table, tous les sujets traités dans les deux volumes de cet ouvrage. Sur les noms cités nous ne donnons que les références les plus importantes.

TABLE DES MATIÈRES

HISTOIRE SOCIALISTE

de la

RÉVOLUTION FRANÇAISE

— par —

JEAN JAURÈS

Edition revue et corrigée par A. MATHIEZ

EN HUIT VOLUMES in-8

illustrés d'après des documents de l'époque

L'HISTOIRE SOCIALISTE de la RÉVOLUTION FRANÇAISE de JEAN JAURÈS est l'étude la plus complète, la plus sûre et la plus vivante de la grande époque qui va de la veille de la réunion des Etats Généraux, en 1789, à la chute de Robespierre, en Juillet 1794.

Tous les historiens, quelles que soient leurs tendances, ont loué l'impartialité, la probité scrupuleuse, la richesse documentaire et la beauté de forme d'une œuvre qui peut être placée parmi les meilleures et les plus considérables productions historiques de notre temps.

« Jaurès s'y montre, a écrit M. Aulard, historien dans toute l'acception du terme et il a fait, autant qu'il est possible en histoire, une œuvre de vérité, une œuvre d'inspiration scientifique, de tendances scientifiques. »

« Le monument qu'il a élevé à la Révolution Française, a dit M. Mathiez, restera. Les Histoires antérieures étaient toutes politiques. La sienne a présenté, pour la première fois, le tableau économique et social de la grande crise qui est au berceau de la civilisation moderne. »

BUREAU D'ÉDITIONS, DE DIFFUSION ET DE PUBLICITÉ
132, Faubourg Saint-Denis, Paris (X°) — Chèque postal : 943-47 Paris

1927

LA COOTYPOGRAPHIE

— Société Ouvrière d'Imprimerie —

11, Rue de Metz COURBEVOIE

N° 1112